高等院校"十三五"工商管理

现代物流管理教程

白会芳 董雅丽 主编

The Modern

Logistics

Management Theory

经济管理出版社

ECONOMY & MANAGEMENT PUBLISHING HOUSE

图书在版编目（CIP）数据

现代物流管理教程/白会芳、董雅丽主编.—北京：经济管理出版社，2015.12
ISBN 978 - 7 - 5096 - 4080 - 7

Ⅰ.①现…　Ⅱ.①白…②董…　Ⅲ.①物流—物资管理—教材　Ⅳ.①F252

中国版本图书馆 CIP 数据核字（2015）第 289577 号

组稿编辑：王光艳
责任编辑：王光艳　张　荣
责任印制：黄章平
责任校对：车立佳

出版发行：经济管理出版社
　　　　　（北京市海淀区北蜂窝 8 号中雅大厦 A 座 11 层　100038）
网　　址：www. E - mp. com. cn
电　　话：（010）51915602
印　　刷：北京紫瑞利印刷有限公司
经　　销：新华书店
开　　本：720mm × 1000mm/16
印　　张：21. 25
字　　数：405 千字
版　　次：2016 年 6 月第 1 版　　2016 年 6 月第 1 次印刷
书　　号：ISBN 978 - 7 - 5096 - 4080 - 7
定　　价：58. 00 元

前　言

随着经济全球化、信息技术以及电子商务的快速发展，我国物流业在市场需求和政策扶持下呈现高速发展的态势。作为国民经济发展的重要产业和社会新的经济增长点，物流能够降低企业生产成本、提高服务水平，进而加强企业的核心竞争力，成为增加经济效益的"第三利润源"。因此，我国各级政府及行业内相关企业大力发展物流产业，各地物流产业园项目纷纷上马。而一些传统的制造企业也积极引进现代物流管理理念对企业物流资源进行整合，使各种所有制物流企业得到了快速发展，形成了一批有实力的物流企业。然而，在各类工商企业与物流企业进行产业联动的过程中，仍有大量操作环节无法整合，无论是工商企业还是作为服务提供商的物流企业都需要大量专业化的物流人才利用现代物流管理的知识体系对其进行整合。

同时，现代物流管理对人才素质的要求比较全面，不仅要能够从宏观整体角度去分析企业物流的战略发展，还要能够掌握物流各环节的详细具体动作技能。本书基于这个要求，从物流管理总论、企业物流运作管理两部分展开叙述，力图站在现代物流管理理论发展的前沿，从物流管理的最新理论出发，对现代物流管理的基本内容、运作步骤及操作方法进行全面阐述，并通过课后思考题使得读者能够掌握物流管理的基本知识。本书一共十二章内容，其中物流管理概论、物流系统、供应链管理、物流服务、物流类型这五章内容从整体和战略角度对物流管理的基本理论知识进行了阐述，而第六章到十二章的采购与供应管理、生产物流管理、库存管理、运输管理、销售物流管理、物流配送管理以及回收物流管理，这七章内容则对物流管理过程尤其是企业物流管理过程的每一个具体环节进行了详细运作介绍。

本书的特色是现代物流管理的基本理论知识与企业物流管理的具体运作相统一。使用者还可以根据自己的不同需求对不同章节进行取舍。该书具有系统性，主要适用于高等教育本科院校工商管理专业、物流管理专业的教学使用，同时对从事物流管理的专业人员也有一定的参考价值。

此外，本书的编写参考了大量文献，均在书后注明，如有遗漏，深表歉意，再版将予以更正，并对借鉴过文献的作者表示最诚挚的谢意。由于作者水平有限，书中如有错误和不足之处，请读者批评指正。

白会芳　董雅丽

2015 年 12 月

目　录

第一部分　物流管理总论

第二部分　企业物流运作管理

第一部分

物流管理总论

　　本部分从现代物流管理的总体角度对物流管理中的一些基本内容进行了详细介绍，主要是在现代物流产生及其发展的基础上，运用系统的观点和方法对物流产业进行系统管理和战略管理，用供应链管理的理念和方法对物流系统进行全程管理，并将物流服务贯穿物流活动的始终。与此同时，本部分还对物流的其他类型进行了简单介绍。主要包括以下章节：

第一章　物流管理概论

第二章　物流系统

第三章　供应链管理

第四章　物流服务

第五章　物流类型

第 一 章

物流管理概论

学习目标：

通过本章学习，能够掌握物流与物流管理的概念及其作用、现代物流和物流管理的产生与发展、物流的职能等基本知识。

第一节　物流与物流管理概述

物流，即物的流通。物是指一切可以使用的物质资料；流是指物理性的移动、运动或流动。物流即物质资料的流动。在人类社会发展之初，产品种类少，数量不多，在自给自足的早期商品时代，生产者和消费者、生产地与消费地没有分离，物质资料的流动相对有限。随着社会经济的发展，生产方式多样化、分工专业化和生产规模化使生产者与消费者实现了分离，生产地和消费地也实现了分离，因此，物质的流动就变得越来越普遍。这种生产与消费在时间和空间上的分离，是物流产生的根源。而物的流动主要有两种形式，一种是物品从生产者所有转变为消费者所有，发生了产品的所有权转移，我们称之为商流；另一种是物品从生产地转移到消费地以实现其使用价值，是单纯的实物流转，我们称之为物流。商流和物流一起构成了人类的流通活动。

一、现代物流的定义

在流通产业领域中早就有人开始使用物流概念。1901 年，约翰·F. 格鲁威尔（J. F. Growell）在美国政府报告《农产品流通产业委员会报告》中就论述了对农产品流通产生影响的各种因素和费用，从而开始了人们对物流的认识。1915年，阿奇·萧（Arch Show）在《市场流通中的若干问题》一书中提到了物流。他认为，"物流是与创造需要不同的一个问题"，而且"物资经过时间或空间的转移，会产生价值"，其中实物分配（Market Distribution）是指商流，货物配送（Physical Distribution）这种物资转移指的就是销售过程中的物流。

在第一次世界大战时期的1918年，英国的利弗哈姆勋爵成立了"即时送货股份有限公司"，宗旨是在全国范围内把商品及时送到批发商、零售商及用户的手中，这一举动被物流学者称为有关"物流活动的早期文献记载"。

20世纪30年代，在市场营销的基础教科书中开始涉及物流运输、物资储存等业务的实物供应即"Physical Supply"一词，将市场营销定义为"影响产品所有权转移和产品的实物流通活动"。其中又对商流和物流做了区分，认为所有权转移是指商流，实物流通则是指物流。1935年，美国销售协会最早对物流进行了定义："物流即货物配送（Physical Distribution），是包含于销售之中的物质资料和服务从生产地到消费地流动过程中伴随的种种活动。"

而后来沿用至今的物流即英文"Logistics"一词，则为后勤保障的意思，它也经历了一个演变的过程。

物流（Logistics）最早见于第二次世界大战，当时美国军队为了支持其在欧洲、非洲和亚洲等世界各地的作战，将战场上所需的武器弹药和各种军需物品源源不断地送往前线，逐步筹划和建设了军需品从生产地到最终使用地的一整套后勤保障系统。这条相对完备的军需后勤保障系统，对美军和盟军取得第二次世界大战的胜利起到了至关重要的作用。第二次世界大战结束后，后勤保障系统的建设和营运逐步由军事转向民用和经济，后勤工程和后勤管理也渐渐发展成为了独立的学科。

1963年"物流"概念被引入日本，当时的定义是"在生产和消费之间对物资履行保管、运输、装卸、包装、加工等功能以及作为控制这类功能后援的信息功能，它在物资销售中起了桥梁作用"。

20世纪80年代，我国由日本引入"物流"概念，当时的物流已被称为"Logistics"，而不是过去货物配送（PD）的概念了。把"Logistics"一词转用于非军用物资的流通中时，物流就不仅要考虑从生产者到消费者的货物配送问题，而且还要考虑从供应商到生产者的原材料采购以及生产者本身在产品生产过程中的运输、保管和信息等各个方面，全面综合性地提高经济效益和效率的问题。

1986年美国物流管理协会正式改名，将"Physical Distribution"改为"Logistics"，理由是前者的领域过窄，仅仅是研究与商品销售有关的物流活动，是实物流动过程中的商品实体运动；而后者则宽广、连贯、整体。把物流活动从商品流通扩大到了生产领域，包括从原材料采购、加工生产到产品销售、售后服务再到废品回收等整个物理性的流通过程，也叫供应链物流。改名之后，美国物流协会对物流进行了重新的定义，认为物流是把消费品从生产线的终点有效地移动到有关消费者的广泛活动，也包括将原材料从供应源有效地移动到生产线终点的活动。因此，现代物流（Logistics）就是指为了实现顾客满意，连接供应主体和需求主体，克服空间和时间阻碍的、有效的、快速的商品和服务流动等经济活动过程。物流的概念和内涵至今不断修改、补充并丰满，美国物流管理协会对其具体定义演变过程见表1-1。

表1-1 美国物流管理协会物流定义的演变

年份	行业团体	物流的定义
1935	美国市场营销协会	物流是市场营销活动中所伴随的物质资料，从产地到消费地的种种企业活动，包括服务过程
1963	美国物流管理协会	所谓物流，就是把完成品从生产线的终点有效地移动到消费者手里的广范围的活动，有时也包括从原材料的供给源到生产线始点的移动
1976	美国物流管理协会	物流是以对原材料、半成品及成品从产地到消费地的有效移动进行计划、实施和统管为目的而将两种或三种以上活动的集成。这些活动包括但不局限于顾客服务、需求预测、流通信息、库存管理、装卸、接受订货、零件供应并提供服务、工厂及仓库选址、采购、包装、废弃物回收处理、退货业务、搬运和运输、仓库保管等
1985	美国物流管理协会	所谓物流，就是为了满足顾客需要而对原材料、半成品、成品及其相关信息从产地到消费地有效率或有效益的移动和保管进行计划、实施、统管的过程。这些活动包括但不局限于顾客服务、搬运及运输、仓库保管、工厂和仓库选址、库存管理、接受订货、流通信息、采购、装卸、零件供应并提供服务、废弃物回收处理、包装、退货业务、需求预测等
1998	美国物流管理协会	物流是供应链的一部分，专注于物品、服务及相关信息从起源点到消费点的有效流动和储存的计划、执行与控制过程，以达成顾客的要求
2002	美国物流管理协会	物流是供应链运作的一部分，是以满足客户要求为目的，为货物、服务和相关信息在产出地和消费地之间实现高效且经济的正向和反向的流动和储存所进行的计划、执行和控制的过程

现代物流是以满足消费者的需求为目标，把制造、运输、销售等市场功能统一起来考虑的一种战略措施，它与传统物流的"货物配送"和"后勤保障系统"

的概念相比，在广度与深度上都得到了发展。"Logistics"与"Physical Distribu-tion"的不同在于：第一，物流活动范围扩大了。"Logistics"已突破了商品流通的范围，把物流活动扩大到生产领域。物流已不仅是从产品出厂开始，而是包括从原材料采购、加工生产到产品销售、售后服务，直到废旧物品回收等整个物理性的流通过程。即由生产—销售，改为供应物流—生产物流—销售物流。第二，延伸了物流的服务保障功能。物流向生产的两头延伸并加入了新的内涵，使社会物流和企业物流结合在一起，通过整合订货、包装、运输、装卸、加工、整理、配送、信息等物流功能，将原材料供应商、生产商、批发商、零售商及最终用户连接起来，从而形成了完整的供应链系统，为用户提供多功能、信息化、一体化的综合服务。第三，与商流活动彻底地区分开了。物流是和商流相对应的，商流是解决商品所有权的转移问题，商流中的物资就是商品，是商品按照价值规律由供给方向需求方的转让。商品交换的全过程构成了商流研究的内容，包括市场预测、计划分配与供应、组织货源、订货、采购、销售等。在商品所有权转移的同时必然要解决商品的看见转移（物流）问题。商品之所以要空间转移是由供需之间在时间、地点之间的分离造成的，为了解决这种分离，从商品生产和流通的全过程来看就要为解决集中生产要素而产生的采购物流、为解决物质转换（制造）而产生的生产物流、为解决商品流转而产生的销售物流、为解决物质再利用而产生的回收物流。所有这些物流都要实现商品实体的空间转移，因此，物流就是涉及货物或实体商品时间和空间转移的全部活动。物流管理就是要对这一活动进行计划、组织和控制的过程，以便有效完成货物的空间转移，实现与商流的和谐、一致的目标。

由此可以看出，"Logistics"的外延大于狭义的物流（即销售物流），因为它把起点扩大到了生产领域和供应领域。由于其外延与供应链的外延相一致，因此有人称它为供应链物流。供应链是指"对从供应商到最终顾客的商品流通的全过程进行管理"。产品从原材料供应、生产、物流、批发、零售到消费构成了一个完整的供应链，将整个供应链进行统一管理可以实现顾客利益的最大化，并使各企业获得更大的利益。供应链管理主要涉及企业间的管理问题，物流管理除此之外还涉及企业内部的物流链管理问题，但两者都体现了一体化的思想。

"Logistics"一词的出现是世界经济和科学技术发展的必然结果。物流管理的产生实现了两个创新，即技术创新和管理创新，技术创新广泛采用信息化手段并加强了系统开发的深度；管理创新主要是引进了准时物流、供应链管理、统合管理和第三方物流等方式。

目前，国内关于物流的标准定义为："物流是指物品从供应地向接收地的实体流动过程，根据实际需要，将运输、储存、装卸、搬运、包装、流通加工、配送、信息处理等基本功能有机结合，形成完整的供应链，为用户提供多功能、一体化的综合性服务"（《中华人民共和国国家标准·物流术语》，GB/B18354 – 2001）。这个定义除了对概念准确性进行斟酌之外，还将国外现代物流的理念与中国的现实联系起来。就现代物流的内涵而言，它应该包括以下四个主要方面：①实物流动（原材料、半成品及产成品的运输）。②实物储存（原材料、半成品及产成品的储存）。③信息流通（相关信息的联网）。④管理协调（对物流活动进行计划、实施和有效控制的过程）。

综上可知，传统的物流概念是指物质实体在空间和时间上的流动，我们长期以来称这种"流动"为"位移"。通俗地说，传统物流就是指商品在运输、装卸和储存等方面的活动过程。

现代物流是相对于传统物流而言的。它是在传统物流的基础上，引入高科技手段，通过计算机进行信息联网，并对物流信息进行科学管理，从而加快物流速度，提高准确率，减少库存，降低成本，延伸并扩大了传统物流的职能。

二、物流的价值

物流由"物"和"流"两个基本要素组成，物流中的"物"泛指一切物质，有物质、物体、物品的含义；而"流"泛指一切运动形态，有移动、运动、流动的含义，同时静止也是物质的一种特殊的运动形态。物质在物流系统流动的过程中"物"的性质、尺寸、形状都不应当发生改变，也就是说物流活动和加工活动不同，不创造"物"的形式价值，但是它克服了供给方和需求方在空间维度和时间维度方面的距离，创造了空间价值和时间价值，由此在社会经济活动中起着不可或缺的作用，这也就是物流活动的价值所在。因此，物流主要是通过创造时间价值和空间价值来体现其自身价值的。另外，在特定情况下，它也可能创造一定的加工附加价值。

1. 时间价值

"物"从供给者到需求者之间有一段时间差，因改变这一段时间差而创造的价值，称作时间价值。物流主要通过以下几种方式实现其时间价值：缩短时间创造价值，弥补时间差创造价值，延长时间差创造价值等。例如，大米的种植和收获是季节性的，多数地区每年收获一次。但是对消费者而言，作为食品，每天都会有消耗，必须进行保管以保证经常性的需要、供人们食用实现其使用价值。这种使用价值是通过保管，克服了季节性产出和经常性消耗的时间距离后才得以实现的，这就是物流的时间价值。

2. 空间价值

空间价值是指通过改变物质的空间距离而创造的价值。物流创造的空间价值是由现代社会产业结构、社会分工所决定的，主要原因是供给和需求之间的空间差，商品在不同地理位置有不同的价值，通过物流活动将商品由低价值区转移到高价值区，便可获得价值差，即空间价值。空间价值的实现主要有以下几种具体形式：从集中生产场所流入分散需求场所创造价值，从分散生产场所流入集中需求场所创造价值等。例如，山西的煤，埋藏在深山中和泥土、石块一样，没有任何价值，只有经过采掘，输送到别的地方用作发电、取暖燃料的时候，才能实现其价值。它的使用价值是通过运输克服了空间距离才得以实现的，这就是物流的空间价值。

3. 加工附加价值

有时，物流也可以创造加工附加价值。加工是生产领域常用的手段，并不是物流的本来职能。但是，现代物流的一个重要特点就是根据自己的优势从事一定的补充性加工活动，这种加工活动不是创造商品的主要实体并形成商品，而是带有完善、补充、增加性质的加工活动。这种活动必然会形成劳动对象的附加价值。虽然在创造加工附加价值方面物流不是主要责任者，其创造的价值也不能与时间价值和空间价值相比拟，但这毕竟是现代物流有别于传统物流的重要方面。

三、现代物流的作用

尽管物流活动一般并不创造产品的价值，只创造附加价值，但物流在整个社会再生产过程中是一个不可忽略或者说不可跨越的过程，而且随着经济和社会的发展，它在国民经济中的地位越来越重要，是国民经济发展的重要产业，是社会新的经济增长点。从宏观上讲，现代物流可以最大限度地节约生产和流通成本，提高国民经济的运行质量。对于企业来说，在生产领域成本压缩的空间趋于饱和之后，对成本的控制将转向流通，因此，物流成为继节约原材料、提高劳动生产效率之后的企业"第三利润源"。

物流是"第三利润源"的理论有两个前提条件：一是物流可以完全从流通过程中分化出来。即物流自成一个独立的体系，有本身的目标和管理，因而能对其进行独立的总体核算。二是物流和其他独立的经营活动一样，它不是总体的成本构成因素，而是单独的盈利因素，因而物流可以成为"利润中心型的独立系统"。

物流成为"第三利润源"基于两个自身能力：第一，物流在整个企业战略中，对企业营销活动的成本产生重要影响，物流是企业成本的重要产生点。因而通过物流合理化、现代化等一系列活动可以降低成本，支持保障营销和采购等活动。所以物流既是主要成本的产生点，又是降低成本的关注点，"物流是降低成本的宝库"正是这种认识的形象表述。成本和利润是相关的，物流作为主题可以为企业提供大量的直接和间接的利润，是形成企业经营利润的主要活动。第二，物流活动最大的作用，并不仅在于为企业减少了消耗、降低了成本或增加了利润，更重要的在于提高了企业对用户的服务水平，进而提高了企业的竞争力。通过物流的服务保障，企业可以以其整体能力来压缩成本，增加利润。

具体地说，物流的作用主要表现在以下七个方面。

1. 保值

物流有保值作用。也就是说，任何产品从生产出来到最终消费，都必须经过一段时间、一段距离，在这段时间和距离过程中，都要经过运输、保管、包装、装卸搬运等多环节、多次数的物流活动。在这个过程中，产品可能会淋雨受潮、水浸、生锈、破损、丢失等。物流的使命就是防止上述现象的发生，保证产品从生产者到消费者移动过程中的质量和数量，起到产品的保值作用，即保护产品的存在价值，使该产品在到达消费者处时使用价值不变。

2. 节约

搞好物流，能够节约自然资源、人力资源和能源，同时也能够节约费用。比如，集装箱化运输，可以简化商品包装，节省大量包装用纸和木材；实现机械化装卸作业，仓库保管自动化，能节省大量作业人员，大幅度降低人员开支。被称为"中国物流管理觉醒第一人"的海尔企业集团，通过加强物流管理，建设现代化的国际自动化物流中心，一年时间将库存占压资金和采购资金从15亿元降低到7亿元，节省了8亿元开支。

3. 缩短距离

物流可以克服时间间隔、距离间隔和人的间隔，这自然也是物流的实质。现代化的物流在缩短距离方面的例证不胜枚举。在北京可以买到世界各国的新鲜水果；邮政部门改善了物流，使信件大大缩短了时间距离，全国快递两天内就到，美国联邦快递，能做到隔天送达亚洲15个城市；日本的配送中心可以做到，上午10点前订货，当天送到。这种物流速度，把人们之间的地理距离和时间距离一下子拉得很近。随着物流现代化的不断推进，国际运输能力大大加强，极大地促进了国际贸易的发展，使人们越来越感到这个地球变小了，各大洲的距离更近了。

城市里的居民也在不知不觉中享受到了物流进步的成果。南方产的香蕉全国各大城市一年四季都能买到；新疆的哈密瓜、宁夏的白兰瓜、东北的大米等都不分季节地供应市场；中国的纺织品、玩具、日用品等近年大量进入美国市场，除了中国的劳动力价格低廉等原因外，更重要的则是国际运输业发达，国际运费降低的缘故。

4. 增强企业竞争力、提高服务水平

在新经济时代，企业之间的竞争越来越激烈。在同样的经济环境下，制造企业，比如，家电生产企业，相互之间的竞争主要体现在价格、质量、功能、款式、售后服务的竞争上，而在工业科技如此进步的今天，质量、功能、款式及售后服务，各企业的水平已经没有太大的差别，唯一可比的地方往往是价格。在物资短缺年代，企业可以靠扩大产量、降低制造成本去攫取第一利润。在物资丰富的年代，企业又可以通过扩大销售攫取第二利润。可是在21世纪的新经济社会，第一利润源和第二利润源已基本达到了一定极限，目前剩下的一块"未开垦的处女地"就是物流。降价是近几年家电行业企业之间主要的竞争手段，降价竞争的后盾是企业总成本的降低，即功能、质量、款式和售后服务以外的成本降价，也就是我们所说的降低物流成本。

国外的制造企业很早就认识到了物流是企业竞争力的法宝，搞好物流可以实现零库存、零距离和零流动资金占用，是提高为用户服务、构筑企业供应链、增加企业核心竞争力的重要途径。在经济全球化、信息全球化和资本全球化的21世纪，企业只有建立现代物流结构，才能在激烈的竞争中求得生存和发展。

5. 加快商品流通，促进经济发展

在谈"加快商品流通，促进经济发展"这个问题时，我们用配送中心的例子来讲最有说服力。可以说，配送中心的设立为连锁商业提供了广阔的发展空间。利用计算机网络，将超市、配送中心和供货商、生产企业连接在一起，能够以配送中心为枢纽形成一个商业、物流业和生产企业的有效组合。有计算机迅速及时的信息传递和分析，通过配送中心的高效率作业、及时配送，并将信息反馈给供货商和生产企业，可以形成一个高效率、高能量的商品流通网络，为企业管理决策提供重要依据，同时，还能够大大加快商品流通的速度，降低商品的零售价格，提高消费者的购买欲望，从而促进国民经济的发展。

6. 保护环境

环境问题是当今时代的主题，保护环境、治理污染和公害是世界各国的共同目标。随着可持续发展观念不断深入人心，消费者对企业的接受与认可不再仅仅取决于其是否能够提供质优价廉的产品与服务，而越来越关注企业是否具有社会责任感，即企业是否节约利用资源、是否对废旧产品的原料进行回收、是否注重环境保护等，这些已成为决定企业形象与声誉的重要因素。而绿色物流就是从产品的开发设计、生产流程，到其最终消费都将这些因素考虑在其中，这样不但可以降低旧产品及原料回收的成本，而且还有利于提高企业的声誉度，增加其品牌的价值和寿命，延长产品的生命周期，从而间接地增强了企业的竞争力。

7. 创造社会效益和附加价值

实现装卸搬运作业机械化、自动化，不仅能提高劳动生产率，而且也能解放生产力。把工人从繁重的体力劳动中解脱出来，这本身就是对人的尊重，是创造社会效益。

关于物流创造附加值，主要表现在流通加工方面，比如，把钢卷剪切成钢板、把原木加工成板材、把粮食加工成食品、把水果加工成罐头，名烟、名酒、名著、名画都会通过流通中的加工，使装帧更加精美，从而大大提高了商品的欣赏性和附加价值。

四、物流管理

1. 物流管理的界定

根据美国物流协会的定义，物流管理是以适合顾客的要求为目的，对原材料、在制品、制成品和与其关联的信息，从产业地点到消费地点之间的流通与保管，为求有效率且最大的"对费用的相对效果"而进行计划、执行和控制的过程。因此，现代物流管理是通过物流管理组织对整个物流活动进行的计划、组织、控制和协调工作。它是通过对物流的计划—实施—评价过程反复进行的，内容十分广泛。《中华人民共和国国家标准物流术语》（GB/T18354 - 2006）对物流管理的定义是："物流管理是指为达到既定的目标，对物流的全过程进行计划、组织、协调与控制。"

依据物流存在的不同形态，物流管理可分为宏观物流管理和微观物流管理。宏观物流管理是从国民经济角度出发对物流在国民经济中的地位、物流产业政策与法规、物流基础设施建设、物流设施布局、物流结构、物流的社会效益和经济效益等方面进行的管理；微观物流管理则是对企业物流进行的管理，有两类：一类是对包括制造业、建筑业和商业等行业在内的一般企业内部以及其他组织，如政府，事业组织，如医院、学校，服务型组织，如零售商、银行等的物流问题进行的管理，具体包含物流战略、物流计划、物流组织、物流作业及物流控制等；另一类是对专门从事物流的物流企业以市场需求为对象、以市场为背景所提供的所有物流活动进行的管理，包含物流企业的形态、竞争战略、服务方式等。本书重点是以微观物流管理为核心的研究。

2. 物流管理的内容

（1）物流战略与计划管理。物流战略与计划管理主要有：长远计划（物流远景规划），通常包括预测未来的物流量及构成，未来运输、储存的发展规模，物流机械化、自动化的发展水平，未来物流经济效果的分析等内容；年度计划，在对物流活动的各种业务活动预测的基础上，制定一个年度内所要达到的物流目标，如对物流量的分析，物流设备的更新、维修、改革的估计，物流成本的分析，物流效果的目标及达到这一目标的措施等；季、月、旬物流计划，各物流部门对各自的物流业务规定的物流数量、物流质量方面的具体物流计划。

（2）物流经济活动管理。对物流各种经济活动进行管理，是物流管理中的一项重要内容。物流管理的目的就是使人、财、物得到合理的运用，以取得最佳的经济效果。物流经济活动管理包括物流成本管理、物流费用分析、物流成果预测等内容。

（3）物流的系统管理。物流的系统管理主要通过物流情报系统和物流作业系统两方面的管理来实现。物流情报是组织、调整物流活动的"眼睛"。通过对订货、发货、库存等一系列情报的管理，掌握生产、销售、物流信息是物流情报系统管理的目的。物流的作业系统分别由包装、装卸、运输、保管等子系统所组成。对上述这些子系统进行合理的组织、安排、调度是物流作业系统的管理。

（4）物流的人才管理。物流人才管理主要包括物流人才的合理运用、物流人才的培养等内容。合理的物流系统的建立，物流新技术的发明和推广，科学的物流方案的设计与选定，物流经济效果的提高，都需要依靠合格的物流人才来完成。

（5）物流技术管理。物流技术管理是指对物流活动中的技术问题进行科学研究、技术服务的管理。物流技术在发展过程中形成了物流硬技术和物流软技术两大互相关联、互相区别的技术领域。物流硬技术是指组织物资实物运输所涉及的各种机械设备、运输工具、仓库建筑、站场设施以及服务于物流的电子计算机、通信网络设备等；物流软技术是指为组成高效率的物流系统而使用的应用技术，以实现各种物流设备的最合理的调配和使用。

3. 物流管理的特征

（1）物流管理以实现顾客满意为第一目标。现代物流是在企业经营战略基础上从顾客服务目标的设定开始，进而追求顾客服务的差别化战略。在现代物流中，顾客服务的设定优先于其他各项活动，并且为了使物流对顾客的服务能有效地开展，在物流体系的基本建设上，要求物流中心、信息系统、作业系统和组织构成等条件必须具备与完善。具体来讲，物流系统要做到：第一，物流中心网络的优化，即要求工厂、仓库、商品集中配送、加工等中心的建设（规模、地理位置等）既要符合分散化的原则，又要符合集约化的原则，从而使物流活动能有利于顾客服务的全面展开。第二，物流主体的合理化。从生产阶段到消费阶段的物流活动主体，常常有单个主体和多个主体之分，另外也存在着自己承担物流和委托物流等形式的区分，物流主体的选择直接影响到物流活动的效果或实现顾客服务的程度。第三，物流信息系统的高度化，即能及时、有效地反映物流信息和顾客对物流的期望。第四，物流作业的效率化，即在配送、装卸、加工等过程中运用各种方法、手段使企业能最有效地实现商品价值。

从上述物流系统构成的原则中可以看出，现代物流通过提供顾客所期望的服务，在积极追求自身交易扩大的同时，强调实现与竞争企业顾客服务的差别化，亦即在决策物流的重要资源时间、物流品质、备货、信息等物流服务质量时，不能从供给的角度来考虑，而是在了解竞争对手的战略基础上，努力提高顾客满意度。

（2）物流管理着重整个物流渠道的商品运动。以往我们认为的物流是从生产阶段到消费阶段商品的物质运动，也就是说，物流管理的主要对象是"销售物流"和"企业内物流"，而现代物流管理的范围不仅包括销售物流和企业内物流，还包括供应物流、回收物流以及废弃物物流。这里需要注意的是，现代物流管理中的销售物流概念也有新的延伸，即不仅是单阶段的销售物流（如厂商到批发商、批发商到零售商、零售商到消费者的相对独立的物流活动），而且是一种整体的销售物流活动，也就是将销售渠道的各个参与者（厂商、批发商、零售商和消费者）结合起来，来保证销售物流行为的合理化。

（3）物流管理以企业整体最优为目的。当今商品市场面临着不断的革新与变化，如商品生产周期的缩短、顾客要求高效经济的输送、商品流通地域的扩大等发展趋势。在这种状况下，如果企业物流仅仅追求"部分最优"或"部门最优"，将无法在日益激烈的企业竞争中取胜。从原材料的采购到向最终消费者移动的物的运动，不仅是部分和部门的活动，而是将各部分和部门有效结合起来发挥的综合效益。也就是说，现代物流所追求的费用、效益观，是针对采购、生产、销售、物流等全体最优而言的。但是，应当注意的是，追求全体最优并不是可以忽略物流的效率化，在强调全体最优的同时应当与现实相对应，彻底实现物流部门的效率化。

（4）物流管理既要重视效率更要重视效果。现代物流管理具体在下面这些行为方面有所变化：在物流手段上，从原来重视物流的机械、机器等硬件要素转向重视信息等软件要素。在物流活动领域方面，从以输送、保管为主的活动转向物流部门的全体，亦即向包含调达在内的生产、销售领域或批发、零售领域的物流活动方向扩展。从管理面来看，现代物流从原来的作业层次转向管理层次，进而向综合层次发展。在物流需求的对应方面，原来强调的是输送力的确保、降低成本等企业内需求的对应，现代物流则强调物流服务水准的提高等市场需求的对应，进而更进一步地发展到重视环境、公害、交通、能源等社会需求的对应。以上论述表明，原来的物流以提高效率、降低成本为重点，而现代物流不仅重视效率方面的因素，更强调的是整个流通过程的物流效果，也就是说，从成果的角度来看，有些活动虽然使成本上升，但如果它能有利于整个企业战略的实现，那么这种物流活动仍然是可取的。

（5）物流是以信息为中心满足市场实际需要的商品供应体系。如上所述，现代物流认为物流活动不是单个生产、销售部门或企业的事，而是包括供应商、批发商、零售商等关联企业在内的整个统一体的共同活动，因而现代物流通过这种供应链强化了企业间的关系。具体说，这种供应链通过企业计划的连接、企业信息的连接、在库风险承担的连接等机能的结合，使供应链包含了流通过程的所有企业，从而使物流管理成为一种供应链管理。如果说部门间的产、销、物结合追求的是企业内经营最优的话，那么供应链管理则通过所有市场参与者的联盟追求流通生产全过程效率的提高，这种供应链管理带来的一个直接效应是产需的结合在时空上比以前任何时候都要紧密，并带来企业经营方式的改变，即从原来的投机型经营（生产建立在市场预测基础上的经营行为）转向实需型经营（根据市场的实际需求来生产），同时伴随着这种经营方式的改变，在经营、管理要素上，信息已成为物流管理的核心，因为没有高度发达的信息网络和信息系统的支撑，就不会有高效率的物流产业的发展。

第二节　现代物流与物流管理的发展

一、现代物流的产生与发展

1. 美国物流的产生与发展

（1）物流观念的萌芽和产生阶段（20世纪初至20世纪40年代）。

1901年，约翰·F.格鲁威尔在美国政府的《工业委员会关于农场产品配送的报告》中首次讨论了影响农产品配送的成本因素。1916年，A.W.肖（A. W. Shaw）在他的《商业问题的对策》中讨论了物流在流通战略中的作用。同年，韦尔达（L. D. H. Weld）在《农场产品的市场营销》中开始涉及物流运输、物资储存等业务的实物供应，即"Physical Supply"一词，将市场营销定义为"影响产品所有权转移和产品的实物流通活动"。对商流和物流做了区分，认为所有权转移是指商流，实物流通则是指物流。论述了市场营销的效用中包括时间效用、场所效用、所有权效用的概念和营销渠道的概念，肯定了物流在创造产品的市场价值中的时间价值及场所性价值中的重要作用。

1935年，美国销售协会最早对物流进行了定义："物流即货物配送，是包含于销售之中的物质资料和服务以及从生产地到消费地流动过程中伴随的种种活动。"明确了物流在商品流通及市场营销中的地位和作用，但在当时社会生产力发展条件影响下，物流仍然被看作市场营销的附属功能。

1927 年，布瑞斯地（R. Borsodi）在《配送时代》中首次使用了"Logistic"一词。在 1946 年，美国正式成立了全美交通与物流协会（American Society of Traffic and Logistics），这是美国第一个关于运输和物流业进行考查和认证的组织。

尽管如此，在 20 世纪 50 年代以前，大多数的美国企业对于物流的管理仍然很薄弱，甚至忽视这方面的管理。物流的各项职能被分散在企业的各个职能部门中，造成本来连续的物流过程被隔裂开来。而各部门有限的职责使得管理者往往只追求本部门效率的提高，不可能顾及整个组织范围内成本的降低。更由于物流业务发生的成本归进了各个不同的成本中心，也很难综合计算出物流成本的实际水平，故而企业成本居高不下。随着工业化进程的加快以及规模化生产和大批量销售的实现，人们开始意识到降低物资采购成本及产品销售成本的重要性。同时，随着管理科学的发展，多种新兴企业运作技术的引入为大批量配送提供了条件，也为人们认识物流提供了可能。

（2）物流实践与推广阶段（20 世纪 50 年代至 70 年代末）。进入 20 世纪 50 年代后，对物流的重视程度有了很大提高，物流特别是物流配送得到了快速的发展，其背景是市场营销观念的形成彻底改变了企业经营管理的行为，使企业意识到顾客满意是实现企业利润的唯一手段，顾客服务成为经营管理的核心要素，而物流起到了为顾客提供服务的重要作用。1954 年在美国波士顿商业委员会所召开的第 26 届流通会议上，巨威斯（P. D. Converse）做了《市场营销的另一半》的演讲，其意义在于指出了教育界和实业界都需要研究和重视市场营销中物流的重要作用，从而对物流管理学的形成及对物流的研究起到积极的推动作用。

1956 年，莱维斯（H. T. Lewis）、库雷泰（J. W. Culliton）、斯第欧（J. D. Steel）等出版了《物流中航空货运的作用》一书，首次介绍了物流总费用分析的概念。由于物流管理的最终目的之一是从节省成本出发来提高企业利润，因而，总费用分析的概念对物流管理有着重要的指导意义。20 世纪 60 年代早期，密歇根州立大学及俄亥俄州立大学为本科生及研究生设置了物流课程，开始了正式针对物流从业者及教育人员的教学计划。这一时期最重要的研究成果之一是物流总成本分析概念的形成。20 世纪 60 年代以后，世界经济环境发生了深刻的变化，科学技术的发展，尤其是管理科学的进步，生产方式的改变，大大促进了物流的发展。企业开始注意到物流在经济发展中的作用，并将改进物流作为激发企业活力的重要手段。20 世纪 60 年代后期至 70 年代末，关于物流管理的研究和讨论相当活跃，期间出版了大量物流管理的教材、论文、杂志，召开了大量相关的各种会议。1978 年，苛瑞尼利（A. T. Kearney）公司在美国物流管理委员会的资助下，对物流生产率开展研究，发表了《物流生产率的评估》（Measuring Productivity in Physical Distribution），其研究成果对物流领域产生了久远的影响，也在物流管理研究方面起到很好的先导作用。

（3）物流逐步走向现代化（20世纪70年代末至80年代中期）。美国物流的发展与政府在物流方面相关法规建设的不断完善是分不开的，其法规包括经济法规和安全法规两方面内容。到20世纪70年代末，由于其经济法规对非定期的运输业的发展起到了不良的影响，因此政府对一系列运输的经济法规进行了修订，以鼓励承运人在市场上的自由竞争。如1977～1978年的《航空规制缓和条款》，1980年提出的有关铁路和汽车运输的条款，1984年的航运条款分别去除或修改了在航空、铁路、公路及远洋运输中以往经济法规中的不利于市场竞争的因素，在市场准入、运价、运输路线等方面给运输企业以更大的自主权。而对于货主来讲，由于有更多的选择机会，使其从承运方面得到的物流效率及服务水平都得到了提高，这些都极大地促进了运输业的发展。

20世纪70年代到80年代中期，计算机技术特别是微电脑技术及应用软件的发展为企业提供了有效的辅助管理手段，计算机的普及应用，使MRP、MRPII、DRP、DRPII和Just In Time等先进的物流管理技术产生，并得到不断地完善，使其在生产调度、存量控制、订单处理等一系列活动中得到应用，从而推动了物流活动一体化的进程。这段时期，随着计算机技术、系统分析方法、定量分析技术的发展以及物流总费用分析概念的逐步形成及其在企业中的应用，使物流作用在社会及企业中进一步得到确认。同时，从许多公司的管理实践中也逐步发现，在企业的制造、市场及物流三个重要方面，能为公司提高利润的最有效手段是降低物流成本，因此，物流一体化管理是公司保持持续发展的最有效途径。

同期，美国对交通运输业实行了放松管制政策，这一改革促成了运输企业向全面物流服务提供商转变，尤其到了放松管制的后期，市场上存在的物流服务项目越来越多，第三方物流服务商以全方位物流服务提供者的面孔脱颖而出，社会物流力量基本形成，生产企业开始考虑与承运人建立一种长期的伙伴关系，以期降低物流成本，共同受益。同时，大量的公司开始使用电子数据交换技术、条码技术和个人电脑，企业间的交流和信息处理加速发展，JIT和DRP技术被广泛运用到企业物流管理中。

这一时期，管理者逐渐将物资管理和物资配送看成一个有机的整体，物流一体化管理在企业中出现并开始应用。至此，物流管理成为企业的战略问题之一，很多企业开始制定物流战略计划，高级物流管理者也明显增多，并且越来越多地参与到企业的计划和决策中去。在物流的实践过程中，涌现了很多既提高了物流的合理化水平，又增加了企业利润的企业。对于企业来说，一旦认识了物流在企业经营中的重要性，物流在企业中的地位也就得以提高。物流管理部门成为企业经营战略中的重要职能部门。因此，20世纪80年代，美国企业在新的物流理念的指导下，开始改善物流系统，开始提供多样的物流服务，可以说，20 世纪 80 年代迎来了美国物流革新的新时代。

（4）物流国际化、信息化及迅速发展的阶段（20 世纪 80 年代中期至今）。20 世纪 80 年代以来，随着科技进步和经济发展步伐的加快以及世界经济一体化的趋势，国际贸易量大大增加，20 世纪 90 年代早期，美国在进出口贸易方面在世界上占领先地位。另外，为降低成本，不少企业纷纷把加工厂移到劳动力便宜的国家和地区。为了促进产品的销售，各公司也热衷于建设自身的全球网络，如可口可乐、百事可乐以及世界上最大的 3.5 英寸软盘生产商 Kao Infer Systems 都通过遍及全球的物流网络扩大世界范围服务。沃尔玛和其他的主要零售商也建立了他们自己的自由贸易区。国际物流量的增加，使物流业在美国占有越来越重要的地位。20 世纪 90 年代以来，第三方物流（TPL）在美国得到迅速发展，整个美国第三方物流的收入从 1994 年的约 160 万元增长到 1995 年的 250 亿美元。

为了满足物流国际化、服务形式多样化和快速反应的要求，物流信息系统和电子数据交换（EDI）技术以及互联网（Internet）、条形码、卫星定位系统（GPS）及无线电射频技术在物流领域中得到愈来愈广泛的应用，物流向信息化、网络化、智能化方向发展。这不仅使物流企业和工商企业建立了更为密切的关系，同时，物流企业逐渐为客户提供了更高质量的服务，并且开始延伸到行业供应链的各个层面。

进入 20 世纪 90 年代，美国企业的物流系统更加系统化、整合化，物流也从后勤保障向供应链管理（SCM）转化。供应链管理的出现将一体化概念从单个公司扩展到了供应链上的所有公司。在整条供应链中，单个公司只是其中的一个部分，有效配置链上成员的资源，可以提高整条链的效率，以获得链的竞争优势。这一理念使得各个公司开始进行物流的外部一体化，从而使企业得以集中精力于核心业务竞争力的建立。依照供应链管理的基本思想，很多行业已经开始进行实践。因此，20 世纪 90 年代美国的企业通过供应链管理积极地推进了企业物流的合理化和效率化。

2. 日本物流的发展阶段

日本的物流观念虽然在 20 世纪 50 年代才从美国引入，但发展迅速，并形成了自身独特的管理经验和方法，已成为现代物流的先进国家。日本物流发展的主要阶段有：

（1）物流概念的引入和形成阶段（1953～1963 年）。第二次世界大战后，作为战败国的日本，为了迅速扭转和发展其在战争中几乎业已崩溃的国内经济，把后勤学引入经济活动中，并直接译为"兵站学"。当时日本国内经济学界直观地将"兵站学"的含义理解为原材料的流通，产品的分配、运输、购买与库存控制、储存和用户服务等，或统称为"物的流通"及"流通技术"。1956 年，日本生产性本部派出了"流通技术专门考察团"去美国考察，结果发现在日本称为流通技术的就是美国的"实物分配"（Physical Distribution），从此他们便把流通技术称作"PD"，并开始使用。1964 年，日本池田内阁五年计划制定小组又认为比起"PD"，物的流通更好，于是 1965 年开始在日政府的文件中采用"物的流通"，简称"物流"。当时的定义是"在生产和消费间对物资履行保管、运输、装卸、包装、加工等功能以及作为控制这类功能后援的信息功能，它在物资销售中起了桥梁作用"。这一时期日本政府加强了对物流设施建设：如 1953 ~ 1958 年交通运输投资占公共投资总额的 19.2%，1959 ~ 1963 年交通运输投资已占公共投资总额的 29.5%。从基础设施上为物流发展打下了良好的基础，同时比较重视有关车站、码头的装卸运作的研究与实践。这个时代是供不应求的时代，由于经济急速发展，企业的重要任务是切实保证运输能力。

（2）以流通为主导的发展阶段（1963 ~ 1973 年）。20 世纪 60 年代中期至 70 年代初是日本经济高速增长的时期之一，商品流通量大大增加。随着这一时期生产技术向机械化、自动化发展以及销售体制的不断扩充，物流已成为企业发展的制约因素。因此日本在这一时期开始进行较大规模的物流设施建设。在日本政府《中期五年经济计划》中，强调了要实现物流的近代化。作为具体措施，日本政府开始在全国范围内开展高速道路网、港口设施、流通聚集地等各种基础设施的建设。与此同时，各厂商也开始高度重视物流，并积极投资物流体系的建设，建立了相应的专业部门，积极推进物流基础设施的建设，这种基础设施建设的目的在于构筑与大量生产、销售相适应的物流基础，主要是随营业规模的扩大增设物流中心，或确保大量输送手段以充实物流硬件的举措。可以说这一时期日本厂商的共同战略是增大物流量、扩大物流处理能力，以适应商品流通的需求。另外，如果说此前日本的物流是可以用"人工装卸"形容的低级化物流的话，那么进入近代化的则是大量生产、大量销售的高级化物流时代。为了解决仓库不足、出入库时间长、货车运输欠缺、大量生产的产品无法顺利流向市场等问题，开始广泛采用叉车等机械化装卸设备和采用自动化仓库，灵活运用托盘和集装箱，实现货物单元成组装卸。同时建立物流中心积极推行物流联网系统，开发车辆调度（VSP）、配车系统等物流软件。1970 年，日本同时成立了两个最大的物流学术团体——"日本物流管理协会"和"日本物的流通协会"，开展全国和国际性的物流学术活动。这一时期是日本物流建设大发展的时期，原因在于社会各个方面都对物流的落后及其对经济发展的制约性有了共同认识。这一阶段的发展直到 1973 年第一次石油危机爆发才告一段落。

（3）物流合理化阶段（1973 ~ 1983 年）。20 世纪 70 年代初，席卷全球的石油危机发生以后，在全世界范围内石油价格不断攀升。而占了石油消费量20%～30%的运输业由于油价上升，经营成本增幅普遍超过了企业的承受能力。据有记载的估计，在1974年和1975年上半年，企业的运输费用和包装费用分别上升了20%和30%以上。由此还连锁导致了其他原材料价格的猛涨和人工费用支出的不断增加。西方各国依靠廉价的原材料、燃料、动力而获取高额利润的传统方式面临挑战。于是，日本和其他工业发达国家开始在物流和后勤保障方面挖掘成本潜力，以期大幅度降低流通费用，弥补由于原材料、燃料和人工费用上涨而失去的利润。

同时，日本经济发展迅速，并进入了以消费为主导的时代。虽然物流量大大增加，但由于成本的增加使企业利润并没有得到期望的提高，因此，降低经营成本成为经营战略的重要课题，降低物流的成本更成为其重要内容，物流合理化与最优化是这一阶段的主要特点，所以说，这一时期是物流合理化的时代。首先，担当物流合理化作用的物流专业部门开始出现在企业的管理中，从而真正从系统整体的观点来开展降低物流成本的活动，同时物流子公司也开始兴起。物流合理化主要是改变以往将物流作为商品蓄水地或集散地的观念，从而在经营管理层次上发挥物流的作用，这集中反映在"物流利润源学说"中。"物流利润源学说"揭示了现代物流的本质，使物流能在战略和管理上统筹企业生产、经营的全过程，并推动物流现代化发展。

在推进物流合理化的过程中，日本全国范围内的物流联网也在蓬勃发展，其宗旨在于推进订货、发货等业务的快捷化以及削减物流人员，降低劳动力成本，特别是以大型量贩店为中心的网上订、发货系统的应用在这一时期最为活跃。1983年日本物流企业已发展到五万多家，从业人员约105万人，货运量达34亿吨，货运周转量为4223亿吨公里，较大的物流公司都在全国各地设有自己的分公司或支社，面向全国乃至国外开展物流业务，如通运公司、两派公司、大和运输等，这样，在日本形成了多渠道、多层次、多形式、工商齐办的现代化物流系统网络。在物流管理政策上，1977年日本运输流通对策部公布了"物流成本计算统一标准"，这一政策对于推进企业物流管理有着深远的影响。由于企业和政府的共同努力，物流管理得到了飞跃性的发展，使日本迅速成为物流管理的先进国。这一时期日本物流学会成立，同时物流的科研工作也得到了较大的发展，通过建立专门的物流研究所，在日本也召开了全国或地区乃至国际性的物流会议、物流奖励大会等，以此来宣传物流的重要意义，讨论和解决理论及实践中的问题。

（4）物流现代化阶段（20世纪80年代中期至今）。1981年，在日本综合研究所编著的《物流手册》中对物流的表述是：物质资料从供给者向需要者的物理性移动，是创造时间性、场所性价值的经济活动。从物流的范畴来看，包括包装、装卸、保管、库存管理、流通加工、运输、配送等各种活动。

20 世纪 80 年代以来，日本的生产经营发生了重大变革，消费需求差异化的发展，尤其是 20 世纪 90 年代日本泡沫经济的崩溃，使以前那种大量生产、大量销售的生产经营体系出现了问题，产品的个性化、多品种和小批量成为新时期的生产经营主流。这使得市场的不透明度增加，在库排除的观念越来越强，其结果导致整个流通体系的物流管理发生了变化，即从集中化物流向多频度、少量化、短时化发展。在销售竞争不断加剧的情况下，物流服务作为竞争的重要手段在日本得到了高度重视，这表现在 20 世纪 80 年代后期日本积极倡导高附加值物流、准时制（JIT）物流等方面。但是，随着物流服务竞争多样化，高昂的物流成本已成为这一时期的特征，在日本有把这一时期称为"物流不景气"时代的说法，即由于经营战略的要求，使物流成本上升，出现赤字，因此，如何克服物流成本上升、提高物流效率是 20 世纪 90 年代日本物流面临的一个最大问题。1997 年 4 月 4 日，日本政府制定了一个具有重要影响力的《综合物流施策大纲》，该大纲是根据日本政府决定的《经济构造的变革和创造规划》中有关"物流改革在经济构造中是最为重要的课题之一：到 2001 年为止既要达到物流成本的效率比，又要实现不亚于国际水准的物流服务，为此各相关机构要联合起来共同推进物流政策和措施的制定"的指示而制定，该大纲是日本物流现代化发展的指针，对于日本物流管理的发展具有历史意义。

3. 我国物流的产生与发展

（1）蒙昧阶段（新中国成立到 1978 年）。有人认为，孙中山主张的"贸畅其流"是我国最早的物流思想的起源。而在物流概念传入之前，我国实际上一直存在着物流活动即运输、保管、包装、装卸、流通加工等物流活动，其中主要是存储运输即储运活动。但从新中国成立到 1978 年，中国一直实行的是高度集中的计划经济体制，企业的原材料供应、生产、销售，商业服务部门的仓储，运输企业的经营管理，无不在严密的计划之下，由各级政府部门、各分管部委统一分配。与物流相关的采购、运输、仓储、包装等各环节，几乎完全由计划手段加以控制。企业完全没有自主权，管理上条块分割，生产、仓储、运输、销售各环节各自独立，管理僵化，效率低下，现代物流管理的概念近于无。

1963 年物资部门实行统一管理中转供销仓库以后，全国商品的物流活动基本上由各级物资储运公司和商业储运公司来承担。物资储运公司遵循"以收抵支，收支平衡"的原则，无论中转次数多少，只向用货单位按国家规定的收费标准收取一次性管理费用，物资系统内部调援物资不收管理费，国家要求物资企业发挥蓄水池的作用，导致社会物资库存量不断上升，物资周转缓慢、工业消费品的储存和运输按三级批发的供销体制进行，即对应一级、二级、三级商品批发供应站设立相应的商业储运公司，分别承担三级批发过程中的储运业务，当时的商品零售业主要是国营的百货商店、粮食、副食店和各种物资供应店，它们成了物流的终点，而且大都规模不大，内部物流活动也主要是储存。

（2）物流概念的引入阶段（1979 年至 20 世纪 90 年代初）。1979 年以后，中国开始实行对内搞活、对外开放的政策，宏观经济环境发生了根本性变化。企业经营自主权逐步增加，多种经济成分开始进入市场，国民经济步入高速发展时期。与此同时，中国的物资分配体制、商品流通体制、交通运输体制也发生了重大变化。政府逐步放开了对企业生产、物资和价格的管理，工业企业开始摆脱传统计划经济的束缚，自主决定其原材料的采购和产品的生产与销售。商贸企业根据流通体制改革和供应方式的调整变化，开展了商品物流配送中心的试点工作。交通运输企业突破传统的经营观念，把业务范围向运输前后的两头延伸。货运代理企业作为托运人与承运人之间的桥梁和纽带，开办了代理货物托运、取货送货、订舱配载、联运服务等多项业务。20 世纪 70 代末，以国家物资总局为首，铁道部、交通部、国家经委综合运输研究所等单位共同组成的中国物资工作者代表团参加了日本举行的第三次国际物流会议，回国后在考察报告中第一次使用了"物流"这一术语。此后，"物流"一词开始见诸于国内刊物和论著中，并作为"物的流通"、"物资流通"等意思被广为运用，对"物流"的研究也主要围绕这一主题展开。但当商业部提出要建立物流中心时，有人提出物流来自日本，有崇洋之嫌，于是改建为"储运中心"。储存和运输尽管是物流的主体，但物流的外延更广，且物流是日本引用的汉语，物流是实物流通的简称，且科学易懂，不久就又改为"物流中心"。然而，直至 20 世纪 90 年代初，在中国国民经济中占据主导地位的仍然是计划经济。因此，这期间的物流研究也具有鲜明的时代特点，研究的重点是国民经济中"物资"的"流动"，主要从社会再生产的宏观角度探讨通畅的储运体系对社会经济的积极影响。再由于长时间内，国有企业经营管理体制改革步履缓慢，条块分割的状况依然存在，所以像西方国家那样理论上深入探讨物流管理对企业的积极影响、实践中借助新型管理思路实现企业优化管理的努力几乎不存在，现代意义上的物流管理仍然没有进入企业管理者的视野。

（3）现代物流的传播与发展阶段（20 世纪 90 年代中期至今）。20 世纪 90 年代中期，随着中国社会经济体制进入市场经济改革阶段，经济各部门发生了重大转变，国内学界、业界对物流管理的研究、实践逐步向纵深发展。真正现代意义的物流管理思想开始冲击中国业界、学界的原有观念。其中，20 世纪 90 年代后期，推动中国物流管理的研究并促使社会对物流管理关注的主要因素包括以下几个方面：

首先，国有企业经济管理体制改革进一步深化。一方面，大中型国有企业与其政府主管部门脱钩，真正获得经营管理的自主权，成为独立的经济核算单位和市场的真正主体；另一方面，条块分割被最终打破，原有的企业间关系不复存在，代之以新型的市场、利润为基础的协作关系，原国有物资储运企业的市场垄断地位受到巨大冲击，其他经济形式的企业不断涌现，生存和获利的动机驱使着越来越多的企业寻求获取竞争优势的新手段，现代企业管理思想逐渐获得企业的青睐，综合物流管理观念也逐步得到企业管理者的认同。

其次，市场环境发生了重大变化。20 世纪 90 年代以后，中国经济进入了西方世界"二战"后所经历的所谓由卖方市场向买方市场的转变，消费者的自我意识逐步被唤醒，适应计划经济体制的重生产、轻流通的观念遭到严峻挑战。同时，产品的种类越来越多，生命周期却越来越短；企业面对越来越挑剔的消费者却越来越无所适从，从生产和产品以外的新领域寻求利润来源和竞争优势的愿望日益强烈。在这种形势下，原有的物流运作模式根本无法适应市场的新要求，符合市场要求的新型物流管理模式亟待出现。以商品服务行业为例，这一时期大型连锁超市在中国出现，并受到消费者欢迎。然而，由于超市经营品种数以万计，对库存管理造成极大压力，如何在保证现货供应的同时对库存进行有效管理，加快库存周转速度，减少相应投资，成为摆在零售企业面前的一大难题。

最后，经济全球化对国内物流管理观念的嬗变发展也起着不容忽视的作用。进入 21 世纪以来，中国经济与世界经济越来越紧密地融合在一起。据统计，到 1999 年 8 月底，中国累计批准设立外商投资企业 33.5 万家，世界 500 强企业已有 300 多家进入中国市场。外资企业的进入，一方面带来了现代物流管理思想和先进的运作方式；另一方面也迫切希望中国能有方便、及时、低成本、高效率的现代物流系统作为其跨国生产和营销的服务保障，对中国的第三方物流服务企业提出了更高要求。

随着中国进入世界贸易组织（WTO）的进程加快，国内企业之间的竞争更趋白热化。在国际市场竞争中，物流管理等方面的差距也正在使中国民族企业人力成本低的优势逐渐被抵消，强化企业物流管理，求得企业的生存已成业界共识。此外，中国物流的发展与西方一样离不开技术革新的推动，计算机的普及、互联网的发展、电子商务的兴起为中国物流管理的发展提供了重要技术支持。在这样的大背景下，国内在 20 世纪末的几年里出现了对物流研究的空前关注，有关物流与物流管理的文章、专著大量涌现。

二、现代物流管理的发展历程

现代物流管理的发展经历了三个阶段：

1. 第一阶段为运输管理阶段（20 世纪 60 ~ 70 年代）

物流管理起源于第二次世界大战，是军队在输送物资装备中发展起来的储运模式和技术。战后，这些技术被广泛应用于工业界，并极大地提高了企业的运作效率，为企业赢得了更多的客户。当时的物流管理主要是针对企业的配送部分，即在成品生产出来后，如何快速而高效地经过配送中心把产品送达客户，并尽可能维持最低的库存量。美国物流管理协会那时被叫作实物配送管理协会。在加拿大，供应链与物流管理协会则被叫作加拿大实物配送管理协会。

在这个初级阶段，物流管理只是在既定数量的成品生产出来后，被动地去迎合客户需求，将产品运到客户指定的地点，并在运输的领域内实现资源最优化使用，合理设置配送中心的库存量。准确地说，这个阶段物流管理并未真正出现，有的只是运输管理、仓储管理、库存管理。物流经理的职位当时也不存在，只有运输经理或仓库经理。物流的各项职能被分散在企业的各个职能部门中，造成本来连续的物流过程被隔裂开来。而各部门有限的职责使得管理者往往只追求本部门效率的提高，不可能顾及整个组织范围内的成本降低。物流业务发生的成本被归进了各个不同的成本中心，很难综合计算出物流成本的实际水平，企业成本居高不下。随着工业化进程的加快以及规模化生产和大批量销售的实现，人们开始意识到降低物资采购成本及产品销售成本的重要性。同时，随着管理科学的发展，多种新兴企业运作技术的引入为大批量配送提供了条件，也为人们认识物流提供了可能。

2. 第二阶段为物流管理阶段（20世纪70~80年代，也叫内部一体化时代）

现代意义上的物流管理出现在20世纪80年代。人们发现利用跨职能流程管理的方式去观察、分析和解决企业经营中的问题非常有效。通过分析物料从原材料运到工厂，流经生产线上每一个工作站，产出成品，再运送到配送中心，最后交付给客户的整个流通过程，企业可以消除很多看似高效率却实际上降低了整体效率的局部优化。因为每个职能部门都想尽可能地利用其产能，没有留下任何富余，一旦需求增加，则处处成为"瓶颈"，导致整个流程的中断。比如，运输部作为一个独立的职能部门，总是想方设法降低其运输成本，这本身是一件天经地义的事，但如果因此而将一笔需加快的订单交付海运而不是空运，虽然省下了运费，却失去了客户，导致整体的失利。所以传统的垂直职能管理已不适应现代大规模工业化生产，而横向的物流管理却可以综合管理每一个流程上的不同职能，以取得整体最优化的协同作用。

在这个阶段，物流管理的范围扩展到除运输以外的需求预测、采购、生产计划、存货管理、配送与客户服务等，以系统化管理企业的运作，达到整体效益的最大化。高德拉特所著的《目标》一书风靡全球制造业界，其精髓就是从生产流程的角度来管理生产。相应地，美国实物配送管理协会在20世纪80年代中期改名为美国物流管理协会，而加拿大实物配送管理协会也在1992年改名为加拿大物流管理协会。进入 20 世纪 60 年代后，很多美国企业为了进行有效的成本集中管理，将物流管理分为物资管理和配送管理两个功能部分。前者包括与生产有关的原材料、半成品、零配件及废旧物料的采购、加工、仓储、搬运、回收复用等活动的计划、组织和控制。尤其要指出的是他们将生产时间表的制定也纳入了物流职能部门，物流与生产充分地结合在一起。后者的重点在于产成品从生产线到用户的实物移动过程中发生的运输、仓储、流通、加工、包装、订单处理、需求预测和用户服务等活动。可以看到，营销及销售部门的有些业务被纳入了物流职能中去。为了实现这一转变，企业在组织结构上做了大量的调整，如扩展传统采购部门的职责，成立一体化的配送部门。物流管理者的职位也由此提升了，出现了"物流主管"的头衔，物流业务由副总裁级的领导来监督和控制。值得指出的是，功能阶段的形成除了成本压力外，物流总成本的概念也对美国物流的发展产生了推动作用。另外，计算机技术的发展，线性规划技术、模拟仿真系统的大量运用给物流系统的规划、设计等提供的支持是必不可少的前提条件。

一个典型的制造企业，其需求预测、采购和原材料运输环节通常被叫作进向物流，材料在工厂内部工序间的流通环节叫作生产物流，而配送给客户的服务环节叫作出向物流。物流管理的关键则是系统管理从原材料到在制品再到成品的整个流程，以保证在最低的存货条件下，物料畅通地买进、运入、加工、运出并交付到客户手中。对于有着高效物流管理企业的股东而言，这意味着以最少的资本做成最大的生意，产生最大的投资回报。

这一时期，管理者逐渐将物资管理和物资配送看成是一个有机的整体，物流一体化管理在企业中出现并应用开来。至此，物流管理成为企业的战略问题之一，很多企业开始制定物流战略计划，高级物流管理者也明显增多，并且越来越多地参与到企业的计划和决策中去。在物流的实践过程中，涌现了很多既提高了物流的合理化，又增加了企业利润的企业。这样对于企业来说，一旦认识了物流在企业经营中的重要性，物流在企业中的地位也就得以提高。物流管理部门成为企业经营战略中的重要职能部门。

3. 第三阶段为供应链管理阶段：外部一体化管理阶段和全程物流管理阶段（20 世纪 90 年代以后）

进入 20 世纪 90 年代，随着全球一体化的进程，企业分工越来越细化。各大生产企业纷纷外包零部件生产，把低技术、劳动密集型的零部件转移到人工最廉价的国家去生产。以美国的通用、福特、戴姆勒—克莱斯勒三大车厂为例，一辆车上的几千个零部件可能产自十几个不同的国家，几百个不同的供应商。这样一种生产模式给物流管理提出了新的课题：如何在维持最低库存量的前提下，保证所有零部件能够按时、按质、按量，以最低的成本供应给装配厂，并将成品车运送到每一个分销商。美国企业的物流系统更加系统化、整合化，物流也从后勤保障向供应链管理转化。这已经远远超出一个企业的管理范围，它要求与各级供应商、分销商建立紧密的合作伙伴关系，共享信息，精确配合集成跨企业供应链上的关键商业流程，才能保证整个流程的畅通。只有实施有效的供应链管理，方可达到同一供应链上企业间协同作用的最大化。市场竞争已从企业与企业之间的竞争转化到供应链与供应链的竞争。供应链管理的出现将一体化概念从单个公司扩展到了供应链上的所有公司。在整条供应链中，单个公司只是其中的一个部分，有效配置链上成员的资源，可以提高整条链的效率，以获得链的竞争优势。这一理念使得各个公司进行物流的外部一体化：①集体制定投资计划，共享对物流投资带来的好处。②统一的产品包装设计，便于使用共同的仓储、装卸和运输设备。③共享信息，采用 DRP 或 JIT 系统以消除库存冗余。④共享专业技术。这样，企业得以集中精力于核心业务竞争力的建立。依照供应链管理的基本思想，很多行业已经开始进行实践。在食品杂货业被称为有效客户反应（Efficient Consumer Response，ECR），在纺织业被称为快速反应（Quick Response，QR）。即使仅在开展有效客户反应的食品行业，由于批发业和生产企业的联合，初步推算可以节约 300 亿美元。因此，20 世纪 90 年代美国的企业，通过供应链管理积极地推进企业物流的合理化和效率化。

目前，消费品企业一方面要应付竞争对手、潜在竞争对手、用户、供应商、替代品等市场力量；另一方面还要面对产品易耗、时尚、消费者等产业特点的挑战。为了应对竞争，沃尔玛、宝洁、戴尔、联合利华等业界翘楚已经开始委派各自的物流计划部门担当起需求链运营计划统筹的重任。它们纷纷建立了快速市场反应系统，并以此拉动企业供应链的有效输出。在消费品行业，以需求链为中心的行为模式正在成为企业前进的"指南针"。

在这样的背景下，加拿大物流管理协会在 2000 年改名为加拿大供应链与物流管理协会以反映行业的变化与发展。美国物流管理协会曾试图扩大物流管理概念的外延来表达供应链管理的理念，最后因多方反对，不得不修订物流管理概念，承认物流管理是供应链管理的一部分。

在完成三次角色转换与扩展后，如今，物流迎来了自己的第四个新角色——在复合前三个角色的基础上，成为预测企业各关键部门（销售、生产、市场、研发）需求，制订、实施企业战略计划的统率者。新角色意味着物流真正融入了企业的战略管理。进入 2003 年以后，物流又出现了一个新的角色——物流正以计划协调负责人的身份跃上企业管理的舞台。一位沃尔玛的副总裁曾这样定义它的作用——"物流以计划协调负责人的身份出现，这是关注未来规模的企业对需求链战略价值认识的质跃。它还原了物流的天然属性：务实细致、贯穿始终。"

因此，由物流部门领导企业的计划统筹系统是需求链驱动与服务经济的必然要求。它将对企业原有的管理系统进行再造，其目的在于建立最优的库存配比、健康流转的销售渠道以及提高客户满意度，提升品牌市值。在企业全新的计划统筹系统中，物流部门将逐步以策划、组织和协调者的身份登上战略规划与运作控制的舞台。惠尔浦公司是实施需求链管理模式的先行企业之一，它通过关注终端客户的需求、再造流程，不仅减轻了企业库存负担，更重要的是与供应商、分销商结成了风雨同舟的战略合作伙伴关系。

三、现代物流的发展趋势

1. 物流运作系统化

企业物流是一种系统性的经济活动，主要通过物流目标合理化、物流作业规范化、物流功能集成化、物流技术一体化来实现。传统物流一般指产品出厂后的包装、运输、装卸、仓储，而现代物流提出了物流系统化并付诸实施。具体地说，使物流向两头延伸并加进了新的内涵，使社会物流与企业物流有机结合在一起，从采购物流开始，经过生产物流，再进入销售物流，与此同时，要经过包装、运输、仓储、装卸、加工配送到达用户（消费者）手中，最后还有逆向物流。可以这样讲，现代物流包含了产品从"生"到"死"的整个物理性的流通全过程，即通过统筹协调、合理规划，控制整个商品的流动，以达到效益最大和成本最小，同时满足用户需求不断变化的客观要求。这样，就可以适应全球"经济一体化"、"物流无国界"的发展趋势。因此，物流的系统化是一个国家流通现代化的主要标志，是一个国家综合国力的体现。

2. 物流服务网络化

电子商务的发展要求企业物流不仅以较低的成本提供高质量的服务，而且还要求物流服务向多样化、综合化、网络化发展。为了实现电子商务的物流增值性服务，企业必须重新设计适合电子商务发展的物流渠道，减少物流环节，提高物流服务系统的快速反应性能，实现物流服务网络的优化和系统性：一是使信息网络联结起供应商、制造商、下游顾客以及货物流动中的各个环节；二是实体网络与信息网络要"无缝连接"。物流的网络化为物流虚拟化提供了平台基础。

3. 物流管理信息化

物流系统是一个大跨度系统。物流活动不但活动范围广阔、涉及部门众多，而且一直处于动态变化过程。随着全球经济一体化，商品与生产要素在全球范围内以空前的速度自由流动。物流活动范围、流动速度也进入一个前所未有的发展阶段，物流业正向全球化、网络化和信息化方向发展。电子数据交换（EDI）技术与国际互联网的应用，使物流效率的提高更多地取决于信息管理技术；电子计算机的普及和条形码技术的普遍应用，则提供了更多的需求和库存信息，提高了信息管理的科学水平，使商品在各种需求层面上的流动更加容易和迅速。物流信息化表现为物流信息收集的数据化和代码化、物流信息处理的电子化和计算机化、物流信息管理的高技术化、物流信息传递的标准化和实时化、物流信息存储的数字化、物流信息的商品化等。信息化已成为物流活动的核心，成为物流创新的动力。

4. 物流经营全球化

由于电子商务的发展提高了全球商务信息交换能力，促进了全球经济一体化进程，企业要在全球化物流经营上进行战略定位，建立以供应链为基础的国际化物流新观念，实现物流经营资源的全球化配置；要建立按照国际化惯例进行物流经营的专门机构，实现物流经营的规模化发展。

四、国外物流管理简介

人们常说，物流水平代表着一个国家的经济发展程度，物流管理体现了各个国家民族性情和经济模式的差异，比如，日本注重物流成本核算，英国致力于构筑综合性物流体制，美国则以物流机械的现代化作为物流管理切入点。比较分析发达国家之间物流的差别，对于我们构建现代物流体系将有所帮助。

1. 日本：成本物流独树一帜

由前述可知，日本物流业经历了大致四个阶段。在这不断降低成本的过程中，日本总结出一套行之有效的成本物流管理方法，即通过成本管理物流，提高物流效益。成本核算涉及各个领域：供应物流、企业物流、销售物流、退货物流、废弃物流。具体到每一个项目，日本物流界也有严格的考核办法，著名的"五大效果六要素"学说就是典型。

从细微处着手，在精细中见功夫，使日本的物流管理卓有成效，并在物流理论界独树一帜。

2. 美国：追求高度自动化

"工欲善其事，必先利其器"，用这一句话来形容美国物流业的状况最恰当不过，其"器"便是物流机械。撬动美国物流的杠杆之一是物流机械。为提高运输效率，降低运输成本，美国不断加大车辆载重量，一级长途营运企业汽车平均载重量从 1950 年的五吨逐年增加到现在的 30 吨甚至 40 吨。在液罐车上更是推陈出新，有可运送温度低达 $-235℃ \sim -185℃$ 压缩气体的保温液罐车，也有运送温度高达 205℃ 沥青的液罐车及运送熔融合金的带熔液罐车。现在美国物流管理领域，已实现了高度的机械化、自动化和计算机化。

值得一提的是，美国虽然十分重视发展机械化和自动化，但并非盲目追求全自动化，而是根据任务大小及其他制约条件，全面论证后再确定自动化项目的建设，如全军的大型仓库有 34 座，仅有 16 个仓库实现了全自动化管理，其余各库均是采用半自动化作业模式。美国的物流包装，也十分强调适用性，尤其对作战物资的包装，着重从强化包装质量入手，改进包装方法，方便物资的存储与运输。

3. 英国：建立综合物流体制

20 世纪 60 年代末期，英国组建了物流管理中心，开始以工业企业高级顾客委员形式出现，协助企业制定物流人才培训计划，组织各类物流专业性的会议，到了 70 年代，正式组建了英国管理协会。该协会会员多半是从事出口业务、物资流通、运输的管理人员。协会以提高物流管理的专业化程度，并为运输、装卸等部门管理者和其他对物流有兴趣的人员提供一个相互交流的中心场所为宗旨。

因此，英国一再灌输综合性的物流理念，并致力于发展综合物流体制，以全面规划物资的流通业务。这一模式强调为用户提供综合性的服务。物流企业不仅向用户提供或联系铁路、公路以及水运、空运等交通运转工具，而且向用户出租仓库并提供其他的配套服务。在这一思想下建立的综合物流中心向社会提供以下业务：建立送物中心，办理海关手续，提供保税和非保税仓库以及货物担保、医疗服务、消防设备、道路和建筑物的维护、铁路专用线、邮政电传系统、代办税收、就业登记以及具有住、购物等多种功能的服务中心。

英国多功能综合物流中心的建立，形成了英国综合性的物流体制，对整个欧洲影响很大。此外，计算机技术在英国的物流体系中也起到了举足轻重的作用。计算机辅助仓库设计、仓库业务的计算机处理，为英国现代物流揭开了新的一页。

在世界物流体系中，东欧物流亦是重要分支。由分散到集合、由统一到放权，东欧物流可谓异彩纷呈。比如，南斯拉夫从 20 世纪 50 年代开始，就对物流体制着手进行改革。其基本特点是：在现行国家物资管理体制中废除国家对物流领域的行政干预，放弃由国家集中计划、统一调配物资的管理模式，取消国家物资管理计划，劳动组织所需物资主要由市场解决。国家仅对物资供应实现宏观协调，主要靠以自治协议和社会契约为基础的社会计划来进行管理。这种体制运转较为灵活，微观效果较好。

第三节　物流的职能及其合理化目标

现代物流的职能是指物流活动应该具备的基本能力，通过对物流活动的有效组合，达到物流的最终经济目的。它一般由包装、装卸搬运、运输、储存保管、流通加工、配送以及与上述职能相关的物流信息等构成。物流职能是一个系统工程，如果将物流这个系统比作一座建筑物的话，那么构成建筑物的有主体建筑和辅助建筑。同样，物流职能也可以分为主体职能和辅助职能。

一、主体职能

物流的主体职能包括运输、储存保管和配送。

1. 运输

运输是指"人"和"物"的载运及输送。这里专指"物"的载运及输送。它是在不同的地域范围间（两个国家、两个城市、两个工厂之间，或一个大企业内相距较远的两个车间之间），以改变"物"的空间位置为目的的活动，是对"物"进行的空间位移。它与搬运的区别在于，运输是较大范围的活动，而搬运是在同一地域之内的活动。

运输是实现人和物空间位置变化的活动，与人类的生产和生活息息相关。可以说，运输的历史与人类的历史同样悠久。早在18世纪中叶，运输还处在发达的手工业阶段，亚当·斯密就论述了运输（主要是帆船和马车）对社会分工、对外贸易、促进城市和地区的经济繁荣等方面所起的重大作用。在此后的近两个世纪中，运输经历了从旧式工具到机械运输工具的根本性变革，继而发展到现代各种运输方式全面发展的阶段。

（1）运输的作用。运输的作用主要有以下几点：

1）运输是社会物质生产的必要条件之一。运输是国民经济的基础和先行条件。马克思将运输称为"第四个物质生产部门"，即将运输看成生产过程的继续，这个继续虽然以生产过程为前提，但如果没有这个继续，生产过程就不能最终完成。虽然"运输"的这种生产活动和一般生产活动不同，它并不创造新的物质产品，不增加社会产品数量，不赋予产品以新的使用价值，而只是变动其所在的空间位置，但这一变动却使生产能够继续下去，使社会再生产不断推进。因此，我们将其看成一个物质生产部门。

运输作为社会物质生产的必要条件，表现在以下两个方面：一方面，在生产过程中，运输是生产的直接组成部分，没有运输，生产内部的各环节就无法联结；另一方面，在社会上，运输是生产过程的继续，这一活动联结生产与再生产、生产与消费，联结国民经济各部门、各企业，联结着城乡，联结着不同国家和地区。

2）运输可以创造"场所效用"。同一种"物"由于空间场所不同，其使用价值的实现程度就不同，所产生的效益也不同。由于改变"物"的场所而使其最大限度地发挥了使用价值，使其最大限度地提高了产出投入比，这称为"场所效用"。通过运输，将"物"运到场所效用最高的地方，就能发挥"物"的最大潜力，实现资源的优化配置。从这个意义上来讲，也相当于通过运输提高了"物"的使用价值。

3）运输是"第三利润源"的主要源泉。之所以说运输是"第三利润源"的主要源泉，这是因为：①运输是运动中的活动，它和静止的保管不同，要靠大量的动力消耗才能实现，其活动的时间长、距离长、消耗大。而消耗的绝对数量越大，其节约的潜力也就越大。②从运费来看，运费在全部物流费用中占最高的比例，若综合分析计算社会物流费用，运输费在其中约占 50% 的比例，有些产品的运费甚至还高于产品的生产费。所以能够节约的潜力也是很大的。③由于运输的总里程大，运输的总量也巨大，所以，通过运输合理化操作可大大缩短运输吨公里数的费用，从而达到节约的目的。

4）运输是物流的主要功能要素之一。按物流的概念，物流是"物"的物理性运动，这种运动不但改变了"物"的时间状态，也改变了"物"的空间状态。而运输承担了改变空间状态的主要任务，是改变空间状态的主要手段，若再配以搬运、配送等活动，就能圆满地完成改变"物"的空间状态的全部任务。

在现代物流观念未诞生之前，甚至就在今天，仍有不少人将运输等同于物流，其原因是物流中很大一部分责任是由运输承担的，是物流的主要部分。

（2）运输的方式。运输在物流系统中是最为重要的构成要素，选择何种运输方式对于物流效率的提高是十分重要的。在决定运输方式时，必须权衡运输系统要求的运输服务和运输成本，可以以运输工具的服务特性作为判断的基准：运费、运输时间、频度、运输能力、货物的安全性、时间的准确性、适用性、伸缩性、网络性和信息化等。基本的运输方式有公路运输、铁路运输、水路运输、航空运输和管道运输。

1）公路运输。公路运输主要是使用汽车，也可以使用其他车辆（如人力车、蓄力车）在公路上进行货、客运输的一种方式。公路运输主要承担近距离、小批量的货运和水运、铁路运输难以到达地区的长途、大批量货运及铁路、水路优势难以发挥的短途运输。由于公路运输有很强的灵活性，在有铁路、水路的地区，较长途的大批量运输也开始使用公路运输。

2）铁路运输。铁路运输是使用铁路列车运送客、货的一种运输方式。铁路运输主要承担长距离、大批量的货运，在没有水运条件的地区，几乎所有大批量货物都是依靠铁路运输完成的，是在干线运输中起主力运输作用的运输形式。

3）水路运输。水路运输是使用船舶运送客、货的一种运输方式。水运主要承担大批量、长距离的运输，是在干线运输中起主力作用的运输形式。在内河及沿海，也常有小型水运运输工具的使用，担任补充及衔接大批量干线运输的任务。

4）航空运输。航空运输是使用飞机或其他航空器进行运输的一种形式。航空运输的单位成本很高，因此，主要适合运载的货物有两类：一类是价值高、运费承担能力很强的货物，例如，贵重设备的零部件、高档产品等；另一类是紧急需要的物资，例如，救灾抢险物资等。

5）管道运输。管道运输是利用管道输送气体、液体和粉状固体的一种运输方式，其运输形式是靠物体在管道内顺着压力方向循序移动实现的，与其他运输方式重要的区别在于管道设备是静止不动的。

2. 储存保管

仓储活动包括堆存、管理、保养、维护等活动，目的是克服产品生产与消费在时间上的差异，是物流的主要职能之一。在商品流通过程中，产品从生产领域生产出来，到进入消费领域之前，往往要在流通领域停留一段时间，形成了商品储存。同时，在生产过程中，原材料、燃料和工具、设备等生产资料和半成品在直接进入生产过程之前或在两个工序之间，也都有一小段的停留时间，这就形成生产储备，保存了其使用价值和价值。

（1）仓储的作用。仓储的作用有以下几点：

1）仓储是物流的主要功能要素之一。在物流中，运输承担了改变空间状态的重任，物流的另一个重任，即改变"物"的时间状态则是由仓储来承担的。因此，在物流系统中，运输和仓储保管是并列的两大主要功能要素，被称为物流的两大支柱。

2）仓储是物质生产及生活顺利进行的必要条件。仓储可以调节供需矛盾。如农业生产具有较强的季节性，而农产品的需求却是基本平稳持续的，这两者之间的矛盾要通过仓储来解决；在工业生产中，需求和供给之间也存在类似的问题，如大规模、大批量生产有利于降低成本，而需求却常常表现为持续的基本平稳的状况。

仓储的作用被形象地称为"蓄水池"。在供过于求时，起着蓄积供应货物、延缓供应时间的作用；在供不应求的时期，起着调剂供应不足的作用。信息化时代，就仓储环节而言，尽管需求、仓储和供应之间信息流通发生障碍的可能性越来越小，障碍发生的程度也越来越小，但由于未来的不确定性，仓储的作用仍然非常重要。仓储的盲目性减少了，人们就能有效控制仓储的规模，降低持仓环节的费用，使仓储的目的性更加明确，更具有针对性。如雨季时，蓄水池（水库）常常面临两难的选择：在蓄水量达到一定规模后，是继续蓄水还是开闸泄水？如果继续蓄水，则上游持续大量来水时，将可能带来毁灭性的后果；如果不再蓄水，干旱季节可能无水可用，造成供应短缺。在决定蓄水池（水库）的蓄水量时，良好的信息支持显然能很好地指导工作。现代的仓储也常常面临着类似的问题。

对于企业而言，仓储可以满足营销的需要。为了减少缺货，需要有更接近客户的仓储。仓储还可以起到协调各方运输方式间运输能力差距的作用。如船舶的运量大，海运船一般在万吨级以上，内河船也以百吨或千吨计；每辆铁路货车约能装50~60吨，一列火车的运量可达数千吨；汽车的运量最小，一般每车只有4~10吨。不同运输方式之间需要进行转换时，由于运输能力很不匹配，这种运力的差异往往要通过仓库或货场的仓储进行调节和衔接。

3）仓储可以创造时间价值。仓储是物流系统功能的两个主要的基本要素之一。物流系统的作用，归根结底就是要保证社会经济生产、生活的顺利进行，也就是在需求、供给都存在的情况下，实现供给与需求，也就是要改变货物的空间/时间状态，帮助货物实现其价值和使用价值。改变空间状态的任务主要由运输完成，而改变时间状态的任务则主要由仓储完成。通常，企业创造产品或服务的四种价值，即形态价值、时间价值、空间价值和占有价值。而仓储主要创造时间价值。

4）仓储是"第三利润源"的重要源泉之一。供求关系的改变必然影响产品的价格。在供不应求时，产品价格将比供过于求时高得多。事实上，由于仓储具有"储存"这一特点，从利润获取的角度看，它成为企业"第三利润源"的重要组成部分。

在"第三利润源"中，仓储是其中的主要部分。仓储使"物"停滞，时刻有冲减利润的趋势，在"存"的停滞中使用价值降低，而仓储成本的存在就必然起到冲减利润的作用。仓储成为"利润"的"源泉"有以下几个方面的重要原因：①有了仓储保证，就可以免除加班赶工费。②有了仓储保证，就无须紧急采购，不致加重成本使利润减少。③有了仓储保证，就能在有利时机进行销售，或者在有利时机购进，这自然会增加销售利润，或者减少购入成本。④仓储是大量占用资金的一个环节，仓库建设、维护保养和进库、出库既要耗费大量的人力、物力和财力，而在仓储过程中也存在着各种损失，产生很大的消耗，因而，仓储中节约的潜力也是巨大的。通过仓储的合理化安排，可以减少仓储时间，通过降低仓储投入，加速资金周转，通过降低成本来增加利润。

（2）仓储的负作用。仓储是一种必要的活动。但由其特点决定，也经常存在冲减物流系统效益、恶化物流系统运行的趋势。所以甚至有人明确提出，仓储中的"库存"是企业的癌症，主要原因在于仓储的代价太高。

1）固定费用支出。库存会引起仓库建设、仓库管理、仓库员工福利等费用开支的增加。

2）机会损失。仓储货物会占用一定的资金，如果将资金用于其他途径可能会产生更高的收益，且资金还产生利息损失。所以利息损失和机会损失都是很大的。

3）陈旧损失和跌价损失。货物在库存期间可能发生各种物理、化学、生物、机械等损失，严重时还会失去全部价值及使用价值，随仓储时间的增加，存货无时无刻不在，一旦错过有利的销售期，就不可避免地会出现跌价损失。

4）保险费支出。近年来为分担风险，我国开始实行对仓储物投保缴纳保险费的方法。保险费支出在有些国家、地区已经达到相当大的比例。在网络经济时代，随着社会保障体系和安全体系日益完善，这个费用的支出还会呈上升趋势。

5）进货、验收、保管、发货、搬运等可变费用。有仓储的存在，就必然有进货、验收、保管、发货、搬运等费用的支出。这也会增加企业的成本。

6）仓储可能增加企业经营风险。不适当的仓储可能会导致成本上升。在货物价值一定的情况下，无论增加什么工作环节，都会导致成本的上升，仓储也不例外。同时，仓储还占用流动资金，影响企业的正常运作。仓储的风险不仅表现为增加了成本，占用了流动资金，而且也表现为仓储品的价值减少。一方面，仓储过程中货物将出现有形损耗；另一方面，也可能出现无形损耗。这在高新技术行业尤其明显，如计算机产品，近年来降价就很迅速。另外，如食品类，存在有效期，过了有效期，货物就失去了价值。

上述各项费用和风险都是降低企业效益的重要因素，况且仓储对流动资金的占用高达40%～70%，甚至有的企业库存竟然占用了全部流动资金，导致企业无法正常运转。所以有些经济学家和企业家将其看成"洪水猛兽"，是企业的负担或包袱。

无论是褒扬还是贬低，都不能根本改变现代社会需要仓储这一现实，相反却证实了仓储有利和有害的两重性。仓储好比一把"双刃剑"，既要看到其有利的一面，也必须积极防止其有害的一面。物流科学的研究，就是要在物流系统中充分发挥仓储有利的一面，扼制其有害的一面。

3. 配送

配送在经济合理区域范围内，根据用户要求，对物品进行拣选、加工、包装、分割、组配等作业，并按时送达指定地点的物流活动。其作为物流的一种特殊的、综合性活动，几乎包括了所有的物流功能，是物流活动在小范围中的体现。一般配送包括装卸、包装、保管、加工、运输等活动，其目的是通过这一系列活动将货物安全、准确地送达目的地。其具有以下几方面的特点：

（1）配送以终端用户为出发点。配送是通过一系列的活动完成最终交付的一种活动，它是从最后一个物流节点到用户之间的物品的空间移动过程。这一过程主要通过配送中心或零售店铺来完成。

这里所说的最终用户是相对的，在整个流通过程中，流通渠道构成不同，供应商直接面对的最终用户也不一样。

（2）配送是末端运输。从运输角度来看，货物运输分为干线部分的运输和支线部分的配送。这里所说的配送是指支线的、末端的运输，是面对客户的一种短距离的送达服务。

（3）配送时效性强。配送强调在特定的时间、特定的地点完成交付活动，按客户要求或双方约定的时间送达，充分体现时效性。

（4）以满足用户需求为出发点。配送是从用户利益出发、按用户要求进行的一种活动，因此，在观念上必须明确"用户第一"、"质量第一"，配送承运人的地位是服务地位而不是主导地位，因此必须从用户利益出发，在满足用户利益基础上取得本企业的利益。

（5）配送是各种业务的有机结合体。配送业务中，除了送货，在活动内容中还有"拣选"、"分货"、"包装"、"分割"、"组配"、"配货"等项工作。配送是这些业务活动有机结合的整体，同时还与订货系统紧密联系。要实现这一点，就必须依赖现代情报信息，建立和完善整个大系统，使其成为一种现代化的作业系统，这也是以往的送货形式无法比拟的。

（6）配送追求综合的合理效用。对于配送而言，应当在时间、速度、服务水平、成本、数量等多方面寻求最优，不能过分强调"按用户要求"。受用户本身的局限，客户要求有时候存在不合理性，在这种情况下，要对客户进行指导，实现双赢。

综上所述，配送与运输有很大的不同，其具体区别见表1-2。

表1-2　配送与运输的区别

项目	运输	配送
线路	从工厂仓库到物流中心	从物流中心到终端客户
运输批量	批量大，品种少	小批量，品种多
运输距离	长距离干线运输	短距离支线运输
评价标准	主要看运输效率	主要看服务质量
附属功能	单一	几乎包括了物流的所有功能要素

二、辅助职能

在由储存、运输和配送构建的物流体系框架中，还存在着诸多辅助性的职能。同时，这些辅助性职能就整个物流体系而言，又是不可或缺的。甚至可以说，这些辅助性职能同样存在于每一次细微的物流活动中。概括地讲，辅助性职能主要有三个：包装、装卸搬运和流通加工。

1. 包装

无论是产品或是材料，在搬运、输送之前都要进行某种程度的包装捆扎或装入容器，以保证产品完好地运送到消费者手中。我国国家标准《物流术语》中对包装的定义如下："为在流通过程中保护产品，方便储运，促进销售，按一定技术方法而采用的容器、材料及辅助物的总体名称。也指为了达到上述目的而采用容器、材料和辅助物的过程中施加一定技术方法等的操作活动。"

包装与物流的关系密切，是物流系统的重要组成部分，包装既是生产的终点，又是物流的起点，其作为物流起点的意义较之作为生产终点的意义更大。

（1）包装的地位。在由运输、仓储、包装、装卸搬运、配送等环节组成的物流系统中，包装是物流系统中的重要组成部分，需要和装卸搬运、运输和仓储等环节一起综合考虑、全面协调。包装还是不包装？简单包装还是精细包装？大包装还是小包装？都应该结合商品的运输、保管、装卸搬运以及销售等相关因素综合考虑，只有多种相关因素协调一致，才能发挥整体物流效果。包装既要考虑物流其他职能，同时物流其他职能又受包装的制约。

1）就包装与运输的关系而言，为降低运输成本，充分发挥包装的功能，包装要考虑运输的方式。如果杂货运输时用货船载运，就必须严格地用木箱包装；若改用集装箱船载运后，货物只用纸箱包装就可以了。不同类型的包装，也决定着运输方式的选择。

2）就包装与搬运的关系而言，如果用人工搬运，就应按人力可以胜任的重量单位进行包装，如果运输过程中全部使用叉车，就无须包装成小单位，只要交易上允许，则应尽量采用大包装。

3）就包装与保管的关系而言，货物在仓库保管，如果需要码高，那么，最下面货物的包装应能承受压在上面货物的总重量。以重量为 10 公斤的货箱为例，如果货物码放 10 层，那么最下边的箱子最低承重应为 90 公斤。如果设计了只能承重 90 公斤的包装，仓库再高也只能码放 10 层货物。

由此可以看出，包装在物流系统中并不是孤立存在的，而应从系统的观点去考虑。包装物的大小、形状、重量、体积要考虑如下因素：一要便于运输、保管和装卸搬运；二要便于堆码、摆放、陈列、提取、携带；三要便于拆卸、回收和再生利用。在包装配套化要求方面要考虑包装与运输、保管、装卸搬运相配套问题。比如，采用单元化包装可以顺利实现铁路、公路、水运等各种运输方式的转换，达到快速、安全地入库、上架、下架、出库作业，从而提高装卸搬运效率，减少货物损坏。

（2）包装的作用。从前述包装的定义，可以看出包装的作用，即包装是为了保护产品、便于储运、促进销售等。

1）保护产品。保护是包装最重要的作用。产品从生产厂家生产出来直到送达最终用户手中，要经过一定的时间和历程，这个过程要经过多次的运输和贮存，产品在运输过程中，会受到震动、挤压、碰撞、冲击以及风吹、日晒、雨淋等损害；在贮存过程中会受到温度、湿度、虫蛀、鼠咬、灰尘的损害和污染。到了使用者手里以后，从开始到使用完毕，也要存放一段时间。适当的包装能起到防止各种可能的损害和保护产品使用价值的作用。

包装的作用之一就是使物品的形状、性能、品质在物流过程中不受损害。完善的包装可以在一定程度上防止散包、破损、雨淋、受侵、变质、异味溢泄、变形、撞裂等现象发生。

2）方便储运。包装在运输环节中的主要目的在于方便装卸、储存和运输，从而保证按期将商品完好无损地送达目的地或消费领域。

在储存方面，包装上主要考虑的问题有：①抵御在储运过程中温度、湿度、紫外线、雨雪等气候和自然条件因素对商品的侵害，减缓静压力、震动、冲击、摩擦等外力对商品的作用。②防止商品撒漏、溢泄、挥发而酝酿成污染事故。③包装的尺寸、重量、形态都必须有利于流通环节中装卸、搬运、保管等各项作业，通过包装还可以使物品形成一定的单位，作业时便于处置。如果包装规格尺寸不标准，不能进行集装单元化保管和运输，或者降低运输工具的装载效率，说明包装设计考虑不周。④提高运载工具的载重力和容积，缩短各种作业时间和提高作业效率。通过包装还可以使物品作业时便于清点和处置。

3）促进销售。包装具有促进销售的功能，即商业功能。销售包装是指将包装连同商品一起销售给消费者的包装。销售包装的主要目的在于美化商品、宣传商品，以扩大销售。生意经中的俗语"货卖一张皮"就是阐明包装对促进销售的重要作用。产品进行包装以后，首先进入消费者视觉的往往不是产品本身，而是产品的包装。所以，能不能引起消费者的购买欲望，进而产生购买行为，在一定程度上取决于包装的好坏。特别是在自选超市里，包装起着"无声的推销员"的作用。一般来说，产品的内在质量是竞争能力的基础，但是，一种优质商品，如果没有一个良好的包装相匹配，就会降低"身价"，并削弱市场竞争能力，这在国际市场上表现特别明显。

4）便于使用。根据产品在正常使用时的用量进行适当的包装，还能起到便于使用和指导消费的作用。如瓶装酒 500 克装或 250 克装，使用比较方便；味素用 500 克装，适用于食堂和饭店，50 克装则适用于家庭；药片 1000 片装适用于医院，10片装则适用于个人等。这里包装的大小及包装上说明的用法、用量都起着便于使用的作用。

（3）包装的分类。现代产品的品种繁多，性能、用途各异，对包装的要求也各不相同，这也使包装的种类繁多。

1）按包装功能分类。按包装功能分类可以把包装划分为工业包装和商业包装两类。

工业包装也称为运输包装，目的是保证商品在运输、保管、装卸搬运过程中不散包、不破损、不受潮、不污染、不变质、不变味、不变形、不腐蚀、不生锈、不生虫，即保持商品的数量和质量不变。工业包装主要发挥包装的保护产品和便于储运的作用，需要注意的事项一般都标注在包装的标志上。所以，要注意包装标志。

包装标志就是指在运输包装外部采用特殊的图形、符号和文字，赋予运输包装件传达各种信息的功能。其作用有三点：一是识别货物，实现货物的收发管理。二是明示物流中应采用的防护措施。三是识别危险货物，暗示应采用的防护措施，以保证物流安全。

商业包装又称为销售包装，它主要是根据零售业的需要，作为商品的一部分或为方便携带所做的包装。商业包装的设计是为了方便顾客、增强市场吸引力以及保护商品的安全。商业包装的功能包括定量功能、标识功能、便利功能和促销功能，目的在于促销、便于商品在柜台上零售或者提高作业效率。商业包装主要发挥包装的促销作用。

2）按包装在流通过程中的作用分类。按包装在流通过程中的作用分类可以分为单个包装、内包装、外包装。

单个包装也称为小包装，是物品送到使用者手中的最小单位，用袋或其他容器将物体的一部分或全部包裹起来，并且印有商品的标记或说明等信息资料。这种包装一般属于商业包装，应注意美观，以起到促进销售的作用。小包装主要发挥包装的促销作用和便于使用的作用。

内包装是将物品或单个包装，或数个商品归整包装，或置于容器中，目的是为了对物品及单个包装起保护作用。

外包装基于物品输送的目的，要起到保护作用并且考虑输送搬运作业方便，一般置于箱袋之中，根据需要对容器有缓冲防震、固定、防温、防水的技术措施要求。一般外包装有密封、增强功能，并且有相应的标志说明。常见的外包装有集装袋或集装包、托盘、集装箱。

内包装和外包装属于工业包装，更着重于对物品的保护，其包装作业过程可以认为是物流领域内的活动。而单个包装作业一般属于销售领域活动，是商业包装。

3）按其他标志分类。按其他标志分类有：

按产品经营方式分，有内销产品包装、出口产品包装和特殊产品（如珍贵文物、工艺美术品等）包装等。

按包装制品材料分，有纸制品包装、塑料制品包装、金属包装、竹木器包装、玻璃容器包装和复合材料包装等。

按包装使用次数分，有一次用包装、多次用包装和周转包装等。

按包装容器（或制品）的软硬程度分，有硬包装、半硬包装和软包装等。

按产品种类分，有食品包装、药品包装、机电产品设备（或仪器）包装、危险品包装等。

按包装技术方法分，有防震包装、防湿包装、防锈包装、防霉包装等。

2. 装卸搬运

按照我国的《物流术语》国家标准，装卸（Loading and Unloading）是指"物品在指定地点以人力或机械装入运输设备或卸下。"搬运（Handing/Carrying）是指"在同一场所内对物品进行水平移动为主的物流作业。"装卸搬运是物流的基本功能之一。

一般来说，在同一地域范围内（如车站范围、工厂范围、仓库范围等），装卸是改变"物"的存放、支撑状态的活动，主要指物体上下方向的移动。而搬运是改变"物"的空间位置的活动，主要指物体横向或斜向的移动。在实际工作中，装卸与搬运是密不可分的，因此，在物流科学中并不特别强调两者的差别，而是作为同一种活动来对待，全称"装卸搬运"。有时候或在特定的场合，单称"装卸"或单称"搬运"，也包含了"装卸搬运"的完整含义。

在习惯使用中，物流领域（如铁路运输）常将装卸搬运这一整体活动称为"货物装卸"；在生产领域中常将这一整体活动称为"物料搬运"。实际上，活动内容都是一样的，只是领域不同而已。

此外，搬运的"运"和运输的"运"，两者的区别主要是物体的活动范围不同：搬运是在同一区域的小范围——物流节点内进行的，而运输则是在较大范围——物流节点间进行的。两者是量变到质变的关系，中间并无一个绝对的界限。

（1）装卸在物流中的地位。装卸搬运是物流的基本功能之一，是整个物流环节不可或缺的一环。

在物流过程中，运输能产生"空间效用"，保管能产生"时间效用"，装卸搬运虽然不能创造出新的效用，但却是物流各项活动中出现频率最高的一项作业活动。无论是商品的运输、储存和保管，还是商品的配送、包装和流通加工，都离不开装卸搬运。

由于每次装卸活动都要花费很长时间，所以装卸效率的高低往往成为决定物流速度的关键。据统计，我国火车货运以 500 公里为分界点，运距超过 500 公里，运输在途时间多于起止的装卸时间；若运距低于 500 公里，则装卸时间超过在途时间。同样，美国与日本之间的远洋船运，一个往返需要 25 天，其中运输时间 13 天，而装卸时间则占了 12 天。

又由于装卸活动所消耗的人力很多，所使用的装卸机械设施也很多，所以装卸搬运费用在物流成本中所占用的比重也很大。据统计，俄罗斯经铁路运输的货物，装卸搬运少则六次，多的达几十次，装卸搬运费用占运输总费用的 20% ~ 30%。我国铁路运输中，装卸作业费用大致占运费的 20%，船运则占 40% 左右。我国对生产物流的统计表明，机械工厂每生产一吨成品，需进行 252 吨次的装卸，装卸成本为加工成本的 15.5%。

此外，由于在频繁的装卸搬运中，需要接触货物，也可能导致货物的破损、散失。所以，装卸搬运也是在物流过程中，造成货物破损、散失、损耗、混合等损失的主要环节。例如，袋装水泥袋的破损和水泥散失主要发生在装卸过程中，而玻璃、机械、器皿、煤炭等产品在装卸时也最容易造成损失。

由此可见，装卸效率的高低、装卸质量的好坏、装卸成本的大小都与整个物流活动关系密切，是降低物流费用、影响物流效率、决定物流技术经济效果的重要环节，对提高物流总体效益具有重要作用，其重要性不容低估。

（2）装卸搬运的作用。装卸搬运的基本功能是改变物品的存放状态和空间位置。无论是在生产领域还是在流通领域，装卸搬运都是影响物流速度和物流费用的重要因素，影响着物流过程的正常运行，决定着物流系统的整体功能和效益。

装卸搬运在物流过程中的作用表现在以下几个方面：

1）附属作用。装卸搬运是伴随着生产过程和流通过程各环节所发生的活动，是不可缺少的组成部分，是整个物流过程的关键所在。据统计，美国工业产品生产过程中，装卸搬运费用占成本的 20% ~ 30%；德国企业物料搬运费用占营业额的 1/3；日本物料搬运费用占国民生产总值的 10.73%。其实，流通过程中的"汽车运输"，实际上就包含了附属的装卸搬运；仓储中的保管活动，也包含了装卸搬运活动。所以，如果没有附属性的装卸搬运活动，运输、保管等物流活动都无法完成。

2）支持作用。装卸搬运也是保障生产过程和流通过程各环节得以顺利进行的条件。装卸搬运质量的好坏、效率的高低都会对生产和流通其他各环节产生很大的影响，或者使生产过程不能进行，或者导致流通过程不顺畅。据国外资料统计，在中等批量的生产车间里零件在机床上的时间仅占生产时间的 5%，而 95% 的时间消耗在原材料、工具、零件的搬运或等待上，物料搬运费用占全部生产费用的 30% ~ 40%。同样，车、船装卸若不当，就会导致运输途中货损增加，甚至造成翻车、翻船等重大事故；或者造成下一步物流活动的困难，使劳动强度、作业工作量大幅度增加。许多物流活动都需要在有效的装卸搬运支持下才能实现高水平。

3）衔接作用。装卸搬运又是衔接生产过程和物流过程各环节之间的桥梁，制约着各个生产环节和各个物流环节之间的活动；是物流活动各功能之间能否形成有机联系和紧密衔接的关键，是整个物流的"瓶颈"。一旦忽视装卸搬运，无论在生产领域还是在流通领域，轻则造成生产、流通秩序的混乱，重则造成生产、流通活动的停顿。例如，我国一些港口由于装卸设备、设施不足以及装卸搬运组织管理等原因，曾多次出现过压船、压港、港口堵塞的现象，严重影响了生产和流通。装卸搬运将运输与存储、仓储与配送、仓储与流通加工衔接起来，将不同的运输方式衔接起来，甚至在仓储、配送活动场所的内部，在制造企业的各个生产环节之间，如果没有装卸搬运活动的衔接，就不可能顺利完成其业务流程。

由此可见，不断改善装卸搬运作业，提高装卸搬运合理化程度，对提高物流系统整体功能有着极其重要的作用。

（3）装卸搬运的组成。装卸搬运作业有对输送设备（如车辆、辊道等）的装入、装上和取出、卸下作业，也有对固定设备（如保管货架等）的入库、出库作业。它的基本作业可以分为以下六个方面：

1）装卸。装卸是将货物装上或卸下运输工具的活动。

2）搬运。搬运是将货物在短距离内移动的活动。

3）堆码。堆码是将物品或包装货物进行码放、堆垛等的活动。

4）取出。取出是将物品从保管场所取出的活动。

5）分类。分类是将物品按品种、发生方向、顾客要求等进行分类的活动。

6）集货。集货是将物品备齐，以便随时装货的活动。

（4）装卸搬运的质量。装卸搬运活动的质量，可以用下面一组公式表示：

$$装卸搬运损失率 = \frac{装卸搬运损失量}{期内吞吐量}$$

$$装卸搬运质量 = 1 - 装卸搬运损失率$$

$$= 1 - \frac{装卸搬运损失量}{期内吞吐量}$$

$$= \frac{期内吞吐量 - 装卸搬运损失量}{期内吞吐量}$$

（5）装卸搬运的特点。装卸搬运在流通过程中占有很重要的地位。在流通领域中，一方面，物流过程各环节之间的衔接，是依赖装卸搬运活动把它们有机地结合起来，从而使物品能在各个环节之间形成"物流"；另一方面，各种不同的运输方式，也是依赖装卸搬运活动，才能形成联合运输。在生产领域，装卸搬运作业也已经成为生产过程中不可缺少的组成部分，成为直接生产的保障体系。

装卸搬运的特点主要表现在以下几个方面：

1）均衡性与被动性。装卸搬运的均衡性主要是针对生产领域而言的。因为均衡性是生产的基本原则，所以生产领域的装卸搬运基本上也是均衡的、平稳的、连续的。

装卸搬运的被动性主要是针对流通领域而言的。因为流通领域的装卸搬运是随车、船的到、发和货物的出库、入库而进行的，作业常常是突击的、波动的、间歇的。所以，对波动作业的适应能力是装卸搬运的特点之一。

2）稳定性与多变性。装卸搬运的稳定性主要是指生产领域的装卸搬运作业。因为生产领域的装卸搬运作业对象是稳定的，或略有变化，但也有一定的规律，所以生产领域的装卸搬运具有稳定性。

装卸搬运的多变性主要是指流通领域的装卸搬运作业。因为流通领域的装卸搬运对象是随机的，货物的品种、形状、尺寸、重量、体积、包装、性质等千差万别，输送工具类型又各不相同，这就决定了装卸搬运作业的多变性。所以，对多变作业的适应能力是装卸搬运的又一特点。

3）局部性与社会性。装卸搬运的局部性主要是针对生产领域而言的。因为生产领域的装卸搬运作业的设备、设施、工艺、管理等涉及的面一般限于企业内部，所以具有局部性。

装卸搬运的社会性主要是针对流通领域而言的。因为流通领域的装卸搬运作业涉及的面和因素是整个社会的，如装卸搬运的收货、发货、车站、港口、货主、收货人等都在变动。所以，所有装卸作业点的设备、设施、工艺、管理方式、作业标准都必须相互协调，才能发挥整体效益，这也是装卸搬运的又一特点。

4）单纯性和复杂性。装卸搬运的单纯性主要是指生产领域中的装卸搬运。大多数只是单纯改变物料的存放状态或空间位置，作业比较单纯。

装卸搬运的复杂性主要是指流通领域中的装卸搬运，是与运输、存储紧密衔接的，为了安全和输送的经济性原则，基本上都要进行堆码、满载、加固、计量、取样、检验、分拣等作业，比较复杂。所以，对复杂作业的适应能力也是装卸搬运的特点之一。

由此可见，只有根据装卸搬运的特点合理组织装卸搬运作业，才能不断提高装卸搬运的效率和效益，有效完成装卸搬运工作。

3. 流通加工

流通加工是指物品在从生产地到使用地的过程中，根据需要实施包装、分割、计量、分拣、刷标志、检标签、组装等简单作业的总称。流通加工是物流的基本功能之一。

流通与加工的概念本属于不同的范畴，如图 1-1 所示。

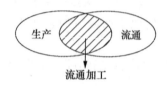

图 1-1　流通加工的范畴

加工是通过改变物品的形态或性质来创造价值的，属于生产活动；流通则是改变物品的空间状态与时间状态，并不改变物品的形态或性质。而流通加工处于不易区分生产还是流通的中间领域，不改变商品的基本形态和功能，只是完善商品的使用功能，提高商品的附加价值，同时提高物流系统的效率。可以说，流通加工是生产加工在流通领域中的延伸，也可以看成流通领域为了提供更好的服务，在职能方面的扩大。

流通加工是在物品从生产领域向消费领域流动的过程中，为促进销售、维护产品质量和提高物流效率，对物品进行一定程度的加工。比如，遵照客户订单要求，将肉、鱼进行分割，或把量分得小一些；家用电器的组装；礼品的拼装，等等。简言之，在流通过程中辅助性的加工活动都称为流通加工。流通加工是流通中的一种特殊形式。

随着经济的全球化和国际分工的细化，为了适应激烈的市场竞争和满足消费者日益多样化的需求，流通加工的意义日益增加，在提高物流效率、降低物流成本方面的作用不断加大，对流通加工的管理已成为物流管理的一项重要内容。

（1）流通加工和生产加工的区别。流通加工是在流通领域从事的简单生产活动，具有生产制造活动的性质。流通加工和一般的生产加工在加工方法、加工组织、生产管理方面并无显著区别，但在加工对象、加工程度方面差别极大，其主要差别表现在以下六个方面（见表 1-3）：

表1－3　流通加工和生产加工的区别

	生产加工	流通加工
加工对象	原材料、零配件、半成品	进入流通过程的商品
所处环境	生产过程	流通过程
加工程度	复杂的、完成大部分加工	简单的、辅助性、补充加工
附加价值	创造价值和使用价值	完善其使用价值并提高价值
加工单位	生产企业	流通企业
加工目的	为交换、消费	为消费、流通

1）生产加工的对象是原材料、零配件、半成品，不是最终产品，而流通加工的对象是进入流通过程的产品，它具有商品的属性。

2）生产加工是复杂加工，而流通加工大多是简单加工，是生产加工的一种辅助及补充，它绝对不能取消或代替生产加工。

3）生产加工是创造产品的价值和使用价值，而流通加工是完善产品的使用价值，并在不做大改变的情况下提高价值。

4）生产加工是由生产企业来完成，而流通加工是由商业或物资流通企业密切结合流通的需要进行组织加工来完成的。

5）生产加工是以交换、消费为目的的商品生产，而流通加工除了包括以消费为目的所进行的加工外，有时候也以自身流通为目的进行加工，其纯粹是为流通创造条件。

（2）流通加工在物流中的作用。流通加工在物流中的作用主要有以下几点：

1）能改变功能，促进销售，提高收益。改变功能，促进销售，提高收益是流通加工的一个主要功能，通过流通加工环节可以使物品更好地满足顾客个性化的需求。例如，内地的许多制成品，如玩具洋娃娃、时装、轻工纺织产品、工艺美术品等，在深圳进行简单的装潢加工，改变了产品的外观功能，仅此一项就可使产品售价提高20%以上。

2）能提高原材料和加工设备的利用率。利用集中进行的流通加工代替分散在各使用部门的分别加工，可以大大减少原材料的消耗，提高原材料和加工设备的利用率，提高加工质量和加工效率，其结果是降低加工费用及原材料成本，而原材料的节省则是利润的源泉。几乎所有的流通加工都能达到节省原材料的目的，所以有明显的经济效益。

3）能提高物流效率，降低物流成本。流通加工能方便运输。如铝制门窗框架、自行车、缝纫机等，若在制造厂装配成完整的产品，在运输过程中，将耗费很高的运输费用。一般是把它们的零部件分别集中捆扎或装箱，到达销售地点以后，再分别装成成品，这样能使运输方便而且经济，有效降低物流成本。

流通加工能减少附加重量。在运输前先通过流通加工完成必要的切割，去除本来就应废弃的部分，就可以减少附加重量，提高运输与装卸搬运的效率，有效降低物流成本。比如，整款的钢板，先切割后再运输，可以减少运输的重量；整根的原木，先割成板材与方木，可以大大缩小体积，合理利用车、船等运输工具的内容积。

流通加工能协调运输（外）包装与商业（内）包装。因为运输包装与商业包装有时存在一定的冲突，比如，运输包装要轻薄，商业包装有时需要夸张；运输包装需要单位重量大一点，商业包装有时需要以很小的重量上货架。所以，商品可以先以运输包装进入物流过程，在运达目的地后，再通过流通加工，形成商业包装，进入商店的货架。这样，也能有效降低物流成本。例如，在自行车消费地区进行集中的装配加工，可防止整车运输的低效率和高损失；将造纸用木材磨成木屑的流通加工，可极大地提高运输工具的装载率；"集中煅烧熟料、分散磨制水泥"的流通加工，可有效地防止水泥的运输损失，减少包装费用，而且可提高运输效率。

4）促进物流合理化。流通加工能方便配送。因为物流企业自行安排流通加工与配送，流通加工是配送的前提，根据流通加工形成的特点布置配送，使必要的辅助加工与配送很好地衔接，能使物流全过程顺利完成。

流通加工能充分发挥各种运输手段的最高效率。因为流通加工环节一般设置在消费地，生产地的大批量、高效率、长距离的输送和消费地的多品种、少批量、多用户、短距离的输送之间，存在着很大的供需矛盾，而通过流通加工就可以较为有效地解决这个矛盾。以流通加工为分界点，从生产地到流通加工点可以利用火车、船舶形成大量的、高效率的定点输送；而从流通加工点到消费者则可以利用汽车和其他小型车辆形成多品种、多用户的灵活输送。这样可以充分发挥各种输送手段的最高效率，加快输送速度，节省运力运费，使物流更加合理。

流通加工不仅能提高商品价值，提高销售效率，而且对于提高物流系统效率，促进物流合理化也越来越重要。

三、信息管理职能

物流信息是联结物流各个环节业务活动的链条，也是开展、完成物流事务的重要手段。在物流工作中，每天都有大量的物流信息发生，如订货、发货、配送、结算等，这些信息都需要及时进行处理，才能顺利地完成物流任务。信息的积压或处理失当，都会给物流业务活动带来不利的影响。因此，如何收受、整理并及时处理物流信息，也是物流的重要职能之一。

有关信息的定义有很多，比较具代表性的有：①信息是使人们促进知识更新和认识事务的客观存在。②信息是指应用文字、数据或信号灯形式通过一定的传递和处理，来表现各种相互联系的客观事物在运动变化中所具有的特征内容的总称。③信息是减少不确定性的一种客观存在和能动过程。总的来讲，信息是加工后的数据。

我国实施的国家标准《物流术语》中，对物流信息的定义是："反映物流各种活动内容的知识、资料、图像、数据、文件的总称。"

1. 物流信息与物流情报、物流消息的区别

物流情报是物流信息的一部分。物流情报是那些有一定目的性，具有很强的时效性，经过特殊方式和渠道加以传送的最新的情况报道。

物流消息是物流信息的外壳和形式，物流信息是物流消息的核心内容，物流消息中包含的信息量大小是各不相同的。

物流信息的产生与物流活动的开展密不可分。由于物流系统是涉及社会经济生活各个方面的错综复杂的大系统，关系到原材料供应商、生产制造商、批发商、零售商及最终消费者市场流通的全过程，因此，物流信息数量巨大，类型繁多。例如，在运输管理子系统中，运输方式的确定、运输服务商的确定、运输工具的选择、运输路线的确定等需要大量的、准确的物流运输信息来进行决策支持；又如，在库存管理子系统中，管理人员需要了解仓库的分布状况、库存数量、入库和出库情况、库存时间的确定等库存信息，以加强库存管理，最大限度地降低库存成本。

另外，需要注意的是物流信息不仅是物流方面的信息，还包括其他流通活动的信息（如商品的交易信息、商品的市场信息等），政策信息和通信交通等基础设施信息。在现代物流活动中，物流信息与其他各类相关信息相互交叉，相互融合，共同在物流系统和整个供应链活动中发挥着重要作用。

2. 物流信息的特点

（1）种类繁多，来源广泛。不仅企业物流系统内部各个环节有不同种类的信息，而且物流系统与其他系统（如生产系统、销售系统等）也密切相关，同时随着供应链的发展，企业间的信息统一与共享的要求日趋增高，这就使得物流信息的分类、研究、筛选等工作的难度大大增加。在物流企业内部，来源广泛的物流信息要求物流企业建立有效的信息收集和处理系统，实现企业内部的信息统一化和信息共享。在供应链管理中，某个企业竞争优势的获得需要供应链各参与企业相互协调合作，通过电子数据交换在各个企业间进行物流信息传输，实现资源共享，降低物流信息处理成本，推动物流活动的顺利开展。

（2）信息量大。物流信息随着物流活动以及商品交易活动的展开而大量产

生。随着现代物流的飞速发展，多品种、小批量生产和多额度、小数量配送、库存、运输等物流活动的信息激增。与此同时，人们对于大信息量的处理方式也在增多。例如，零售商们广泛地采用销售时点信息系统（POS）来读取某一销售时点的商品品种、价格、数量等即时销售信息，并对这些销售信息进行加工整理，通过电子数据交换系统向相关企业传送。在库存补充作业方面，许多企业采用了电子自动订货（EOS）系统。随着供应链技术的发展，人们对于大规模信息流的驾驭能力将会越来越强。

（3）更新速度快，信息价值的衰减速度快。现代物流的一个特点是物流服务供应商千方百计地满足客户个性化服务需求，多品种、小批量生产，多额度、小数量配送，由此产生大量的新信息，不断地更新原有的数据库，而且更新的速度越来越快，这就对信息管理的及时性要求很高。

3. 物流信息的组成

（1）按照物流功能的不同，物流信息可以分为计划信息、控制及作业信息、统计信息等。计划信息指的是被当作目标加以确认的信息，例如，运输量计划、仓储计划、与物流活动有关的基础设施建设计划等。只要现在还没有进入具体业务操作的都可以归入计划信息。这类信息的特点是具有相对稳定性，变动频率较小。

控制及作业信息指的是在物流业务操作过程中发生的信息，具有很强的变动性，是物流活动必然产生的信息，例如，运输工具信息、仓库信息、配送信息、包装加工信息等。这种信息的特点是动态性强，更新速度快，是掌握物流活动实时运动情况的重要信息。这种信息的作用是控制和调整正在发生的物流活动，指导下一次即将发生的物流活动，以实现对物流活动的有效控制和管理。

统计信息是物流活动整个流程结束以后，对整个物流活动所做出的一种总结性的归纳信息。这种信息具有一定的规律性，虽然新的统计结果从总体上来看具有动态性，但是已产生的统计信息都是确定性的历史结果。例如，上一年度发生的物流量、物流种类、运输方式、运输里程等，都属于这类信息。

（2）按照信息的来源划分，物流信息可以分为物流内部信息和物流外部信息。物流内部信息包括物料流转信息、物流作业层信息，具体包括运输信息、储存信息、物流加工信息、配送信息、定价信息、物流控制层信息和物流管理层信息。物流外部信息包括供应商信息、顾客信息、订货合同信息、社会交通通信信息、市场信息、政策信息等。

四、物流合理化目标

1. 距离短

物流是物质资料的物理性移动。这种移动即运输、保管、包装、装卸搬运、流通加工、配送等活动，最理想的目标是"零"。因为凡是"移动"都要产生距离，移动的距离越长，费用越大，反之，则费用越小，所以物流合理化的目标，首先是距离短。

2. 时间少

时间少主要指的是产品从离开生产线算起至到达最终用户的时间，包括从原材料生产线到制造、加工生产线这段时间，也就是物品在途时间少。比如，运输时间少、保管时间少，装卸搬运时间少和包装时间少等。如果能尽量压缩保管时间，就能减少库存费用和占压资金，节约生产总成本。在装卸搬运方面，可以用叉车作业、传送带作业、托盘化作业、自动分类机、自动化仓库等，装卸搬运实现机械化、自动化作业后，不仅大大缩短时间、节约费用、提高效率，而且通过装卸搬运环节的有效连接，还可以激活整体物流过程。在包装环节，使用打包机作业比人工作业不知道要快多少倍。现代物流手段之一的模块化包装和模拟仿真等，都为物流流程的效率化提供了有利条件。所以说，尽量减少物流时间，是物流合理化的重要目标之一。

3. 整合好

物流是一个整体性概念，是运输、保管、包装、装卸搬运、流通加工、配送以及信息的统一体，是这几个功能的有机组合。物流是一个系统，强调的是综合性、整合性。只有这样，才能发挥物流的作用，降低成本，提高效益。单一发展、一枝独秀并不可取。例如，一个企业花庞大资金建了一个全自动化立体仓库，实现了保管作业的高效率，但是该企业运输环节落后、交叉运输、空车往返，或者由于道路拥挤致使运输速度和效率低，不能与全自动化立体仓库匹配，自动化立体仓库意义不大；又例如，一个企业全自动化立体仓库建立起来了，保管效率大幅度提高了，可是商品包装差，经常散包、破损，或者托盘尺寸和包装尺寸不标准、不统一，造成物流过程混乱，窝工现象不断出现，那么建了全自动立体仓库也只能发挥一个环节的作用，物流整体的效率还是没有太大的提高。

4. 质量高

质量高是物流合理化目标的核心。物流质量高的内容有：运输、保管、包装、装卸搬运、配送和信息各环节本身的质量要高；为客户服务的质量要高；物流管理的质量要高，等等。

就运输和保管质量来说，送货的数量不能有差错、地址不能有差错，中途不能出交通事故、不能走错路，保证按时到达。在库存管理方面，要及时入库、上架、登记，做到库存物品数量准确、货位确切，还应将库存各种数据及时传递给各有关部门，作为生产和销售的依据，对库存数据和信息的质量要求也必须高标准。物流合理化目标的归结点就是为客户服务，客户是物流的服务对象，物流企业要按照用户要求的数量、时间、品种，安全、准确地将货物送到指定的地点，这是物流合理化的主体和实质。

物流质量高的另一个方面是物流管理质量。没有高水平的物流管理就没有高水平的物流，物流合理化的目标也就变成一句空话。

5. 费用省

物流合理化目标中，既要求距离短、时间少，又要求费用省，这似乎不好理解。很可能有人认为，物流质量高了，为用户服务周到了，肯定要增加成本，反而又同时要求节约物流费用，不是相互矛盾吗？实际上，如果真正实现了物流合理化，物流费用照样能省。比如，减少交叉运输和空车行驶会节约运输费用；利用计算机进行库存管理，充分发挥信息的功能，可以大幅度降低库存，加快仓库周转，避免货物积压，也会大大节省费用；采取机械化、自动化装卸搬运作业，既能大幅度削减作业人员，又能降低人工费用。装卸搬运的人工费用这笔开支在国外企业中所占的比例很高，我国也将逐渐上升，这方面费用节省的潜力很大。

6. 安全、准确、环保

物流活动必须保证安全，物流过程中货物不能出现被盗、抢、冻、晒、雨淋的现象，不能发生交通事故，确保货物准时、准地点、原封不动地送达。同时，诸如装卸、搬运、运输、保管、包装、流通加工等各环节作业，不能给周围环境带来影响，尽量减少废气、噪声、震动等公害，要符合环保要求。

复习思考题

1. 物流的定义是什么？
2. 简述美国和我国物流产生和发展的阶段。
3. 物流的职能包括哪些活动？
4. 物流合理化目标有哪些？
5. 查找并收集你感兴趣的一个企业的物流发展状况。

第二章

物流系统

学习目标：

通过本章学习，熟悉物流系统的构成，了解物流系统分析的优化原理，能够运用系统的观点对物流进行分析，对物流活动进行战略管理。

第一节 系统与物流系统

用系统的观点来研究物流活动是现代物流管理学科的核心问题，以系统理论和系统工程的原理来研究和开发物流系统，无论对发挥物流功能、提高物流效率、降低物流费用，还是在提高物流质量、满足社会对物质产品的各种需求上，都具有极为重要的意义。

一、系统的概念与特征

1. 系统的定义

"系统"这个词最早出现于古希腊语中，是"由部分组成的整体"的意思。系统概念并不神秘，它广泛存在于自然界、人类社会和人类思维之中。大到浩瀚的银河系，小到肉眼看不到的原子核，从复杂的导弹系统，到简单的产品，都可视为系统。如果撇开这些系统的生物的、技术的、生产的具体物资运动形态，仅仅从整体和部分之间的相互关系来考察，我们称有相互作用和相互依赖的若干部分（要素）组成的具有特定功能的有机整体为系统。

2. 系统的一般模式

系统是相对外部环境而言的，但是它和外部环境的界限往往又是模糊过渡的，所以严格地说，系统是一个模糊集合。

外部环境向系统提供劳力、手段、资源、能量、信息，称为"输入"。系统以自身所具有的特定功能，将"输入"进行必要的转化处理活动，使之成为有用的产成品，供外部环境使用，称为系统的"输出"。输入、处理、输出是系统的三要素。如一个工厂输入原材料，经过加工处理，得到一定产品作为输出，这就成为生产系统。

外部环境因资源有限、需求波动、技术进步以及其他各种变化因素的影响，对系统加以约束或影响，称为环境对系统的限制或干扰。此外，输出的成果不一定是理想的，可能偏离预期目标，因此要将输出结果的信息返回给"输入"，以便调整和修正系统的活动，这称为反馈。根据以上关系，系统的一般模式可用图 2－1 表示。

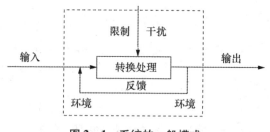

图 2－1　系统的一般模式

3. 系统的特征

（1）集合性。系统是由两个或两个以上要素所构成的具有特定功能的有机集合体，但该有机集合体的功能不是各个要素功能的简单叠加。也就是说，系统不是各个要素的简单拼凑，它是具有统一性的一个系统总体。即使是把那些单个功能并不优越的要素经系统组合起来，所形成的系统总体却可以具有优越的功能，也可以产生新的功能。例如，继电器在电路中是起开关作用的，把许多继电器随便集中起来，其功能是不会发生任何变化的。但如果把这些继电器按照一定逻辑电路的要求巧妙地连接起来，就构成了一个计算机系统，它会显示出与开关功能截然不同的新功能，即计算功能。

系统和要素的区分是相对的。一个系统只有相对于构成它的要素而言才是系统，而当它和其他事物构成较大的系统时，它又是一个要素（或称子系统）。

（2）相关性。构成系统的各要素之间必须存在某种相互联系、相互依赖的特定"关系"，即具有有机联系的整体才可称为系统。例如，电子计算机系统是把各种输入输出装置、记忆装置、控制装置、计算装置等硬件装置以及程序等软件和操作人员等都作为组成部分，而且它们是以各种特定的"关系"相互有机地结合起来的，这才形成了一个系统。

系统要素间的特定关系是多种多样的，如原子内部的引力相互作用，生物体内部的同化与异化、遗传与变异，人类社会内部生产力与生产关系、经济基础与上层建筑的相互作用，等等，都是系统要素间的各种存在形式。

（3）目的性。系统应具有一定的目的性，而且这种目的是人为的。没有明确目的的系统，不是系统工程的研究对象，要把那些目前人类还不能改造和控制的自然系统从系统工程中排除。例如太阳系，它就是一种力学系统的自然系统，虽然它具有特定的功能，但是不存在目的。也就是说，人类还无法全部认识和改造它。系统工程所研究的人造系统或复合系统，是根据系统的目的来设定它的功能，所以，在这类系统中，系统的功能是为系统目的服务的。

（4）动态性。系统处于永恒的运动之中。一个系统要不断输入各种能量、物质和信息，通过在系统内部特定方式的相互作用，将它们转化为各种结果输出。系统就是在这种周而复始的运动、变化中生存和发展，人们也是在系统的动态发展中实现对系统的管理和控制。

（5）环境适应性。环境是存在于系统之外、与系统有关的各种要素。可以把环境理解为更高一级的系统。

系统是不能脱离环境孤立存在的，它必然要与环境发生各种联系，同时，也受到环境的约束或限制。环境不是一成不变的，环境的变化往往会引起系统功能的变化，甚至可能改变系统的目的。系统应具备一种特殊的能力，即自我调节以求适应保全的能力。这种能力使系统适应各种变化，排除干扰，保全自己目的的实现。系统的这种能力就是环境适应性，也可称为"应变能力"。

二、物流系统的概况

物流活动不只是单纯的运输、储存、包装、装卸作业活动的重复，而是作为一个有机整体为企业创造利润服务，因此用系统的观点对企业的物流系统进行分析，将企业的物流活动作为一个整体系统来看待，并用系统论的优化原理和方法对物流系统进行规划和设计，就可以使物流活动更好地为企业创造利润服务。

1. 物流系统定义

现代系统论认为，一切事物都是一个完整的系统。系统是指为了达到某种共同的目标，由若干相互作用的要素有机结合构成的整体。系统概念强调各要素共同致力于目标的实现而建立的相互协调合作的关系，同时系统的所有要素必须具有一定的结构，以保持系统的有序性、协调性，发挥系统的整体作用。

任何一个系统都具有整体性、综合性和最优性的特点。整体性是指系统的整体性质和规律，存在于系统各组成要素的相互联系、相互作用之中，各组成部分孤立的特性和活动的总和不能反映整体的特征和活动方式。综合性是指任何系统都是各种要素为特定目的所组成的综合体，对任何系统的研究，都必须从其成分、结构与功能、联系方式、历史发展等方面加以综合考察。最优性是指运用系统方法会达到总体目标或总体方案的最优。

用系统的观点和方法来研究物流活动是现代物流学的核心问题，也是现代物流管理的基本方法。物流系统是指在一定时间和空间里，由所需位移的物资、包装设备、装卸搬运机械、运输工具、仓储设施、人员和通信联系等若干相互联系制约的要素所构成的具有特定物流功能的有机整体。而整体物流系统管理就是应用整体系统的方法对实体供给和实体分配，其包括市场预测、物料需求、采购、原料供应、货物运输、存货控制、仓储、搬运、包装、顾客服务及物流信息在内的活动予以综合管理，以适当的成本，在适当的时间、适当的地点，向适当的顾客提供适当数量与适当品质的适当产品，达到提高顾客服务，降低成本，增进企业利润的目的。物流系统管理的目标是实现物资的空间效益和时间效益，在保证企业生产的前提条件下，实现各种物流环节的合理衔接，并取得最佳的经济效益。

现代物流的精髓就在于运用系统的观点和方法组织、管理、设计物流活动的各个环节，将组成物流活动的各要素整合起来形成有机的整体，以促进物流潜力的发挥。

2. 物流系统的基本模式

和其他的系统一样，物流系统具有输入、转换及输出三大功能，通过输入和输出使系统与外部环境进行交换，使得系统和环境相互依存（如图2-2所示）。

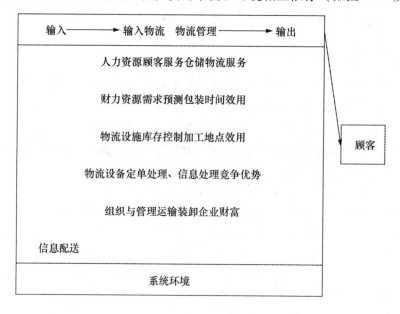

图2-2 物流系统的基本模式

3. 物流系统的特点

作为一个系统，物流系统具有一般系统的共性：整体性、相关性、目的性、环境适应性，同时作为一个个性系统其具有如下特征：

（1）物流系统是一个人机系统。物流系统拥有不同类别的设备和基础设施，诸如交通运输设施、车站、码头、机场、仓库设施、各种运输工具、装卸搬运工具、加工工具、仪器仪表、信息处理工具来实现物流系统的各种功能，但是人始终是系统的主体。只有人与劳动工具结合才能实现各种物流活动。因此在研究物流系统的过程中，要充分将人和物的因素有机结合来分析、实现物流活动的效益的最大化。

（2）物流系统是一个时间、空间大跨度的系统。在企业的采购、生产、销售过程中所花的时间不是一个确定的时段，存在着很大的变数，导致其时间跨度大。同样，在现代的经济社会中，企业间的物流经常会跨越不同的区域，国际物流的区域跨度就更大了。随着现代国际分工的深入，企业的原材料与产品的生产工厂不在同一个国家的情况比比皆是，在美国的超市连锁巨头沃尔玛的货架上就摆放着数以千计的中国产品，作为沃尔玛的核心竞争力的物流采购系统是非常强大，能够进行大跨度的空间采购行为，保证其在激烈的竞争中胜出。

（3）物流系统是一个动态系统。物流系统一般联系多个生产和用户，随着需求、供应、渠道、价格的变化，系统内部的要素以及系统的运行也经常发生变化。物流系统因受到社会生产和社会需求的广泛制约，所以物流系统具有适应环境能力的动态系统。为了适应经常变化的社会环境，物流系统必须是灵活、可变的。当社会环境发生较大变化时，物流系统甚至需要进行重新设计。

（4）物流系统是由许多子系统构成的。根据物流系统的运行环节可以划分为以下几个子系统：物资包装系统、物资装卸系统、物资运输系统、物资存储系统、物资流通加工系统、物资销售渠道系统、物资回收再利用系统、物资情报系统以及物流的管理系统等。

（5）物流系统是一个复杂的系统。物流系统与外部环境联系极为紧密和复杂，物流系统不仅受到外部环境条件的制约，而且这些制约的条件多变，随机性强。同时，物流系统的运行对象可以是全部社会的物资资源，而资源的多样性带来了物流系统的复杂化。物资资源品种成千上万，从事物流活动的人员队伍庞大，物流系统内的物资占用大量的流动资金，物流网点遍及各地，这些人力、物力、财力资源的组合和合理利用，构成一个极为复杂的问题。在物流活动的全过程中，伴随着大量物流信息产生，物流系统要通过这些信息把各个子系统有机地联系起来。收集、处理物流信息，并使之指导物流活动，也是一项复杂的工作。

（6）物流系统是一个多目标系统。物流系统的总目标是为企业服务，实现其经济效益。但是物流系统要素之间存在着非常强烈的"悖反"现象，这常被称为"二律悖反"或"效益悖反"现象，因此要同时实现物流时间最短、服务质量最佳、物流成本最低这几个目标是不可能的。例如，在存储子系统中，为保证供应、方便生产，人们会提出存储物资大量、多品种要求，而为了加速资金周转、减少资金占用，人们又会提出降低库存的要求。显然，物流系统要建立多目标函数，并在多目标中求得物流的最佳效果。

4. 物流系统的目标

物流系统作为社会系统的一个部分，其目标有宏观和微观两个方面的效益。物流系统的宏观方面的效益就是物流系统的建立对社会效益的影响，其直接表现的形式是这一物流系统作为一个子系统对整个社会流通及全部国民经济效益的影响。

物流系统的微观经济效益指的是该系统的运行使企业获得经济效益。其直接表现形式是这一物流系统通过组织"物"的流动，实现本身所消耗与所得之比，当这一系统基本稳定运行之后，这一效益主要体现在利润上。

具体来讲，物流系统要实现以下五个目标：

（1）服务目标。物流业是为物品的供应、运输提供服务的行业。物流系统直接联系着企业的产销，是桥梁和纽带，联结着生产和销售，因此需要具有很强的服务性。在物流系统运作的过程中，不论是运输、包装还是搬运、配送，都要使顾客达到最大程度的满意，而现代科技的发展日新月异，同时也就要求企业不断地提供新的服务来满足顾客的需要。

（2）快速、及时目标。快速、及时不仅是物流服务的延伸，同时也是现代社会对商品流通的物流活动的要求。时间意味着效率，也意味着金钱和财富。快速而又及时的物流服务大大提高了顾客的满意度。为了达到快速、及时的目的，现代的很多企业将许多物流设施建立在服务区附近，利用高速公路、飞机、时间表等运输设施、管理技术来满足顾客。

（3）节约目标。节约是经济领域的重要规律，在物流领域中除流通时间的节约外，由于流通过程消耗大而又基本上不增加或提高商品的使用价值，所以依靠节约来降低投入是提高相对产出的重要手段。物流过程作为"第三个利润源泉"，这一利润的挖掘主要是依靠节约。在物流领域推行集约化方式，提高物流的能力，采取的各种节约、省力、降低消耗的措施，也是节约这一目标的体现。

（4）规模优化目标。以物流规模作为物流系统的目标，是在追求"规模效益"。生产领域的规模生产所带来的规模经济优势是早为人所知的。在流通领域，规模效益问题也异常突出，只是由于物流系统与生产系统相比稳定性较差，难以形成标准的规模化的模式。在物流领域以分散或集中等不同方式建立物流系统，研究物流集约化的程度，就是规模优化这一目标的体现。

（5）合理库存目标。合理库存是及时性的延伸，也是物流系统本身的要求，涉及物流系统的效益。物流系统是通过本身的库存，起到对上下游生产企业和消费者的需求保证作用。因此，在物流管理的过程中，必须正确地确定库存的方式、数量、分布和结构。

5. 物流系统要素

为完成物流的基本功能，物流系统需要拥有以下基本要素：

（1）人力资源。人力资源是系统的核心要素。提高物流从业人员的素质，是建立一个合理化的物流系统并使其有效运转的根本。

（2）资金要素。物流系统建设是一个资金投入很大的领域，离开资金要素，物流系统根本就不可能建成。

（3）功能要素。物流系统的功能要素是指物流系统所具有的基本能力，这些基本能力有效地组合、联系在一起，就形成了物流系统应具有的总功能，便能有效、合理地实现物流系统的总目标。物流功能要素包括运输功能要素、配送功能要素、装卸功能要素、包装功能要素、仓储功能要素、加工功能要素、信息功能要素。

（4）物流设施。物流设施是组织物流系统运行的基础和物质条件，包括物流路线，物流节点。

（5）物流设备。物流设备包括运输设备、仓储设备、加工设备等。

（6）组织与管理。组织与管理在物流网络中起着连接、调运、运筹、协调、指挥各个要素的作用，以保障物流目的的实现。

（7）物流信息系统。物流信息系统是物流系统的核心，是物流功能内涵延伸扩展、各个环节衔接集成协调的基础，是物流系统化、高效率的基础，是改善供应链管理过程的重要工具。正是由于信息处理技术和网络技术在物流系统中的应用发展，给予物流发展以强大的支撑，才有综合物流时代的出现，因此物流信息系统是物流发展进步的基础。

在以上构成要素的基础上，物流系统可具体分为两个大的系统，即物流作业系统和物流协调系统。

物流作业系统主要包括采购系统、运输系统、仓储系统、流通加工系统、生产系统、销售系统等子系统。物流作业系统在运输、保管、包装、搬运、流通加工中使用先进技术，使采购、运输、配送、生产、销售等环节实现网络化，以提高物流管理的效率。其中每一个子系统又包括下一级的子系统，如运输又包括铁路运输系统、公路运输系统、空运系统、水运系统等。

物流协调系统包括物流管理系统、物流信息情报系统等。物流管理系统实现内部管理环节和管理机构的有效协调；物流信息系统则是在保证订货、库存、出货、配送等环节信息流通的基础上使通信据点、通信线路、通信手段网络化，以提高物流作业系统的效率。

第二节 物流系统分析

系统分析是指利用科学的分析工具和方法，分析和确定系统目的、功能、环境、费用与效益等问题，抓住系统中需要决策的若干关键问题，根据其性质和要求，在充分调查研究和掌握可靠信息资料的基础上，确定系统目标，提出实现目标的若干可行方案，通过模型进行仿真试验，优化分析和综合评价，最后整理出完整、正确、可行的综合资料，从而为决策提供服务。

一、物流系统分析及适应性

1. 物流系统分析的界定

物流系统分析是指在一定时间、空间里，以所从事的物流活动和过程作为一个整体来处理，用系统的观点，系统工程的理论和方法进行分析研究，选择、比较和评价各种物流系统方案，以确定最优物流系统方案。如前所述，物流系统是由运输、存储、装卸、搬运、包装、配送、流通加工、信息处理等各个环节所组成的，它们也称为物流系统的子系统。作为系统的输入是运输、存储、搬运、装卸、包装、物流情报、流通加工等环节所消耗的劳务、设备、材料等资源，经过物流系统的处理转化，以物流服务的方式输出系统。换句话说，整体优化的目的就是要使输入最少，即物流成本最低，消耗的资源最少，而作为输出的物流服务效果达到最佳。物流系统服务性的衡量标准有：对用户的订货能很快地进行配送；接受用户订货时商品的在库率高；在运送中交通事故、货物损伤、丢失和发送错误少；保管中变质、丢失、破损现象少；具有能很好实现运送、保管功能的包装；装卸搬运功能能满足运送、保管的要求；能提供保障物流活动流畅进行的物流信息系统，能够及时反馈信息；合理的流通加工，以保证生产费用、物流费用总和最少。

2. 物流系统分析的适用范围

物流系统分析的适用范围很广，它研究的主要问题是如何使物流系统的整体效应达到最优化。一般来说，越是重大而复杂的问题，运用物流系统分析就越经济。在经济管理中，主要有以下几方面的应用：

（1）制定经济发展规划、计划。对于各种资源条件、统计资料、生产经营目标等方面，运用规划论的分析方法寻求优化方案，然后综合其他相关因素，在保证物流系统协调一致的前提下，对物流系统的输入和输出进行权衡，从这些优化方案中选择一个比较满意的规划和计划方案。

（2）重大物流工程项目的组织管理。对于工程项目的各个部分，运用网络分析的方法进行全面的计划和安排，以保证工程项目的各个环节密切配合，确保质量和工期。

（3）工厂地址选择和建厂规划。新建一个工厂应对各种原材料的来源、技术条件、交通运输、市场状况、能源供应、生活设施等客观条件与环境因素，运用物流系统分析的方法论证其技术上的先进性、经济上的合理性、建设上的可行性，以选择最佳方案。

（4）新产品开发。设计新产品时，应对新产品的使用目的、技术结构、用料、价格等因素进行价值分析，以确定该产品最适宜的设计性能、技术结构、用料选择和市场接受的价格水平。

（5）资金成果管理。对生产费用进行预算控制，对生产活动采取的技术履行和革新措施进行成本盈亏分析，然后决定采取哪一种经济合理的措施或者方案。

（6）组织企业的生产布局和生产线。在生产组织方面为求得人员、物资、设备等各种生产设施所需要的空间，要进行最佳的分配和安排，并使相互间能有效组合和安全运行，从而使工厂获得较高的生产率和经济效益。

（7）编制生产作业计划。可以运用投入产出分析法，做到各种零件的投入产出平衡与生产能力平衡，确定最合理的生产周期、批量标准和在制品的储备周期，并运用调度管理安排好加工顺序和装配线平衡，实现准时生产和均衡生产。

二、物流系统分析的要素

物流系统分析的要素很多，根据产生随机数（rand）型系统分析代表人物希奇的思想，进行物流系统分析时必须要把握以下几点：明确期望达到的目的和目标；确定达到预期目的和目标所需要的设备、技术条件和相应的资源条件；计算和估计达到各种可行方案所需要的资源、费用和生产的效益；建立各种替代方案所需要的模型，模型中标明目的、技术条件、环境条件、资源条件、时间、费用、元素间的关系；为选择最优化方案，建立一定的判别标准。

在上述论点的基础上，可总结出物流系统分析的五个基本要素：目的、可行方案、模型、费用和效益、评价基准。

1. 目的

目的是决策的出发点，为了正确获得决定最优化物流系统方案所需要的各种有关信息，物流系统分析人员的首要任务就是要充分了解建立物流系统的目的和要求，同时还应确定物流系统的构成和范围。

2. 替代方案（可行方案）

在一般情况下，为实现某一目的，总会有几种可采取的方案或手段。这些方案彼此之间可以替代，故叫作替代方案或可行方案。比如，要开发煤田，先分露天开采，还是地下开采两种不同的开采方式。即使是地下开采也存在竖井开拓、斜井开拓和平硐开拓的不同方案，而这些方案针对开发煤田的目的，总是利弊兼有的。选择一种最合理的方案是物流系统分析研究和解决的问题。

3. 模型

模型是对实体物流系统抽象的描述。它可以将复杂的问题化为易于处理的形式。即使在尚未建立实体物流系统的情况下，也可以借助一定的模型来有效地求得物流系统设计所需要的参数，并据此确定各种制约条件。同时我们还可以利用模型来预测各种替代方案的性能、费用和效益，有利于各种替代方案的分析和比较。

4. 费用和效益

费用和效益是分析和比较抉择方案的重要标志。用于方案实施的实际支出就是费用，达到目的所取得的成果就是效益。如果能把费用和效益都折合成货币形式来比较，一般来说效益大于费用的设计方案是可取的，反之是不可取的。

5. 评价基准

评价基准是物流系统分析中确定各种替代方案优先顺序的标准。通过评价标准对各种替代方案进行综合评估，确定各个方案的优先顺序。评价基准一般根据物流系统的具体情况而定，费用与效益的比较是评估各个方案的基本手段。

三、物流系统分析的准则

一个物流系统由许多要素组成，要素之间相互作用，物流系统与环境相互影响，这些问题涉及面广且错综复杂，因此进行物流系统分析时，应认真考虑以下一些准则：

1. 物流系统内部与物流系统环境相结合

一个企业经营的物流系统，不仅受到企业内部各种因素的作用，如企业生产规模、产品技术特征、职工素质水平、管理制度与管理组织等的影响，而且还受到社会经济动向、市场状况等环境因素的影响。

2. 局部利益与整体利益相结合

在分析物流系统时我们时常会发现，子物流系统的效益与物流系统整体效益并不总是一致的。有时从子物流系统的局部效益来看是经济的，但是从物流系统的整体效益来看并不是理想的，这种方案就是不可取的；反之，如果从子物流系统的局部看不经济，但是从物流系统整体的效益看是好的，那么这种方案是可取的。

3. 当前利益与长远利益相结合

在进行方案的优选时，既要考虑当前利益，又要考虑长远利益。如果采用的方案对当前和长远都有利，这样当然最理想。但如方案对当前不利，而对长远有利，此时要全面分析后再做结论。

4. 定量分析与定性分析相结合

物流系统不仅要做定量分析还要进行定性分析。物流系统分析总是遵循"定性—定量—定性"这一循环过程，不了解物流系统各个方面的性质，就不可能建立起探讨物流系统定量的数学模型。定性和定量两者结合起来综合分析，才能达到优化的目的。

四、物流系统分析的步骤及常犯的错误

1. 物流系统分析的步骤

物流系统的分析步骤如图 2 - 3 所示。

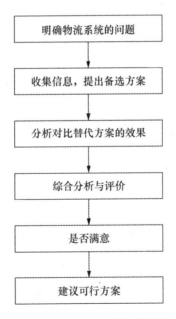

图 2 - 3　物流系统分析的步骤

物流系统分析首先要对现有的物流系统进行详细调查，包括调查现有系统的工作方法、业务流程、信息数量和频率、各个业务部门之间的相互联系，在对现

有系统时间和空间上的信息状态做详细掌握的基础上，分析现有系统的优缺点，并了解其功能。

一般对物流系统进行分析时需要回答下面几个问题：

为什么要进行这项工作？

进行这项工作能增加什么价值？

为什么要按照现有程序进行这项工作？

为了提高效率，能否改变作业步骤的次序？

为什么要由某一个小组或个人来完成这些工作？

其他人可以完成这项工作吗？

还有更好的系统运行方式吗？

物流系统的分析和设计可以由企业专职的系统分析设计师来完成，但是更多的企业乐于借助外部咨询机构来实现。

2. 物流系统分析容易犯的错误

凡需要作物流分析的问题，都是十分迫切而复杂的问题，决策者急于获得答案，这种环境因素往往影响物流系统分析者的判断，导致发生种种错误，其主要体现在以下几个方面：

（1）忽略明确问题。分析往往是从问题的构成开始，最大的疏忽是对第一阶段的工作没有给予应有的重视，以至于还没有搞清究竟是什么问题，就急于分析，当然也难以得出正确的结论。

（2）过早地得出结论。物流系统分析是一个反复优化的过程，仅仅进行一次循环就得出结论和建议，往往有失周密、妥当。

（3）过分重视模型而忽略问题本身。物流系统分析者一般热衷于模型与计算以及诸多数量关系，不适当地扩大了模型的作用反而忽略了问题本身，造成所提的建议对解决问题没有多大帮助。

（4）抓不住重点。分析者总是希望建立一个各方面兼顾的模型，从而使模型变得越来越复杂，以至于过分注意细节，反而忽略了问题的重点所在。

（5）误用模型。任何一个模型都有其一定的假设、前提、使用范围，只在这种条件下得出的结论才有效，超出了假定的条件和范围，将失去其相应的意义和价值。

（6）忽略了主观因素。分析人员往往只注意数量化的分析结论，而忽略了非计量的因素和主观的判断，从而可能导致从未考虑过的损失。

（7）物流系统的范围选取不当。如果物流系统选得过窄，它就不能适当的同外部因素隔开，人为地隔开可能会忽略重要的控制变量与干扰因素。如果物流系统选得过宽，则只能在规定的期限和经费限额内进行适当的研究。

（8）数据有误。由于样本不足，造成以点代面；由于考察对象选择错误，使得收集的数据失误；由于分析失误，在错误的思想指导下所得到的数据必不真实。

五、物流系统分析常用的理论和方法

1. 数学规划法（运筹学）

数学规划法是一种对系统进行统筹规划、寻求最优方案的数学方法，其具体理论与方法包括线性规划、动态规划、整数规划、排队论和库存论等。这些理论和方法都可以解决物流系统中物流设施选址、物流作业资源的配置、货物的配载、物料存储的时间与数量的问题。

2. 统筹法（网络计划技术）

统筹法是指运用网络来统筹安排，合理规划系统各个环节。它用网络图来描述活动的流程路线，把事件作为节点，在保证关键路线的前提下安排其他活动，调整互相关系，以保证按期完成整个计划。该项技术可以用于物流作业的合理安排。

3. 系统优化法

在一定约束条件下，求出使目标函数最优的解。物流系统包括许多参数，这些参数相互制约，互为条件，同时受到外界环境的影响。系统优化研究，就是在不可控参数变化下，根据系统的目标来确定可控参数的值，以使系统达到最优状况。

4. 系统仿真

利用模型对实际系统进行仿真实验研究。

上述不同的方法各有特点，在实际中都得到广泛的应用，其中系统仿真技术近年来应用最为普通。系统仿真技术的发展依赖于计算机软件、硬件技术的飞速发展。今天，随着计算机科学与技术的巨大发展，系统仿真技术的研究也不断完善，应用不断扩大。

六、物流系统的优化原理

物流系统的优化原理包括物流目标系统化原理、物流要素集成化原理、物流组织网络化原理、物流接口无缝化原理、物流反应快速化原理、物流信息电子化原理、物流运作规范化原理、物流经营市场化原理、物流服务系列化原理。

1. 物流目标系统化原理

按照物流系统整体最优化的原则，对物流系统内部要进行权衡、选择和协调，最后确定能够实现物流系统整体最优的物流系统和物流系统要素目标以及实现这些目标的过程。它们是物流系统的约束条件，是物流系统集成、运作、管理、评价的总出发点。

物流目标系统化的目标：物流目标系统化本身的目标是实现物流系统整体目标，而不是系统内部要素目标。

物流目标最优化的对象：物流系统整体目标、物流系统内部要素目标。

物流系统的服务目标：物流系统下级系统的服务目标由它的直接上级系统服务目标来决定。

物流系统的成本目标：物流系统的主要成本有运输成本、仓储成本。物流系统要以低成本为目标。

2. 物流要素集成化原理

通过一定的制度安排，对物流系统功能、资源、信息、网络要素及流动要素等进行统一规划、管理和评价，通过要素之间的协调和配合使所有要素能够像一个整体一样运作，从而实现物流系统要素之间的联系，达到物流系统整体优化的目的。

3. 物流组织网络化原理

将物流经营管理机构、物流业务、物流资源和物流信息等要素组织按照网络方式在一定市场区域内进行规划、设计和实施，以实现物流系统快速反应和最优总成本等要求的过程。

4. 物流接口无缝化原理

物流接口无缝化原理，是指按照物流目标系统化和物流要素集成化原理要求，对物流网络构成要素之间的流体、载体、流向、流量、流程等流动要素，信息、资金、机构、人员等生产要素，技术标准、运作规范、管理制度等机制要素进行内部和外部连接，使系统要素之间、系统与系统之间成为无缝化连接的整体过程。

5. 物流反应快速化原理

物流反应快速化原理是指通过绝对加快运输工具的速度、重新设计物流系统、物流作业流程优化及建立供应链等方法，使物流系统的订货处理周期和前置时间大大缩短的过程。物流反应快速化的目的是缩短订单处理周期和前置时间。物流反应快速化是整个物流系统的快速化。物流反应快速化的方法有提高各种运输工具的速度。相对提高物流反应速度。后者主要是通过系统优化、流程重组、采用信息技术、加强管理等达到目的。

6. 物流信息电子化原理

物流信息电子化原理是指采用数据库、信息网络及电子和计算机技术，对经过物流过程及在物流过程中产生和使用的各种信息进行收集、分类、传递、汇总、识别、跟踪、查询等处理，以达到加快物流速度、降低物流成本、增强物流系统透明度的作用的过程。

7. 物流运作规范化原理

根据现代物流的要求，对物流作业流程和具体的物流进行规范，并确定作业检查、评估标准，按此标准进行具体运作组织和管理，以提高物流作业质量、降低物流作业成本和损失的过程。

8. 物流经营市场化原理

物流经营市场化原理是指根据物流系统运作对资源配置的要求，主要利用市场配置物流资源，以实现物流服务和物流成本的最佳协调和配合的过程。

9. 物流服务系列化原理

物流服务系列化原理是指根据客户的具体情况，设计和提供系列化、个性化的物流服务，从而增强企业竞争力的过程。

第三节　物流系统的规划与设计

一、物流系统规划设计要达到的目标

1. 良好的服务性

良好的服务性包括满足顾客个性化物流服务需求、安全可靠性（无缺货、无货损、服务无或只有较小的变异）、一贯性（物流服务质量稳定）。

2. 良好的快速响应能力

良好的快速响应能力是指及时满足顾客服务需求，快速处理物流服务。为达到快速及时的目标可以将物流设施建设在服务区域附近，也可利用便捷的运输条件及其他先进的管理技术，特别是信息技术实现物流的快速及时反应。

3. 强大的信息功能

强大的信息功能是指信息交换能力、物流活动跟踪能力强。

4. 实现物流服务规模化

集约化、规模化的物流系统能够降低物流成本，取得规模效益。

5. 充分利用物流资源

减少物流资源浪费，减少投资资金。

二、影响物流系统设计的因素

物流系统的规划设计要定位物流服务，提供适合企业的物流战略，部署物流设施，构建物流管理系统，使得企业能以最低的总成本完成所制订的目标。物流系统的设计规划包括以下的内容：物流节点的数量、位置、功能、服务水平；运输设备的类型与数目；运输的通道管理；物流管理系统与技术。通过对上述内容的设计，使物流系统在不同情况下的运作得到协调，发挥物流系统的整体效应。在构建物流系统之前首先必须考虑影响物流系统的内外部相关影响因素，才能构建出合理的物流系统方案来。影响物流系统设计的因素包括以下几个方面：

1. 物流服务需求

构建物流系统就是为完成特定的服务需求而提供的物流功能。物流系统提供的物流服务项目是在物流系统的规划和设计的基础上，根据竞争对手、物流服务需求市场的变化中去不断地适应环境，在优化企业的战略指导下进行的。

2. 行业竞争力

在参与市场竞争中，不对竞争对手的物流竞争力做详尽的分析、不了解同行业的物流基本服务水平、不确定自己的物流功能定位的做法是愚蠢的。

3. 区域市场差异

在物流系统中与顾客的特征直接相关的物流设施结构是根据区域内顾客密度、顾客数量、交通状况、经济水平、地理位置、文化传统等因素的不同而有着不同的决策。

4. 物流技术的进步

在物流技术领域，信息、运输、包装、装卸、搬运、管理技术对物流系统具有很大的影响。随着 IT 技术在物流管理中的运用，其对物流系统产生了革命性的影响，及时、快速、准确的信息交换可以随时随地了解和掌握物流信息，这不仅可以实现物流作业一体化、提高物流作业的效率，而且还可以实现物流系统的实时控制，为物流决策提供最新、快速、准确的信息，以提高决策的质量。

5. 流通渠道的结构

流通渠道结构是由买卖关系和商品本身的性质所决定的，一个企业必须在渠道中建立企业间的商务关系，物流活动是伴随着一定的商务关系而产生的。为了更好地支持物流活动，物流构建必须考虑流通渠道的结构特点。

6. 经济发展

经济发展水平、居民消费水平和产业结构直接影响着物流服务的内容、数量。为了满足顾客需要，物流行业的服务内容也要不断地拓展，集货、运输、中转、保管、装卸、流通加工和信息服务等构成现代物流活动的主要内容。物流系统要不断适应物流需求的变化，不断拓展其功能，满足经济发展的需要。

三、物流系统规划与设计的层次与内容

1. 物流系统规划与设计的层次

（1）战略层面——长期，时间跨度通常超过一年。战略层面主要包括设施的数量、规模、位置；运输方式的选择；制定采购的政策；物流节点的功能定

位；订单选择。

（2）策略层面——中期，时间跨度一般短于一年。策略层面主要包括库存定位；物流节点内部布局；物流节点的功能；物流作业流程；设施设备选择。

（3）运作层面——短期，每天、每小时。运作层面主要包括发出订单时间；确定补货时间；确定发货程序。

2. 物流系统规划与设计的内容

物流系统规划的内容一般包括：

（1）物流目标。物流目标包括服务水平；功能定位。

（2）物流网络。物流网络包括物流节点的选址；物流节点的数量、功能；运输通道。

（3）物流节点的内部布局。

（4）仓储系统。

（5）运输管理。

（6）运营战略。

（7）管理组织。

（8）信息系统。

3. 物流系统规划的流程

物流系统规划的流程如图 2 - 4 所示。

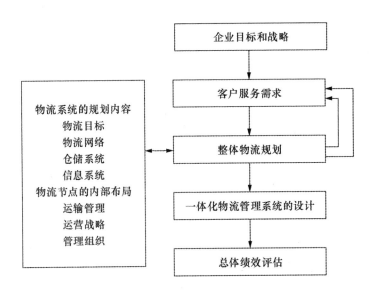

图 2 - 4 物流系统规划的流程

复习思考题

1. 阐述系统的特点。
2. 阐述物流系统的要素。
3. 什么是物流系统分析？物流系统分析应把握什么原则？
4. 阐述物流系统优化原理。

第 三 章

供应链管理

学习目标：

通过本章学习，能够掌握供应链管理的概念及其基本方法，供应链管理的基本框架以及实施的基本程序。

随着企业界物流管理实践的深入，大家开始认识到产品的竞争力并非由一个企业便能决定，而是由产品的供应链决定的。以前，企业尽量把成本转移给供应链上下游的企业，这样或许会降低某个企业的物流成本，但它好比把钱从一个口袋放进另一个口袋，钱的总数并没有发生变化。同样，物流成本的转移无法减少整个供应链的物流成本，最终仍要反映在商品售价上。由于产品竞争力未见提高，最终受害的仍将是供应链中的所有企业，所以，牺牲供应链伙伴的利益以谋求自身利益的做法是不可取的。有战略眼光的企业便开始寻求一种变通方法，转向实施供应链管理，与供应链伙伴进行物流协作，共同寻求降低物流成本、改善物流服务的途径。此时，企业已不再把目光局限在企业内部的物流系统，而是把供应链当作一个系统，把物流管理延伸到企业外部。至此，物流管理发展到了外部一体化的阶段，即供应链管理阶段。

第一节 供应链管理概述

一、供应链管理的概念

1. 供应链

目前，关于供应链尚未形成统一的定义，许多学者从不同的角度出发，给出了不同的定义。

早期的观点认为，供应链是制造企业的一个内部过程，它是指把从企业外部采购的原材料和零部件通过生产转换和销售等活动，再传递到零售商和用户的一个过程。传统的供应链概念局限于企业的内部操作层面，注重企业自身的资源利用。

还有些学者把供应链的概念与采购、供应管理相关联，用来表示企业与供应商之间的关系，这种观点得到了研究合作关系、准时制物流（JIT）关系、精细供应、供应商行为评估和用户满意度等问题的学者的重视。但这种关系也仅局限在企业与供应商之间，而且供应链中的各企业独立运作，忽视了与外部供应链成员企业的联系，造成企业间的目标冲突。

后来，供应链的概念关注了与其他企业的联系，并且还关注了供应链的外部环境，认为它应是一个"通过链中不同企业的制造、组装和零售等过程将原材料转换成产品，再到最终用户的转换过程"，这是更大范围、更为系统的概念。美国的史蒂文斯（Stevens）认为："供应链就是通过增值过程和分销渠道控制从供应商的供应商到用户的用户的流动，它开始于供应的原点，结束于消费的终点。"这些概念都注意了供应链的完整性，考虑了供应链中成员的关系。

近年来供应链的概念更加注重围绕核心企业的网链关系，例如，核心企业与供应商、供应商的供应商乃至一切前向的关系，以及用户、用户的用户和一切后向的关系。此时对供应链的认识形成了一个网链的概念。哈里森（Harrison）进而将供应链定义为："供应链是执行采购原材料、将它们转换为中间产品和成品、并将成品销售的用户的功能网链。"克里斯托弗（Christopher）认为，供应链是"在从上游到下游的各环节中，以到达最终消费者手中的产品和服务的形式生产价值的不同流程和活动中，所涉及的组织的网络"。这些概念同时强调供应链的战略伙伴问题。菲利浦（Phillip）和温德尔（Wendell）认为："供应链中的伙伴关系是很重要的，通过建立战略伙伴关系，可以与重要的供应商和用户更有效的开展工作。"

目前，国内对供应链较为完整的定义是："供应链是围绕物流核心企业，通过信息流、物流、资金流的控制，从采购原材料开始，制成中间产品以及最终产品，最后由销售网络把产品送到消费者手中的将供应商、分销商、零售商，直到最终用户连成一个整体的功能网链结构模式。"它是一个范围更广的企业结构模式，它包含所有加盟的节点企业，从原材料的供应开始，经过链中不同企业的制造、加工、组装、分销等过程直到最终用户。它不仅是一条连接供应商到用户的物料链、信息链、资金链，而且是一条增值链，物料在供应链上因加工、包装、运输等过程而增加其价值，给相关的企业都带来收益。

从图 3 - 1 中可以看出，供应链由所有加盟的节点企业组成，其中一般有一个核心企业（可以是产品制造企业，也可以是大型零售企业，如美国的沃尔玛），节点企业在需求信息的驱动下，通过供应链的职能分工与合作（生产、分销、零售等），以资金流、物流和服务流为媒介实现整个供应链的不断增值。

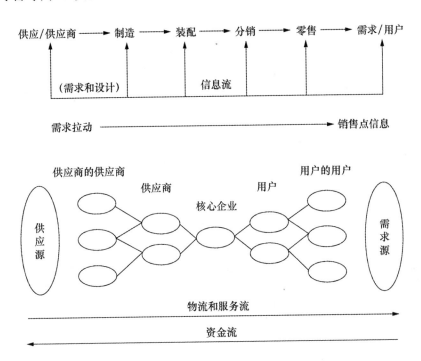

图 3 - 1　供应链的网络结构模型

2. 供应链管理

目前，西方学者对于什么是真正的供应链管理（Supply Chain Management，SCM）仍然众说纷纭，莫衷一是。但总的来说，供应链管理是一种集成的管理思想和方法，它执行供应链中从供应商到最终用户的物流计划和控制等职能。

例如，大卫·辛·列维（David Simdvi - Levi）认为："供应链管理是在满足服务水平需要的同时，为了使得系统成本最小而采用的把供应商、制造商、仓库和商店有效地结合成一体来生产商品，并把正确数量的商品在正确的时间配送到正确的地点的一套方法。"而伊文斯（Evens）认为："供应链管理是通过前馈的信息流和反馈的物料流及信息流，将供应商、制造商、分销商、零售商，直到最终用户连成一个整体的管理模式"。菲利浦则认为，供应链管理不是供应商管理的别称，而是一种新的管理策略，它把不同企业集成起来以增加整个供应链的效率，注重企业之间的合作。

所谓供应链管理，就是为了满足顾客的需求，在从原材料到最终产品的过程中，为了获取有效的物资运输和储存以及高质量的服务和有效的相关信息所做的计划、操作和控制。供应链管理正成为国际企业界流行的一种先进管理模式，在经济发展环境复杂，竞争日趋全球化的情况下，商业竞争不再是公司与公司之间的竞争，而是供应链与供应链之间的竞争。所以，著名供应链专家马丁·克里斯多弗曾说："市场上只有供应链，没有企业。"

供应链管理是在企业资源规划（ERP）的基础上发展起来的，它把公司的制造过程、库存系统和供应商产生的数据合并在一起，从一个统一的视角展示产品制造过程中的各种影响因素，把企业活动与合作伙伴整合在一起，成为一个严密的有机体。供应链管理帮助管理人员有效分配资源，最大限度地提高效率和减少工作周期，实现在正确的时间把正确的产品或服务送到正确的地方。

具体地说，从企业财务成本管理的角度来看，供应链管理有以下内容：

（1）供应链管理可以降低采购成本。供应商能够方便地取得存货和采购信息，节约了采购人员的工资，而且由于采用无纸化订货管理，大大提高了效率、节省了订单管理成本。

（2）供应链管理可以最大限度地降低存货水平。通过扩展组织的边界，供应商能够随时掌握存货信息，组织生产，及时补充，因此企业已无必要维持较高的存货水平，达到既能生产出需要的产品，又不会形成存货堆积，从而降低存货持有成本的目的。

（3）供应链管理可以减少交易成本和获取信息的成本。用网络整合供应链将大大降低供应链内各环节的交易成本，缩短交易时间，提高交易的透明度和信用，建立相互信任的伙伴关系。

供应链管理主要涉及企业中的四个主要领域：供应（Supply）、生产计划（Schedul Plan）、后勤（Logistics）、需求（Demand）。供应链管理关心的并不仅是物料实体在供应链中的流动，除了企业内部与企业之间的运输问题和实物分销以外，供应链管理还包括以下主要内容：①战略性供应商和用户伙伴关系管理。②供应链产品需求预测和计划。③全球节点企业的定位、设备和生产的集成化计划、跟踪和控制。④企业内部与企业之间物料供应与需求管理。⑤基于供应链管理的产品设计与制造管理。⑥基于供应链的用户服务和后勤（运输、库存、包装等）管理。⑦企业间资金流管理（汇率、成本等问题）。⑧基于 Internet/Intranet 的供应链交互信息管理，等等。

设计和运行一个有效的供应链对于每一个制造企业都是至关重要的。它有利于企业适应新的竞争环境，获得提高用户服务水平，达到成本和服务之间的有效平衡，提高企业竞争力，渗透进新的市场，通过降低库存提高工作效率等。

二、供应链管理的基本方法

1. 快速反应

快速反应（Quick Response，QR）是美国纺织服装业发展起来的一种供应链管理方法。它是美国零售商、服装制造商以及纺织品供应商开发的整体业务概念，目的是减少原材料到销售点的时间和整个供应链上的库存，最大限度地提高供应链管理的效率。

快速反应要求零售商和供应商一起工作，通过共享自动读取设备（POS）信息来预测商品的未来补货需求，并不断地预测未来的发展趋势，以探索新产品的开发，以便对消费者的需求能更快地做出反应。在运作方面，双方利用电子数据交换来加速信息流，并通过共同组织活动来使得前置时间和费用最小。

快速反应的着重点是对消费者需求做出快速反应，其具体策略有待上架商品准备服务（Floor Ready Merchandise）、自动物料搬运（Automatic Material Handling）等。实施快速反应可分为三个阶段：

（1）第一阶段。对所有的商品单元条码化，即对商品消费单元用 EAN/UPC 条码标识，对商品贸易单元用 IFT－14 条码标识，而对物流单元则用 UCC/EAN－128 条码标识。利用电子数据交换系统传输订购单报文和发票报文。

（2）第二阶段。在第一阶段的基础上，增加与内部业务处理有关的策略，例如，自动补库与商品即时出售等；并采用电子数据交换系统传输更多的报文，例如发货通知报文、收货通知报文等。

（3）第三阶段。与贸易伙伴密切合作，采用更高级的快速反应策略，对客户的需求做出快速反应。一般来说，企业内部业务的优化相对来说较为容易，但在贸易伙伴间进行合作时，往往会遇到很多障碍，在快速反应实施的第三阶段，每个企业必须把自己当成集成供应链系统的一个组成部分，以保证整个供应链的整体效益。例如，品种交易（Varity Fair）公司与联邦商店（Federated Stores）公司，是北美地区的先导零售商，在与它们的贸易伙伴采用联合补库系统后，它们的采购人员和财务经理就可以省出更多的时间来进行选货、订货和评估新产品。

2. 有效客户反应

有效客户反应（Efficient Consumer Response，ECR）是在食品杂货业分销系统中，分销商和供应商为消除系统中不必要的成本和费用、给客户带来更大效益而进行密切合作的一种供应链管理方法。

有效客户反应的最终目标是建立一个具有高效反应能力和以客户需求为基础的系统，零售商及供应商以业务伙伴方式合作，提高整个食品杂货业供应链的效率，而不是单个环节的效率，从而大大降低整个系统的成本、库存和物资储备，同时为客户提供更好的服务。

要实施有效客户反应，首先应联合整个供应链所涉及的供应商、分销商以及零售商，改善供应链中的业务流程，使其最合理有效。其次，再以较低的成本，使这些业务流程自动化，以进一步降低供应链的成本和时间。具体地说，实施有效客户反应需要将条码技术、扫描技术、自动读取系统和电子数据交换系统集成起来，在供应链（由生产线直至付款柜台）之间建立一个无纸系统（如图3-2所示），确保产品能不间断地由供应商流向最终客户，同时，信息流能够在开放的供应链中循环流动。这样，才能满足客户对产品和信息的需求，即给客户提供最优质的产品和适时准确的信息。

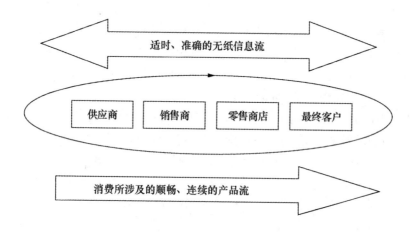

图3-2　有效客户反应系统示意图

有效客户反应是一种运用于工商业的策略，供应商和零售商通过共同合作（如建立供应商/分销商/零售商联盟），改善其在货物补充过程中的全球性效率，而不是以单方面的、不进行协调的行动来提高生产力，这样能节省由生产到最后销售的贸易周期的成本。

通过有效客户反应，如果采用计算机辅助订货技术，那么，零售商无须签发订购单，就可以实现订货；供应商则可以利用有效客户反应的连续补货技术，随时满足客户的补货需求，使零售商的存货保持在最优水平，从而提供高水平的客户服务，并进一步加强与客户的关系。同时，供应商也可从商店的销售点数据中获得新的市场信息，改变销售策略；对于分销商来说，有效客户反应可使其快速分拣运输包装，加快订购货物的流动速度，进而使消费者享用更新鲜的物品，增加购物的便利和选择，并加强消费者对特定物品的偏好。

3. 电子订货系统

电子订货系统（Electronic Ordering System，EOS）是指将批发、零售商场所发生的订货数据输入计算机，通过计算机网络连接的方式即可将资料传送至总公司、批发商、商品供货商或制造商处。因此，电子订货系统能处理从新商品资料的说明直到会计结算等所有商品交易过程中的作业，可以说电子订货系统涵盖了整个商流。在寸土寸金的情况下，零售业已经没有许多空间用于存放货物，在要求供货商及时补充售出商品的数量且不能有缺货的前提下，就必须采用电子订货系统。电子订货系统内含了许多先进的管理手段，因此，在国际上使用非常广泛，并且越来越受到商业界的青睐。

电子订货系统不是单个的零售店与批发商组成的系统，而是由许多零售店和批发商组成的大系统的整体运作方式。电子订货系统基本上是在零售店的终端利用条码阅读器获取准备采购的商品条码，并在终端机上输入订货材料，利用电话线通过调制解调器传到批发商的计算机中，批发商开出提货传票，并根据传票开出拣货单，实施拣货，然后依据送货传票进行商品发货；送货传票上的资料便成为零售商的应付账款资料和批发商的应收账款资料，并输入应收账款的系统中去；零售商对送到的货物进行检验后，就可以陈列与销售了。

4. 企业资源计划

企业资源计划系统（Enterprise Resource Planning，ERP）能对企业所有的资源进行全面的管理，形成一个集成的信息系统。它是建立在信息技术的基础上，以系统化的管理思想，为企业决策层、管理层及执行层提供运行手段的管理平台。企业资源计划系统集信息技术与先进的管理思想于一身，成为现代企业的运行模式，反映时代对企业合理调配资源、最大化地创造社会财富的要求，成为企业在信息时代生存、发展的基石。

对企业资源计划系统的定义可以从管理思想、软件产品和管理系统三个层次给出：

（1）企业资源计划系统是由美国著名的计算机技术咨询和评估集团嘉德集团有限公司（Garter Group Inc.）提出的一整套企业管理系统体系标准，其实质是在制造资源计划（MRP Ⅱ）的基础上进一步发展而成的面向供应链的管理思想。

（2）企业资源计划系统是综合应用了客户机/服务器体系、关键数据库结构、面向对象技术、图形用户界面、第四代语言（4GL）和网络通信等信息产业成果，以企业资源计划系统管理思想为灵魂的软件产品。

（3）企业资源计划系统是整合了企业管理理念、业务流程、基础数据、人力物力、计算机硬件和软件于一体的企业资源管理系统。

企业资源计划系统是将企业所有资源进行集成管理，简单地说是将企业的三大流，即物流、资金流和信息流进行全面一体化管理的管理信息系统。它的功能模块已经不同于以往的物料需求计划（MRP）或制造资源计划的模块，它不仅可以用于生产企业的管理，而且许多其他类型的企业，诸如一些非生产型、公益事业的企业也可导入企业资源计划系统进行资源计划和管理。

在企业中，一般的管理主要包括三方面的内容：生产控制（计划、制造）、物流管理（分销、采购、库存管理）和财务管理（会计核算、财务管理）。这三大系统本身就是集成体，它们之间互相有相应的接口，能够很好地集成在一起对企业进行管理。另外，随着企业对人力资源的重视，已经有越来越多的企业资源计划厂商将人力资源管理纳入了企业资源计划系统，成为一个企业管理的重要组成部分。另外，一般企业资源计划软件还提供三个重要的扩展功能模块：供应链管理（SCM）、客户关系管理（CRM），以及电子商务（E – Business，EB）。

三、供应链管理与物流管理

目前，关于供应链管理与物流管理，存在许多理解上的混乱。在很多情况下，供应链管理都被简单地作为物流管理的同义词，相互替代使用，在一定程度上造成了供应链管理的概念的滥用。供应链管理源于物流管理，却又高于物流管理，两者之间既有区别又有联系。

1. 供应链管理与物流管理的联系

就供应链管理与物流管理的联系来看，供应链管理是对物流的一体化管理。

物流管理有广义与狭义之分，狭义的物流是指物流的采购、运输、配送、储备等，是企业之间的一种物资流通活动；广义的物流则包括了生产过程中的物料转化活动过程，即供应链管理，正因如此，供应链有时就等于物流，是物流管理的外延和伸展。物流一体化是指不同职能部门之间或不同企业之间通过物流合作，达到提高物流效率、降低物流成本的目的。供应链管理实质上是通过物流将企业内部各部门及供应链各节点企业联结起来，改变交易双方利益对立的传统观念，在整个供应链范围内建立起共同利益的协作伙伴关系。供应链管理把从供应商开始到最终消费者的物流活动作为一个整体进行统一管理，始终从整体和全局上把握物流的各项活动，使整个供应链的库存水平最低，实现供应链整体物流最优化。在供应链管理模式下，库存不是必要的，库存变成了一种平衡机制，供应链管理更强调零库存。供应链管理使供应链成员结成了战略同盟，它们之间进行信息交换与共享，使得供应链的库存总量大幅降低，减少了资金占用和库存维持成本，还避免了缺货现象的发生。

事实上，供应链管理是从物流的基础上发展起来的，是物流的高级形态。在企业运作的层次来看，从实物分配开始，到整合物资管理，再到整合信息管理，通过功能的逐步整合形成了物流的概念。从企业关系的层次来看，则有从制造商向批发商和分销商再到最终客户的前向整合，也有向供应商的逆向整合。并且，通过关系的整合形成了供应链管理的概念。从操作功能的整合到渠道关系的整合，使物流从战术的层次提升到战略高度。所以，供应链管理看起来是一个新概念，实际上它是物流在逻辑上的延伸。总之，供应链管理可以更好地了解客户，给客户提供个性化的产品和服务，使资源在供应链上合理流动，缩短物流周期，减少库存，降低物流费用，提高物流效率，从而提高企业的竞争力。

2. 供应链管理与物流管理的区别

供应链管理与物流管理就其区别来看，供应链管理的范畴要远远大于物流管理。供应链管理是对供应链中所有重要的业务流程的管理，它代表了一种新的业务运作方法和对所涉及的业务流程的不同观点，它改变了传统物流的内涵。因此，与物流管理相比，供应链管理具有如下特点：

（1）供应链管理的互动特性使供应链管理对共同价值有依赖性。从管理的对象来看，物流是以存货资产作为管理对象的，供应链管理则是对存货流动（包括必要的停顿）中的业务过程进行管理，它是对关系的管理，因此具有互动的特征。兰博特教授认为，必须对供应链中所有关键的业务过程实施精细管理，主要包含客户关系管理、需求管理、订单执行管理、制造流程管理、采购管理和新产品开发及其商品化管理等。有些企业的供应链管理过程，还包括从环保理念出发的商品回收渠道管理，如施乐公司。随着供应链管理系统结构复杂性的增加，供应链管理将更加依赖共同价值，依赖信息系统的支持。如果物流管理是为了提高产品面向客户的可行性，那么供应链管理则是需要先解决供应链伙伴之间信息的可靠性问题。所以有时也将供应链看作协作伙伴之间信息增值交换的一系列关系。互联网为提高信息可靠性提供了技术支持，但如何管理和分配信息则取决于供应链成员之间对业务过程一体化的共识程度。所以，与其说供应链管理依赖网络技术，还不如说供应链管理是为了在供应链伙伴间形成一种相互信任、相互依赖、互惠互利和共同发展的价值观和依赖关系，而构筑的信息化网络平台。

（2）供应链管理决策具有整体性。供应链管理决策和物流管理决策都是以成本、时间和绩效为基准点的，供应链管理决策在包含运输决策、选址决策和库存决策的物流管理决策的基础上，增加了关系决策和业务流程整合决策，成为更高形态的决策模式。物流管理决策和供应链管理决策的综合目标，都是最大限度地提高客户的服务水平，供应链管理决策就形成了一个由客户服务目标拉动的空间轨迹。供应链管理的概念涵盖了物流的概念，用系统的观点看，物流是供应链管理系统的子系统，物流管理强调企业局部性能的优先，分别独立研究相关问题，更经常面向操作层面。而供应链管理将每个企业都当作供应网络中的节点，通过紧密的功能协调追求多企业的全局性能优化，因而，供应链管理更关心战略问题，是在战略层面的决策，侧重于全局模型、信息集成、组织结构和战略联盟等问题。所以，物流的决策必须服从供应链管理的整体决策。

（3）供应链管理的协商机制，使其成为一个开放的和动态的系统。物流在管理上是一个计划的机制。在传统的物流模式中，主导企业通常是制造商，它们力图通过一个计划来控制产品和信息的流动，与供应商和客户的关系本质上是利益冲突的买卖关系，常常导致存货或成本向上游企业的转移。供应链管理同样制定计划，但目的是为了谋求在渠道成员之间的联合和协调。美国联合技术公司为了提高生产周期的运营效率，在互联网上公布生产计划，使其供应商能够更加迅速地对需求变化做出反应。

供应链管理是一个开放的系统，它的一个重要目标就是通过分享需求和当前存货水平的信息，减少或消除所有供应链成员企业所持有的缓冲库存，这就是供应链管理中"共同管理库存"的理念。同时供应链管理是一个动态的响应系统，在供应链管理的具体实践中，始终关注对关键过程的管理和测评。高度动态的市场环境要求企业管理层能够经常对供应链的运营状况实施规范的监控和评价，如果没有实现预期的管理目标，就必须考虑可能的替代供应链并做出适当的应变。

（4）与垂直一体化物流不同，供应链管理强调组织外部一体化，是"外源"整合组织。物流更加关注组织内部的功能整合，是垂直一体化管理，垂直一体化以拥有资源为目的，强调对内部的各个物流环节的管理。而供应链管理认为只有组织内部的一体化是远远不够的。供应链管理是一高度互动和复杂的系统工程，需要同步考虑不同层次上相互关联的技术经济问题，进行成本效益权衡，比如，要考虑在组织内部和组织之间，存货以什么样的形态放在什么样的地方，在什么时候执行什么样的计划；供应链系统的布局和选址决策，信息共享的深度；实施业务过程一体化管理后所获得的整体效益如何在供应链成员之间进行分配；特别是要求供应链成员在一开始就共同参与制定整体发展战略或新产品开发战略等。跨边界和跨组织的一体化管理使组织的边界变得更加模糊。同时，供应链管理在自己的"核心业务"基础上，通过合作来整合外部资源以获得最佳的总体运营效益。除了核心业务以外，几乎每件事都可能是"外源的"，即从企业外部获得的。著名的企业如耐克（NIKE）公司和太阳（SUN）微系统公司，通常外购或外协所有的部件，而自己集中精力于新产品的开发和市场营销。这一类公司有时也被称为"虚拟企业"或者说"网络组织"。实际上，一台标准的苹果机，其制造成本的90%都是外购的。表面上看这些企业是将部分或全部的制造和服务活动，以合同形式委托其他企业代为加工制造，但实际上是按照市场的需求，根据规则对由标准、品牌、知识、核心技术和创新能力所构成的网络系统进行整合或重新配置社会资源。

由于供应链管理以协作和双赢为手段。所以，供应链管理是资源配置的优先方法。供应链管理在获得外部资源配置的同时，也将原先的内部成本外部化，通过清晰的过程进行成本核算和成本控制，可以更好地优化客户服务和实施客户关系管理。

第二节 供应链管理的基本框架

为了能够更好地理解供应链管理，总部设于美国俄亥俄州立大学的全球供应链论坛（Global Supply Chain Forum，GSCF）提出了案例研究方法。通过对营销、物流、制造、信息系统、财务、质量管理和战略规划等功能领域的采访，形成了供应链管理的概念框架，它强调供应链管理的共同特征以及设计和成功管理供应链的必要步骤。供应链管理框架由供应链网络结构、供应链业务流程以及供应链管理组件三个紧密相连的要素构成（如图 3 – 3 所示）。

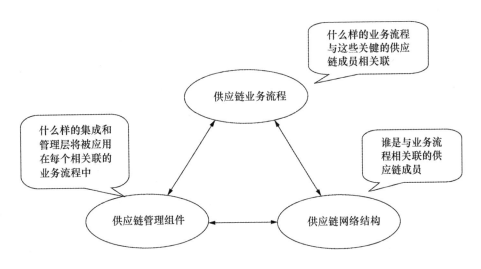

图 3 – 3 供应链管理框架

供应链网络结构由供应链成员以及这些企业之间的连接组成；业务流程是给顾客带来附加价值的活动；供应链管理组件是一些管理变量，通过这些变量来实现业务流程在供应链之间的集成管理。

一、供应链业务流程

成功的供应链管理要求从单功能管理向将所有的活动都融入供应链核心流程中的方向转变。当需求产生时，营销部门应对顾客的需求做出反应，采购部门就要订货，结合不同的供应商和零售商并力图满足顾客的需求，供应商按期发货。当企业成员对不可预料的需求做出反应时，顾客的满意度经常会转换成对整个供应链加快运作的要求。

整个供应链经营要求周而复始的信息流，它反过来又有助于建立最好的产品流。客户一直是业务流程的焦点，一个以客户为中心的快速反应系统的建立，要求能够及时准确地反映客户需求波动的频繁变化。控制好客户需求、制造流程和供应商执行情况的不确定性，对供应商管理的有效性至关重要。

全球供应链论坛的成员认为，供应链的核心流程主要包括：①客户关系管理。②客户服务管理。③需求管理。④订货管理。⑤制造流管理。⑥采购管理。⑦产品开发及商品化管理。⑧信息反馈。

1. 业务流程连接的类型

人们很早就意识到重组和管理整个供应链的所有业务流程节点是不现实的。由于重组水平上的差异，一些节点比另外一些节点更重要。因而，供应链中对不同的业务流程节点进行稀缺资源的分配至关重要。研究表明，在供应链成员间需要识别管理业务流程节点、监控业务流程节点、非管理业务流程节点和非成员业务流程节点等四种基本类型的业务流程节点（如图3-4所示）。

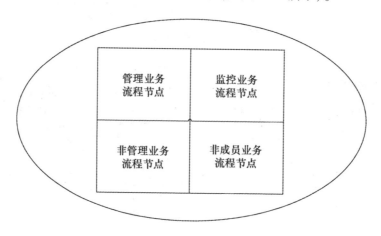

图3-4　业务流程节点集合

管理业务流程节点是核心企业寻找集成管理重点的节点。监控业务流程节点对核心企业并不起关键作用，但它对其他成员企业间流程节点集成管理的核心企业来说却是至关重要的。非管理业务流程节点是供应链基本成员与非供应链成员之间的业务流程节点。一般并不认为非成员业务流程节点是核心企业供应链结构的节点，但它们能经常影响核心企业以及供应链的执行情况。

2. 业务流程链

大卫帕特（Davenport）将业务流程定义为用来为专门顾客或市场生产特定产品的一种结构和可预测的活动集。流程是用来集中终端顾客和涉及产品、信息、资金、知识以及观念的动态管理流的一种活动结构。

在一个企业内部，执行和协调的活动成千上万，并且在某种程度上每个企业在供应链关系上都与其他企业有关联。当两个企业建立一种关联时，将会在两个企业之间连接和管理某些活动。

哈克森（Hakansson）和斯涅霍塔（Snehota）的研究结果，强调了企业内部或企业之间的活动结构是创建更高级供应链的关键。在研究中，经理人认为假如在众多企业之间内部关键活动和业务流程进行关联运作，那么企业的竞争和盈利可能会增加。因此，成功的供应链管理要求从单功能管理向将活动集成到关键供应链业务流程中转变。在一些企业里，管理对象的重点是功能结构和流程结构以及流程结构和功能结构的结合。

对企业之间的重组和管理是至关重要的，而且不同企业有用的业务流程的数目可能会有所差异。在某些情况下，它可能只适合连接一个关键流程，在另一些情况下，还可能适合连接多个或所有关键业务流程。然而，在具体情况下，管理决策人员全面地分析和讨论对哪些关键业务流程进行重组和管理是非常重要的。

二、供应链管理组件

供应链管理组件是供应链管理框架中最重要的方面。供应链中的各企业有共同的可以相互对应的管理部门，才可能对整个供应链中的各种关键业务流程和结构进行一体化的管理，从而保证供应链的整体效率。综观各种研究结果，不论从哪方面对供应链进行研究，都强调供应链的一体化管理，同时提出一些重要的应纳入供应链一体化管理的组件。表3-1中列举了西方一些相关研究所提出的供应链管理所涉及的组件，从战略层面到运作层面，从实物流管理到信息流管理，从生产组织到企业结构、企业文化，涉及供应链的方方面面。

在对表3-1的内容进行综合比较的基础上，我们可以将其中一些共同的元素抽取出来，表3-2总结出10个供应链管理框架中具有重要意义的组件。其中，前六个是相对有形、可度量的组件，是直接对各企业和供应链产生影响的组件；后四个则是对企业和供应链的成功至关重要，但在短期内较难以评估和改变的组件。

表3-1 供应链管理中的重要组件

从供应链管理角度	从企业流程重构角度
胡里翰（Houlihan）（1985）： 计划和控制结构 产品流动组织结构 信息流动（IT结构） 价值观念 企业文化 管理方法	翰漠和钱皮（Hammer & Champy）（1993）： 流程（工序）结构 组织（工作）结构 价值观念 管理和评估结构
斯蒂文斯（Stevens）（1989）： 流程（工序）结构 计划和控制结构 产品流动组织结构 信息流动（IT结构） 企业结构 管理方法 权力和领导结构	安德鲁斯和斯特利克（Andrews & Stalick）（1993）： 流程（工序）结构 组织结构 技术结构 利益结构 评价体系 管理系统 企业文化 政治权力 个人信仰体系
库珀和额尔兰（Cooper & Ellram）（1990，1993）： 流程（工序）结构 计划和控制结构 产品流动组织结构 信息结构（IT结构） 风险和利益结构 领导结构 公司理念	赫维特（Hewitt）（1994）： 流程（工序）结构 信息流动（IT结构） 决策机构
	涛尔斯的麻省理工模式 （MIT - model by Towers）（1994）： 流程（工序）结构 组织和技能结构 技术结构 价值和行为 管理理念和决策结构

表 3 - 2 研究者们共识的应纳入供应链管理的组件

	计划和控制	工序结构	组织结构	产品流组织结构	信息流组织结构	产品结构	管理方法	权力和领导结构	风险和利益结构	文化和观念态度
胡里翰（Houlihan）（1985）	√	√	√	√	√	√	√			√
琼斯和瑞利（Jones & Riley）（1985）	√	√	√	√	√		√			√
斯蒂文斯（Stevens）（1989）	√	√	√	√	√					√
额尔兰和库珀（Ellram & Cooper）（1990）	√	√		√	√				√	
李和比尔林顿（Lee & Billington）（1992）		√								
库珀和额尔兰（Cooper & Ellram）（1993）	√	√	√	√	√		√	√	√	√
赫维特（Hewiit）（1994）	√	√	√	√	√				√	
斯科特和维斯特布鲁克（Scott & Westbrook）（1991）		√		√	√	√				
拖维尔、奈姆和维可尼尔（Towill，Naim & Winker）（1992）	√	√		√	√	√				
翰漠（Hammer）（1990）	√	√	√	√	√		√		√	√
安德鲁斯和斯特利克（Andrews & Stalick）（1993）	√	√	√	√				√	√	√
库珀和格顿尼尔（Cooper & Gardner）（1993）	√	√		√	√				√	√
兰伯特、艾梅翰姆斯和格顿尼尔（Lambert，Emm - eihainz & Gardner）（1996）	√				√		√		√	√

计划和运作的控制是促使企业组织或供应链实现其理想目标的重要组件。供应链中联合计划的覆盖度极大地影响着供应链管理战略的成功。在供应链管理战略的不同实施阶段，所侧重的因素可能有所不同，而计划则必须超越各个阶段。对计划实施和具体运作的控制则是保证供应链实际绩效的重要活动。

企业的工序结构显示了企业实现其生产或服务功能的途径和方法。几乎所有的研究都指出工序结构是供应链管理的一个重要组成元素。工序结构决定着供应链中各业务流程的组织形态。而流程一体化的程度又是衡量供应链中组织结构管理恰当与否的一个尺度。

这里的组织结构可以是单个企业的，也可以是整个供应链网络的。在对该组件进行管理的过程中，大多数企业启用通晓各种工序活动的多面型、综合型人员组成小组，负责各工序、各流程，甚至不同企业的工序和流程之间的协调组织工作。例如，供应链成员企业互派工厂代表，可以大大增强整个供应链的一体化程度。

产品流动的组织结构指供应链中的采购、制造和分销流程。合理组织供应链的产品流动可以使整个供应链中的库存大为降低，减少所需的仓库等设施。一般而言，每个供应链系统中或多或少都会存在库存。然而，如果对产品流动缺乏恰当的组织管理，某些供应链成员可能会保持过多或过少的库存量。由于半成品和原材料的库存成本低于产成品的成本，上游企业往往更容易持有多余的库存。总的来说，合理进行供应链网络内产品流动的组织管理，对所有供应链成员都具有重要意义。

信息流动组织结构是供应链管理中至关重要的一环。关于这一点，几乎所有的供应链管理研究者都意识到了。供应链各成员之间所传递的信息种类、信息更新的频率、信息传递的通畅性、时间、速度、效率等对供应链管理战略的实施效率都有重要影响。可以说，信息流动是一体化供应链管理的首要因素。

产品结构协调着整个供应链中的新产品及产品序列的开发。在新产品开发时不注重各企业间的协调，可能导致新产品不能适销对路，甚至导致企业核心竞争能力定位失误，危及企业生存。一般来讲，参与开发过程的企业数量及参与的程度与新产品的复杂程度高度相关。

管理方法指企业的管理哲学和管理技术。企业的管理哲学和使用的管理技术在企业日常运作的方方面面都可以体现出来。而供应链管理的实施将可能改变企业原有的管理方法。大多数研究表明，一个供应链管理体系中通常都会有一个至两个强有力的领导企业（核心企业）。核心企业由于其在规模、技术、资金等方面所占据的绝对优势，往往会影响其上下游企业的运作和管理。

企业文化在供应链管理过程中的重要作用也不容忽视。混乱而互不相容的企业文化容易导致供应链各成员对同一问题产生不同的理解，造成供应链成员间交流的困难、信息传递的低效率，影响供应链各成员之间的合作。企业文化的内涵相当广泛，几乎融合于企业管理的每个角落。

以上管理组件几乎涵盖了企业管理的各个方面。在供应链管理的过程中，则还需要根据各企业和产品供应链的具体情况，对各种因素进行灵活运用和合理操作。

三、供应链网络结构

从原材料到最终消费者，所有的企业都在供应链中。供应链管理的难度取决于产品的复杂程度、有效供应商的数目以及原材料的利用程度等几个因素。

供应链的节点不同，供应链与其节点的关联程度也不同。因此，管理时需要选择适宜特定供应链联结的协作层次。在整个供应链中，并不是所有联结的协调和整合程度都很高，最适宜的联系是那些最能适宜具体环境变化的联系。因此，供应链重点部分的确定必须要仔细地对企业生产能力和企业的重要性进行权衡。

对供应链网络结构的组成有一个明确的了解是十分重要的，它由三个基本方面组成。

1. 供应链成员

在确定供应链网络结构时，识别谁是供应链成员是非常必要的。但对成员进行全盘考虑很可能会导致整个网络的复杂化，这可能会引起混乱。因此，必须分类并确定哪些成员对公司以及供应链的成功起着决定作用，以便对它们给予关注和合理分配资源。

供应链成员是由与核心企业相联的组织构成的，这些组织直接或间接与它们的供应商和顾客相联，从起始端到消费端。然而，为了使非常复杂的网络更易于管理，有必要将基本成员与支持成员分开。供应链基本成员是指在专门为顾客或市场提供专项输出的业务流程中，所有能进行价值增值活动的自治公司或战略企业单元。反之，供应链支持成员是指那些简单地提供资源、知识以及设施的供应链成员。虽然两者间的区别并不明显，但这些微小的差异却可以简化管理并确定供应链的核心成员。在某种程度上，供应链成员的这种分类方法与迈克尔·波特的价值链框架中的基本活动和支持活动的区分相类似。

供应链基本成员和支持成员的定义使供应链中起始点和消费点的定义成为可能。供应链的起始点和消费点出现在没有基本成员的位置，所有作为起始点的供应商仅是支持成员，消费点不会进一步产生附加值，并且还要消耗产品和服务。

2. 网络结构变量

在描述、分析和管理供应链时，有三种最重要的网络结构，它们分别是水平结构、垂直结构和供应链范围内核心企业的水平位置，由此构成了供应链网络的结构维数（如图 3 - 5 所示）。

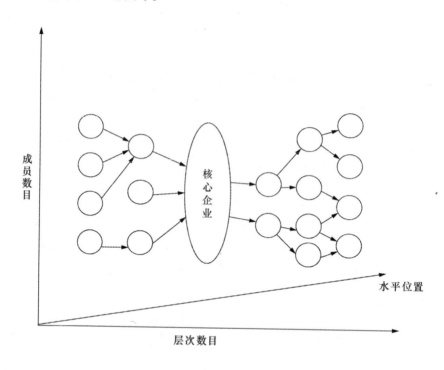

图 3 - 5　供应链网络结构维数

第一维，水平结构是指供应链范围内的层次数目。供应链可能很长，拥有许多层，或很短，层次很少。第二维，垂直结构是指每一层中供应商或顾客的数目。一个公司可能有很窄的垂直结构，其每一层供应商或顾客很多。第三维，指的是供应链范围内核心企业的水平位置。核心企业能最终被定位在供应源附近、终端顾客附近或供应链终端节点间的某个位置。

核心企业除了能创造特殊价值，长期控制比竞争对手更擅长的关键性业务工作外，还要协调好整个供应链中从供应商、制造商、分销商直到最终客户之间的关系，控制好整个价值链的运行。为了能够管理好整个供应链，核心企业必然要成为整个供应链的信息集成中心、管理控制中心和物流中心。核心企业要将供应链作为一个不可分割的整体，打破存在于采购、生产和销售之间的障碍，做到供应链的统一和协调。因此，供应链的组织结构应当围绕核心企业来构建。一般来说，成为核心企业的企业，要么为其他企业提供产品/服务，要么接受它们的产品/服务，要么在供应商与客户之间起连接作用，以核心企业为中心建立的组织结构有以下几种：

（1）核心企业作为客户企业的组织结构。作为客户企业的核心企业，它本身拥有强大的销售网络和产品设计等优势，销售、客户服务等功能就由核心企业自己的销售网络来完成。因此，供应链组织结构的构建主要集中在供应商这一部分。供应链管理的中心转到供应商的选择以及信息网络的设计、生产计划、生产作业计划、跟踪控制、库存管理、供应商与采购管理等方面。

（2）核心企业作为产品/服务供应者的组织结构。作为供应者的核心企业，它本身享有供应和生产的特权，或者享有在制造、供应方面不可替代的优势，比如能源、原材料生产企业。但其在分销、客户服务等方面则不具备竞争优势。因此，在这种结构中，供应链管理主要集中在经销商、客户的选择、信息网络的设计、需求预测计划与管理、分销渠道管理、客户管理与服务等方面。

（3）核心企业同时作为产品/服务的供应者和客户。同时作为产品/服务的供应者和客户的这类核心企业主要具有产品设计、管理等优势，但是，在原材料的供应、产品的销售及各市场客户的服务方面，缺乏足够的力量。因此，它必须通过寻求合适的供应商、制造商、分销商和客户构建成整个供应链。供应链管理主要是协调好采购、生产和销售的关系，如信息网络的设计、计划控制和支持管理、物流管理、信息流管理等功能。

（4）核心企业作为连接组织。作为连接组织的这类核心企业往往具有良好的商誉和较大的规模，并且掌握着本行业大量的信息资源。它主要通过在众多中小经销企业和大的供应商之间建立联系，代表中小经销企业的利益取得同大的供应商平等的地位，从而建立起彼此合作的战略伙伴关系。供应链管理主要集中在中小经销企业与大的供应商之间的协调、信息交换和中小经销企业的控制等方面。

3. 供应链间工序连接的方式

在众多的研究中，可以发现不同的结构变量能够合并。有这样一个案例，供应商那边是一个窄而长的网络结构，而顾客那边是一个宽而短的网络结构，但它们却联系在一起。增加或减少供应商/顾客的数目将会影响供应链的结构。例如，当一些公司从多源头供应商向单源头供应商转变时，供应链可能变得越来越窄。开放物流、制造、销售以及产品开发活动是另一个很可能改变供应链结构的决策实例。因此，它们可能增加供应链的长度和宽度，并同样会影响供应链网络中核心企业的水平位置。

由于每个企业都将自己作为核心企业，并对其成员和网络结构有着不同的看法，所以，表面上供应链与每个企业的目标不一致。然而，因为每个企业都是供应链的一员，理解它们的地位关系和前景对每个企业的管理来说尤其重要。只有每个企业都清楚供应链的前景，才有可能成功实现跨企业边界的业务流程重组和优化管理。

第三节　供应链管理实施的基本程序

根据美世（Mercer）管理顾问公司的报告，有近一半接受调查的公司经理将供应链管理作为公司的 10 项大事之首。调查还发现，供应链管理能够提高投资回报率、缩短订单履行时间、降低成本。

一、供应链管理的实施原则

安德鲁森（Andersen）咨询公司提出了供应链管理的七项原则。

1. 根据客户所需的服务特性来划分顾客群

传统意义上的市场划分基于企业自己的状况，如行业、产品、分销渠道等，并对同一地区的客户提供相同水平的服务。供应链管理则强调根据客户的状况和需求，决定服务方式和水平。

2. 根据客户需求和企业可获利情况，设计企业的物流网络

企业物流网络的设计是以客户需求为基础的，并能够反映企业的获利情况。

3. 倾听市场的需求信息

在企业销售和运营计划建立过程中，必须监测整个供应链的状况，及时发出需求变化的早期警报并据此安排和调整计划。可见，市场的需求信息成为拉动供应链的原动力。

4. 运用时间延迟策略

由于市场需求的剧烈波动，客户接受最终产品和服务的时间越早，需求量预测越不准确，企业不得不维持较大的中间库存。为此，企业可以将最终产品和服务定型的时间向后延迟，以提高产品和服务的柔性。

5. 与供应商建立双赢的合作策略

迫使供应商相互压价，固然能使企业在价格上收益，但与供应商相互协作则可以降低整个供应链的成本，企业将会获得更大的收益。而且，这种收益将是长期的。

6. 在整个供应链领域建立信息系统

信息系统首先应该处理日常事务和电子商务。其次支持多层次的决策信息，如需求计划和资源计划。最后应该根据大部分来自企业之外的信息进行前瞻性的策略分析。

7. 建立整个供应链的绩效考核准则

供应链的绩效考核准则应建立在整个供应链上，不仅是局部的个别企业的孤

立标准，供应链是否具有竞争优势、是否能够生存和发展的最终验收标准应该是客户满意度。

二、供应链管理的实施步骤

实施供应链管理时的顺序大致可分为四个步骤：一是计划与准备；二是合作伙伴的选定；三是计划与实施；四是评价。供应链由原材料供应商、制造商，分销商、物流与配送商、零售商及消费者组成，一条富于竞争力的供应链要求组成供应链的各成员都具有较强的竞争力，不管每个成员为整个供应链做什么，都应该是专业化的，而专业化就是优势所在。

1. 计划与准备

在计划准备阶段，首先应调整本企业的活动体制，确定企业的经营战略和活动目标。想削减库存或者想增加自有流动资金等，都要有针对性地设定项目目标，出示具体数值。锁定的具体目标是能使项目成员保持一致的前进方向，同时还可以作为今后活动的判断、评价基准。

其次是完善企业内信息系统和推进业务的标准化。考虑本企业内的采购、生产、库存、物流、销售这一系列供应链的业务时，多环节的信息是否统一、准确，如果库存管理系统的库存信息得不到各成员的信赖，那么现况确认以及生产部门和销售部门的产品条形码就容易出现差错，这样就很难推进企业内的活动。

再次是以企业内部的生产流程为切入点，在实施跨越企业的供应链管理之前，调整本企业内的协作机制，消除瓶颈。在企业内部实施项目的各部门之间，可看成合作伙伴关系，基本部门间的合作伙伴关系是为整个企业的最佳化着想而推进项目的实施。在规模较大的企业，存在"部门的屏障"，部门间信息共享和协同未必十分顺利，即使是部门间的关系，也应学习不同企业间的"双赢"关系，努力构建部门之间的信赖关系，使之共同受益。

最后再考虑拓宽业务改革的范围。在准备阶段，准确地认识业务的环境与现状，制定出可行的战略和活动计划是非常重要的。起步阶段，应以小的项目为对象，在取得成功的基础上，循序渐进地应用供应链，以取得更大的成效。

总之，计划与准备工作是在明确活动目标的基础上，从完备企业内体制的角度扩大活动范围。

2. 选定合作伙伴

在推进供应链管理向纵深发展时，合作伙伴企业的选择应由企业内设置的实施活动调查小组负责筛选工作，最后由最高经营者来决定，发挥其领导力，构筑相互信赖的关系。企业在选择合作伙伴时可以参考以下几点标准：①供应链的经营战略一致的企业。②有强烈业务改革欲望的企业。③能成为解决供应链难题对象的企业。④最高经营者彼此之间志同道合，能构建信赖关系的企业。⑤经营管理中灵活使用信息技术的企业。⑥经营透明度高，值得信赖的企业。⑦有前瞻性的企业。⑧目前有交易实际业绩的企业。⑨今后的合作伙伴关系前景良好的企业。

我国企业目前供应链构筑的倾向是，随着企业间的合作伙伴关系进展，活动取得成果后，交易成效好的企业易于被选中。因而，从选择方来看，重视的是将来与哪家企业进行交易，而被选择方应考虑的是本企业作为合作伙伴是否合适。

总之，合作伙伴的选定，不单单要看交易业绩，还应从供应链的改革成果来选择。

3. 计划与设计的实施

共同改革供应链的合作伙伴选定后，首先，实施小规模的试验项目，合作伙伴之间通过相互交换信息，了解现状，以此来制定改善的计划，推进业务、人员、组织的变革。在这一阶段，共同分享利润和风险、转变观念和改变业务模式是计划与设计实施的三个要点。

可以直截了当地说，企业间相互公开信息是相当难的事情，因为公布出准确信息的数字，如实地反映企业的强势和弱势，稍不留意就会泄露到竞争对手的企业中，或者被合作伙伴企业恶意利用，招来致命的打击。但供应链管理的活动始于合作伙伴企业间的信息共享，根据相互间的信赖关系，挖掘共同实现最佳化供应链的信息，并向对方提供正确、迅速的高质量信息，将有助于降低供应链的成本和提高对消费者的附加价值的实现。这就要求合作伙伴企业本着共享利润和风险的原则，相互公开各自经营现状和信息，公开其责任和成果的测定方法，求得认同，共同构建准确把握活动的责任和成果的体制，努力构建双赢关系。

其次，在供应链业务中，要时刻考虑整体的最佳，来决定库存计划、订货计划、需求预测、生产计划和销售计划等，这就使准备进入供应链的企业的业务目标发生变化。例如，以前销售人员以扩大销售增加销售额为目标，而现在需要考虑销售客户的库存量，分批适量地销售成为新的目标。另外，为了提高下游企业的供应链效率，要求供应链上游企业要从事贴商标、分拣、信息沟通等不能给本企业带来直接效益的工作，这就要求实行业务的"人"的观念跟上这种变化，使业务的目标适应变化后的业务评价标准。

最后，业务目标的变化和人的观念的转变，势必带来供应链企业的业务模式的改变，使采购管理、生产计划、库存管理、物流、销售管理等业务系列化，其中，最重要的是通过彻底地实施考虑现状而改变业务的"业务流程再造"，取得更大的效果。例如，可省略被认为是理所当然的票据交换和验货作业等。

总之，计划与设计的实施，会促进业务的改革和业务模式的改变，形成导致人的观念转变的体制，使供应链上的合作企业共享利润和风险，抵御日益激烈的市场竞争，带来竞争优势。

4. 评价

对结束的项目活动进行评估，并将其评估结果用于下一个项目，特别是成功经验的积累，有利于加快下一个项目实施的步伐。根据情况，对于企业战略和活动目的进行反馈，并重新实施计划。

三、供应链管理实施的程序

供应链是一个由供应商、采购、库存和配送、信息、分销渠道、顾客服务等实体和作业构成的网络，不同企业、不同行业的供应链及与其相对应的供应链管理的内容会有所不同，但它们的基本程序及内容一般应包括供应商管理、采购管理、库存与配送管理、物流信息管理、分销渠道管理、顾客服务管理，或归结为商流、物流、信息流的管理和整合。

1. 供应商管理

现代企业管理越来越向产供销一体化发展，好的供应商是供应链的关键环节，供应商管理也成为供应链管理的一项主要内容。不合格的供应商服务将会导致诸如零件或原料的运送延迟、缺货等问题，会给制造商带来严重不良后果。

2. 采购管理

采购管理作为企业生产经营过程中的一个重要环节，无疑也是供应链管理的一个重要问题。采购是指企业从组织外部获得生产产品或提高服务所需要的物料、零件和补给的各种过程。通常情况下，制造业产品成本中超过60%的部分来自外购零件和物料，而这个比例在零售与批发公司更是高达90%以上。尽管如此，采购的重要性决不仅限于外购商品成本，其他方面的重要性还包括商品与服务的质量以及提交商品或服务的时间选择，这两个方面也对采购产生重大影响。

3. 库存与配送管理

库存与配送管理是供应链管理的重要内容，最初的供应链管理就是以库存与配送管理为中心的。对库存水平的最优化与配送结果的合理规划，能节约大量的成本，同时也能提高服务水平。

传统的库存管理仅仅是对自身库存物资的数量管理与控制，它们往往只是着眼于自身的库存水平的最低与库存持有费用的最少，而把库存物资往其上游或下游实行转移。而供应链下的库存管理则应把视野从自身扩大到由供应商、制造商、批发商和零售商组成的供应链网络上来，和它们之间充分交换库存信息，相互协调共同管理库存、实现整体库存水平的下降，甚至有可能实现零库存。

配送是运输的一种特殊形式，它是一种集收货、分货、配货、配装、送货等多种功能于一体的物资流通形式。它的特点一般是多品种、少批量、多批次地输送。从总体上看，供应链管理下的配送管理主要包括备货管理、理货管理和送货管理三项基本内容，其中每项内容又包含着若干项具体的、细节性的活动。

4. 物流信息管理

供应链管理的一个基本思路是要求供应链内企业的物流信息实现共享，所以物流信息管理是供应链管理的重要内容之一。物流信息系统是企业管理信息系统的一个重要子系统，它是通过对与企业物流供应链相关的信息进行加工处理来实现对物流供应链的有效控制和管理，并为物流供应链管理人员及其他企业管理人员提供战略及运作决策支持的人机系统。

5. 分销渠道管理

在供应链管理中最为薄弱的环节是对分销渠道的管理。分销渠道可以说是企业的战场，也是供应链管理的载体。供应链管理的实质是为营销管理服务的，为各分销渠道成员服务的。从整个社会大范围的角度来看，供应链管理可以理解成为所有最终消费者提供产品和服务的活动网络，即供应网络，而供应链则是其中的一个通道，主要由分销渠道构成。

从系统角度来看，分销渠道可以被看作是由参与产品和服务买卖过程中的企业构成的系统。从长期看，每一个渠道成员都享受着渠道成功的回报或承担失败的风险，只有通过渠道范围内的合作，将供应链关系中的主要参与者联系在一起，营销活动和物流配送等才能顺利进行。供应链管理的基本概念是建立在这样一种信念上的，即效率能够通过分享信息和共同计划得到提高，形成供应链的动机之一是增加分销渠道的竞争能力。

6. 顾客服务管理

企业的根本任务，其产生和发展的基础是向顾客提供服务并尽力满足其需求。在当今市场竞争激烈的时代，很多企业都提供了在价格、性能和质量方面同质的产品，此时，顾客服务的差异性将为企业提供超越竞争对手的竞争优势。顾客服务是发生在买方、卖方及第三方之间的一个过程，这个过程使交易中的产品或服务实现增值。这种增值意味着通过交易，各方都得到了价值的增加，它对单次交易来说是短期的，但当各方形成较为稳定的合同关系时，增值则是长期的、持久的。因而，从过程管理的观点来看，顾客服务是通过节省成本费用为供应链提供重要的附加价值的过程。

从供应链管理的角度看，顾客可以是最终的消费者，也可以是渠道成员，如制造商、批发商、代理商、零售商等；同时也可以是企业内部的某个部门、某种物流作业单位等。顾客服务是所有物流活动或供应链管理过程的产物，顾客服务水平是衡量供应链管理为顾客创造的时间和地点效用能力的尺度。顾客服务的诸要素在顾客心目中的重要程度甚至高过产品价格、质量及其他相关的要素。顾客服务水平决定了企业能否留住现有的顾客及吸引新顾客的能力，直接影响着企业的市场份额和供应链的效益，并最终影响其盈利能力。因此，在企业供应链管理中，顾客服务是至关重要的环节。

四、供应链管理中的现代技术

供应链管理是多层次、多目标的集成化管理，其管理的容量和复杂程度都很大，这就要求我们要从系统工程的角度来看待供应链管理。只有将系统管理技术（System Management Technology，SMT）、运筹学（OR）、管理科学（MS）、决策支持系统（DSS）、信息技术（IT）有机地结合起来，并贯穿应用于供应链管理的各个环节，才能管好供应链。

1. 运用系统管理技术管理供应链

系统管理技术是指用于设计、管理、控制、评价、改善制造企业从市场研究、产品设计、加工制作、质量控制、物流直至销售与用户服务等一系列活动的管理思想、方法和技术的总和。系统管理技术为生存在市场空间中的企业群体形成的动态联盟的系统化管理提供了科学方法，对单个企业如何寻求合作企业，寻求和评估机遇、进行企业流程重组（BPR）、完成内部条件与外部环境的有机结合、对市场变化做出迅捷反应等都提供了科学的决策方法支持。系统管理技术从管理信息系统、决策支持系统、信息接口技术、计算机辅助设计与制造等多方面为企业提供了开发、利用信息资源和智力资源的方法和手段，从而为供应链上资源的总体优化配置和"全产品寿命周期"（Total Product Life）（包括产品设计周期和生产周期）的缩短提供了技术和方法上的支持。

2. 运用运筹学技术管理供应链

运筹学作为定义问题、分析问题和解决问题的一种集成化方法，是在模型、数据和算法的基础上对企业的计划和动作进行优化的一种有效途径。供应链管理的方方面面，从内部生产的计划、原材料采购的平衡到分销地点的选择，都存在可以运用运筹学技术解决的问题。而且，互联网的迅猛发展，使运筹学得到了更加有效的运用。

（1）运筹学可以大大提高优化结果的可信性。大家知道，数据是运筹学的基础。在传统模式下，收集数据往往需要占用大量资源或耗费较长时间。对于采集成本较高的数据，传统处理方法是假设其遵循某种标准函数，或者干脆在模型中忽略掉。这种做法严重影响了优化结果的可信性。互联网提供的物流向信息流的转换平台，使数据的收集十分廉价，复制成本几乎为零。这样，供应链上的物流就能得到更加准确的描述，优化结果的真实性和可信性显著提高。

（2）市场空间的基础是信息，并为信息所控制，而供应链上所有企业可以通过对信息的管理创造价值。由此产生了一个重要应用技术——数据挖掘（Data Mining），综合运用高级运筹学等技术，就能从大量数据中发现隐藏的形式、趋势和关系。现代社会"链"中企业频繁的数据和信息交互，为数据挖掘提供了必要基础。利用及时可靠的数据和信息就能够提高供应链管理的决策质量，从而提高企业的竞争力。

（3）由于供应链网络平台上的信息延迟几乎降低为零，所以可以运用运筹模型对供应链进行实时优化，从而提高系统的运行效率，提高整条"服务链"的竞争能力。

3. 运用决策支持系统（DSS）技术管理供应链

现代社会供应链上信息流和物流得以顺畅流动的"动力源"是最终用户，所以对最终用户不确定需求的管理变得十分重要。决策支持系统技术能解决不确定因素下的供应链管理问题。在供应链的需求端，可以采用一系列决策步骤对不确定需求的决策提供支持。在具体操作时，决策支持系统要演变为群体决策系统（Virtual Organization's Group Decision Support Systems，VO – GDSS），以解决动态联盟无法避免的群体决策问题。群体决策系统针对供应链管理不确定需要的复杂程度，综合利用电子会议、电子数据交换等技术，就可对动态联盟的群体决策提供强有力的支持。

4. 运用信息技术管理供应链

当今社会，信息技术的迅猛发展已经使其成为供应链管理不可或缺的重要组成部分，它为系统管理技术、决策支持系统等方法、技术提供了集成化的应用平台，为动态联盟需求的知识、技术提供了平台，核心生产商和零部件供应商可以共同对产品进行在线设计（On – Line Design），从而可以同时对外部需求的变化做出反应。明确了供应链管理的任务，掌握并能运用现代管理技术，就一定能管好供应链。

在世界经济趋向一体化，我国已经加入世贸组织的今天，国际国内的市场竞争越来越激烈，企业独立面对激烈竞争的市场已显得非常"脆弱"。与其"坐以待毙"，还不如寻求更大的生存和发展空间。供应链管理是当前企业管理领域中十分流行且有效的技术。只要企业能建好并管好供应链，就一定能提高企业的竞争力，从而实现企业的生存与发展。

复习思考题

1. 试分析说明供应链的概念及其模型。
2. 简要介绍常用的供应链管理方法。
3. 阐述供应链管理框架三部分之间的关系。
4. 简要分析供应链管理实施的步骤和程序。

第 四 章

物流服务

学习目标:

通过本章学习,在了解物流服务的内涵、特征的基础上,掌握现代物流服务模式以及物流服务的详细内容,并能够对物流服务的效果进行评价。

第一节 物流服务概述

一、物流服务的内涵

物流服务是指企业为了满足客户(包括内部和外部客户)以一定速度和可靠程度得到所需要订购产品的要求,开展的一系列物流活动的过程与结果,是为向供应商订货和使客户保持满意而进行的有关各项活动的总和。物流服务是一种过程,是通过节省成本为供应链提供重要的增值效益的过程。物流服务的基本内涵体现为:物流服务是一种管理活动;是一种实际的业务绩效水平;是一种整体的经营理念。物流服务作为一种管理活动,要有计划和控制能力,如快速订货处理等;物流服务作为一种绩效水平,表明其可以精确衡量,如24小时内要实现订单配送效率达到98%等;而物流服务作为管理理念则是要强化企业以顾客为核心的宗旨。物流服务水平可以直接衡量物流系统为顾客创造时间和空间效应的能力,它决定了企业能否留住现有顾客并吸引新顾客,也直接影响着企业所占市场份额和物流的总成本,并最终影响着企业的盈利能力。

1. 物流服务的本质

服务是一方能够向另一方提供的基本的、无形的所有行为或绩效,其并不导致任何所有权的产生。服务是无形产品，不同于有形产品。物流服务本身并不创造商品的形质效用，而是产生空间效用和时间效用。

按照服务经济理论，物流服务除了具有服务的基本性质（服务是非实体的，是一种或一系列行为，其在某种程度上生产与消费会同时发生，顾客在一定程度上也可能参与生产）之外，还具有从属性、即时性、移动性和分散性、较强的需求波动性和可替代性，所以我们不能忘记物流服务必须从属于货主企业的物流系统，表现在流通货物的种类、流通时间、流通方式、提货配送方式都是由货主选择决定的。不能忽视物流服务属于非物质形态的劳动，它生产的不是有形的产品，而是一种伴随销售和消费同时发展的即时服务，物流服务以分布广阔、大多数是不固定的客户为对象，数量众多而又不固定的客户的需要在方式上和数量上是多变的。

利顿微波公司的配送经理 R. R. 莫雷指出，通过良好的包装、准时可靠的送货、有效的订单处理，物流部门就能防止失去客户，为扩大企业产品销售市场做出巨大潜在的贡献。

2. 物流服务的要求

现代物流服务必须真正达到5R的标准才有可能满足个性化、准时制和高附加值的需求。原来那种大量生产、大量销售体制下产生的大量运输将会越来越少，从而对物流企业原有的利益格局产生冲击。什么是5R？是指现代物流服务要求可以用5个"合适"来表示：合适的产品（Right Product）以合适的数量（Right Quantity）、合适的价格（Right Price）在合适的时间（Right Time）送到合适的地点（Right Place）。

3. 物流服务的特性

物流服务的内容是满足货主需求，保障供给，即在适量性、多批次、广泛性上满足货主的数量要求，在安全、准确、迅速、经济上满足货主的质量需求。除了这些基本性质，还具有以下特性：

（1）从属性。由于生产企业是产品和服务从资源基地到最终消费者整个过程中的价值增值性流动的基础，物流是随着供应链的运动而运动的，伴随着供应链的发生而发生，所以物流服务必须从属生产企业物流系统。

（2）即时性。物流服务是属于非物质形态的劳动，它生产的不是有形的产品，而是一种伴随销售和消费同时发展的即时服务。

（3）移动性和分散性。物流服务是以分布广泛、大多数是不固定的客户为对象的，所以，具有移动、面广、分散的特性，它的移动性和分散性会使产业局部的供需不平衡，也会给经营管理带来一定的难度。

（4）较强的需求波动性。由于物流服务以数量多且不固定的顾客为对象，它们的需求在方式和数量上是多变的，有较强的波动性，为此容易造成供需失衡，在经营上成为劳动效率低、费用高的重要原因。

二、现代物流服务模式

1. 顾客自我服务模式

顾客自我服务模式即第一方物流服务模式，是由购买者（买方——企业或消费者）自行完成商品或货物的物流服务的模式。在这种模式中，提供和使用物流服务的是同一主体，购买者通过自我服务实现商品或者货物的物理位移和增值。大部分中小工商企业将自己的物流业务全部由企业内部来完成，而很少交由社会物流来承担，其突出特点是企业自备从采购到产成品销售的一系列后勤保障系统，以自备物流形式在企业内部形成"内部供应链体系"。自备物流固然有独立、封闭运作的优势，但这种物流服务模式与社会化的物流服务模式相比，其消耗和占用的资源多，物流服务设施闲置时间和程度较高，因此物流成本高；同时，存在难以克服企业规模扩大后带来的物流成本上涨、市场反应不及时、客户服务水平降低等弊端。我国至今仍以这种物流服务模式为主，其成因与传统的"大而全，小而全"的企业运营模式有关。从国民经济运行质量及社会资源配置的角度出发，这是社会成本最高的一种物流服务模式，所以发达国家只将它作为其他社会化物流服务模式的一种补充。

2. 协作物流服务模式

协作物流服务模式是在企业用自己的资源难以满足生产经营需要时，与相关企业为有效解决物流问题而开展的物流协作服务模式，即第二方物流服务模式。这种模式可以是供应商物流服务模式，即由销售者（卖方）为购买者（买方）提供物流服务的模式，通过供应商使用其物流服务设施为购买者提供商品与货物的地理位置的位移和增值，与"第一方物流服务模式"相比在资源消耗和占用的效率上有很大的提高，因为供应商通常可以为许多个购买者提供物流服务，所以这是一种准社会化的物流服务模式。也可以是物流公司提供的部分物流服务，指由于业务的地理范围扩张，制造商会将自身业务的一部分由企业内部职能部门来承担，如产成品仓库、外设分销仓库的管理等，而将企业自身难以运作，或整合起来较为困难或物流成本较高的一部分物流业务交与物流公司运作，其一般包括干线运输等。它是寻求一家拥有资产，且提供以资产为中心的服务（2PL）的提供商，来分担其增长的物流负担，例如，一家卡车运输公司或一家仓储运营公司。这样的提供商在供应链中提供的只是单一的（或少数）服务功能，且面临低回报、资产密集度高，但市场壁垒很低的情况。随着一些通过密集网络和立法保护获取高额回报的分销（配送）商的出现，在可得性和可靠性方面都有了保障，而且在提高国民经济运行质量和社会资源合理配置方面也有了一定的优越性。但这种回报是建立在一定规模成本基础之上的，例如，那些快递包裹公司、邮政公司，它们的收费是以及时的递送来定价的。所以目前发达国家仍然使用这种"自营＋外包"的物流服务模式，尤其在一些现代电子商务的配送中，我国的物流服务也多以这种物流服务模式为主。这种"自营＋外包"的商业物流模式虽然在一定程度上迎合了企业自身的需要，降低了一部分物流成本，但由于其操作的非连贯性和衔接不畅，一体化运作不彻底，物流过程的优化有限。国内企业如康佳、长虹等家电企业及西安扬森等医药企业均采用这一模式。

3. 第三方物流服务模式

第三方物流服务模式就是由独立于买卖双方的第三方提供的现代物流服务模式。在这一模式中，提供物流服务的主体是一种集成性的专业物流服务企业，它们使用自己的专业物流服务设施和组织管理技术，为买方或卖方提供货物或商品的物理位移和增值，并提供完全的第三方物流解决方案，因此被称为"第三方物流服务"。完全的第三方物流解决方案是指工商企业将整体物流业务以合同方式委托给专业的、独立的第三方物流企业来承担运作，并由第三方物流企业提供供应链一体化的解决方案和实际操作，同时，通过信息系统与物流服务企业保持密切联系，以达到对物流全过程的管理与控制的一种物流运作与管理方式。这种物流服务模式是一种完全社会化的物流服务模式，它面向社会对各种货物的买卖双方进行服务，所以可以大大提高物流服务设施和资源的利用率，从而使国家或地区的经济运行质量得以提高，使买卖双方和提供物流服务的第三方都能够获得收益。现在发达国家主要使用这种模式，而我国使用这种模式的比重较低。随着对一站式（One - Stop）物流方案需求的增长，许多2PL公司已经通过增加新的物流功能和运营一体化，提供一站式服务（One - Stop Packages），向拥有资产，且提供以管理为中心服务（3PL）的公司发展。3PL已被包含在供应链管理之中，它可能包括但也可能不包括资产的所有权。3PL是一个更广泛的词，被频繁用来涵盖货物运输或者合同物流领域的各种业务。它完成所有或者大部分客户供应链的物流业务，其附加值是建立在信息和知识之上的，这不同于无差异性的低成本运作的运输服务。3PL倾向于低资产性和高回报率。如由新科安达后勤保证公司为高露洁公司提供的物流服务、由广州宝供物流公司为宝洁系列产品提供的物流运作都是第三方物流模式的典范。欧美等发达国家工商企业基本上都采取这种模式，如通用、福特、波音、空客等。

完全的第三方物流解决方案包括以下内容：

（1）物流企业为工商企业设计全盘物流方案。物流方案涵盖企业生产和销售组织构架在内的管理框架设计，产品生产和销售的流程及控制设计，生产和销售的衔接与配合，生产计划和销售的预测展望及计划的制定，物流的协同定位等。

（2）企业生产基地和仓库的选址。生产基地和仓库的选址包括各分生产基地、组装基地、配件基地以及原材料仓库、产成品仓库、分销仓库等的选址，建设规模，设施装备和技术支持手段等。

（3）原材料的采购和产成品的包装。原材料的采购和产成品的包装包括原材料采购计划（时间、数量和规模）和实施方案的制定和执行，产成品的集成包装和拆分包装等。

（4）运输服务。运输服务指所有与原材料采购、产成品生产、销售有关的各种方式的干线运输、联合运输、分包运输、短倒运输和配送运输等。

（5）仓库管理服务。仓库管理服务包括原材料和产成品在收纳地、生产地以及各分销中转、仓库的入库管理、出库管理、收货和发货管理、货品保管、货品移动、货物调整、货物控制、货物盘点等服务活动，也包括与仓库管理服务直接相关的如货物保质期管理、废弃物回收的在库管理等。

（6）物流中心的配送服务。物流中心的配送服务包括由原材料收纳地和产成品的生产地到各加工地或分销地的运送服务，由各分销中心至分销商的配送服务以及由各分销中心或分销商到终端客户的配送服务。也包括独立的货物分拣中转中心、处理中心等由干线至支线或终端客户的配送服务等。

（7）搬运装卸服务。搬运装卸服务指与上述所有物流活动相关的、货物在不同位置发生的、由机械或人工完成的货物装、卸、短距搬倒或移动，包括但不限于装卸车作业、吊装作业、货物空间位置的短距离移动等。

（8）分包和集成服务。分包和集成服务指原材料和产成品经常发生的由零集整、由整分零的集成或分包服务，也包括在各物流环节可能发生的为方便装卸、储存需要而进行的分包或集成作业等。

（9）废弃物回收的物流服务。任何企业的物流运作都不可避免地要发生退货、损坏品的回收、废弃物及包装物的回收，这也由第三方物流完成。

实际运作中，一体化的第三方解决方案往往存在于大型企业和大型物流企业之间，更多物流承担的还是单一的服务，这与工商企业的认识及物流企业的能力直接相关。

4. 第四方物流服务模式

第四方物流服务模式是一种最新的社会化、集成化和信息化的物流服务模式，它是由美国安德森咨询公司提出并注册其名称的现代物流服务模式。所谓的"第四方"是指社会化的物流集成商，它们通过物流信息系统设计、物流服务集成和电子商务与信息咨询等，将第一方、第二方和第三方的物流过程集成起来，然后利用第三方物流服务商或类物流服务商以及自己的物流服务设施，去实现生产控制管理、运输管理、配送管理、顾客服务管理、信息管理、战略管理、采购和仓库管理及网络管理等全方位的集成化的物流服务，从而实现物流服务成本的降低和企业供应链的集成管理。目前，像澳大利亚、荷兰、我国香港和台湾等国家和地区已经开始第四方物流服务模式的实践。

第四方物流服务可以分为几个方面予以阐释：

首先，对工商企业而言，由于对物流业务的非专业性和缺乏专门管理团队，不可能洞悉和有效控制其物流业务的所有环节，因而在自行规划和操作物流业务时，需要专业的公司为其设计合理的物流运作框架和运作模式，对运作流程予以监督和管理，进而对物流运作质量、运作水平和运作成本进行控制。专业提供这些服务的企业如专业物流信息管理系统的开发商、物流咨询公司、物流管理顾问公司等即是第四方物流企业。由于制造和零售企业日益趋向外筹其物流业务，这部分业务已经呈现出增长的势头。

其次，第四方物流服务可以是集成商们利用分包商来控制与管理客户公司的点到点式供应链运作。这种第四方物流企业由于拥有强大的客户开发能力和物流运作管理水平，掌握丰富的物流运作资源，能够承接大量的物流订单。但是由于经营取向的不同和对经营利润的追求，这些第四方物流企业往往并不亲自从事物流具体运作，而是将大部分或所有物流运作业务通过分包的形式划分给不同的下线物流服务企业承担，第四方物流企业更多地从整合、分包、控制的角度来实现客户的整体物流运作，并应用电子商务的方式将整个过程集成起来。

再次，对许多第三方物流企业而言，在它们为工商企业提供物流服务时需要运用若干的运作资源，包括物流管理信息系统、运输车辆（也包括铁路、航空、海运车船等）、外设仓库及其他的设施和设备等。任何一个第三方物流企业均不可能在任何时候同时具备上述运作资源或手段，都需要对外进行采购或予以整合、借用。这些专门为第三方物流企业提供运作支持和资源保障的企业也可以归为第四方物流。包括物流信息技术企业、运输工具的供应商、仓储供应商等。

最后，一些第三方物流企业、信息技术企业、物流设备制造商、物流咨询顾问公司等进行的自上而下、跨行业、跨区域的联合并结成供应商、服务商联盟，为用户提供更加广泛的、完全的供应链一体化物流服务，也是第四方物流服务的又一种表现形式。

第四方物流服务模式本质上是一个物流整合体，可以说是为制造商物流外包需求而设定的一站式联系服务。它的任务是与2PL和3PL提供商签订合同，整合管理目标，提出解决方案。拥有精锐资产，且提供以技术为中心服务（4PL）的提供商不仅具有很强的物流和信息技术，而且能完善供应链理念，并能向制造商提供高附加值的咨询顾问服务。

5. 类物流业服务模式

类物流业服务模式是按照分类提供专门化物流服务的模式。"类物流业"是指由社会化专项物流服务商构成的产业，运输、仓储、货代等专项物流服务所构成的产业都属于这一范畴。确切地说，第三和第四方物流服务最大的特征是服务的集成化，而类物流服务的最大特征就是服务的单一化。类物流服务商可以向第一、第二、第三方物流，甚至第四方物流服务商提供单一性的专门服务，这种社会分工的细化可以进一步提高企业的效率和效益。在多数发达国家的物流服务体系中，类物流服务模式仍然占有很重要的地位，而且仍然发挥着重要的作用。我国虽然也有类似的类物流服务企业，但是在物流服务的组织与管理上仍然存在许多问题，仍然停留在传统的运输和仓储业的管理水平，与国际先进的类物流服务模式还有一定的差距。

第二节　物流服务的内容

物流服务一方面要争取新的客户，吸引原有客户继续购买本公司的产品或服务；另一方面要与企业的长期战略相协调，提高投资的回报率。一般认为，公司每一时期的销售，基本上来自两种客户群：新客户和老客户。据调查，吸引一个新客户的成本是维持一个满意的老客户成本的五倍。对盈利率来说，得到一个客户是丧失一个客户成本的 16 倍，因此，维系客户比吸引客户更加重要。同时，物流服务又是创造回头客的最佳手段，对消费者需求有着重要影响。可以把物流服务的内容看成四部分：基本物流服务、增值服务、供应链一体化的物流服务、电子商务下的物流服务。

一、基本物流服务

基本物流服务是向所有客户提供的最低服务水准的承诺，是企业为保持客户的忠诚所建立的最基本业务关系的客户服务方案。所以，客户服务内容设计的是否合理，直接影响整个企业供应链目标能否实现。杰姆斯·思泰克（James Stock）和莉萨·埃尔拉姆（Lisa Ellram）在研究中将客户服务以服务过程分为交易前因素、交易中因素、交易后因素（如图 4 - 1 所示）。

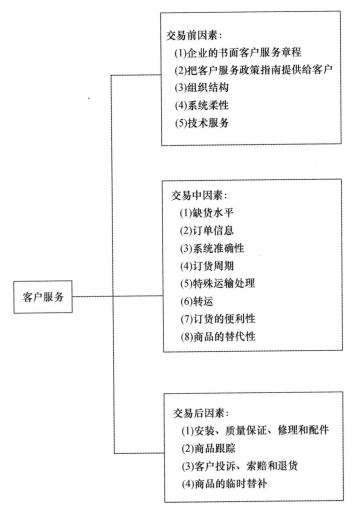

交易前因素：
　　(1)企业的书面客户服务章程
　　(2)把客户服务政策指南提供给客户
　　(3)组织结构
　　(4)系统柔性
　　(5)技术服务

交易中因素：
　　(1)缺货水平
　　(2)订单信息
　　(3)系统准确性
　　(4)订货周期
　　(5)特殊运输处理
　　(6)转运
　　(7)订货的便利性
　　(8)商品的替代性

客户服务

交易后因素：
　　(1)安装、质量保证、修理和配件
　　(2)商品跟踪
　　(3)客户投诉、索赔和退货
　　(4)商品的临时替补

图 4 - 1　基本物流服务因素

1. 交易前因素

交易前的客户服务因素主要包括企业制定的各种规章、政策，为客户需要所建立的客户服务体制等，这些因素影响着客户对组织的感觉及对其整体的满意程度，它们并非都与物流直接相关，但必须系统化，且必须在组织执行和客户服务之前到位，其内容包括：

（1）企业的书面客户服务章程。企业的书面客户服务章程必须与客户需求水平相匹配，它应当包括监督客户服务运行情况的度量标准以及汇报实际运行情况的频率，并且这些标准都是可以实际操作运行的。

（2）把客户服务政策指南提供给客户。给客户提供的客户服务政策指南一方面，可以使客户了解能得到什么样的服务，以免产生不合理的期望；另一方面，一旦出现公司没有做到指南所规定的服务，指南还应告知客户如何反映情况。

（3）组织结构。合理的组织结构有利于实现客户服务的目标，并有利于协调企业组织内部的管理，使公司内部和外部在政策、运行和纠正措施等方面的沟通变得容易，并使客户能方便地联系到公司内能满足其需求及回答其问题的公司部门及人员。这需要企业具有很高的透明度、职责明确、权限清晰，还需配有适当的奖惩措施。

（4）系统柔性。系统的柔性是指公司应该具有对突发事件的快速反应能力。这里的突发事件包括突然出现的自然灾害、政府禁令、社会动荡以及经营合作伙伴的突然变化等。

（5）技术服务。技术服务指在产品销售中为客户提供的帮助。如对客户的培训计划，帮助客户改进库存管理、订单处理的种种努力。这些服务可以免费，也可以收费。

交易前因素主要与企业营销战略有关，为交易中因素和交易后因素奠定基础。

2. 交易中因素

交易中因素指那些与客户服务联系紧密的因素，包括缺货水平、订单信息、订货周期、运输服务等。

（1）缺货水平。缺货水平是衡量产品现货供应比率的重要指标。一旦出现缺货情况，组织应努力为客户寻找替代产品或者在补进货物后再送货，竭尽全力满足客户需求。

（2）订单信息。订单信息是指客户能通过计算机资源较迅速地获得各种订货信息。系统能以较快的速度向客户提供的信息包括库存状态、订货情况、运输、期望的或实际的装运日期以及迟延订货（Backorder）情况。迟延订货的数量和订货周期也是衡量物流灵活性的重要指标，在一定程度上可以抵消缺货的影响。从某种程度说，迟延订货的能力与缺货水平之间存在效益背反（Trade - off）规律，因此，对补交货物情况的考虑要和缺货情况联系起来。因为客户非常注重发生的问题和递送的例外情况，这一过程应按客户或产品类型跟踪，使再次发生的问题可视化，而且能得到及时解决。

（3）系统准确性。除了能迅速获得广泛而多样化的数据外，客户希望获得的关于订单执行情况和库存水平的信息是准确的。不准确的信息及数据应被注意，并尽可能及时做出更改。因为，如果交付的货物、交付的数量、制作的单证出现错误，对客户和企业都将带来一定的成本上涨。从根本上讲提高准确率就是节约成本，提高效率。

（4）订货周期。订货周期是指客户从开始订货到收到产品或服务的全部时间的总和，包括订单传递时间、订单录入、订单处理、分拣货物、包装、运输和货物送达。通常客户只会关注交货周期，对某一具体环节需要耗费的时间并不在意，但随着更加强调基于时间的竞争，减少订货周期的总时间越来越受到重视。因此，充分利用现代科技，特别是现代网络技术、通信技术、条码技术等尽力缩短总的订货周期是当前物流管理的主流。

（5）特殊运输处理。特殊运输处理是处理不能通过正常运货系统处理的订单所相应采取的措施。这种情况可能由于需要加速运货或者有独特的运输要求而出现。这种运输与标准运输相比较，所需的成本是相当高的。然而，失去一个客户的成本同样会很高。公司应当确定哪些客户或哪些情况需要特殊对待，哪些不需要特殊对待。

（6）转运。转运是指为避免缺货，在不同的配送点之间运送产品，或根据客户的需要转发货物。

（7）订货的便利性。订货的便利性是指客户下订单的难易程度。如果形式混乱、条款不标准或通信手段落后都可能使客户望而却步。通过直接与客户交流、监控和识别与订单有关的问题，并将传统商务手段与电子商务相结合，有助于方便客户订购产品或服务，鼓励购买。

（8）商品的替代性。如果客户订购的商品无法得到，但是可以用同种品牌的不同规格、不同包装的商品或者其他品牌的商品代替，并且它们也能同样或者更好地完成原来商品的职能，那么就出现了商品替代。如果产品之间可替代性较强，那么可以在降低库存的同时维持较高的客户服务水平。

从上述介绍可以很明显地看出，交易中的客户服务要素通常受到最大的关注，因为这些因素与商品销售、与企业的产成品分拨管理联系密切，例如，莱德系统（Ryder Systems）在对1300家企业的调查中发现，80%的调查者认为，商品的运送和商品的质量同等重要。

3. 交易后因素

交易后因素是在客户已经得到商品或服务后，所提供的商品或服务支持。交易后因素就是常说的售后服务，指的是为保证产品的使用所涉及的一系列服务措施，包括产品安装、维修、产品跟踪、客户投诉的处理等。所以，这部分服务内容的重要性正在得到越来越多企业的认同。

（1）安装、质量保证、修理和配件。安装、质量保证、修理和配件这些要素对几乎所有的商品都是重要的考虑因素，特别是对于那些服务成本远大于商品本身成本的设备来说更是如此，如空调等家用电器，是否有安装、维修服务以及服务的质量是影响消费者购买决策的重要因素。

（2）商品跟踪。商品跟踪是指跟踪出售的商品，防止其出现社会危害，是某些行业的特殊需要，也是很重要的客户服务要素，例如，一旦发现并确认产品潜在的问题，企业必须能够从市场上调回所有有潜在危机的商品。

（3）客户投诉、索赔和退货。对客户投诉、索赔的处理在大众传媒高度发展的今天有特别重要的意义，处理不当，可能对企业形象造成恶劣影响。为了解决客户投诉，一个准确的在线信息系统是必要的，可用其处理客户数据、监控走势以及向客户提供最新信息。物流系统设计的目的是运送商品给客户，所以非常规的商品处理，尤其是客户退货的成本，是非常高的。客户退货是逆向的物流过程，因此被称作"逆向物流"。公司的政策应建立在尽可能有效益和有效率地处理投诉的基础之上。

（4）商品的临时替补。为满足客户的需要对尚未交付的货物或正处于维修阶段的货物提供临时性的替代产品，例如，一些汽车代理商在客户的汽车接受服务（如修理）时，免费借给客户备用汽车。这样可以最大限度地消除客户的不便，而且可以培养出更忠诚的客户。

二、增值服务

今天的物流企业，除提供基本服务外，还应提供一系列附加的创新服务和独特服务的延伸，而增值服务是企业应该重点注意的提升方向。向货主的整体配销活动渗透，以客户为中心全面提高服务质量的活动，称为增值服务。

增值服务能创造出时间和空间效用，通过节省成本为供应链提供增值利益。在竞争不断加剧的市场环境下，不仅要求企业的物流部门在传统的运输和仓储服务上有更严格的服务质量，同时还要求它们大大拓展物流业务，提供尽可能多的增值性服务。目前，能否提供增值服务已成为衡量一个企业在物流服务方面是否真正具有竞争力的标准。因此，物流企业向市场提供的服务内容除了传统的干线运输、仓储保管、装卸搬运、市内配送等业务以外，还要能够提供以下服务：

1. 物流系统设计

传统物流活动中的各个服务项目，尤其是两大服务项目——运输和储存，其提供者的目标在很多情况下是相互矛盾的，这不利于综合物流目标的实现。为此，在以提高客户满意程度为主要目标的综合物流服务中，企业应把客户的需求作为一个整体，以各方面综合绩效最优作为目标，为客户设计并提供具有溢价服务特征的物流系统。

2. 网络化物流服务

由于经济的全球化，企业所有活动都在全球市场上进行。任何物流服务都有赖于企业经营者和消费者的相互协作和共同努力。这就意味着其物流活动可能是广流域，甚至是跨国界的，因此现代物流活动也必须实现网络化，全方位追踪货主企业的物流活动，使自己的服务网络能够覆盖货主企业的所有业务活动，真正使货主企业能够全心致力于自身的核心竞争力上。

3. 构建物流信息系统

物流信息系统是现代物流作业的支柱，现代物流是物流服务功能的集成，管理和控制这些功能必然反映到对物流各环节的信息整合上来。物流服务商要依靠网络的货主跟踪系统、电子订货系统、运价咨询系统等与物流网络整合，进行信息采集与运输业务管理、客户查询及业务跟踪，有效地减少物流中间环节和费用，大幅度提高客户服务水平。

4. 生产支持服务

将客户货物进行简单组装、合并、包装等，以实现对客户货物的准时配送，配合客户实现零库存经营。准时配送服务（JIT Delivery）是指客户在订货时就能确定到货的时间，而网络配送就能够按约定的时间将货物送到指定的地点。在准时配送服务体系中，物流服务商并不承诺将客户的货物在最短的时间送达，而是在双方协商确定的、客户需要的时间送达。这样有利于其合理安排运力，尽可能实现所有客户的货物都能按时送达。

我们可以在供应链一体化和客户服务管理理论基础上，针对客户的现实需求和潜在需求，结合物流业务环节进行物流服务创新，即开发多样化的增值物流服务。多样化的增值物流服务包括：

（1）承运人型增值服务。承运货物运输的快运公司、集装箱运输公司最适宜从事多样化的增值服务，为了实现这些服务，就需深入了解客户的现实需求和潜在需求，以合理的价格积极满足这些需求，例如，从收货到递送的货物全程追踪服务；电话预约当天收货；车辆租赁服务；为时间敏感的产品提供快速可靠的服务（含相关记录报告）；为温度敏感的产品提供快速可靠的服务，如冷藏、冷冻运输（含相关记录报告）；配合产品制造或装配的零部件将产品及时交付（JIT Delivery）；被客户退回的商品回收运输服务（Goods Recall）；运输设备的清洁或消毒等卫生服务；信誉好的承运人甚至可以为客户提供承运人的评估选择、运输合同管理等服务。

（2）仓储型增值服务。拥有大型仓储设施的企业仓储配送中心可以考虑下列增值服务：材料及零部件的到货检验；材料及零部件的安装制造需要的重新包装或简单加工；提供全天候收货和发货窗口；配合客户营销计划进行制成品的重新包装和组合（如不同产品捆绑促销时提供商品的再包装服务），对于超市型客户而言，这种服务很有市场，能满足客户销售需要；提供成品标记服务（如为商品打价格标签或条形码）、便利服务（如为成衣销售提供开箱加挂衣架重新包装的服务）及协助处理追踪服务；为食品、药品类客户提供低温冷藏服务并负责先进先出，能最大限度地方便商家，是一项前景很好的增值服务。

（3）货运代理型增值服务。传统的航运经营模式下提供给客户的服务只是间断的、不连贯的一部分服务，很难让客户满意。而货运代理型增值服务的及时性、增值性、合理性，能最大限度地满足客户的各种各样的要求，提高客户的满意度。主要包括订舱（租船、包机、包舱）、托运、仓储、包装；货物的监装、装卸、集装箱拼装拆箱、分拨、中转及相关的短途运输服务；报关、报验、报检、保险；内向运输与外向运输的组合；多式联运、集运（含集装箱拼箱），等等。

三、供应链一体化的物流服务

要实现多样化的物流服务，必须首先实现供应链的一体化。供应链的一体化包括从最初的供应商采购，到制造部的制造支持，再到营销部的营销支持，最后通过实物配送到达客户手中的整个过程。供应链一体化使渠道安排从一个个松散的独立企业，变成一种致力于提高效率和增加竞争能力的合作力量。它要求所有供应链的成员在相互信任的基础上进行合作，对基础交易数据和长期战略信息进行分享，共同找出满足客户需求的有效方法和手段，创造出持续特色的物流解决方案，提高整个供应链的竞争能力，如图 4 - 2 所示。

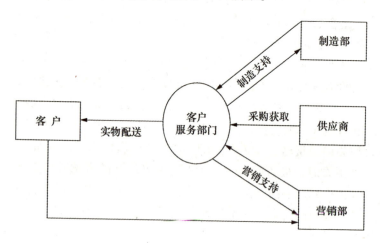

图 4 - 2　供应链一体化的物流服务模式

四、电子商务下的物流服务

电子商务下的物流服务包括以下几层含义和内容：

1. 增加便利性的服务——使人变懒的服务

简化是相对于消费者而言的，并不是说服务的内容简化了，而是指为了获得某种服务，以前需要消费者自己完成的事，现在由商品或服务提供商以各种方式代替消费者做了，从而使消费者获得这种服务变得简单，更加好用，这当然就增加了商品或服务的价格。在提供电子商务的物流服务时，推行一条龙门到门服务、提供完备的操作或作业提示、免费培训、包维护、省力化设计或安装、代办业务、一张面孔接待客户、24 小时营业、自动订货、传递信息和转账（利用 EOS、EDI、EFT）、物流全过程追踪等都是对电子商务销售有用的增值性服务。

2. 加快反应速度的服务——使流通过程变快的服务

快速反应（Quick Response）已经成为物流发展的动力之一。传统观点是将加快反应速度变成单纯对快速运输的一种要求，而现代物流的观点却认为，可以通过两条途径使过程变快：一是提高运输基础设施和设备的效率，这是一种速度的保障，但在需求方对速度的要求越来越高的情况下，它也变成了一种约束；二是优化电子商务系统的配送中心、物流中心网络，重新设计适合电子商务的流通渠道，以此来减少物流环节、简化物流过程，提高物流系统的快速反应性能，这是一种具有推广价值的增值性物流服务。

3. 降低成本的服务——发掘第三利润源泉的服务

在电子商务发展的前期物流成本比较高，因此发展电子商务一开始就应该寻找能够降低物流成本的物流方案。企业可行的方案包括采用第三方物流服务商、电子商务经营者之间或电子商务经营者与普通商务经营者联合、采取物流共同化计划。同时，若具有一定的商务规模，可以通过采用比较适用但投资比较少的物流技术和设施设备，或推行物流管理技术，如运筹学中的管理技术、单品管理技术、条形码技术和信息技术等，以此来提高物流的效率和效益，降低物流成本。

4. 延伸服务——将供应链集成在一起的服务

延伸服务向上涉及市场调查与预测、采购及订单处理；向下涉及配送、物流咨询、物流方案的选择与规划、库存控制决策建议、货款回收与结算、教育与培训、物流系统设计与规划方案的制作等。关于需求预测功能，企业应根据商品进货、出货信息来预测未来一段时间内的商品进出库量，进而预测市场对商品的需求，从而指导订货。关于物流系统设计咨询功能，可以请第三方物流服务商为电子商务经营者设计物流系统，并选择和评价运输商、仓储商和其他供应商。关于物流教育与培训功能，物流系统的运作需要电子商务经营者的支持与理解，通过向电子商务经营者提供物流培训服务，提高电子商务经营的物流管理水平。为了便于确立物流作业标准，也可以将物流中心经营管理者的要求传达给电子商务经营者。

第三节 物流服务标准及评价

一、物流服务的衡量标准

我国物流标准指出，物流服务是物流供应方通过对运输、储存、装卸、搬运、包装、流通加工、配送和信息管理等基本功能的组织与管理来满足顾客物流需求的行为。因此，要使顾客满意，必然要满足其需求。

用什么来衡量物流服务的水平？多年来，物流研究者和物流实践者一直在不断探索物流系统所能向顾客提供的服务类型，并对物流服务标准进行了深入的研究。哈佛商学院的詹姆斯·赫斯克特（James L. Heskett）、高尔斯凯（Galskowsky）、埃维（Ivie）通过对物流服务所提供的存货服务、订货服务、送货服务和信息服务的研究，发现物流服务水平直接影响着企业的市场份额和物流成本，并最终影响其盈利能力。企业通过标准化的服务可以形成规模经济，达到降低成本的目的。于是他们对物流企业及顾客进行了调查研究，并综合了多方面的因素，提出了如下九条物流服务标准：①接受订单到交付货物的时间间隔。②订货量和订货类别的百分比。③脱销货物的百分比。④按时按质交付订货百分比。⑤在接受订单后的给定时间内交付订货百分比。⑥交付订货百分比。⑦顾客所订购产品安全送到的百分比。⑧订货周期时间（订购货物到交付货物的时间间隔）。⑨顾客订购货物方式的便利性和灵活性。

二、物流服务水平与物流成本

用物流的标准来衡量物流服务水平的高低，而不同水平的服务有不同的成本。也就是说物流服务是有成本的。物流服务管理的目的是以适当的成本实现高质量的顾客服务。一般讲，物流服务水平提高，物流成本就会上升，可以说两者间的关系存在效益背反的法则，如图 4 - 3 所示，在服务水平较低阶段，如果追加 X 单位的服务成本，服务水平提高 Y，而在服务水平较高阶段，同样追加 X 单位的成本，提高的服务量只有 Y′（Y > Y′）。所以，无限度提高服务水平，会因为成本上升的速度加快，反而使服务效率没有多大变化，甚至下降。具体来看，物流服务与成本的关系有四种类型。

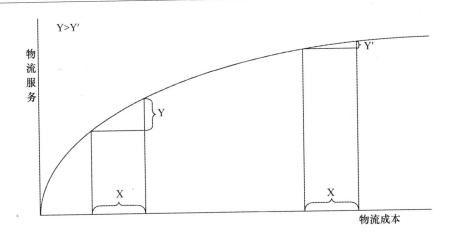

图 4 – 3　物流服务与物流成本的关系

1. 第一种类型

在物流服务水准一定的情况下，降低物流成本。也就是在实现既定服务水平的条件下，通过不断降低成本来追求物流系统的改善（如图 4 – 4 所示）。

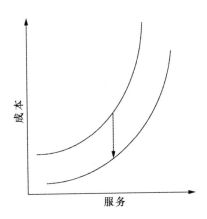

图 4 – 4　服务水平一定，成本降低

2. 第二种类型

要提高物流服务水平，不得不牺牲利益，任其成本上升。这是大多数企业所认为的服务水平与成本的关系（如图 4 – 5 所示）。

3. 第三种类型

在物流成本一定的情况下，实现物流服务水平的提高。这种状况是灵活、有效利用物流成本追求成本绩效的一种方法（如图 4 – 6 所示）。

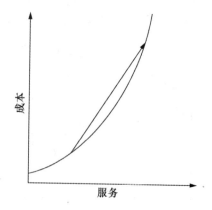

图 4-5 服务水平与成本同时上升

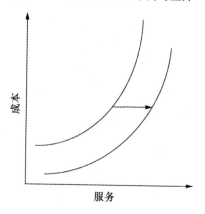

图 4-6 服务水平上升，成本保持一定

4. 第四种类型

在降低物流成本的同时，实现较高的物流服务（如图 4-7 所示）。

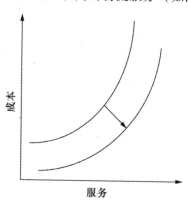

图 4-7 服务水平上升，成本下降

上述物流服务与成本的四种类型中，物流服务管理的目的具体表现在改变图4-5的状况，经图4-4和图4-6，最终向图4-7发展。要实现在降低成本的同时达到较高的物流服务水平的理想状况，必须加强成本管理，明确相应的服务水平，把握九条物流服务标准，强化物流服务管理，从而保持成本与服务之间的均衡关系。

复习思考题

1. 物流服务有哪几种模式？各自的优缺点是什么？
2. 阐述对交易前、交易中和交易后的客户服务要素的理解。
3. 物流增值服务有哪些？
4. 物流服务与成本的关系类型有哪些？

第 五 章

物流类型

学习目标：

　　通过本章学习，掌握物流的分类以及第三方物流和国际物流的相关知识。

第一节　物流分类

　　不同的分类标准，物流划分的类别也不尽相同，为了便于研究，本节主要根据系统的性质将物流划分为社会物流、行业物流和企业物流。

一、社会物流

　　社会物流是指流通领域发生的物流，是全社会范围内物品的流动，也称为大物流或宏观物流。社会物流是伴随着商业活动发生的，其流通网络是国民经济的命脉，流通网络的合理与是否畅通是国民经济顺利发展的关键。社会物流通过采用先进的技术手段，在社会范围内对物流进行科学管理和有效控制，保证社会物流的高效能、低成本运行，从而为社会带来巨大的经济和社会效益。

　　社会物流可分为地区物流、国内物流和国际物流。

　　1. 地区物流

　　地区物流是以提高地区内物流活动的效率和增进地区居民的福利为目的的物资流动系统。如地区范围内物流中心的设立，就可以提高地区范围内物流活动的效率。

2. 国内物流

国内物流是全国范围内的物流活动。除少数物资外，主要以企业为物流活动的单位。国内的物流基础设施及物流标准化等是实现国内物流顺利发展的基础。

3. 国际物流

国际物流是国家之间的物流，它是国际贸易的重要组成部分，即各国之间的相互贸易都要通过国际物流来实现。

社会物流是企业物流活动的基础，社会物流的发展状况直接决定着企业物流的发展状况和发展水平。

二、行业物流

同一行业中所有企业的物流称为行业物流，行业物流往往促使行业中的企业相互协作，共同促进行业的发展，例如，日本的建筑机械行业提出了行业物流系统化的具体内容，包括有效利用各种运输手段，建设共同的机械零部件仓库，实行共同集约化配送，建立新旧建筑设备及机械零部件的共同物流中心，建立技术中心以共同培训操作人员和维修人员，统一建筑机械的规格等。目前，国内许多行业协会正在根据本行业的特点，提出自己的行业物流系统化标准。

三、企业物流

企业物流是指在生产经营活动过程中发生的物流的实体流动及其相关活动，是以企业经营为核心的物流活动。早期的物流管理理论仅仅局限于运输领域，且由企业自身承担其物流活动。随着理论研究的深入和实践的发展，企业开始认识到整合物流功能或物流系统能够带来巨大的效益。在物流运营实践和利益的驱动下，企业逐步开始集成物流的各个子系统，形成了物流系统。

在企业由于降低物质消耗而增加的"第一利润源泉"和因节约活动消耗而增加的"第二利润源泉"被尽量挖掘之后，物流作为降低成本的"第三利润源泉"就被提了出来。但随着社会分工的进一步发展，物流正逐渐从生产活动中分离出来，相应地发展出了一些专门的物流企业，即第三方或第四方物流。因此，企业物流可分为企业内部物流和企业外部物流。企业内部物流主要是指企业内部生产经营过程中所发生的物料加工、检验、搬运、储存、包装、装卸、运输、配送等物流活动；企业外部物流是指企业生产经营活动过程中与供应商、销售商等各相关企业或各环节相联系的物流活动。

企业物流按照企业内外的物流活动可以分为以下几个方面：采购物流、生产物流、销售物流和逆向物流（如图 5－1 所示）。

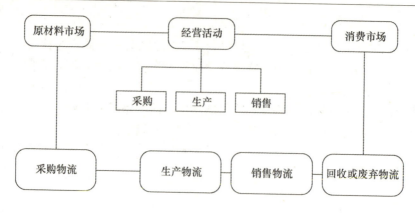

图 5-1　企业物流的分类

1. 企业采购物流

企业采购物流是指企业为保证自身生产节奏，不断组织原材料、零部件、燃料、辅助材料供应的物流活动。这种物流活动对企业正常高效的生产起着重大作用。企业采购物流包括原材料等一切生产资料的采购、进货、运输、仓储、库存管理和用料管理。企业采购物流不仅是为了简单保证供应，而且还要以最低成本、最少消耗、最大保证生产来组织供应。

2. 企业生产物流

企业生产物流是指企业在生产过程中的物流活动，包括生产计划与控制、厂内运输（搬运）、在制品仓储与管理等活动。这种物流活动是伴随着整个生产过程的，实际上已构成了生产过程的一部分。企业生产过程中的物流大体流程为：原料、零部件、燃料等辅助材料从企业仓库或企业的"门口"开始，进入生产线的开端，再进一步随生产加工过程一个一个环节地流动，在流动的过程中，本身被加工，同时产生一些废料、余料，直到生产加工终结，再流至产成品仓库，便终结了企业生产物流的过程。

3. 企业销售物流

企业销售物流是企业为保证本身的经营效益，伴随销售活动，将产品所有权转给用户的物流活动，包括产成品的库存管理、仓储发货运输、订货处理与顾客服务等活动。在现代社会中，市场是一个完全的买方市场，因此，销售物流活动便带有极强的服务性，以满足买方的需求为目标，最终实现销售。在这种市场前提下，销售往往以送达用户并经过售后服务才算终止，因此，销售物流的空间范围很大，同时也是销售物流的难度所在。

4. 企业逆向物流

企业逆向物流是指计划、实施和控制原料、半成品库存、制成品和相关信息，高效且低成本地从消费点到起点的流动过程，从而达到回收价值和适当处置的目的。更精确地说，逆向物流是为了回收价值和适当处理的目的而从产品的最后目的地移动货物的过程。逆向物流也包括处理因损坏、季节性库存、重新进货、抢救、召回和过量库存而退回的商品。逆向物流还包括再生利用计划、危险材料计划、报废设备的处理和资产恢复。逆向物流活动具体包括产品退回的处理，如损坏的物品、过期性的退货、重新铺货、废物利用、产品召回，或是超额存货；包装材料的循环利用以及空瓶再利用；产品维修、再制及翻新、旧设备处置、有害物资的规划和资产复原等。

除了以上的分类方法以外，物流的分类还有其他很多种。按研究范围的大小，物流可分为宏观物流、中观物流和微观物流（宏观物流包含国内物流和国际物流，中观物流包括地区物流或城市物流，微观物流包括物流企业和企业内物流）；如果按照从事物流的主体进行划分，可分为第一方、第二方、第三方和第四方物流；从物流的行业划分，可分为生产、批发、零售和邮政物流等；从物流活动的方式划分，可分为水路、空路、铁路和管道运输物流等。

第二节 第三方物流

一、第三方物流的概念

供应链活动中的公司为了建立相互之间更有意义的关系，越来越重视与其他公司，包括与顾客、原材料供应商及各种类型的物流服务供应商的紧密合作。其结果是使许多公司成为供应链成员，第三方物流的概念在这一过程中逐步形成。

"第三方"这一词来源于物流服务提供者作为发货人（甲方）和收货人（乙方）之间的第三方这样一个事实，我国国家标准（GB/T18354-2001）《物流术语》中将第三方物流定义为：由供方与需方以外的物流企业提供物流服务的业务模式。定义中的物流企业自然被称为第三方物流公司。

第三方物流公司可广义地定义为提供部分或全部企业物流功能的外部公司，这一广义的定义是为了把运输、仓储、销售物流等服务的提供者都包括在内，在这一行业中既有许多小的专业公司，也有一些大的公司存在。

第三方物流的出现是运输、仓储等基础服务行业的一个重要的发展。从经营角度看，第三方物流包括提供给物流服务使用者所有的物流活动。欧美研究者一般是这样定义第三方物流的：第三方物流是指传统的组织内履行的物流职能现在由外部公司履行。第三方物流公司所履行的物流职能，包含了整个物流过程或整个过程中的部分活动。

第三方物流是一个新兴的领域，已得到越来越多的关注，像许多流行的术语一样，第三方物流这一术语的表达运用常因人和因地不同而使其含义有很大的区别。此外，还有一些个别的术语，如合同物流（Contract Logistics）、物流外协（Logistics Outsourcing）、全方位物流服务公司（Full - service Distribution Company，FS - DC）、物流联盟（Logistics Alliance）等，也基本能表达与第三方物流相同的概念。一般的理解，第三方物流供应者并不是经纪人。一个公司要承担起第三方物流供应者的角色，必须能管理、控制和提供物流作业。

此外，从战略重要性的角度看，第三方物流的活动范围和相互之间的责任范围较之一般的物流活动都有所扩大，以下定义就强调了第三方物流的战略意义：工商企业与物流服务提供者双方建立长期关系，合作解决托运人的具体问题。通常，建立关系的目的是为了发展战略联盟，以使双方都获利。

这一定义强调了第三方物流的几个特征：长期性的关系、合作的关系、协作解决具体问题和公平分享利益以及共担风险的关系。与一些基本物流，如仓储、运输等相比，第三方物流提供的服务更为复杂，包括了更广泛的物流功能，需要双方最高管理层的协调。

第三方物流服务中，物流服务提供者须为托运人的整个物流链提供服务，供求双方在协作中建立交易或长期合同关系。这两种关系间还可以有多种不同的选择，诸如短期合同、部分整合或合资经营，物流服务供求双方的关系既可以只限于一种特定产品（如将汽车零部件配送给汽车经销商），也可以包括一组特定的物流活动，甚至还可以有更大的合作范围（如进出库运输、仓储、最终组装、包装、标价及管理）。在计算机行业中，物流服务提供者还可提供超出一般范围的物流服务，比如，在顾客的办公室安装、组装或测试计算机。

二、第三方物流服务的提供者

大多数第三方物流公司以传统的"类物流业"为起点，如仓储业、运输业、快递业、空运、海运、货代、公司物流等。

1. 以运输为基础的物流公司

以运输为基础的物流公司都是大型运输公司的分公司，有些服务项目是利用其他公司的资产完成的。其主要的优势在于公司能够利用母公司的运输资产扩展其运输功能，提供更为综合性的整套物流服务。

2. 以仓库和配送业务为基础的物流公司

传统的公共或合同仓库与配送物流供应商，已经将物流服务扩展到了更大的范围。以传统的业务为基础，这些公司已介入存货管理、仓储与配送等物流活动。经验表明，基于设施的公司要比基于运输的公司更容易、更方便地转向综合物流服务公司。

3. 以货代为基础的物流公司

以货代为基础的物流公司一般无资产，非常独立，并与许多物流服务供应商有来往。它们具有把不同物流服务项目进行组合以满足客户需求的能力，它们正从货运中间商的角色转为业务范围更广的第三方物流服务公司。

4. 以托运人和管理为基础的物流公司

以托运人和管理为基础的物流公司是从大公司的物流组织演变而来的。它们将物流专业知识和一定的资源（如信息技术）用于第三方作业。这些供应商具有管理母公司物流的经验。

5. 以财务或信息管理为基础的物流公司

以财务或信息管理为基础的第三方供应商是能提供如运费支付、审计、成本监控、采购跟踪和存货管理等管理工具（物流信息系统）的物流企业。

三、第三方物流的优势及其价值创造

1. 第三方物流的优势

第三方物流有以下四种优势：

（1）信息优势。第三方物流，尤其是非资产型第三方物流，它的运作主要靠信息，只有具备信息的优势，第三方物流才可以比货主（外包物流服务人和收货人）在了解市场、物流平台的情况、灵活运用物流资源、价格、制度和政策方面更有优势。同时，第三方物流的信息优势还来自由其组织和运作的物流系统，这是偶尔进入这一领域的物流服务需求者所不具备的。当然，对于货主来讲，如果有长期的、稳定的物流渠道，也完全可以形成自己的信息优势，而不见得依靠第三方物流。第三方物流信息优势主要是针对客户的变换的需求，客户不会就每一项临时的物流需求来建立自己有效的信息优势。

（2）专业优势。第三方物流的核心竞争力，除了信息之外，就是物流领域的专业化运作。专业化运作是降低成本、提高物流水平的运作方式，这一点在工业化时期已经在各个领域得到了证明。绝大部分物流客户核心竞争力都不是物流。对制造企业而言，核心竞争力是设计、制造和新产品开发；对商业企业而言，核心竞争力是商业营销。能够把物流作为自己核心竞争力的，也只有沃尔玛这样的超大型企业。所以，专业优势应该说是第三方物流比有物流服务需求的客户而言是一个很重要的优势。

（3）规模优势。第三方物流的规模优势来自它的地位，可以组织若干个客

户的共同物流，这对于不能形成规模优势的单独客户而言，将业务外包给第三方物流，可以通过多个客户所形成的规模来降低成本。有了规模，就可以有效地实施供应链、配送等先进的物流系统，进一步保障物流服务水平的提高。

（4）服务优势。第三方物流和客户之间的关系不是竞争关系，而是合作关系，是共同利益的关系。这样一种双赢的关系，是服务伙伴建立的重要前提，也是形成服务优势的重要条件。另外，第三方物流的整个企业的构建和组织，都是基于物流服务这一要求之上的，这是货主物流企业和一般的承运企业不具备的条件。第三方物流服务优势实际上是其他优势的综合表现。

2. 第三方物流如何创造价值

第三方物流供应方必须提供比客户自身进行运作更高的价值才能生存。它们不仅要考虑到同类服务提供者的竞争，还要考虑潜在客户的内部运作。假设所有的公司都可以提供同等水平的物流服务，不同公司之间的差别将取决于它们的物流运作资源的经济性。如果财务能力无限大的话，那么每一家公司都可以在公司内部获得并运用资源。因此，物流服务提供者与其客户之间的差别在于物流服务的可得性及表现水平。由于在物流公司，内部资源是物流能力，而在客户公司里，物流仅仅是众多业务领域中的一小部分，这样，如果给定同样的资源，物流服务供应方就能够比客户公司在作业过程中获得更多的资源和技巧，从而更能够提供多种和高水平的服务。这样的经济环境促使物流服务供应方更加注重其在物流上的投资，从而能够在各方面为客户创造价值。这就是所谓的"战略核心理论"。下面将列举物流供应方创造价值的几个方面。

（1）运作效率。物流服务供应商为客户创造价值的基本途径是达到比客户更高的运作效率，并能够提供较高的成本服务比。运作效率提高意味着对每一个最终形成物流的单独活动进行开发（如运输、仓储），例如，仓储的运作效率取决于足够的设施与设备及熟练的运作技能。一般认为，重视管理对服务与成本有正面的影响，因为它激励其他要素保持较高水平。重视管理在作业效率范畴中的另一个更重要的作用是提高物流的作业效率，即协调连续的物流活动。要提高运作效率，除了具备良好的作业技能外，还需要协调和沟通技能。协调和沟通技能在很大程度上与信息技术相关联，因为协调与沟通一般是通过信息技术这一工具来实现的。如果存在有利的成本因素，并且公司的注意力集中在物流方面，那么以低成本提供更好的服务是非常可能的。

（2）客户运作的整合。带来增值的另一个方法是引入多客户运作，或者说是在客户中分享资源。整合运作的规模效益成为获得比其他资源更高的价值所在。整合运作的复杂性将提高，需要更高水平的信息技术与技能来支撑。同时，拥有大量货流的大客户也会对此进行投资。由于整合的增值方式对单个客户进行内部运作是很不经济的运输与仓储网络也适用，因此，表现出的规模效益是递增效益，如果运作得好，将取得竞争优势以及更大的客户基础。

（3）横向或者纵向的整合。前面讨论的创造价值的两种方法注重的完全是内部，也就是尽量把内部的运作外部化。然而就像第三方的业务由顾客运作的外部化驱动一样，同时，外部驱动也是第三方的内部创造价值的第一步。纵向整合，或者说发展与低层次服务供应商的关系，是创造价值的另外一种方法。在纵向整合中，第三方注重被视为核心力的服务，或购买具有成本与服务利益的服务。根据第三方的特性，单项物流功能可以外购或内置。横向上，第三方能够结合类似的但不是竞争的公司，比如，扩大为客户提供服务的地域覆盖面。

无资产的、主要以管理外部资源为主的第三方物流服务提供商是这种纵向或横向整合类型受益的物流供应方。这类物流公司的发展驱动力是内部资产的减少以及从规模和成本因素改进中获得利益。这类公司为客户创造价值的技能是强有力的信息技术（通信和协调能力）和作业技能。作业技能是概念性的作业技能，而非功能性的作业技能，因为对它来说，主要的问题是管理、协调和开发其他运作技能和资源。

（4）发展客户的运作。为客户创造价值的最后一条途径是使物流服务供应方具有独特的资本，即物流服务供应方能在物流方面拥有高水平的运作技能。我们这里所说的高水平的运作技能（概念上的技能）指的是将客户业务与整个物流系统综合起来进行分析、设计等的功能。物流服务供应方应该使其员工在物流系统方案与相关信息系统工程的开发、重组等方面具有较高水平的理论知识。这种创造价值方法的目的不是通过内部发展，而是通过发展客户公司及组织来获取价值，这时的物流服务供应方基本接近传统意义上物流咨询公司要做的工作，所不同的只是提出的解决方案要由同一家公司来开发、完成并且运作。上述增值活动中的驱动力在于客户自身的业务过程。所增加的价值可以看作源于供应链工程与整合。这种类型的活动可以按不同的规模和复杂程度来开展。最简单的方法就是在客户所属的供应链中创建单一的节点（如生产和组装地）或单一链接（如最后的配送）。单一节点和链接指的是第三方运作并在很大程度上由客户供应链管理和控制的一个或一些节点和链接。这也意味着供应方运作、控制、管理着节点和链接内外两个方向上的物流。如果将整个供应链综合考虑，则容易产生更多的增值。除了作业上和信息技术方面外，这些活动需要的技能还包括分析、设计和开发供应链以及对物流和客户业务的高水平创新性概念的洞察能力。

物流运作的专门化使第三方物流公司可能在专门技术和系统领域内超越最有潜力客户的能力，因为客户还要分配资源并同时关注其他几个领域。对于物流行业来讲主要资源就是吸引有志于物流业的优秀人才。增值物流系统的发展对于第三方物流公司来讲是可取的，在大多数情况下，通过在同一系统下进行多个客户的运作，供应商可以以更低的费用提供物流服务，一体化整合使其可能减少运输费用并抵冲资金流量的季节性和随机性变动，这说明供应商的战略是在提供服务的质量上竞争，而不是在价格上竞争。

四、发展第三方物流关系的一般过程

1. 第三方服务关系的演变过程

有些第三方物流关系包括许多综合性的服务，而大部分第三方物流服务则是由少许的活动开始的。图 5 - 2 是这种第三方服务关系在一个公司演变的典型过程。

图 5 - 2　货主企业物流外协的选择

企业越来越习惯于使用由单一的第三方公司提供运输或仓储服务的实际情况，使第三方公司成为提供更广范围服务的候选公司。然而当前只有有限的几个公司选择将全套的供应链活动外协给第三方公司，如 1995 年美国戴尔计算机公司（Dell Computer）将所有供应链活动外协给道路物流服务（Roadway Logistics Service）的做法。这可以说是预示第三方物流发展方向的一个重要事件。

2. 第三方物流作业与传统作业的区别

一般来说，第三方物流作业与传统作业有以下几个方面的区别：

（1）第三方物流整合一个以上的物流功能。

（2）第三方物流服务供应商一般不保存存货。

（3）运输设备、仓储等虽然可以由两方中的任何一方拥有，但一般都由第三方公司控制。

（4）外部供应者可提供全部的劳动力与管理服务。

（5）可提供诸如存货管理、生产准备、组装与集运等方面的特殊服务。

五、物流外协第三方的做法与趋势

1. 物流外部化的方法

在欧美发达国家，很多公司采用多种方式外协其物流。其中，最为彻底的方式是关闭自己的物流系统，将所有的物流职责转移给外部物流合同供应商。对许多自理物流的公司来说，由于这样的选择变动太大，它们不愿意处理掉现有的物

流资产，裁剪人员，冒在过渡阶段作业中断的风险。为此，有些公司宁愿采取逐渐外协的方法，按地理区域将责任移交分步实施，或按业务与产品分步实施。欧美公司一般采用以下方式来使移交平稳化：

（1）系统接管。系统接管物流是大型服务供应商全盘买进客户公司的物流系统的做法。它们接管并拥有客户车辆、场站、设备和接受原公司员工。接管后，系统仍可单独为原企业服务或与其他公司共享，以改进利用率并分担管理成本。

（2）合资。有些客户更愿意保留配送设施的部分产权，并在物流作业中保持参与。对它们来说，与物流合同商的合资提供了注入资本和获得专业知识的途径。在英国，IBM 与英国天美百达集团（Tibbett & Britten）组成的高新技术物流（Hi-tech Logistics）即是一例。

（3）系统剥离。也有不少例子是自理物流作业的公司把物流部门剥离成一个独立的单位，允许它们承接第三方物流业务。最初由母公司为它们提供基本业务，以后则使其越来越多地依靠第三方业务。

（4）管理型合同。希望自己拥有物流设施（资产）的公司仍可以把管理外协，这是大型零售商常采用的战略，欧盟国家把合同外包看成是改进物流作业管理的一种方法，因为这种形式的外协不是以资产为基础的，它给使用服务的一方在业务谈判中以很大的灵活性，如果需要，它们可以终止合同。

2. 物流服务采购的趋势

（1）以合同形式采购物流服务的比例增加。运输与仓储服务传统上是以交易为基础进行的。这些服务相当标准化，并能以最低价格购买。虽然公路运输行业的分散与竞争使行业中有众多小型承运人提供低价服务，但是购买此种运输服务有很大的缺点，那就是在日常工作中接触大量的独立承运人，这无疑会使交易成本上升，并使高质量送达服务遇到困难。不过，即使在这种市场上，企业也必须固定地使用相对稳定的几家运输承运人以减少麻烦，甚至在无正规合同的情况下，制造商也表现出对特定承运人的"忠诚"。当公司有一些特殊要求，需要一些定制的服务并对承运人的投资有部分参与时，临时招募式的做法将不再适合，它们必须签订长期合同。而当承运人专一服务于特定货主时，也要求有较长的合同期，最好能覆盖整个车辆生命期，以保障投资人的利益。

市场经济的发展和市场运作的规范以及规避风险的要求，将使物流服务采购中以合同形式采购的比例越来越大。

（2）合同方的数量减少。虽然物流服务需求方可以在市场上寻找到大量的物流服务提供商为其服务，但一个明显的趋势是，合同形式下合同方数量较临时招募式做法下的供应商数量会显著减少。减少合同方数量具有以下作用：①降低交易成本。②提供标准服务。③采用更严格的合同方的选择。④合同方在设计物流系统时更多地参与。⑤对长期伙伴关系发展更加重视。⑥采取零库存原则。⑦开发电子数据交换。⑧使物流设备越来越专业化。⑨改变相互依赖的程度。

物流服务外部化并集中于很少数量合同商的情况，增加了客户的依赖性，使其更难以断绝（至少在短期内）与合同商之间的关系。

六、物流提供商与使用者关系的演变特征

1. 合同条款更加详细

许多早期物流服务合同的条款并不详细，这导致了不少误解与不满意。合同商与客户都吸取了相关教训，现在已不太容易犯早期的错误，对物流合同中应该注意的事项也已有了相当详细的清单。

2. 合同方与客户所有层次间沟通的改进

缺乏沟通是与使用者之间建立紧密关系的主要障碍。物流供应商常常抱怨得不到有关中短期的客户业务模式改变或长期战略发展的信息，而客户则抱怨得不到有关系统出了问题时的及时信息。

以密集的信息为基础，可以在托运人与承运人之间建立健康的长期关系。为了保证对关系认识的一致性，应使信息在两个组织间的各个管理层之间流动，并必须使之与每个公司的垂直沟通相结合。

3. 联合创新

对物流服务使用者的调查显示，他们对服务标准与作业效率基本满意，但是对创新与主动建议等方面则认为尚有不足之处。而物流合同商则认为，作为物流供给方，必须具有创新的自由，许多公司都抱怨得不到创新的自由，因为合同已严格规定了有关条款。而健康的长期合作关系需要双方的新思想与新观点及双方共同的创新意愿。

4. 评估体系的改进

采用如运送时间、缺货水平、计划执行情况等标准对短期合同物流的审计，并不足以为长期合同项目提供有效评估。对长期合同项目的评估，应该采用短期操作性评估与长期战略性评估相结合的方法。同时，既要考虑硬性的可以统计、测量的参数，也要考虑统计上较难测量的"满意"参数。定量方法与定性方法的结合提供了评估托运人和承运人合作关系的框架。

5. 采用公开式会计

虽然费用收取水平并不是第三方物流服务中的主要争议来源，但是，定价系统的选择会较大地影响合同双方关系的质量与稳定性，尤其是对专一型的服务。物流服务中单一性外协的缺点是无法与其他供应商的价格进行比较，因此，它们

需要经常确认是否得到了与所付出的价格相对等的服务。越来越多的合同物流供应商通过提供详细的成本单，把管理费用单独列出与客户协商，并采用公开式会计及成本加管理费用的定价方式，以打消客户的疑虑。因为公开式会计可以把服务于单个客户的成本区别开来，所以仅在专一的物流服务项目中适用。不过，即使在专一服务的情况下，合同双方的冲突也是难以避免的。

第三节 国际物流

国际贸易和国际物流是国际经济发展不可或缺的两个方面，国际贸易使商品所有权发生了变换，而国际物流则体现了商品在国际间的实体转移，两者之间呈现出相互依赖、相互促进和相互制约的关系。国际物流是在国际贸易产生和发展的基础上发展起来的，其高效运作又促进了国际贸易的发展。

一、国际物流的含义

国际物流是指货物（包括原材料、半成品、制成品）及物品（包括邮品、展品、捐赠物资等）在不同国家和地区间的流动和转移。由此可见，国际物流是相对国内物流而言的，是跨越国境的物流活动方式，是国内物流的延伸。

随着全球经济一体化的发展以及国际间分工的日益细化，国与国之间的合作交往日趋频繁，加剧了物资在国际间的交换，国际贸易获得空前的发展。在实现物权转移的同时，还需有效地把商品按质、按量地送到国际用户指定的地点，这就必须依赖于高效的国际物流系统。因此，国际贸易的发展对国际物流提出了新的、更高的要求。

国际物流从广义上理解包括了各种形态的物资在国际间的流动。具体表现为进出口商品转关、进境运输货物、加工装配业务进口的料件设备、国际展品等暂时进口物资、捐赠、援助物资以及邮品等在不同国家和地区间所作的物理性移动。狭义而言，国际物流仅指为完成国际商品交易的最终目的而进行的物流活动，包括货物包装、仓储运输、分配拨送、装卸搬运、流通加工以及报关、商检、国际货物保险和国际物流单证制作等。因此，国际物流和国内物流的一个基本区别就在于生产与消费的异域性。只有当生产和消费分别在两个或两个以上国家或地区独立进行时，为了消除生产者和消费者之间的时空距离，才产生了国际物流的一系列活动。

国际物流相对于国内物流来说，其涉及的环节更多，在国际物流系统中，参与运作的企业和部门更为广泛，它们之间相互协作共同完成进出口货物的各项业务工作，因此，国际物流运作的环境也更为复杂。

二、国际物流的发展

国际物流是伴随着国际贸易的发展而发展起来的，是国际贸易得以实现的具体途径，国际贸易的发展离不开国际物流。国际物流系统的高效运作，不仅能够使合同规定的货物准确无误地及时运抵国际市场，提高产品在国际市场上的竞争能力，扩大产品出口，促进本国贸易的发展；而且还能满足本国经济、文教事业发展的需要，从而满足本国消费者的需要。因此，国际物流的发展对一国国民经济的发展有着重要的作用。

第二次世界大战之前，虽然已经存在了国际间的经济交往，但无论从概念上还是运作方式上都是较为简单的，其表现形式为经济发达的国家从殖民地和不发达国家廉价购入初级品，经加工后再将制成品高价返销到殖民地和不发达国家，双方的贸易条件是极不平等的。

第二次世界大战之后，由于跨国投资的兴起、跨国生产企业内部的国际贸易的迅速发展，发展中国家的生产力水平提高以及发达国家和发达国家、发达国家和发展中国家的贸易总量不断增加，使国际贸易的运作水平有了新的变化，为了适应这一变化，国际物流在数量、规模以及技术能力上有了空前的发展，这一发展主要经历了以下几个阶段。

第一阶段：20 世纪 50 年代，这是国际物流发展的准备阶段。

第二阶段：20 世纪 60 年代，国际间大规模物流阶段。

第三阶段：20 世纪 70 年代，集装箱及国际集装箱船、集装箱港口的快速发展阶段。

第四阶段：20 世纪 80 年代，自动化搬运及装卸技术、国际集装箱多式联运发展阶段。

第五阶段：20 世纪 90 年代以来，国际物流信息化时代。

三、国际物流的特点

1. 国际物流和国内物流相比，其经营环境存在着更大的差异

国际物流的一个显著特点就是各国的物流环境存在着较大的差异，除了由于生产力及科学技术发展水平、既定的物流基础设施各不相同外，各国文化历史及风俗人文的千差万别以及政府管理物流的适用法律的不同等物流软环境的差异尤其突出，使国际物流的复杂性远远高于一国的国内物流，例如，语言的差异会增加物流的复杂性，从地理上看西欧的土地面积比美国小得多，但由于它包括的国

家众多，使用多种语言，如德语、英语、法语等，致使需要更多的存货来开展市场营销活动，因为贴有每一种语言标签的货物都需要有相应的存货支持。

2. 国际物流系统广泛，存在着较高的风险性

物流本身就是一个复杂的系统工程，而国际物流在此基础上增加了不同的国家要素，这不仅是地域和空间的简单扩大，而且还涉及了更多的内外因素，因此增加了国际物流的风险，例如，由于运输距离的扩大，延长了运输时间，并增加了货物中途转运装卸的次数，使国际物流中货物丢失和短缺的风险增大；企业资信及汇率的变化使国际物流经营者面临更多的信用及金融风险；而不同国家之间政治经济环境的差异，可能会使企业跨国开展国际物流遭遇更多的国家风险。

3. 国际物流中的运输方式具有复杂性

在国内物流中，由于运输距离相对较短，运输频率较高，因此主要的运输方式是铁路运输和公路运输。但在国际物流中，由于货物运送距离远、环节多、气候条件复杂，对货物运输途中的保管、存放要求高，因此，海洋运输方式、航空运输方式尤其是国际多式联运是其主要运输方式，具有一定的复杂性。国际多式联运就是由一个多式联运经营人使用一份多式联运的合同将至少两种不同的运输方式连接起来进行货物国际间的转移，期间需经过多种运输方式的转换和货物的装卸搬运，与单一的运输方式相比具有更大的复杂性。

4. 国际物流必须依靠国际化信息系统的支持

国际物流的发展依赖于高效的国际化信息系统的支持，由于参与国际物流运作的物流服务企业及政府管理部门众多，包括货运代理企业、报关行、对外贸易公司、海关、商检等机构，使国际物流信息系统更为复杂，国际物流企业不仅要制作大量的单证而且要确保其在特定的渠道内准确无误地传递，因此耗费的成本和时间是很多的。目前，在国际物流领域，电子数据交换得到了较广泛的应用，它大大提高了国际物流参与者之间的信息传输的速度和准确性。但是由于各国物流信息水平的不均衡以及技术系统的不统一，在一定程度上阻碍了国际信息系统的建立和发展。

5. 国际物流的标准化要求较高

国际物流除了国际化信息系统支持外，统一标准也是一个非常重要的手段，这有助于国际间物流的畅通运行。国际物流是国际贸易的衍生物，它是伴随着国际贸易的发展而产生和发展起来的，是国际贸易得以顺利进行的必要条件。如果贸易密切的国家在物流基础设施、信息处理系统乃至物流技术方面不能形成相对统一的标准，那么就会造成国际物流资源的浪费和成本的增加，最终影响产品在国际市场上的竞争能力，而且国际物流水平也难以提高。目前，美国、欧洲基本上实现了物流工具及设施标准的统一，如托盘采用 1000 毫米×1200 毫米规格，

集装箱有若干种统一规格及标准的条码技术等。

四、国际物流系统的组成

国际物流系统由国际货物的包装、运输、仓储、装卸搬运、报送、信息、商品检验、流通加工及国际配送子系统所组成,其中国际货物的运输子系统和国际货物的仓储子系统是国际物流的两大支柱,通过运输克服了商品生产和消费的空间距离,通过仓储消除了其时间差异,满足了国际贸易的基本需要。

1. 运输子系统

国际物流运输是国际物流系统的核心子系统,其作用是通过运输使物品空间移动而实现其使用价值。国际物流系统依靠运输作业克服商品生产地和需求地之间的空间距离,创造商品的空间效应,商品通过国际物流运输系统由供给方转移给需求方。国际货物运输具有路线长、环节多、涉及面广、手续繁杂、风险性大、时间性强等特点。运输费用在国际贸易商品价格中占有很大比重。国际运输主要包括运输方式的选择、运输单据的处理以及投保等有关方面。

2. 仓储子系统

商品储存、保管使商品在其流通过程中处于一种或长或短的相对停滞状态,这种停滞是完全必要的。因为,商品流通是一个由分散到集中,再由集中到分散的源源不断的流通过程。国际贸易和跨国经营中的商品从生产厂或供应部门被集中运送到装运港口,有时须临时存放一段时间,再装运出口,是一个集中和分散的过程。它主要是在各国的保税区和保税仓库进行的,在国际物流仓储子系统中主要涉及各国保税制度和保税仓库建设等方面的问题。

保税制度是对特定的进口货物,在进境后,尚未确定内销或复出的最终去向前,暂缓缴纳进口税,并由海关监管的一种制度。这是各国政府为了促进对外加工贸易和转口贸易而采取的一项关税措施。

保税仓库是经海关批准专门用于存放保税货物的仓库。它必须具备专门储存、堆放货物的安全设施和健全的仓库管理制度以及详细的仓库账册,并配备专门的经海关培训认可的专职管理人员。保税仓库的出现,为国际物流的海关仓储提供了既经济又便利的条件。有时会出现对货物不知最后做何处理的情况,这时买主(或卖主)将货物在保税仓库暂存一段时间。若货物最终复出口,则无须缴纳关税或其他税费;若货物内销,可将纳税时间推迟到实际内销时为止。

3. 商品检验子系统

由于国际贸易和跨国经营具有投资大、风险高、周期长等特点,使得商品检验成为国际物流系统中重要的子系统。通过商品检验,确定交货品质、数量和包装条件是否符合合同规定。如发现问题,可分清责任,向有关方面索赔。在买卖合同中，一般都订有商品检验条款，其主要内容有检验时间与地点、检验机构与检验证明、检验标准与检验方法等。根据国际贸易惯例，商品检验时间与地点的规定可概括为三种做法。

（1）在出口国检验。在出口国检验可分为两种情况：在工厂检验，卖方只承担货物离厂前的责任，运输中品质、数量变化的风险概不负责；装船前或装船时检验，其品质和数量是以当时的检验结果为准。

（2）在进口国检验。在进口国检验包括卸货后在约定时间内检验和在买方营业场所或最后用户所在地检验两种情况。其检验结果可作为货物品质和数量的最后依据。

（3）在出口国检验、进口国复验。货物在装船前进行检验，以装运港双方约定的离检机构出具的证明作为预付货款的凭证，货物到达目的港后，买方有复验权。如果复验结果与合同规定不符，买方有权向卖方提出索赔，但必须出具卖方同意的公证机构出具的检验证明。

4. 报关子系统

国际物流的一个重要特征就是货物要跨越关境。由于各国海关的规定并不完全相同，因此，对国际货物的流通而言，各国的海关可能会成为国际物流的"瓶颈"。而要消除这一瓶颈，就要求国际物流经营人熟悉各国有关的通关制度，在适应各国通关制度的前提下，建立安全有效的快速通过系统，实现货畅其流。国际物流报关子系统的存在也增加了国际物流的风险性和复杂性。

5. 商品包装子系统

杜邦定律（由美国杜邦化学公司提出）认为，63%的消费者是根据商品的包装装潢进行购买的，国际市场和消费者是通过商品来认识企业的，而商品的商标和包装就是企业的面孔，它反映了一个国家的综合科技文化水平。

我国出口商品存在的主要问题是：出口商品包装材料主要靠进口；包装产品加工技术水平低，质量上不去；外贸企业经营者对出口商品包装缺乏现代意识，表现在缺乏现代包装观念、市场观念、竞争观念和包装的信息观念，存在着"重商品、轻包装"、"重商品出口、轻包装改进"等思想。

为提高商品包装系统的功能和效率，应提高国际物流经营人和外贸企业对出口商品包装工作重要性的认识，树立现代包装意识和包装观念；尽快建立起一批出口商品包装工业基地，以适应外贸发展的需要，满足国际市场、国际物流系统对出口商品包装的各种特殊要求；认真组织好各种包装物料和包装容器的供应工作。这些包装物料、容器应具有品种多、规格齐全、批量小、变化快、交货时间急、质量要求高等特点，以便扩大外贸出口和创汇能力。

6. 装卸子系统

国际物流运输和储存子系统离不开装卸搬运，装卸搬运子系统是国际物流系统又一重要的子系统。装卸搬运是短距离的物品移动，是储存和运输子系统的桥梁和纽带。能否高效地完成物品的装卸搬运作业是决定国际物流节点能否有效促进国际物流发展的关键因素。

7. 信息子系统

国际物流信息子系统主要功能是采集、处理和传递国际物流和商流的信息情报。没有功能完善的信息系统，国际贸易和跨国经营将寸步难行。国际物流信息的主要内容包括进出口单证的作业过程、支付方式信息、客户资料信息、市场行情信息和供求信息等。

国际物流信息子系统的特点是信息量大、交换频繁；传递量大、时间性强；环节多、点多、线长，所以要建立技术先进的国际物流信息系统。国际贸易中电子数据交换的发展是一个重要趋势，我国应该在国际物流中加强推广电子数据交换的应用，建设国际贸易和跨国经营的高速公路。

上述国际物流子系统应该和配送子系统、流通加工子系统等有机联系起来，统筹考虑、全面规划，建立我国适应国际竞争要求的国际物流系统。

五、国际物流合理化措施

1. 合理选择和布局网点

合理选择和布局国内、国外物流网点，扩大国际贸易的范围、规模，以达到费用省、服务好、信誉高、效益高、创汇好的物流总体目标。

2. 采用多种方式运输

采用先进的运输方式、运输工具和运输设施，加速进出口货物的流转。充分利用海运、多式联运方式，不断扩大集装箱运输和大陆桥运输的规模，增加物流量，扩大进出口贸易量和贸易额。

3. 缩短时间

缩短进出口商品的在途积压时间，包括进货在途（如进货、到货的待验和待进等）、销售在途（如销售待运、进出口岸待运）、结算在途（如托收承付中的拖延等），以便节约时间，加速商品资金的周转。

4. 选择最优运输线路

改进运输路线，减少相向、迂回运输。

5. 改进包装

改进包装，增加技术装载量，多装载货物，减少损耗。

6. 改进港口装卸作业

改进港口装卸作业，有条件时要扩建港口设施，合理利用泊位与船舶的停靠时间，尽力减少港口杂费，吸引更多的买卖双方入港。

7. 改进海运配载

改进海运配载，避免空仓或船货不相适应的状况。

8. 做到"四就一直"

国内物流运输段，在出口时，有条件时要尽量做到就地，就近收购，就地加工，就地包装，就地检验，直接出口，即称"四就一直"的物流策略等。

复习思考题

1. 社会物流、行业物流、企业物流的含义。

2. 第三方物流、国际物流的含义。

3. 国际物流的特点。

4. 国际物流合理化的措施。

第二部分

企业物流运作管理

现代企业物流管理是现代物流管理的主要内容，也是现代企业管理的重要组成部分，本部分运用管理学的原理和方法，对工商企业物流运作的各个环节进行了详细阐述，主要包括以下几章内容：

第 六 章

采购与供应管理

学习目标：

通过本章学习，在了解采购重要性的基础上，掌握采购与供应管理的目标及内容、采购业务流程的管理以及采购模式的发展情况。

从企业整体来看，采购是企业物流的起始点，是企业产品增值过程的起点。当更多企业把战略重点放在增强自身核心力上时，而把原来很多自己从事的零部件加工等业务外购，这意味着企业供应链加长了，同时，对跨越企业边界的整个供应链依赖性也增加了。现在企业同供应商间的关系、供应链管理已经成为决定企业竞争力的重要因素。从供应链角度，采购处于企业和供应商的连接界面上，它为供应链企业之间的原材料、半成品、产成品的生产合作交流架起了一座桥梁，沟通了生产需求和物资供应关系。因此用科学的方法提高采购水平，降低库存成本，改善企业同供应商的关系，为客户提供更高效、低成本的产品或服务，从而提高企业效益和公众福利已成为采购与供应管理的终极目标。

第一节　采购与供应管理概述

一、采购的含义与重要性

1. 采购的含义

所谓采购，就是通过交易从资源市场获得所需资源的过程。

狭义的采购是指"购买"，买方支付价钱，从卖方手中得到所需物资的行为。扩展开来就是企业各部门根据生产需求提出采购申请，采购部门汇总并制定采购计划，经领导批准后实施采购计划，其中包括选择供应商，与供应商谈判并签订合同，最后收货并付款的过程。

广义的采购则是指除了通过用购买方式获得资源以外，还通过诸如租赁、借贷、交换、征收等途径获取资源，来满足自己的需求。

采购是企业物资的入口，是企业生产经营的起点，它的地位越来越重要。

2. 采购的重要性

采购是企业向供应商购买货物的一种商业行为。采购的重要性源于两个方面：费用效益和作业效力。具有采购谈判技巧和良好供应商关系的经理会为他们的组织节省大量的资金。如果能够识别适用的生产设备并且以优惠的价格购买，就可以对以后若干年的竞争优势产生影响。

（1）费用效益。纯粹从费用的观点上看，由于企业的利润在销售额上占有很大的比例，所以采购增加利润的效果要远远大于其他方面，其体现了杠杆作用的原理。

在制造业中采购环节所花费的购买费用、采购费用、进货费用、保管费用、管理费用等，在企业生产成本中占绝大部分，一般达到销售额的30%左右。据资料介绍，日本某建材会社（生产与经营）年销售额折合人民币约为10亿元，改善运输后成本降低25%；又如韩国某家用电器综合会社的销售额折合人民币约为115亿元/年，1995年8月起在洗衣机和空调器两个分厂实施供应物流的改善，使采购成本减少了1.5%。如图6-1所示的某制造商在1979年和2000年的成本开销中也可以看出采购的重要性。

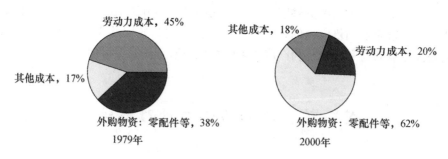

图6-1 某制造商1979年及2000年成本比例

同时，从表6-1的比较中可知采购对企业利润的杠杆作用。

由此可以看出，采购对企业利润、投资回报率的影响效果很明显。但是如果采购在开销中的比例很小，或者采购物资的价格相对稳定，抑或是经营中产品几乎没有更新换代，那么采购的杠杆作用就不很明显。

表6－1　提高一倍利润的各因素比较

单位：100万美元

	现状	销售额＋17%	价格＋5%	劳动力和工资－50%	营业额－20%	采购成本－8%
销售额	100	117	105	100	100	100
采购成本	60	70	60	60	60	55
劳动和工资	10	12	10	5	10	10
营业额	25	25	25	25	20	25
利润	5	10	10	10	10	10

（2）作业效力。良好的采购实践对公司的作业效力也是至关重要的。如果没有高效的采购，重要的生产设备不能按时到达，工厂就要关闭了。如果购买的原材料、零部件或机械设施的质量不符合生产标准，也直接影响企业生产工作的效率和质量，制造的产品就不可能符合客户要求的标准。虽然避免了这些问题不一定能达到有效的作业，但是，如果存在这些问题，则公司的作业就可能垮掉，客户服务水平就可能下降，长期的客户关系就可能被破坏。通过获取信息、改进设计、降低成本、加快创意、设计生产、到消费者手中的循环过程，提高企业效率、竞争地位以及企业形象，采购在作业效力方面的战略作用日益突出。

当前人们倾向于高级管理人员在采购中应考虑长远的利益，而不是单独考虑低廉的价格，避免以后出现问题。采购进货本身就是企业库存管理、库存控制的中心环节，直接关系到企业库存水平、生产成本和经营效益。采购应保证供给以产生利润，而不仅是减少费用。高级管理涉入采购这一事实，强调了其日益增加的重要性，尤其与组织的战略目标息息相关。

作为一种跨越组织边界的重要职能，采购通过两种活动支持组织整体战略目标的成功：

1）接近外部市场。通过与供应商的外部接触，采购能够取得有关新技术、潜在新材料或服务、新的供应货源和市场条件的改变等各方面的重要信息。通过传递这些竞争信息，采购能够帮助重新制定组织的战略，以充分利用市场机会。

2）供应商开发和关系管理。采购能够开发和识别新的和已存在的供应商来帮助支持组织战略的成功。在新产品和服务开发的早期取得供应商或是变更已有的供应商，能够缩短开发时间。这种时间的压缩能使企业将新的想法迅速带入市场，这对企业的成功是非常重要的，有可能使组织成为市场的领导者或创新者。

二、采购的类型

1. 采购物品的类别

虽然采购经理要为公司购买各种材料，但所购买的货物都可以归入下面八大类：①机器零件（生产性采购）。②原材料（生产性采购）。③加工材料（非生产性采购）。④附属设备（零件和服务采购）。⑤重大设备（非生产性采购）。⑥作业供给品（非生产性采购）。⑦产成品（公司资源采购）。⑧服务（非生产性采购）。

2. 采购制度的分类

采购按照采购制度可以分为以下三类：

（1）集中采购。集中采购制度是把采购工作集中到一个部门管理，最极端的情况是，总公司各部门、分公司以及各个分厂均没有采购权责。

这样的采购制度有以下优点：

1）可以使采购数量增加，提高与卖方的谈判力度，比较容易获得价格折扣和良好的服务。

2）由于只有一个采购部门，采购方针比较容易统一实施，采购物流也可以统筹安排，也就是说可以协调企业内部的各种情况制定比较合理的采购方针，权力越分散，不一致发生的可能性就越大。

3）采购功能集中，精减了人力，便于培养和训练，提高了工作的专业化程度，有利于提高采购绩效，降低采购成本。

4）可以综合利用各种信息，形成信息优势，为企业经营活动提供信息源。

当然，集中采购也有一定的缺点：首先，采购流程过长，时效性差，难以适应零星采购、地域采购以及紧急状况采购的需要。其次，采购与需求单位分离开来，有时可能难以准确了解内部需求，从而在一定程度上降低了采购绩效。

（2）分散采购。分散采购是指将采购工作分散给各个需用部门自行办理。此种制度通常对企业规模大，部门分散在较广区域的公司比较有用。因为对这类公司，集中采购容易产生延迟，不容易应付紧急需要，而且使用部门和采购部门之间的联系也不方便。若实施分散采购可以较好地克服这些缺点。

（3）混合采购。对于一些大的公司，各分公司可能会对同种零部件产生需求也可能存在地域性需求，那么单独采用集中采购方式或单独采用分散采购方式都是不太可取的。混合采购汇集了集中采购和分散采购的优点，可以视具体情况看适合采用哪种方式。例如，对共同性物料和采购金额大的物资，集中在总公司办理；小额、临时性的采购，可以授权分公司和各工厂执行。

3. 采购活动的三种行为类型

为公司购买这八类材料的采购活动又可归入三种不同的行为类型，也许不同企业对这几种情况有不同的名称，但定义是一样的。

（1）直接重购。直接重购指企业的采购部门根据过去和许多供应商打交道的经验，从供应商名单中选择供货企业，并直接重新订购过去采购的同类物资。这种情况是指货物已经购买多次，订购程序已经确立，基本上属于惯例化决策。列入供应商名单的供应商将尽力保持产品和服务质量，并采取其他措施提高采购者的满意度。未列入的供应商会试图提供新产品或提供某种满意的服务，以便争取采购者的认可。

（2）修正重购。修正重购指企业采购经理为更好地完成采购工作任务，适当改变要采购的某些产业物资的规格、价格等条件或供应商，这种行为类型较复杂，因而参与购买决策过程的人数较多。这种情况给"门外的供货企业"提供了市场机会，并对"已入门的供货企业"造成威胁。

（3）新购。新购是指企业第一次采购某种物资。新购的成本费用越大，风险就越大，需要参与购买决策过程的人数和需要掌握的市场信息也越多。这类采购行为最复杂。新购要做的购买决策最多，通常有以下亚决策：产品规格、价格幅度、交货条件和时间、服务条件、支付条件、订购数量、可接受的供应商和挑选出来的供应商等。

三、采购的基本原则

合理的采购活动能降低企业采购成本、调节库存，从而降低企业产品综合成本或提高服务水平，维持与供应商和顾客的良好关系。具体应遵循以下原则：

1. 遵循国家政策和市场法规

企业在进行采购时必须要做到有法必依、有章必循，严格遵守国家规定的采购政策、物价政策和有关市场的管理条例、管理制度等。

2. 保证供应，按需采购

采购的根本任务就是提供企业生产所需要的各种物资，并保证供应。数量上要控制，过少不能满足生产需要，过多就会增加库存成本。质量上也要保证适用，以满足生产或消费的需要为目标，而不是质量越高越好。

3. 控制成本，合理采购

采购成本降低可以提高企业利润，但并不是一味地采购低价格物资就是最好的控制成本，控制成本是要做到适价、适时、适量、适地。适价就是在了解市场和调查供应商的基础上，与供应商协商出合适的价格，适时、适量就是在最合适的时间采购并供给生产最合适数量的物资。适地既包括选择的供应商的远近，也包括供货地点的远近，做到节省流通费用。

4. 与供应商建立协作关系，稳定物料渠道

现代供应链管理要求采购企业要与供应商企业建立稳固的合作关系。

5. 注意市场动态，掌握市场信息

与供应商建立稳固长期的合作关系，并不表示不去注意市场动态，采购企业要时常关注市场发展，掌握企业所需物资在市场中的更新信息，挖掘新的供应商，避免不利的采购。

四、从采购到供应管理的职能演变

早在 1900 年之前的美国，采购的独立性与重要性就受到了许多铁路企业的重视。1887 年，由芝加哥和西北铁路公司的一名管理人员马歇尔·柯克曼（Marshall M. Kirkman）写的世界上第一本专门针对采购的书《铁路用品的解决对策——采购与处置》（The Handling of Railway Supplies—Their Purchase and Disposition）出版了。在 20 世纪早期，人们对采购的兴趣和关注是很不平衡的，直到 1915 年，才有一些关于采购的书和文章出现。在第一次世界大战（1914 ~ 1918 年）前大多数企业主要把采购职能当作一种文书活动。但在第一次和第二次世界大战（1939 ~ 1945 年）期间，由于市场物资极度短缺，所以一个企业从供应商那里获得原材料、用品和服务的能力就成为决定其成功的关键因素。从那时起，人们开始关注采购职能的组织、政策以及程序，采购职能也开始作为一种独立的管理活动而出现。20 世纪五六十年代，采购职能采用的技术更加先进，受过专门训练的人越来越多，他们更有能力做出合理的采购决策，采购职能在企业中所占的地位也日益提高。很多企业把首席采购官（Chief Purchasing Officer，CPO）提升到最高管理层，设置的头衔也多种多样，如采购副总裁、物料主任或者采购与供应副总裁等。

进入 20 世纪 70 年代以来，企业面临两个问题：一方面，支持运营的所有原材料几乎都出现了国际范围内的短缺；另一方面，价格的增长幅度却远远超过了第二次世界大战结束时的水平。这些变化使得采购部门备受瞩目，因为它们能否以合理的价格从供应商那里获得所需要的物品，将会决定企业的命运。这进一步地强化了采购对于高层管理的决定性作用。20 世纪 90 年代后，在大多数企业中，采购物料和服务的成本都大大超过劳动力和其他成本，所以，改进采购/供应职能可以长久性地控制成本。因此，企业已经清楚地认识到拥有一个颇具效益和效率的采购/供应部门已成为成功参与国内和国际企业竞争的先决条件。

21 世纪早期采购面临的挑战在于如何应用技术以改变采购与供应管理过程并发挥出策略性的运作功能。21 世纪初，企业的重点是采购/供应管理职能与企业全部业务流程的进一步整合，从以交易为基础的战术职能发展到以流程为导向的战略职能。一些企业正在把职能名称从采购管理改为供应管理就反映出这一职能的变迁，在许多企业中，这一职能部门的结构、流程和人员编制也在发生着变迁。在结构上，商品团队、产品供应团队以及交义职能团队等都比以前盛行。流程本身也不再以交易为目的。在从世界范围内考虑货源时，完全依靠实施优良的电子商务战略并注重与少数供应商的紧密关系。

通用电气公司的首席执行官约翰·F. 韦尔奇说："我们刚刚开始一项最重要的商业变革——'因特网'将永远改变商业贸易的方式，改变每一种关系：商人之间的、消费者之间的、供应商之间的以及这三者相互之间的。销售渠道会改变，采购惯例也将发生变化。每件事物都被上下颠倒过来，缓慢会变得迅速，年老的也会变得年轻。显而易见，我们才刚刚开始这种转变。"

采购/供应职能部门的员工通常被分为具备很强的计算机和信息系统技能的战术执行人员和具备很强的分析和计划能力的战略决策者两类。在一个具体的企业中，职能结构、流程和人员编制如何适应这些职能变迁的趋势会依企业或行业的不同而不同。

采购/供应管理部门通过更好地计划和选择供应商，抵制不合理的价格上涨，显著地减少物料库存投资，提高采购物料和投入部件的质量水平，以确保最终产品或服务的质量和一致性得到改善，降低销售成本中物料部分的成本和与供应商协作以及扩大彼此间的交流，改进产品和业务流程，以便为双方的相互利益服务等方式来提高企业效率和增强竞争力，并在战略制定和执行中发挥关键作用。

供应管理职能随时间推移的运动路径是从文书时代进入交易时代，再演变到战略时代。将来，采购与供应战略将从现在的以防御性为主逐渐向进攻性转变。因为前者产生于保持竞争力的需要；而后者则是为了满足企业长期和短期的目标而采取的一种创造性方法，目的是为了满足供应需求。对策略关注的焦点现在包括对流程与知识管理的强调。战略整合型的采购与供应管理必将成为企业未来保持竞争力的重点。

第二节　采购与供应管理的目标及内容

一、采购与供应管理的目标

采购是企业生产的源头，一旦采购出现了问题，就会引起整个企业的生产和销售的混乱，因此，采购的目标与综合物流以及供应链管理的目标应该是一致的，即低价格、高质量和良好的服务是最终的目标，确保整体效益最大化，而不仅是降低成本。有效地获取产品和服务必须满足七个适当（Right）：即适当的原料、适当的质量、适当的条件、适当的时间、适量的来源、适当的服务和适当的价格。在这个要求下，企业采购管理的目标大体上来说分为四个方面：获取企业所需一定数量和质量的产品及服务；以尽可能低的成本获取这些产品和服务；确保供应商提供尽可能好的送货服务及其他相关的售后服务；建立并巩固与供应商的关系，同时寻找替补供应商。

为实现这四个方面，采购管理就要进行以下活动：确定采购标准，即确定货物的质量标准、采购的数量、交货的时间与地点以及交货的方式；选择供应商和寻找物料供应源头；进行采购谈判；签发并管理采购订单。具体分为以下九项具体目标：

1. 为企业提供一个不中断的原料流、供给流和服务流

原材料和零部件必须在需要时及时供应，这是企业作业所必须的，否则生产线的中断或关闭有可能会影响到企业、雇员和客户的利益，同时也会增加成本。

2. 要使企业的库存投资和损失最小化

要避免供应中断的损失最小的一个方法是保持大量库存或频繁购进，而大量库存和频繁购进必然占用很多资金，使企业不能用作其他投资。库存费用已经占到产品价值的50%，库存的保管费用则占到产品价值的20%~30%。比如，一家年平均库存投资5000万元，保管成本占25%的企业，通过采购管理把库存投资成本削减到4000万元就可以节省250万元。

3. 保持并提高质量标准

产品质量受到购买的原材料、零部件质量的限制。当一个企业专注于控制采购成本时，往往会忽视采购的质量。因此，在降低采购价格的同时绝对不能在产品质量上妥协，这样才可能使企业产品更具国际竞争力，必须通过其采购职能的质量目标体系来保证。

4. 寻找并培养可靠的供应商

好的供应商将有助于企业解决很多采购方面的问题，提供很多优质的服务，并与企业一起对采购流程实行持续的改进。采购经理的主要目标之一就是发现高品质的供应商，并与之成为合作伙伴。

5. 当条件许可时，将采购物资标准化

将原材料等物资标准化，可以适当降低库存、储运成本，而且可以使采购部门在保证一定的质量水平的同时，因大量购进而有与供应商谈判价格的资本。

6. 以最低价格购买必要的产品和服务

最低价格是由所购买产品的时间限制、所消耗的资源以及企业采购成本限制等条件来决定的，不可能有统一的明确规定，也不可能会自动达成。另外，考虑最低价格时，也要将非货币成本考虑在内。这些非货币成本包括服务、原材料的

质量、采购数量以及特殊运输条件等因素所引起的成本。

7. 采购管理还要为整个企业创造竞争优势，提高整个企业的竞争地位

采购活动可以确保企业以最低的价格购买到企业所需要的原材料，并且可以维持企业的竞争地位。这样不仅控制了成本而且还保证了企业原材料的及时供应。同时，采购管理还要注意培养和建立与供应商之间的合作关系，确保即使是在比较恶劣的环境条件下也可以有一个稳定、连续的物资供应，从而使企业在激烈的竞争当中处于有利地位。

8. 在企业内部保证与其他部门的协同工作

采购不再像以前一样是一个完全独立的业务活动，它几乎涉及整个企业运作过程的方方面面，是企业生产经营的重要环节。因此，采购部门一定要站在战略的角度和其他部门通力合作，协调解决企业共同的问题。

9. 保证以最低的管理成本达到企业采购的目标

与企业其他部门类似，采购活动也涉及运营成本以及管理成本。整个采购运作过程需要合理有效的管理，因此在考虑运营成本最小的同时也应该考虑使整个过程的管理成本最小。

二、采购与供应管理的内容

采购与供应管理是对从供应商到生产企业之间的物料流动的整个过程进行管理，包括原材料的购买、运输、储存、包装、物料搬运以及相关信息和设施的管理。采购管理的内容主要分为采购业务管理、采购设施和人员的管理两个方面：

1. 采购业务管理

（1）采购业务计划的制订。采购业务计划是采购管理活动最开始的工作，对企业的采购计划进行有效的制定和管理，就能够为企业提供及时、准确的执行路线，采购工作就能够顺利地进行。采购业务计划的制订分为两个步骤：

1）进行采购调查，分析资源市场。进行采购调查和分析资源市场主要是对所购物资或服务的调查与分析、对供应商情况的调查与分析、对本企业的采购系统的调查与分析。调查和分析的目的是预先做好采购方面的准备工作，为采购部门积累资料，为企业制定采购订货计划做准备。

2）制定采购计划，编制采购预算。通过调查与分析，在了解企业所需物资情况和供应商情况的基础上，结合企业战略来选择合适的采购策略，制定出切实可行的采购战略计划，其主要包括物料的筛选、风险评估、战略制定和实施，做出下列决定：①物料瓶颈是否会危害到当前或将来的生产。②是否应引进新产品。③物料质量是否有望得到改变。④价格是否可能上涨或下跌。⑤预购是否合适。这些都是很重要的，管理层必须做出详细计划，保证物流供应链能够不间断

的运转。用于辨别重要购买所使用的典型标准是产品成本的百分比、总采购费用的百分比以及高利润的最终物品的使用。用于确定供应市场上风险的标准包括供应商的数量、供应商的原材料的可获得性、供应商的成本和利润需要、供应能力和技术发展趋势。采购越重要，供应商的市场风险越大，采购所需的重视程度也越高。风险评估要求采购人员确定可能发生的最好和最坏情况的概率，为预料到的事件制定供应战略。在任何给定战略或情况下，分析这些问题可帮助采购经理进行决策。某个特殊战略的制定和实施需要高级管理层的参与及公司总体战略计划的集成，采购物资既能够及时地满足生产的需要又能够最大限度地降低库存成本，同时还能够配合企业的生产作业计划和资金调度计划，选择低价位时期采购物资，提高采购的效益。

采购的策略分为采购数量策略、采购成本策略和采购品质策略。其中采购数量策略分为现用现购策略、预先采购策略、投机采购策略、长期合约策略、短期合约策略、多家供应策略、独家供应策略等策略方法，在采购过程中，要根据实际分析的结果，选择最有效的策略来制定采购计划。

制定采购计划时，还要编制采购预算。采购预算是对采购时使用资金情况的一种预测，是由采购部门根据采购计划中采购物资的品种、数量和品质，预测出采购总成本和费用，最后制定的费用安排。它确保了企业采购和生产经营的持续进行。

（2）采购实施管理。采购实施就是把制定的采购计划落实到具体的采购活动中，这是整个采购过程的重要阶段，是采购业务管理的主要内容。它具体地包括与选定的供应商接洽、进行采购谈判、签订采购合同、运输进货、验货入库、支付货款以及处理善后等相关活动。在这个过程中，采购部门要对涉及采购的所有有关状态进行监控和管理，包括物资的交接、管理、跟踪，运输路线和时间的规划，单证和其他相关信息的采集、分析和发送等，如采购存货计划状态、订单在途状态、到货待检状态等。另一项重要内容就是要进行采购成本的管理，同采购活动的质量一样，管理和减少成本也是决定采购目标的重要方面，采购可以通过一系列方法减少管理成本、购买价格和库存持有成本，最流行的方法是采购成本降低计划、价格变化管理计划、大量（时间和数量）合同和系统契约以及无存货采购。

（3）采购绩效衡量和评估。每一次采购活动的完成，并不是采购管理的完成，还要进行采购的绩效衡量以及采购评估。采购的绩效评估能够保证企业采购目标的实现，帮助发现采购问题，改进采购工作，有利于在下一次采购活动中提高采购管理水平，同时它还能够作为评价采购成员工作状况的参考，起到激励的作用。

1）采购绩效衡量。采购绩效的衡量是从两方面进行的：一个是采购效果，它体现了采购过程中的各个环节实现采购预定目标的程度；另一个是采购效率，它是指为了实现采购的预定目标，控制实际消耗和计划消耗之间的关系，它取决于采购工作的能力，与实现采购预定目标所用的资源和相关的采购活动有关。同时，绩效的衡量还必须建立考核指标进行考察，一般有价格与成本指标、质量指标、采购物流指标、其他采购效果指标、采购效率指标等，企业就是从这几个方面对采购工作进行全面衡量的。

2）采购评估。在采购绩效衡量的基础上，要对采购绩效进行定期或不定期的评估。评估就是对采购的工作进行全面系统的评价，从而判断采购管理的整体水平，主要是评估采购活动的效果、总结经验教训、提出问题、解决问题等，从而不断改进采购管理工作。

评估首先要做的就是要确定评估标准，有的企业以过去的绩效为标准，有的企业以行业平均绩效为标准，还有的企业以标准绩效为标准。在以标准绩效为标准时，就要使这个标准对本企业来说具有挑战意义，而且可以实现，当然这个标准在一定时期内必须是固定的，不能随意变化。

为了真正做好采购绩效评估工作，企业内部要建立采购绩效评估制度，使绩效评估有效实施。

（4）采购控制。采购控制就是对采购活动的整个过程进行控制，主要是对采购成本的控制。它保证了物资价格的最低和最优，使物流周转速度加快，实现了节省物流费用和周转快的最佳结合，提高了采购的效率，从而实现企业生产经营利润的最大化。

2. 采购设施和人员的管理

企业内部建立的采购基础设施，包括硬件设施和软件设施，是企业与供应链伙伴实现采购活动作业和信息连接的必要手段，有利于实现物流一体化，提高物流的周转率。专业采购人员的配备也为采购活动正确决策和进行提供了保障。主要由采购主管（CPO）及其下属的一般采购人员组成。

对企业内部建立的采购基础设施实施管理主要包括建设、使用和维修计划的制定，设施使用和运营以及损毁的有关规章制度的制定、监督。

对采购专业人员的管理主要包括两方面内容：一是在采购活动中对有关作业程序的规章制度的制定和执行的管理；二是对专业人员的吸收、培训、绩效考核、激励制度的设计的实施。

第三节　采购业务管理

采购业务管理主要是对采购业务的过程进行管理，包括合同管理、下达订单、处理退换货、采购结算及与供应商的促销活动等功能，即对采购业务流程的管理。

由于各个企业的采购来源、采购方式或者采购对象的不同，其采购业务流程在细节上也不尽相同，但大体上来说都有一个共同的模式，一般都要遵循下列原则：

首先，在流程设计上注意前后顺序，保证整个流程的流畅。其次，要对各个环节进行追踪控制，对那些重复的重要环节给予高度重视。再次，采购过程的各项工作权责明确，任务划分到个人。复次，建立有弹性的应急措施，应对突发事件。最后，业务流程应根据环境变化而变化，使之不断改进和完善。一个完整的采购流程具体如图 6-2 所示。

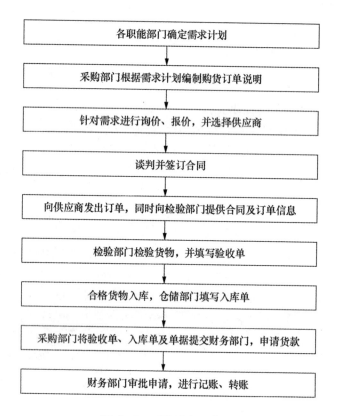

图 6-2 采购流程示意图

一、确定采购需求

采购首先要确定采购需求，即确定需要什么、需要多少、何时需要等内容。

对于制造企业，首先要了解市场的需求，再根据市场需求确定企业的生产计划，从而根据生产计划来确定企业的原材料、零配件等的需求。而对于非制造企业来说，就要根据消费者的需求来决定采购的商品，比如，批发零售企业。确定采购需求具体包括以下几个主要的步骤。

1. 请购

物料使用部门发出采购请求，开具请购单，请购单填写完后根据请购物料的规格、数量、金额的不同，按照规定的流程送往不同层次的主管部门审批，一般包括物料管理部门、生产管理部门或专门的项目负责部门等采购计划的制定者。最后请购单汇总到采购部门，确定需求计划，以便集中采购。

请购单要注明申请部门、申请日期、所需采购物料的名称、规格、数量、用途、需要时间以及任何特殊的发送说明等，还应有授权申请人的签字。请购单除了作为采购部门制定购货订单说明书的依据之外，还服务于业务流程的其他环节，例如，检验部门留存请购单作为验收的依据，财务部门留存请购单作为支付审批的依据，库存部门留存请购单作为接收物料的依据等，所以请购单要一式多联，以备不同部门的需要。

2. 制定购货订单说明书

采购部门根据汇总的请购单制定购货订单说明书，准备发给供应商。同时，采购部门把采购任务分配到各个采购员，采购员接到任务后就开始制定详细具体的采购计划，包括供应商的分析、确定采购的方法、支付的款项等内容。

购货订单说明书要比请购单更详细，要描述所购货物的功能规格、质量要求、包装运输标准、检验方式、售后服务标准、初步价格预算等。购货订单说明书是选择供应商、进行谈判、签订合同及合同履行、合同跟踪的依据，必须详细、具体、准确，符合企业各个方面的要求。

二、选择供应商

采购业务管理的第二步就是选择供应商。有效的货源决策是所有组织实现合理供应的基础，供应商的选择直接关系到企业的采购质量，例如，零件或者原材料运送的延迟、缺货或残次品等都会为制造商带来严重的不良后果，因而供应商的选择是一件非常关键的工作。

1. 供应商选择的主要步骤

按传统观点通常我们假定更多的供应商意味着通过竞争可以得到更好的服务、更高的质量，但事实却不是这样。采购经理们发现面对较少的供应商比面对更多的供应商工作更有效。因为只有供应商很少时，才能给每一个供应商大量的订单，使采购经理成为供应商的重要客户，与供应商建立更亲密的关系，从而得到更好的服务。选择少数供应商有很多好处：首先，发现和发展一个新供应商是昂贵而费时的。其次，与一个供应商建立密切的关系是很难的，但维系这种关系却比较简单。再次，少数供应商意味着每个供应商都可以获得大批业务，显示出购买者的重要性。最后，在少数供应商中寻找高质量的材料更容易。通常，购买者与供货者密切配合开发新的产品，或者互相配合在销售商中寻找新的零部件可能是最常见的现象。随着电子商务的发展，这种观念又受到质疑，买方挑选供应商并在网上投标竞价使其与供应商建立更亲密关系变得似乎不那么重要了，因此，企业选择供应商的决策必须重新考虑：对一次既定的采购，企业应与多少家供应商建立联系？这些供应商中哪一个或哪些能更好地满足客户的需要？决策做出后，才能开始寻找供应商。

采购经理应该利用各种资源去寻求帮助以选择国内和国际的供应商。一些大型的公司有其建立长期合作的供应商群体，在进行新的采购任务时优先考虑这些供应商群体。但是市场是瞬息万变的，一旦现有的供应商不能满足既有的需求，就要到市场上去开发新的供应商。

（1）了解供应商的情况。企业可以通过以下几个途径了解供应商的一些信息：

1）直接向供应商了解情况。根据自己的采购需求，同时结合对供应商的要求制定出调查问卷，发放给供应商，以此了解他们的技术能力、售后服务、生产规模等方面的信息。

2）通过供应商自己向外的宣传了解他们。供应商自己也会向采购方发送自己的详细资料，而且现在很多供应商都有自己的网站，以供需求者了解。

3）采购人员还可以通过自己的业务关系或者社会关系向行业内的其他企业咨询。这样获得的信息往往比较真实。

4）通过向工商局、税务局、行业商会等官方和非官方机构了解供应商的实力、背景等信息。

（2）初步进行谈判。对于一般的小批量采购，在了解了供应商的基本情况之后，就可以与供应商进行初步的谈判。一般是选定几个比较合适的供应商进行谈判，在谈判过程中，采购方一方面要提出自己的采购要求，向供应商提供样品，以便双方能达成协议；另一方面要更加详细地了解供应商的基本情况，要察看它们是否具有正规的质量和生产能力保证方面的证明性材料和文件，同时还要让供应商出具法人营业执照、产品生产许可证、资产证明材料等方面的证明。如果觉得有必要的话，还可以到供应商企业进行实地考察。谈判之后就可以确定供应商。

（3）进行采购认证。对于大型项目的采购，则要经历采购认证的过程，这个过程较复杂，需要谨慎。

1）在接触供应商之前，采购方要做认证准备。认证准备包括三方面的工作：第一，要对采购需求作进一步的确认，掌握市场采购动态，明确采购质量要求和使用标准。第二，对价格进行更详细的预算，如货物购买成本、采购管理成本、库存成本等。第三，根据以上工作制定认证说明书，包括价格预算、质量说明、需求量、售后服务等方面，准备发送给供应商。

2）向初步选定的供应商发送认证说明书。供应商收到认证说明书后，根据自己的真实情况制定供应报告。供应报告包括供应商所能接受的采购价格、所能达到的质量水平、所能提供的售后服务、所能满足的月/年供应量、订单提前期的长度等。通过这一步可以选定几个有资格的供应商。

3）向有资格的供应商提供样品试制资料，签订试制合同，并对供应商的试制过程进行监控，对完成的样品进行检验和评估。

（4）选定供应商。评估之后，根据价格、质量、风险等方面的要求，选择最合适的供应商。当然，最后确定的供应商可能不止一家。

2. 供应商选择应考虑的主要因素

选择供应商时，往往要考虑很多因素，一般来说，企业在选择供应商时考虑的主要因素有以下几个方面：

（1）质量。高质量的产品很少来源于劣等的输入。这意味着采购经理和他们的内部客户要花费大量时间、做出很大努力去筛选供应商及其产品以保证质量。质量的选择要根据实际情况来确定，并不是说质量越高越好，而是要根据企业的采购需求来选择最适合的产品质量。质量的判断可以从供应商企业的产品设备、生产流程、企业制度、员工素质等方面来看，还可以从供应商以前的业务往来记录上察看，最常见的就是从供应商是否通过了国际质量体系认证、国际环境管理体系认证，是否达到了业内质量标准等方面来考察。

国际质量体系认证即 ISO9000 系列认证是由国际标准化组织在 1987 年开发的质量体系认证标准。ISO9000 认证要求公司建立过程和文档，然而它没有保证，甚至也不检查客户的满意程度。虽然登记和证书并不一定能保证质量，但是它仍然广泛地被看作质量的代表。下面给出 ISO9000 每一部分简短的解释：①ISO9000 是质量管理和质量保证标准。②ISO9001 是在设计、开发、生产和安装过程中的质量保证系统模型。③ISO9002 是在生产和安装过程中的质量保证系统模型。④ISO9003 是在最后的检查和测试过程中的质量保证系统模型。⑤ISO9004 是质量管理和质量系统元素。

采购应属于 ISO9001 认证体系。虽然有了证书并不一定能保证质量，但它保证了产品的一致性。换言之，一个供应商可能生产一种包含固有缺陷的汽车零件，但是每一个零件都有同样的缺陷，过程的一致性是关键。据说，遵循同样的过程将会促使过程得到改进，从而产生更好的质量。

（2）价格。物美价廉的商品是每个企业都想要的，在确定采购需求和制定购货订单说明书时，采购方已经进行了价格预算，这可以作为审核供应商价格时的依据，另外，采购方还要搞清楚供应商定价的方法，借此来评定供应商所提供的价格是否合理，从而选择适合的供应商。

（3）服务。在选择供应商时，服务也是一个要考虑的重要因素。例如，更换残次品、指导设备使用、修理设备等。在采购某些项目时类似的一些服务有可能会在选择中起到非常关键的作用。服务分为售前服务和售后服务两种。售前服务是指为了宣传产品、推广业务所进行的一系列活动，这是采购方了解供应商的渠道之一；售后服务是指在双方达成合作意向后，供应商免费向采购方提供的诸如安装调试、操作培训、维护修理、退货换货、更新换代的服务，有的还包括产品的运送、技术难题的咨询等，服务越周到说明供应商越正规，采购方也就越放心。

（4）位置。供应商所处的位置对送货时间、运输成本、紧急订货与加急服务等的回应时间都有影响，距离近，使企业容易与供应商在私人关系的基础上建立起更紧密的合作。另外，当地购买有助于发展本地区经济，形成社区信誉以及良好的售后服务，从而促进本企业的良性发展。

（5）供应商的存货政策。瞬息万变的市场很容易导致供应方面的紧急情况，这就要求供应商能够备有相应的存货，不会因为突如其来的订单而束手无策，从而保证企业的正常运转。此外，拥有安全库存则有助于应对设备的突然故障。

（6）技术力量以及生产柔性。面对采购方的需求或技术要求设计的改变，供应商愿意并且能够回应，这对于一些量身定做大型精密仪器或者技术含量较高的设备的企业来说，无疑是一个必须要考虑的因素。

3. 供应商的选择方法

供应商的选择方法有很多种，大体来说分为定性方法和定量方法两种。

（1）定性方法。定性方法主要包括直观判断法、招标法、协商选择法。

1）直观判断法。直观判断法是根据所调查的资料并结合人的分析判断，对供应商进行分析和评价的方法，主要由采购人员凭经验来做出判断。此法常用来选择采购非主要原材料时的供应商。

2）招标法。招标法是由采购方提出招标条件，各供应商进行竞标，最后由采购方决标，从而选择最有利条件的供应商来签订合同和协议的方法。招标法分为公开招标和指定竞级招标，公开招标不限制投标者的资格，而指定竞标则由企业先选择几个供应商，然后再进行竞标、决标。招标法手续比较烦琐，经历时间长，一般适用于采购数量大，供应商多，竞争激烈的供应商选择。

3）协商选择法。协商选择法是由采购方先选择出几个条件较为有利的供应商，然后分别同他们进行协商，最后确定最为合适的供应商的方法。与招标法相比，协商选择法必须要保证双方能够充分地协商，一般在采购时间紧迫、物料规格和技术要求复杂、竞争程度小、供应商多、企业难以选择时比招标法更适合。

（2）定量方法。定量方法包括等级分评定法、ABC 成本法（Activity Based Costing Approach）、逼近于理想解的排序法（Technique for Order Preference by Similarity to Ideal Solution，TOPSIS）、层次分析法、人工神经网络算法、随机数据包络分析法（DEA）等方法。

1）等级分评定法。等级分评定法是把不可量化的因素变为可量化的，以此来评价供应商，为采购方提供选择依据。具体的步骤如下：①选择评价供应商的主要因素。②确定每个因素的权数，即确定每个因素在选择供应商时的重要程度。③对每一个因素划分等级，以此来说明供应商满足各因素方面的程度。一般划分为 10 个等级，即 1～10。④对几个具体供应商的各个因素进行打分。⑤得出各个供应商的等级分数。把每一个供应商的各个因素分数与每个因素的权数相乘，最后汇总得出供应商的总等级分。⑥最后根据总等级分对供应商进行排序，选择最高得分者。

表 6-2 是一个用等级分评定法来选择供应商的例子，从表中可以看出应该选择 A 供应商。

表 6-2　供应商等级分评定

因素	权数	供应商得分				供应商等级分			
供应商		A	B	C	D	A	B	C	D
功能	10	9	8	10	9	90	80	100	90
成本	8	7	6	7	4	56	48	56	32
服务	8	9	10	6	5	72	80	48	40
技术支持	5	6	4	5	3	30	20	25	15
信用条件	2	5	3	7	6	10	6	14	12
供应商总等级分						258	234	243	189

2）ABC 成本法。ABC 成本法也称基于活动的成本分析法（Activity Based Cost Approach），是鲁德霍夫（Roodhooft）和科林斯（Konings）在 1996 年提出的。其基本思想是供应商所供应产品的任何因素的变化都会引起采购企业总成本的变动，价格过高、质量达不到要求、供应不及时等都会增加采购企业成本。通

过计算备选企业的总成本来选择合作伙伴，提出的总成本模型为：

$$S_i^B = (P_i - P_{\min}) \times q + \sum_j C_j^B \times D_{ij}^B$$

式中：S_i——第 i 个供应商的总成本值

P_i——第 i 个供应商的单位销售价格

$P_{\min}$——供应商中单位销售价格的最小值

q——采购量

C_j——因企业采购的相关活动导致的成本因子 j 的单位成本

D_{ij}——因供应商 i 导致的在采购企业内部的成本因子 j 的单位成本

这个模型是用于分析采购企业因采购活动所产生的直接和间接的成本大小的，采购方应该选择 S 值最小的供应商。

3）逼近于理想解的排序法（TOPSIS）。逼近于理想解的排序法的基本思想是确定实际上并不存在的最佳方案和最差方案，然后计算现实中的每一个方案与最佳方案和最差方案的距离，最后利用理想解的相对接近度作为综合评价的标准。

4）层次分析法。层次分析法（Analytic Hierarchy Program，AHP）由著名运筹学家萨蒂（T. L. Saaty）于 20 世纪 70 年代提出，韦伯（Weber）等将层次分析法用于合作伙伴选择。作为一种定性和定量相结合的工具，目前已在许多领域得到了广泛的应用。层次分析法是根据具有阶梯结构的目标、子目标（准则）、约束条件、部门等来评价方案的，采用两两比较的方法确定判断矩阵，然后把判断矩阵的最大特征值对应的特征向量的分量作为相应的系数，最后综合给出各个方案的权重。由于该方法让评价者对照相对重要性函数表，给出因素两两比较的重要性等级，因而可靠性高、误差小；不足之处是遇到因素众多、规模较大的问题时，该方法容易出现问题，如判断矩阵难以满足一致性要求，往往难以进一步对其分组。

5）人工神经网络算法。人工神经网络（Artificial Neural Network，ANN）是 20 世纪 80 年代后期迅速发展的一门新兴学科，人工神经网络算法可以模拟人脑的某些智能行为，如知觉、灵感和形象思维等，具有自学习、自适应和非线性动态处理等特征。

这里将人工神经网络算法应用于供应链管理环境下合作伙伴的综合评价选择，意在通过模拟人脑的某些智能行为如直觉、灵感和形象思维等，建立类似人类思维模式的总和评价选择模型，实现了定性分析与定量分析的有效结合，可以较好地保证供应商综合评价结果的客观性。

6）数据包络分析法。随机数据包络分析法（DEA）是以相对效率概念为基础发展起来的一种新的效率方法，是处理多目标决策的有效方法，根据一组输入数据和输出数据来评价决策单元（DMU）的优劣，即评价各单位的相对效率。

三、签订采购合同

供应商选定后，就要进行采购工作的核心步骤——洽谈合同，在这里要与供应商反复磋商谈判，以确定采购的价格及采购条件，如质量、服务、售后服务等，最后以合同的形式确定下来。

采购方希望获得物美价廉的商品和全面的服务，而供应商希望在此交易中获得尽可能多的利润。谈判就是在双方的利益范围内找到一个平衡点，从而达到双赢的目的。

1. 谈判前的准备工作

要进行一项采购合同的谈判，必须要做好谈判前的准备工作，谈判的失败往往因为谈判前准备工作没有做充分所导致。谈判前的准备工作包括以下几个方面：

（1）进行可行性分析。可行性分析又称可行性研究，它是指在进行一项工作之前，对其所有可能产生影响的主客观因素进行调查研究，预测其成败得失，以确定该工作是否可行的一种方法。采购的可行性分析包括以下几方面：

1）信息和资料的研究。这里的信息和资料指的是宏观方面的信息，包括政治法律环境、经济环境、自然环境、文化环境等方面的信息。

2）方案的比较和选择。制定解决问题的每一个能想到的方案，然后分析比较哪一种方案能够获得最大的效益，是否能为供应商所接受。同时还要分析供应商所能提供的一些可能方案，分析这些方案对采购方的影响以及采购方应采取的应对方法和手段。

3）谈判情况的分析。分析预测双方谈判的价值所在、谈判的起始争执点、谈判的主要事项，进而分析双方是否具有谈判的协议区域，协议的幅度是多大，从而决定是否要谈判以及如何谈判。此外，对于谈判过程中可能涉及的问题都要有对应的资料、应对的方案。因为影响谈判效果的各种主客观因素很多，必须要根据事情发展的情况预测未来可能出现的问题，对各种变化做出假设，进行科学分析，准备应对方案，这将有助于在谈判中积极应对。

4）综合分析，做出结论。在以上各种信息资料的收集、各种情况的分析、方案的提出基础之上，进行总体的研究和调整，得出结论，形成书面的材料。

（2）了解谈判对象。成功的谈判，不仅要了解自己的情况，还要准确地预测对方，对供应商企业有一个宏观的了解。首先是对供应商企业总体能力的认识，其表现在投资能力、营销管理能力等方面。其次要了解供应商的经济活动，如企业的生产设施、产品情况、经营管理水平、贸易活动等，对其产品要了解它的质量、性能、特点、成本构成以及它的供应保障能力、售后服务。最后还要了解供应商的财务状况，通过财务报表，了解供应商财务方面的各种有关数据，从而对其财务做一个评价。

（3）确定谈判的目标。谈判之前首先要明确谈判的原因以及谈判要实现的目标，谈判的目标不能仅停留在原则性的问题上，还要拟定具体确切的目标，同时要设定自己的目标和底线，为谈判留有一定的空间。目标的确定要合理，一般来说，谈判前的预期目标越高，实现率就越低；反之，预期目标越低，实现率就越高。

（4）制定谈判计划。明确了谈判的目标，并进行了大量的调查和分析之后，就要制定谈判的计划，确保谈判方案的贯彻和实施。一个详细周密的谈判计划，至少包括以下几方面内容：

1）谈判的总体思想、指导原则和战略。确保在谈判过程中不能偏离了自己的立场。

2）谈判各个阶段的目标、准备和应对策略。谈判时要遵循自己的思路，面对对方提出的大量新的信息和问题时，能够随机应对，不被对方所牵引。

3）谈判准备工作的安排，如接待、礼仪等。

4）提出条件和讨价还价的方法。

5）谈判的让步方法、措施和步骤。要计划好怎样做出让步，先提出比较高的条件，这样才有商量的余地，什么时候做出让步也是相当关键的。

6）对各种突发情况的预测与解决对策。

7）对谈判结果的分析与评估。

8）谈判时间、地点和人员的安排。谁主谈、谁记录、谁负责整理资料等都要明确规定。

9）后方工作的安排，如资料的整理、打印、计算、翻译等有关工作。

（5）编制谈判程序。谈判程序是指对有关谈判事项的程序安排以及对有关谈判的论题和工作计划进行的预先编制。预先编制谈判程序并努力得到对方的认可，可以在谈判时轻车熟路，在谈判的心理上抢占先机，提高谈判的成功率。

谈判的过程一般包括四个阶段，每个阶段都有自己的任务和注意事项。

1）试探阶段。提出谈判的基本框架，以问答的形式进行，双方认真倾听，不急于报价和表态。

2）反应阶段。提出报价和双方要商议的问题。

3）谈判磋商阶段。这是真正的交锋，双方更清楚彼此的目标和相关信息，对某些问题双方不断谈判和慢慢退让。

4）成交阶段。最后达成协议，并当场草签一份协议书，以便随后拟定采购合同，以此创建一个友好合作的开始。

2. 谈判策略

（1）谈判原则。谈判过程中一般都要遵循以下原则：坚持原则，守住底线；策略灵活，随机应变；不卑不亢，以理服人；诚信守时，实事求是。

（2）善于倾听和提问。在试探阶段和反应阶段，要多提问和听对方说，从而领悟对方所要表达的深层次的意思，体会言外之意。

（3）合理的讨价还价。要准确了解对方提出条件的真实意图，探索其报价根据和弹性幅度，不轻易做出反应，采取迂回的战术。

（4）达到目的。在磋商的激烈阶段，采购方应明确表明自己的需求，并对满足需求给出自己的解决方案，引导对方接受。有的时候要做出一定的让步，促使谈判的达成，让步一般包括互惠的让步、丝毫无损的让步、长短期利益结合的让步。当然必要的时候还要给对方施加一些压力，例如，给出别的替代方案，让对方选择。

3. 签订合同

谈判过后，双方就谈判的结果达成书面协议，签订合同。合同的签订要注意以下问题：

（1）合同的编写要根据实际，反映谈判所解决的实际问题，不要照搬别人的合同和形式。

（2）在合同中有关采购的信息都要表达明确，比如，物料的名称代码、单位、数量、单价、总价，供货方式、供货时间、包装运输、交货方式等细节。此外，也要明确各自的权利和责任。

（3）对于涉外采购来说，签订合同时要注明适用哪个国家的法律，因为不同的国家对谈判合同的格式、内容、当事人的权利义务、国际支付等都有不同的规定。

（4）合同文本的文字使用在涉外采购时也要注意，应该是谈判各方所在国家的法定文字。

（5）在合同最后签订之前，一定要抓住最后的机会，进行严格的审查，看合同与物料描述是否相符，是否与谈判的结果相一致，遇到问题时一定要解决后再签订，不可草率。

四、订货与接收

签订合同之后，就是订货和接收货物。

1. 订货

订货的一般过程就是采购部门根据采购请求或报价单及其他附加信息开出采

购订单，并把订单发送给供应商，同时报送到会计部门、采购请求部门、收货部门等单位，并将订单原件存采购部门留底。在这个过程中，很多企业已经应用了物资需求计划系统或制造资源计划系统来分析库存量能够满足一定时期内生产所需要的原材料或物品的情况，当库存量低于某一水平时，该系统就会对采购部门发出请求，从而采购部门就根据缺货和需求信息来拟定订货单。

供应商在收到订货单后开始准备发货，并准备交货单据和发票，这是采购方评价供应商履行合同的一个依据。同时采购部门要跟踪货物，监督货物的按时到货，确保货物符合规定，对于送货条件的变化要及时与供应商协商。

2. 检验并接收货物

（1）货物的检验。在接收货物时，收货部门首先要对货物进行检验，以确保货物的质量、数量等方面与订货要求相符。供应链中如果采购方与供应商企业建立了坚固的合作关系，有时对其供应产品的质量就无须检验，而是直接投入生产。

通常，对货物的检验一般有以下几个步骤（如图6-3所示）。

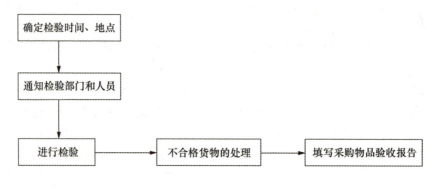

图6-3　采购货物检验步骤

1）确定检验的时间、地点和人员。不同的货物就会有不同的检验时间和地点，对于大型的机器设备的采购，则要到供应商企业操作现场检验，小型原料配件或消费品则在货物到达后检验。

2）通知检验部门和人员。检验部门要与采购部门及时沟通。

3）检验货物。检验的目的就是要检查供应商所提供的货物是否符合合同要求，从而把检验的货物分为合格货物和不合格货物。

4）不合格货物的处理。一般来说，对于有致命缺陷的货物和严重缺陷的货物，采购方可以要求换货；对于有轻微缺陷的货物，可以经过检验部门、设计部门、制造部门、营销部门的协商，根据生产和销售的紧急程度，确定是否可以暂用。同时把情况通知供应商请其注意，必要的时候还可以根据合同要求给予相应的补偿。

5）检验之后，检验部门人员要填写采购物品验收报告或者将验收信息输入计算机信息系统。

（2）接收货物。一般而言，货物接收也有它的步骤（如图6-4所示）。

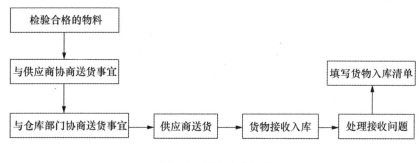

图6-4 货物接收步骤

1）协商送货事宜。采购人员要分别与供应商和本企业仓储管理部门协商送货事宜，例如，送货的时间、地点、搬运等事情。

2）货物接收入库。核对发货单，并检查各种单据是否齐全，检验外包装，最后卸货、清点、入库，并由仓储部门经手人员填写货物入库单或输入仓储管理系统。

3）处理货物接收中的问题。对于货物接收中出现的货物情况与合同不符、包装不符、交货日期不符等问题，要根据情况及时协商或退回供应商。

五、支付货款

支付货款是在进行货物检验和接收入库后进行的，采购人员向财务部门提供采购货物检验合格以及入库证明，连同发票一起，向财务部门申请支票来支付货款，财务部门在接收到付款申请及全部单据后，对申请进行审批，查看单据是否真实、格式是否规范、内容是否一致正确，然后开出支票。

对于长期合作的供应商，在合作协议里就已经规定了一个付款结算的周期，在该周期末就可以把周期内发生的所有采购活动的支付款项汇总并付款结算。

六、采购的跟踪与评估

采购的跟踪是对采购合同的执行、采购订单的状态、接收货物的数量及退货情况的动态跟踪。它包括五方面的内容：第一，跟踪供应商的货物准备过程。第二，跟踪进货过程。第三，控制货物的检验与接受。第四，控制库存水平。第五，督促付款。由此可以看出，采购跟踪可以促进合同的正常执行，保持与供应商的联系，在确保企业的采购质量的同时还可以降低库存成本。

采购的评估则是在采购跟踪的基础之上对整个采购过程的各个环节进行的全面系统的评价。这将有利于以后采购工作的进行，提高采购的绩效，降低采购的成本。

第四节 采购模式的发展

随着贸易全球化的发展，全球生产、准时生产、电子商务等新的生产经营理念和模式带动采购模式也由原来的传统采购模式向不断创新的模式发展，产生了许多新的科学采购模式。

一、传统采购与科学采购

1. 传统采购

传统采购的一般模式是，各个部门在每个采购周期期末，上报下一周期的采购申请单，列出需要采购的物资品种和数量，采购部门将其汇总制定出统一的采购计划，并实施采购计划。采购的物资放在企业仓库中，准备满足下一个周期各单位的需要。这样的采购以各单位的采购申请单为依据，以填充库存为目的，管理简单，市场反应不灵敏，库存量大，资金积压多，库存风险大。

2. 科学采购

科学采购包括订货点采购、物资需求计划系统采购、JIT 采购、供应链采购和电子商务采购等采购方式。

（1）订货点采购。订货点采购是根据需求变化和订货提前期的长短，精确确定订货点、订货批量或订货周期、最高库存水准等，建立连续的订货启动、操作机制和库存控制机制，以达到既满足需求又使库存总成本最低的一种采购方法。这种采购模式以需求分析为依据、以库存为目的，并采用一些科学方法，兼顾需求和库存成本控制，原理比较科学，操作比较简单。但是因为市场随机因素比较多，使这种方法仍具有库存量大、市场反应不灵敏的缺点。

（2）物资需求计划系统采购。物资需求计划系统采购主要应用于生产性企业。它是生产企业根据主生产计划、主产品的结构和库存状况逐步推导出主产品生产时所需要的零部件、原材料等的生产计划和采购计划的过程。在采购计划中规定了采购品种、采购数量、采购时间和采购物资到达时间，计划比较精细、严格。它也是以需求分析为依据、满足库存为目的，其市场反应灵敏度及库存水平比其他方法有所进步。

（3）准时制采购（JZT）。准时制采购也称及时系统采购。准时制系统采购是一种完全以满足需求为依据的采购方法，要求供应商在采购方企业生产需要的时候，及时地将合适的品种、合适的数量送到生产需求的地点。它以需求为依据，改造传统的采购过程和采购方式，使它们完全地适合需求的品种、需求的时间和需求的数量，做到全面地反应需求变化，同时使库存趋向于零库存的状态。这是一种比较科学、比较理想的采购方法。

（4）供应链采购。供应链采购是一种在供应链机制下的采购。在这种机制下，采购不再由采购方来操作，而是由供应商来操作。采购方企业只要把自己的需求规律信息即库存信息连续不断、及时地向供应商传递，然后供应商企业就会根据自己产品的消耗情况及时、连续地进行小批量补充库存，从而保证采购方既满足需求又使总库存量最小。供应链采购对信息系统和供应商操作的要求都很高，它也是一种科学、理想的采购方法。

（5）电子商务采购。电子商务采购也就是电子采购，它是一种依赖于互联网在电子商务环境下的采购方式。基本特点是在网上寻找供应商，寻找企业所需要的产品品种，在网上洽谈贸易，网上订货甚至网上支付货款，但是网下送货。这种模式大大拓宽了采购的市场范围，缩短了工序距离，简化了采购手续，减少了采购时间和采购成本，最后提高了采购的效率，是一种很有前途的新兴采购方式。但是它有赖于电子商务的发展和物流配送水平的提高，而这两者又取决于整个国民经济水平和科技进步水平。我国已有不少企业以及政府采购使用了网上采购的方式，但是要想真正把电子商务采购做好，还需要一段时间。

二、JIT 采购

JIT 采购是一种精细的采购生产系统，主要用于重复生产的制造业。

1. JIT 采购的概念

JIT 采购的概念要追溯到 20 世纪 50 年代的日本，当时的日本丰田汽车公司开发了一个所谓的看板（Kanban）体系，用来满足客户对各种车型的要求，同时尽量避免交货延迟。在这个体系中，从正在进行的生产制造过程中提取货物的类型和数量的信息是通过一张附在容器上的卡片进行传递的，这就是所谓的看板管理。它实现了在生产过程中基本没有积压的原材料和半成品，不仅大大降低了生产过程中的库存及资金的积压，而且在实施 JIT 的过程中，还提高了相关的管理活动的效率。

JIT 采购被李·怀特（Lee White）定义为："一种库存控制的理念，其目标是要在正好合适的地点、合适的时间，维持刚好够数量的物资材料以及生产制造刚好合适数量的产品。"具体来说，JIT 采购指的是：企业和供应商建立稳固的合作供应关系，由供应商进行多频率、小批量的连续供货，实现在合适的时间按合适的数量送到合适的地点的准时供货机制。

JIT 是一种理想的物资采购方式，是企业内部 JIT 系统的延伸，是企业实施 JIT 生产经营的必要要求和前提条件。在向零库存目标努力的过程中，企业会不断地降低原材料和零部件的库存，从而不断地暴露物资采购中的问题，然后采取有效的措施来解决这些问题，接着再提出进一步降低库存的目标，进一步发现和解决问题……企业就是在这样不断的改进中实现 JIT 目标的。

2. JIT 采购的要求

（1）建立 JIT 采购团队。专业化采购团队的责任是寻找货源、商定价格、与供应商建立协作关系并不断改进，因此，高素质的采购队伍在 JIT 采购中应进行采购工作的分工合作并不断研究采购方法。

（2）合理选择供应商并建立伙伴关系。在 JIT 采购中供应商的选择很重要，供应商的数量要尽量减少，最好是某种原材料或零部件只从一个供应商处采购，这被称为单源供应，它增加了企业与供应商之间的依赖性，有利于建立长期的合作伙伴关系，提高它们之间的应变能力。

（3）小批量采购。由于 JIT 采购要求原材料或零部件的零库存，所以采购必然要求小批量。

（4）保证采购质量。进行 JIT 采购时，原材料或零部件库存极少，这样就必须保证所采购物资的质量。这种保证不是由本企业的物资采购部门负责，而应该由供应商负责，这样就从根本上保证了供货物资的质量。

（5）可靠的送货及特定的包装要求。送货必须及时，如果交货失误或者延迟就会给实施 JIT 生产的企业造成很大的损失。同时，JIT 对物资的包装也有特定的要求，便于运输和装卸搬运方便。

（6）进行 JIT 采购绩效的 PDCA 评估。PDCA 指的是：P（Plan）——计划，D（Do）——实施，C（Check）——检查，A（Action）——采取行动。

3. JIT 采购的特点

JIT 采购有以下几个方面的特点：①从供应商来讲，就近选择极少数的供应商，尽量签订长期供货合同，积极采取措施保持所供应产品的价格竞争力，并持续对供应商进行监视和评价。②从交货数量来讲，多次小批量进货，不允许超额送货也不允许供货不足，鼓励供应商定量包装。③从质量上来讲，购销双方质量部门通过过程控制，协同工作保证质量，拒绝不合格产品。JIT 采购与传统采购的区别见表 6 – 3。

表 6 – 3　JIT 采购与传统采购的区别

比较项目	JIT 采购	传统采购
供应商的选择	采用单源供应、关系稳定	采用多源供应、短期合作
供应商评价	合同履行能力、生产设计能力、物料配送能力、产品研发能力	合同履行能力
采购批量	小批量、送货频率高	大批量、送货频率低
进货检查	逐步减少、最终取消	函数统计、品质鉴定
运输	准时送货、运输次数多	配送频率低、运输次数相对少
包装	有一定要求	常规包装
信息交流	采购、供应双方高度共享准确实时的信息	信息不对外、容易暗箱操作

4. JIT 采购的意义

JIT 采购有如下几方面的意义：

（1）大幅度地减少了采购零部件、原材料、半成品和成品的库存，从而减少了流动资金的占用，加快了流动资金的周转率。

（2）保证了采购原材料、零部件等采购物资的质量，从而减少了采购的直接损失，保证了生产的正常运行，实现了低废料成本、低库存运作成本。

（3）降低了采购物资的采购价格。由于供应商和生产企业之间的密切合作以及内部规模效益与长期订货，又加上采购手续的简化减少了浪费，所以使得物资价格降低。

（4）由于减少了供应商的数量，从而节约了开支并减少了订单发放的工作量，简化了通信联系和货物接收的业务活动，提高了行政上的效率。

三、供应链关系下的采购

1. 供应链管理对采购管理的影响

从供应链的角度来说，采购管理活动是整个供应链的一部分。供应链管理把供应商纳入自身的生产经营过程中，把采购和供应商看作自身企业供应链的一个有机组成部分，从而加快物资和信息的流动，降低了成本，加速了资金周转，同时还能满足生产和客户的需要。供应链管理对采购管理的影响有以下几方面：

（1）采购不再作为一个孤立的职能，而是整个供应链中的一项业务活动，参与整个供应链管理。

（2）采购人员数量呈现递减趋势，这是由于传统的一些业务活动因信息技术的出现而取消，或者是被其他职能团队如供应商选择所取代。

（3）与供应商建立长期合作关系，而不是将其看作竞争对手。

（4）对采购人员的知识基础有了更深一步的要求，必须增强其他供应链活动方面的能力，并且能够以策略性的思维而不是以运作性的方式来思考问题。

2. 传统物流采购与供应链管理下的采购

（1）传统物流采购及其弊端。传统采购的重点放在与供应商的价格竞争上，一般选择价格最低的供应商作为一次采购活动的物料来源，下次采购就有可能更新供应商。同时采购过程中物料的质量和交货期都是事后把关，不与供应商建立合作伙伴关系。在与 JIT 采购的比较中，我们已经详细看到传统采购的特点，这种采购模式随着经济一体化和供应链管理的不断深入，其弊端也越来越明显，其主要表现如下：

1）信息不对称。采购方为了从众多具有竞争性的供应商中选择最佳的供应商，就往往会对自己的信息有所保留，怕给的信息越多，供应商的竞争筹码就越大，而这对采购方来说是不利的。同时供应商在与其他的供应商竞争中也会隐瞒自己的信息。这样双方就无法及时地了解采购的真正需求，只能通过增加库存来避免不确定事件的发生，从而造成采购、库存成本的大大增加。

2）物料质量、交货期难以控制。采购方与供货商的工作是不透明的，质量检验也是通过事后把关的方法，所以采购方无法知道物料生产过程，也就无法知道物料的真实质量，同时，又由于供应商为了取得供货的利润必然简化物料生产工序、降低物料成本，结果使物料的质量大大降低，损害了采购方的利益。此外，由于短期合作关系和其他复杂的交通运输状况使得交货误期时有发生。这些都增加了采购成本，对企业的生产产生不利的影响。

3）供应关系难以协调。传统采购模式的供应关系往往是临时性的，双方缺乏有效的合作与协调，通常是竞争多于合作，也正是因为这样，企业经常把时间浪费在对供应商的不断选择上，而无法建立稳定"双赢"的合作供应关系。

4）缺乏对生产和市场需求变化的应对能力。因为信息不对称，采购方无法根据用户需求的变化来改变已经签订的采购合同，供应商也不能根据采购计划做出调整，这使得供需脱节，从而丧失很多市场机会。

（2）供应链下的采购特点。在供应链管理的环境下，采购工作发生了变化，要做到五个恰当：恰当的数量、恰当的时间、恰当的地点、恰当的价格、恰当的来源。它的工作特点表现在以下三个方面：

1）与供应商建立长期的战略合作伙伴关系。建立战略性的长期合作伙伴关系可以解决全局性的、战略性的供应链问题。它实现了库存数据的共享，解决了传统采购的信息不对称，降低了采购风险和采购成本，从而提高了采购效率，同时它还消除了供应过程中的组织障碍，为实现 JIT 采购创造了条件。

2）采用订单驱动的采购方式。传统采购模式以补充库存为目的，采购部门不关心生产的过程，不了解生产的进度和对原材料、零部件的需求变化，这样的采购计划很难适应生产需求的变化。而在供应链管理的环境下，采购是以订单驱动方式进行的，企业的制造订单是根据用户需求订单产生的，而采购订单又是根据制造订单制定的，这样的采购方式及时地响应了用户的需求，再加上采购方与供应商建立了合作伙伴关系，它们就可以根据需求的变化，及时地改变供应，这样既降低了库存成本，也提高了物流的速度和库存周转率。

3）实施有效的外部资源管理。进入供应商企业生产过程中，把事后把关转变为事中控制的这种有效的管理途径就叫作外部资源管理。它改变了传统采购缺乏柔性、对需求反应慢的缺点，增加了与供应商的信息联系和合作。实施有效的外部资源管理要从以下几方面着手：第一，与供应商建立长期的、互惠互利的合作关系。第二，通过提供信息反馈和教育培训，促进供应商改进质量并保证质量。第三，参与供应商的产品设计和产品质量的控制过程，把事后把关变为实时监控。第四，要协调供应商的计划。另外，也要知道外部资源管理并不是采购方单方面的努力就能取得成效的，还要供应商提供协作才能达到最有效的目的。

3. 供应链环境下采购管理的实施

通过以上介绍可知，供应链环境下的采购管理重点是要做好供应商管理的工作，处理和发展与供应商的关系。它的具体实施分为以下几个方面：

（1）企业采购的物料分类管理。企业采购的物料种类很多，不可能与每一种物料的供应商建立长期的合作关系，所以要把物料按对企业的重要程度、获得难易程度等因素进行分类，并用不同的管理模式与这些物料的供应商发展关系。

（2）选择合适的供应商。因为要和供应商建立长期的战略合作伙伴关系，所以企业必须要减少供应商的数量，也正是因为如此，供应商的质量就显得尤其重要。企业要建立对供应商的评价小组，调查并掌握供应商的信息，以此来评价供应商。

（3）培养和加强长期合作伙伴关系。双方要了解彼此的企业结构和文化，加强双方的信息共享，以此来建立彼此的合作关系。

复习思考题

1. 采购的重要性。

2. 简述采购的目标和内容。

3. 简述采购业务管理流程。

4. 采购模式的分类。

5. JIT 采购的概念及其与传统采购的区别。

6. 供应商选择的因素及其方法。

第 七 章

生产物流管理

学习目标：

通过本章学习，了解生产物流的含义及其特征，掌握生产物流的时间和空间组织形式以及不同生产模式下生产物流的管理重点等内容。

生产物流是和生产同步进行的，生产物流的特点和运作方式受到生产类型、生产规模、生产的专业化水平与协作水平、内部管理等因素的制约。搞好生产物流，对于缩短生产周期，保证完成产品并如期发送交货，节约物资消耗，加速资金周转，降低生产成本，提高经济效益等有着极其重要的意义。可见，生产物流在物流供应链中也扮演着重要角色。

第一节　生产物流概述

一、生产物流的含义

生产物流（Production Logistics）就是生产过程中原材料、在制品、半成品、产成品等在企业内部的实体流动。具体而言，生产物流一般是指原材料、燃料、外购件投入生产后，经过下料、发料，运送到各加工点和存储点，以在制品的形态，从一个生产单位（仓库）流入另一个生产单位，按照规定的工艺过程进行加工、储存，借助一定的运输装置，在某个点内流转，又从某个点内流出，始终体现着物料实物形态的流转过程，这样就构成了企业内部物流活动的全部过程。

此定义可以从三个方面进行分析：

1. 从生产的工艺流程方面

由于生产工艺是企业运作的源头，这就要求物流系统支持其发展。所以，生产物流是物品在生产工艺中的物流活动（即物料持续地从一个工序进入另一个工序），各个工序之间存在着先后关系，不断发生着上下搬动、向前移动、暂时停滞等活动。这种物流活动是伴随着整个工艺流程产生的，成为了生产工艺流程的一部分。

2. 从物流的范围方面

在企业中，整个生产系统的物流过程起始于原材料、外购件的投入，终止于成品仓库，它贯穿生产全过程。物料投入生产后，物品就按生产工艺开始流转，并随着时间的变化改变自己的实物形态（如加工、装配、储存、搬运）和场所位置。

3. 从物流属性方面

企业生产物流是生产所需物料在空间和时间上的运动，是生产系统的动态表现，也就是说，物料（如原材料、零配件、半成品）经历了生产系统各个生产阶段或工序的全部运动过程就是生产物流。

生产物流中的物流过程要有物流信息服务，即物流信息要支持物流的各项业务活动。通过信息传递，把运输、储存、加工、装配、装卸、搬运等业务活动联系起来，协调一致，以提高物流整体作业效率。图 7-1 是生产物流中物流和信息流的示意图。

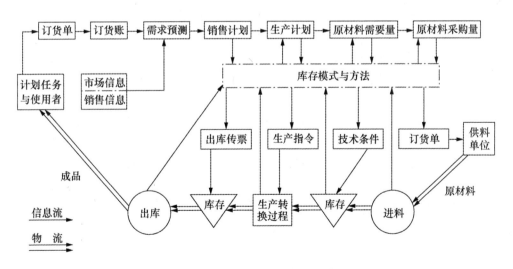

图 7-1　生产物流中的物流和信息流的示意图

二、生产物流的基本特征

组织生产物流的目的就是使物流运输路线最短，物料周转速度最快，供应及时，搬运省力，使企业生产有效进行，物流成本降到最低。为此，合理组织的生产物流所具备的基本特征有以下几个方面。

1. 物流过程的连续性

物流过程的连续性就是物料在生产过程的各个阶段、各道工序的流转要紧密衔接，连续不断地始终处于运动状态，能够顺畅、最快、最省时地通过各个工序，直至成品入库。其间不会因物流阻塞现象而影响到整个生产的进行，空间上的连续性要求生产过程各个环节在空间布置上合理紧凑。

增加生产物流过程的连续性，可以缩短产品的生产周期，降低在制品库存，加快资金周转，提高资金利用率。为保证生产物流过程的连续性，首先要合理布置企业的各个生产单位，使物料流程合理。其次要组织好生产的各个环节，包括投料、运输、检验、工具准备、机械维修等，使物流不发生停歇。

2. 物流过程的平行性

一个企业一般生产多种产品，每种产品又由许多零件、部件构成，在组织生产时，这些零部件分布在不同的车间、不同的工序上进行生产，物料在生产的各个环节上应是平行交叉流动的。平行指相同的在制品同时在数道相同的工作地（机床）上加工流动；交叉指一批在制品在上道工序还未全部加工完时，将已完成的部分在制品转到下道工序。不然的话，若一个生产环节出现问题，整个物流运动都会受到影响。平行交叉流动可以大大缩短产品的生产周期。

3. 物流过程的单向性

物料在生产过程中的流转要向一个方向流动，要避免迂回流动往返运输。单一方向的物流运输路线短，可减少运输工作量，节省运输费用。

4. 物流过程的比例性

构成产品的零部件在生产中对各种物料的需求量是不一样的，因而各种物料在数量上要有一定比例，这就形成了物流过程的比例性。比例关系表现在各生产环节的工人数、设备数、生产面积、生产速度和开动班次等因素之间相互协调和适应，所以，比例是相对的、动态的。如果破坏了物流过程的比例性，就会产生物流过程中的薄弱环节，也称"瓶颈"，或者造成物流过程中某些环节的能力不能充分负荷。

物流过程的比例性并不是固定不变的。由于技术的改进，产品品种、产量、原材料构成的变化，厂际协作条件的变化以及工人熟练程度的提高等原因，都会导致某些环节的生产能力发生变化，从而改变原有的比例关系。因此，通过有效的生产物流的运作可以及时发现各种因素对生产能力变化的影响，把不平衡的生产能力重新加以调整，建立生产能力新的平衡，使物流过程的比例性得以保持。

5. 物流过程的均衡性

均衡性是指产品在生产过程的各个阶段，能够按照计划有节奏地运行，在相同的时间间隔内生产大致相同的产量，不发生忽高忽低、前紧后松、突击加班的现象，保证均衡完成生产任务。保持物流过程的均衡性，主要靠加强组织管理。它涉及原材料供应、设备管理、生产作业计划与控制，乃至对职工的考核方法等。

6. 物流过程的柔韧性

物流过程的柔韧性要求生产过程应具有灵活多变的能力，使企业内部的生产能力同外部环境的变化有机结合起来，并根据市场需求的变化，具备从一种产品迅速转移为另一种产品的生产能力，以满足生产过程品种变化的需要。在当今市场需求多变的情况下，生产线的柔韧性尤为重要。

三、生产物流的类型

企业的生产类型是生产的产品产量、品种和专业化程度在企业技术、组织和经济上的综合反映和表现。它在很大程度上决定了企业和车间的生产结构、工艺流程和工艺装备的特点，生产过程的组织形式及生产管理方法，同时也决定了与之匹配的生产物流类型。可见，生产物流类型与决定生产类型的产品产量、产品品种和专业化程度有着内在的联系，并对生产组织产生不同的影响和要求。正因为如此，把划分生产物流类型与划分生产类型看成一个问题的两种说法。

1. 从物料流动性的角度分类

根据物料在生产工艺过程中流动的特点，生产物流可划分为项目型、连续型、离散型三种类型。

（1）项目型生产物流。项目型生产物流是固定式生产中的物流凝固，即当生产系统需要的物料进入生产场地后，几乎处于停止的"凝固"状态，或者说在生产过程中物料流动性不强。

项目型生产物流分两种状态：一种是物料进入生产场地后就被"凝固"在场地中，和生产场地一起形成最终产品，如住宅、厂房、公路、铁路、机场、大坝等；另一种是在物料流入生产场地后，"滞留"时间很长，形成最终产品后再流出，如大型的水电设备、冶金设备、轮船、飞机等。

项目型生产物流管理的重点是按照项目的生命周期对每阶段所需的物料在质量、费用以及时间进度等方面进行严格的计划和控制。

（2）连续型生产物流。连续型生产物流是在流程式生产中物料均匀、连续地流动，不能中断。连续型生产物流的特点是生产出的产品和使用的设备、工艺流程都是固定且标准化的，工序之间几乎没有在制品储存。

连续型生产物流管理的重点是保证连续供应物料和确保每一生产环节的正常运行。由于工艺相对稳定，有条件采用自动化装置实现对生产过程的实时监控。

（3）离散型生产物流。离散型生产物流是在加工装配式生产中，产品生产的投入要素由许多可分离的零部件构成，各个零部件的加工过程彼此独立。离散型生产物流的特点是制成的零件通过部件装配和总装配，最后制成产成品，整个产品的生产工艺是离散的，各个生产环节之间要求有一定的在制品储备。

离散型生产物流管理的重点是保证及时供料，在保证零部件的加工质量的基础上，准确控制零部件的生产进度，缩短生产周期，既要减少在制品积压，又要保证生产的成套性。

2. 从物料流经的区域和功能角度分类

根据物料流经的区域和功能，可以把生产物流细分为两部分：工厂间物流和工序间物流。

（1）工厂间物流。工厂间物流是指在大型企业各专业厂间的运输物流或独立工厂与材料、配件供应厂之间的物流，其内容包括各工厂内原材料、零部件储存活动；加工过程中的通用部件集中储存活动；集中向生产工厂输送原材料、燃料的活动；产成品的集中储存和搬运活动。

为了合理规划生产过程中的工厂间物流，管理重点是强化内部供应链管理，合理布局生产单位，加强企业内部各单位之间的协作，运用信息技术建立信息系统，快速共享信息。

（2）工序间物流。工序间物流也称工位间物流、车间物流，指生产过程中车间内部和车间、仓库之间各工序、工位上的物流，其内容包括接受原材料、零部件后的储存活动；加工过程中的在制品储存活动；成品出厂前的储存活动；仓库向生产车间运送材料、零部件的搬运活动；各种物料在车间、工序之间的搬运活动。

为了压缩工序之间物流时间，工序间物流管理的重点是应对仓库进行合理布局，确定合理的库存量，配置相应设备与人员，建立搬运作业流程、储存制度，优化物料搬运路线，提高信息在工序间的流动速度和准确性，实现"适时、适量、高效、低耗"的生产目标。

四、生产物流的影响因素

不同企业的生产物流系统的构成是不同的，其影响因素主要取决于以下几方面。

1. 生产类型

生产类型是影响生产物流的主要因素。不同的生产类型，生产的产品品种、数量、质量等级、性能精度，产品结构的复杂程度和工艺加工的技术要求都不尽相同，因而对原材料及配件的种类、质量、数量的要求及其在企业内的流动过程也各不相同，这影响到生产物流的构成。

2. 生产规模

生产规模是指单位时间内的产品产量，通常以年产量来表示。生产规模越大，则生产过程的结构越复杂，物料需求量越大；生产规模越小，一般其生产过程的结构也较简单，生产过程的构成就没有必要划分得很细，物料需求量也小。

3. 企业的专业化协作水平

企业的专业化协作水平低，企业内自身生产的产品的零部件种类就多，所需的原材料的品种也随之增加，物料流程更复杂且会延长；若企业的专业化协作水平高，生产中需要的一些半成品可以由厂外工厂供给，则企业的物流流程就会缩短。

4. 技术管理水平

企业的技术水平先进，组织管理能力强，就可采用先进的生产设备和工艺，保证各生产阶段、各工序的活动有序开展，提高产品质量，降低物资消耗，其生产物流系统就易于实现。

第二节　生产物流的组织形式

从物料的投入到制成品的出产，生产物流过程通常包括工艺过程、检验过程、运输过程、等待停歇过程、自然过程。为了提高整个生产过程的运作效率，一般从空间、时间两个角度组织生产物流。

一、生产物流的空间组织

生产物流的空间组织是相对于企业的生产区域而言的，目标是如何缩短物料在工艺流程中的移动距离。一般有三种专业化组织形式，即工艺专业化、对象专业化和成组工艺。

1. 按工艺专业化形式组织生产物流

工艺专业化又称为工艺原则或功能性生产物流体系，它是把同类型的机器设备和同工种的工人集中在一起，建立一个生产单位（车间、工段），对企业生产的各种产品进行相同工艺的加工。图7-2为工艺专业化工段示意图。

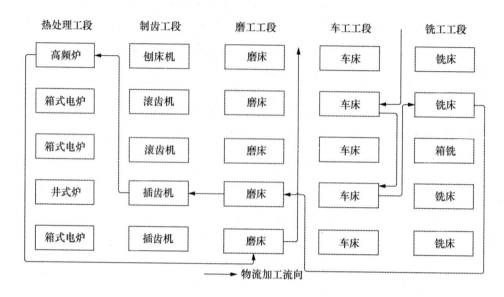

图7-2　工艺专业化工段示意图

按工艺原则组织的生产物流的优点主要有：利于充分利用生产面积及生产设备的能力，个别设备出了故障对于整个生产的影响较少；设备的投资费用较少，大都采用通用设备；便于对工艺进行专业化的技术管理和开展同工种工人之间的学习与竞赛；灵活性好，适应性强，增强了企业适应市场变化的能力。

按工艺原则组织的生产物流的主要缺点有：物料在制造过程中的运输路线长，交叉迂回运输多，消耗于运送原材料和物料的劳动量大；增加了物料的数量和物料在制造过程中的停放时间，延长了生产周期，占用流动资金多；增加了各生产单位之间的协作关系，难以掌握零部件的成套性，带来了各项管理工作相应的复杂化。

按工艺原则组织的生产物流，适用于品种复杂多变，工艺不稳定的单件小批生产类型。

2. 按对象专业化形式组织生产物流

对象专业化，又称产品专业化、对象原则。它是把不同类型的机器设备和不同工种的工人集中一起，建立一个生产单位（车间或工段），对相同的制品进行不同工艺的加工。这种组织形式的加工对象是一定的，机器设备、工艺方法是多种多样的，工艺过程是封闭的，能独立地出产产品。图7-3为对象专业化工段示意图。

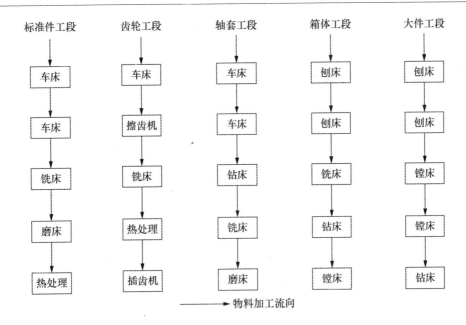

图7-3 对象专业化工段示意图

按对象原则组织的生产物流,其优点主要有:可以缩短物料的加工路线,节约运输等辅助劳动量和辅助生产面积;便于采用流水生产等先进的生产组织形式,减少物料在生产过程中的等待时间,缩短生产周期,降低流动资金占用量;可以减少车间之间的协作关系,简化管理工作,加强责任制度;可以使用技术等级较低的工人。

按对象原则组织的生产物流,其缺点主要有:设备专用性强,需要量多,投资大;由于同类设备分散使用,个别设备的负荷可能不足,所以设备的生产能力不能得到充分利用,甚至有可能因一台设备出了故障,导致生产线的全部停工;工艺复杂,难以对工艺进行专业化的技术管理;对产品品种变化的适应能力差,一旦品种改变,很难做出相应的调整。

按对象原则组织的生产物流适用于企业专业方向已经确定,产品的品种比较稳定的大量大批生产类型。

3. 按成组工艺形式组织生产物流

按成组工艺形式亦称综合原则布局,它是综合了工艺原则和对象原则的优点所构成的介于它们之间的一种方式。按成组技术原理,把具有相似性的零件分成一个成组生产单元,并根据其加工路线组织设备。

所谓成组生产单元,就是在一个生产单元内,配备某些不同类型的加工设备,完成一组或几组零件的全部加工任务,且加工顺序在组内可以灵活安排。显然，成组加工单元符合对象原则。为了克服单件小批生产中按工艺原则配置加工设备的缺点，可以采用成组技术的方法，按照零部件加工表面和加工工艺上的相似性，对零部件进行分类编组，在此基础上，建立成组生产单元。

按成组工艺形式组织的生产物流，其优点是可以大大地简化零件的加工流程，减少物流迂回路线，在满足品种变化的基础上形成一定的批量生产，具有柔性和适应性。

上面三种组织生产物流形式各有特色，而如何选择则主要取决于生产系统中产品品种的多少和产量的大小。一般的规律如图7-4所示。

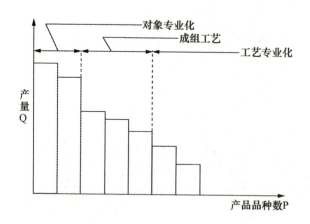

图7-4 P-Q分析图

二、生产物流的时间组织

生产物流的时间组织是指一批物料在生产过程中各生产单位、各道工序之间在时间上的衔接和结合方式。要合理组织生产物流，不但要缩短物料流程的距离，而且还要加快物料流程的速度，减少物料的闲置等待，实现物流的节奏性、连续性。为此，既要研究产品生产周期的含义与构成，也要研究物料在加工中的移动方式。

1. 生产周期的含义与构成

产品（零件）生产周期，是指从原材料投入生产开始，经过各道工序加工直至成品出产为止，所经过的全部日历时间。在实际生产过程中，有些工业产品的生产周期比较长，其中大部分的时间属于等待、闲置等无效时间，其时间构成如图7-5所示。

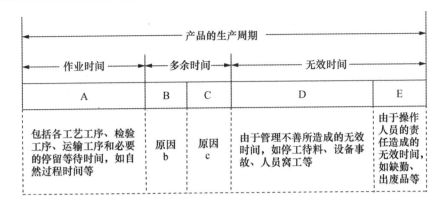

图 7-5 产品生产周期时间示意图

注：b 为由于产品设计、技术规模、质量标准等不当所增加的多余作业时间；c 为由于采用低效率的制造工艺、操作方法所增加的多余作业时间。

从生产周期的构成可以研究缩短生产周期的途径，主要从技术上和管理上采取措施。而物流过程的时间组织，主要是从管理上研究一批物料在加工过程中，采用何种移动方式，使工艺工序时间对经济效益最为有利。

2. 物料的移动方式

一批物料在工序间通常有三种典型的移动方式，即顺序移动、平行移动、平行顺序移动。

（1）顺序移动方式。顺序移动方式是指一批物料在上道工序全部加工完毕后，整批地转移到下道工序继续加工（如图 7-6 所示）。

由图 7-6 可知，这批物料数为三件，该批物料经过五道工序完成，每道工序单件时间分别为 10 分钟、5 分钟、20 分钟、15 分钟、5 分钟。如果第一道工序是 7：00 开始加工，则这批物料在第一道工序结束时间为 7：30。假设第一道工序结束时间就是第二道工序的开始时间（不考虑运输时间），那么第二道工序要在 7：30 才开始加工，到 7：45 结束。以下各道工序依次类推，这批物料的工艺周期为 165 分钟。由此，我们可以得出采用顺序移动方式，一批物料加工周期的公式为：

$$T_{顺} = n(t_1 + t_2 + t_3 + \cdots + t_m) = n\sum_{i=1}^{m} t_i$$

式中：$T_{顺}$——一批物料顺序移动下的加工周期

n——该批物料的数量

m——物料加工的工序总数

t_i——第 i 道工序的单件物料加工时间（$i = 1, 2, \cdots, m$）

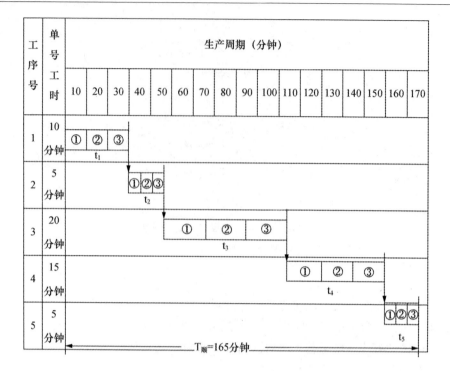

图 7 - 6 顺序移动方式

利用上式计算图 7 - 6 所示的加工周期为：

$$T_{顺} = n \sum_{i=1}^{m} t_i = n(t_1 + t_2 + t_3 + \cdots + t_m)$$

$$= 3 \times (10 + 5 + 20 + 15 + 5) = 3 \times 55 = 165(分)$$

顺序移动方式的主要优点是管理工作简单，成批顺序，便于组织生产；物料集中加工、运送，减少了设备调整时间和运输工作量，设备连续加工不停顿，提高了工效。

顺序移动方式的主要缺点是大多数物料有等待加工和等待运输时间，生产周期长，资金周转慢，经济效益差。

（2）平行移动方式。平行移动方式是指在一批物料中，每一个零件在某道工序加工完之后，立即转入下道工序进行加工。物料在工序之间逐渐地运输，如图 7 - 7 所示。由图 7 - 7 可以看出，一批物料在平行移动方式下的加工周期可用下列公式计算：

$$T_{平行} = A + B + C = (t_1 + t_2 + t_3) + 2t_3 + t_4 + t_5$$

$$= (t_1 + t_2 + t_3 + t_4 + t_5) + 2t_3$$

$$= \sum_{i=1}^{5} t_i + (n-1)t_3$$

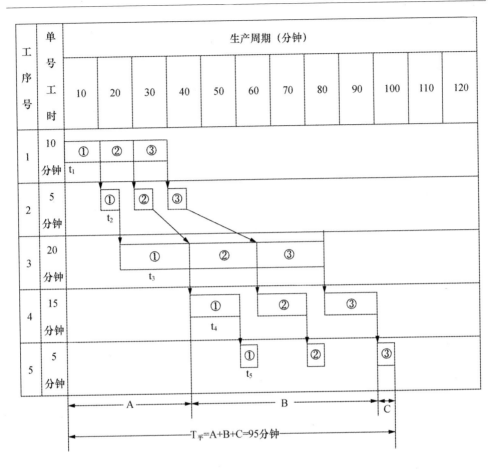

图7-7 平行移动方式

式中：t_3 是该批物料工艺加工工序中，单件工序加工时间最长的那道工序的单件加工时间，如果用 $t_长$ 来表示，则一批物料在平行移动方式下的加工周期可以写成一般计算公式如下：

$$T_{平行} = \sum_{i=1}^{m} t_i = (n-1)t_长$$

用上述公式计算图7-7的一批物料在平行移动方式下的加工周期为：

$$T_{平行} = \sum_{i=1}^{m} t_i + (n-1)t_长 = (t_1 + t_2 + t_3 + t_4 + t_5) + (3-1) \times t_3$$

$$= (10 + 5 + 20 + 15 + 5) + 2 \times 20$$

$$= 95(分)$$

平行移动方式的优点是不会出现物料成批等待现象，因此整批物料生产周期最短。

平行移动方式的缺点是运输频繁、工作量大，会加大运输成本；工人和设备的工作时间不能充分利用，存在物料等机床和机床等物料的情况，即当上道工序的单件加工时间小于下道工序的单件加工时间时，会出现物料等待加工的情况；当上道工序的单件加工时间大于下道工序的单件加工时间时，就会产生机床等待物料的情况。由于这些等待时间是分散的，造成工人和设备工作时间不能充分利用。所以在实际工作中，除流水线生产或任务十分紧急以外，很少采用平行移动方式。

（3）平行顺序移动方式。平行顺序移动方式是平行移动和顺序移动方式的结合。就是一批物料在某道工序上尚未全部加工完毕，就将已加工好的一部分物料转到下道工序加工，并使下道工序能持续地全部加工完该批物料。物料各工序之间有的是按件运输，有的是集中起来按小批运输，如图7-8所示。

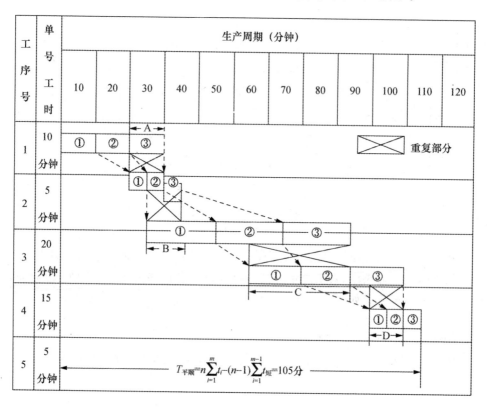

图7-8 平行顺序移动方式

由图7-8可以看出，平行顺序移动方式下的一批物料加工时间，可用顺序移动下的加工周期减去相邻两工序重合部分的时间之和而得到。即：

$$T_{平顺} = n \sum_{i=1}^{m} t_i - (A + B + C + D)$$

$$= n \sum_{i=1}^{m} t_i - \left[(n-1)t_2 + (n-1)t_2 + (n-1)t_4 + (n-1)t_5 \right]$$

从上式可以看出一个规律，所有相邻两工序加工时间的重合部分都是该批物料数减 1 乘以相邻两工序的单件加工时间中较短的一个，这个时间若用 $t_{短}$ 表示，则平行顺序移动方式下一批物料的加工周期可用下列公式来表示：

$$T_{平顺} = n \sum_{i=1}^{m} t_i - (n-1) \sum_{i=1}^{m-1} t_{短}$$

用上述公式计算一批物料在平行顺序移动方式下的加工周期，当 n 较大时就很复杂，为此可用下列方式：

由前述：

$$T_{平顺} = n \sum_{i=1}^{m} t_i - (A + B + C + D)$$

$$= n \sum_{i=1}^{m} t_i - \left[(n-1)t_2 + (n-1)t_2 + (n-1)t_4 + (n-1)t_5 \right]$$

$$= n (t_1 + t_2 + t_3 + t_4 + t_5) - \left[2 (n-1) t_2 + nt_4 - t_4 + nt_5 - t_5 \right]$$

$$= nt_1 + nt_2 + nt_3 + nt_4 + nt_5 - 2nt_2 + 2t_2 - nt_4 + t_4 - nt_5 + t_5$$

对上述进行数学处理，即 $+t_1 - t_1 + t_3 - t_3$ 后，得到下式：

$$T_{平顺} = (t_1 + t_2 + t_3 + t_4 + t_5) + (n-1) (t_1 - t_2 + t_3)$$

$$= t_{单} + (n-1) \left[(t_1 + t_3) - t_2 \right]$$

将工序号及单件工序时间画在直角坐标系中得图 7-9。

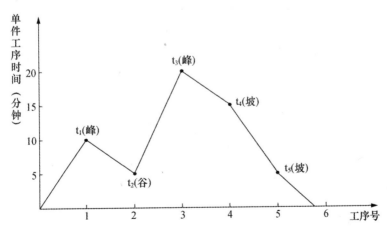

图 7-9 工序时间峰谷图

联系图 7-9 观察前公式，可知 t_1、t_3 为单件工序时间曲线中的"峰"，t_2 是单件工序时间曲线中的"谷"，t_4、t_5 为单件工序时间曲线中的坡。此图称为"峰谷图"。

在峰谷图中，峰的时间是指该工序单件时间比紧前紧后两工序单件时间都大；谷的时间是指该工序单件时间比紧前紧后两工序单件时间都小；坡的时间是指该工序单件时间比紧前工序单件时间大，比紧后工序单件时间小，或者比紧前工序单件时间小，比紧后工序单件时间大。这个坡的时间在最后计算公式中没有出现。所以利用峰谷图计算平行顺序移动方式下的加工周期可用下列公式表示为：

$$T_{平顺} = t_单 + (n-1)(\sum t_峰 - \sum t_谷)$$

式中：$t_单$——单个零件各道工序之和

　　　$t_峰$——峰谷图中处于"峰"位置的单件工序时间

　　　$t_谷$——峰谷图中处于"谷"位置的单件工序时间

按本例数据代入得：

$$\begin{aligned}
T_{平顺} &= t_单 + (n-1)(\sum t_峰 - \sum t_谷) \\
&= (t_1 + t_2 + t_3 + t_4 + t_5) + (n-1)[(t_1 + t_3) - t_2] \\
&= 55 + 2 \times (10 + 20 - 5) \\
&= 105(分)
\end{aligned}$$

注意：在峰谷图中，相邻的工序如单件工序时间相等，只考虑到 $t_单$ 内，在后项只看作一道工序；在第一道工序之前和最后一道工序之后可视工序时间为 0 对待。若相连的工序二个以上时间相等构成的"峰"（或"谷"），则在计算 $\sum t_峰$（或 $\sum t_谷$）时取一个即可。

利用峰谷图计算 $T_{平顺}$ 直观方便，而且根据曲线状况，可了解各道工序的时间构成，为组织"可变流水线"和"混流生产线"选择相似的同类型物料提供了依据。

该种方式吸取了前两种移动方式的优点，消除了间歇停顿现象，能使工作充分负荷。工序加工周期较短，但安排进度时比较复杂。

上述三种移动方式各有利弊。在安排物料进度计划时，需要考虑物料的大小、物料加工时间的长短、批量的大小以及生产物流的空间组织形式。一般来讲，批量小、物料小或重量轻而加工时间短的物料，适宜采用顺序移动方式；对生产中的缺件、急件，可以采用平行或平行顺序移动方式。

对于不同类型的企业，生产物流的时间组织形式是灵活多变的。

针对固定式生产企业，由于加工对象（物料）固定，因而生产物流的加工工序在时间上的组织方式主要表现在工人的顺序移动上。

针对流程式生产企业，通常都是把整批的物料投入加工后，整批地按加工顺序进行工序间的移动，同一批物料不可能同时在多道工序上加工。因而生产物流是按顺序移动方式组织进行的。

针对加工装配型企业，一批要加工的物料（零件或部件）在各工序之间的加工的过程难免会有成批等待现象。所以，生产物流的时间组织目标是在保证设备充分负荷前提下加速物料在各工序之间的流通速度。通常采用平行顺序移动方式。

第三节　企业生产类型的物流特征

企业的生产类型是生产的产品产量、品种和专业化程度在企业技术、组织和经济上的综合反映和表现，它在很大程度上决定了企业或车间的生产结构、工艺流程和工艺装备的特点，生产过程的组织形式及生产管理方法，同时也决定了与之匹配的生产物流类型。因此，物流类型与决定生产类型的产品产量、产品品种和专业化程度有着内在的联系，并对生产组织产生不同的影响和要求。

通常情况下，企业生产的产品产量越大，产品的品种则越少，生产专业化程度也越高，而物流过程的稳定性和重复性也就越大；反之，企业生产的产品产量越小，产品的品种则越多，生产的专业化程度越低，而物流过程的稳定性和重复性亦越小。根据物流连续性特征从低到高，产品需求特征从品种多、产量少到品种少、产量多，通常可以把生产过程划分成五种类型，见产品—工艺矩阵图（Product – Process Matrix，PPM，如图 7 – 10 所示）。如果以横坐标表示产品的需求特性，纵坐标表示生产系统物流的连续特性，依照交叉关系，按照一定的顺序可以得到五种经典的生产类型：项目型生产、单件小批量型生产、多品种小批量型生产、单一品种大批量型生产和多品种大批量型生产。总体来说沿对角线来选择和配置生产物流过程比较符合技术经济效益。

现代企业要在保持高效率的同时，提高产品品种多样化生产的能力，以适应市场不断变化的需求。这是现代企业所面临的一个主要问题。

这五种基本的生产方式自然地形成了一条直线式排列。它是生产系统内在规律的反映，并不是人为产生的。在这条斜向对角线上，按照向右下方的方向，生产效率逐渐提高，而生产系统的应变性却不断下降。而按照向左上方的方向，生产系统的应变性不断增强，而效率却在不断下降。这形象地反映了生产系统的一个特性：由于生产系统内部结构的差异，导致了外在功能上的差异。

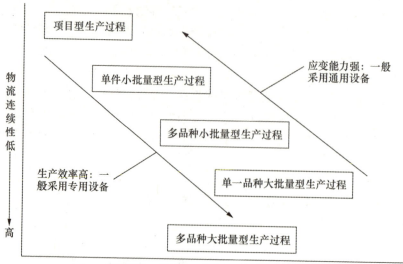

图7-10 产品—工艺矩阵图

此外，我们还可以得到另外一个重要结论：在传统的生产系统五种典型形式中，高效性与对市场变化的应变性（产品多品种化）之间是相悖的，即我们不可能同时得到高效率和对市场变化的应变性。这个结论称为生产系统的功能相悖性。它迫使我们必须寻找新的出路，力图突破原有的这种悖论关系。如果我们能够将自己的生产系统建立在这条对角线之外的某个区域，就有可能使高效性和应变性同步提高。例如，通过提高生产系统的反应速度、柔韧化程度，把生产系统建立在上图的左下方某个位置。这样就在一定程度上突破了这一悖论关系。向这个方向突破主要有技术上的障碍。目前借助于电子计算机技术的高速发展已经可以得到较好的解决。国外近年来发展起来的柔性制造系统（FMS）、制造企业资源计划（MRPⅡ）、计算机集成制造系统（CIMS）等就是在这一方面成功的尝试。而向右上方突破则主要有经济合理性的问题。

一、项目型生产过程及其生产物流特征

1. 项目型生产过程的含义

项目型生产过程是指具有项目特征的生产物流系统。项目特征主要是指有具体的开始和结束时间，有严格定义的最终目标，有成本和时间计划，能够产生具体结果，只发生一次。项目型生产过程可以细分为两种类型：

一种是只有物料流入，几乎无物料流出的"纯项目型"生产物流系统，其典型的生产活动如建筑工程与安装工程，典型产品如住宅、厂房、公路、铁路、

机场、大坝等。

另一种是在物料流入生产场地后，"滞留"相当长一段时间，待其形成最终产品后再流出的"准项目型"生产物流系统，其典型的生产活动如大型专用设备、大型高价值产品的设计与制造，典型产品如大型的水电设备、冶金设备、轮船、飞机等。

2. 项目型生产过程的特点

尽管可以分两种系统，但其共同的生产特点是：

（1）物料"凝固"。当生产系统需要的物料进入生产场地后就"凝固"在场地中，与生产场地一起形成最终产品，整个生产过程中物料流动性不强。

（2）物料投入大。物料投入大即种类多、吨位大；产品造价高（生产过程的库存控制、质量控制、成本控制较难，生产效率低，产品成本高）；需订货生产（企业的生产由客户需求拉动）。

（3）产品生产周期长。从设计、施工准备到物料采购、储运、施工或生产，直至交付客户使用，一般要经过数月或数年，而不是像大批量、流程型生产类型那样，通过计算生产节拍、节奏来按流水线方式组织生产。

（4）一次性生产。对于任何一件产品来说，由于造价高并且用户要求具体，一般是在接到客户订货后，组织一次性生产。

（5）生产的适应性强。能够较好地适应客户的个性化需求，应用通用设备和工艺生产。

3. 项目型生产的物流特征

（1）物料采购。物料采购量大，供应商多变，外部物流较难控制。

（2）生产过程。生产过程原材料、在制品占用大，几乎无产成品占用。

（3）物流。物流在加工场地的方向不确定，加工路线变化极大，工序之间的物流联系不规律。

（4）物料需求。物料需求与具体产品存在一一对应的关系。

二、单件小批量生产及其物流特征

单件小批量生产是指需要生产的产品品种多，但每一品种生产的数量较少，生产重复度低的生产物流系统。

单件小批量生产的特点主要是生产过程中，工人以师傅带徒弟的方式进行培养，个人具有高超技术；生产的组织分散；产品设计和零件制造分散；设备使用通用机器。

单件小批量生产的物流特征主要有以下几点：

1. 物料与产品关系

由于生产重复程度低，从而使物料需求与具体产品制造存在一一对应的关系。

2. 物料的消耗不确定

由于单件生产，产品设计和工艺设计存在低重复性，从而物料的消耗定额不容易或不适宜准确制定。

3. 外部物流难控制

由于生产品种的多样性，使得物料采购供应过程中的供应商多变，外部物流较难控制。

三、多品种小批量生产及其物流特征

多品种小批量生产也称成批轮番生产，是指生产的产品品种多，且每一品种有一定的生产数量，生产的重复度中等的生产物流系统。

多品种小批量生产的特点主要是品种数量多但每种产品产量有限；产品设计系列化，零部件制造标准化、通用化；工艺过程采用成组技术；运用柔性制造系统，使生产系统能适应不同的产品或零件的加工要求，并能减少加工不同零部件的换模时间。

企业必须按用户需求以销定产，使企业物流配送管理工作复杂化，协调采购、生产、销售物流并最大限度地降低物流费用是该生产物流系统最大的目标。其生产物流特征表现为以下几点：

1. 采用混流生产

物料生产的重复度介于单件生产和大量生产之间，一般制定的生产频率是采用混流生产。

2. 生产过程的物流系统较复杂

以物料需求计划实现物料的外部独立需求与内部从属需求之间的平衡，以准时生产制实现客户个性化特征对生产过程中物料、零部件、成品的拉动需求。

3. 产品成本低

由于产品设计和工艺设计采用并行工程处理，物料的消耗定额容易准确制定，从而产品成本容易降低。

4. 外部物流协调难度大

由于生产品种的多样性，对供应过程中物料的供应商有较强的选择要求，从而外部物流的协调难度加大。

四、单一品种大批量生产及其物流特征

单一品种大批量生产又称大量流水生产，是指生产的产品品种数量单一，产量大，生产的重复度非常高且大批量配送的生产物流系统。

单一品种大批量生产的特点主要是品种数量单一但产量相当大；产品设计和零件制造标准化、通用化、集中化；很强的零件互换性和装配的简单化使生产效率极大地提高，生产成本低，产品质量稳定。

单一品种大批量生产的物流特征主要表现在以下几个方面：

1. 物料需求可控

由于物料被加工的重复度高，从而物料需求的外部独立性和内部相关性易于计划和控制。

2. 物料的消耗容易制定

由于产品设计和工艺设计标准化程度较高和相对稳定，从而物料的消耗定额容易并适宜准确制定。

3. 外部物流较易控制

由于生产品种的单一性，使得供应过程中物料采购的供应商固定，外部物流相对而言较容易控制。

4. 物流技术先进

为达到物流自动化和效率化，强调在采购、生产、销售物流各功能的系统化方面，引入运输、保管、配送、装卸、包装等物流作业中各种先进技术，并进行有效组合。

五、多品种大批量生产及其物流特征

1. 多品种大批量生产的含义

多品种大批量生产也叫大批量定制生产（Mass Customization，MC），是一种以大批量生产的成本和速度，向客户提供个性化的产品和服务的一种新型生产模式。这一概念可以从客户和企业两个角度理解：对客户而言，所得到的产品是定制的、个性化的；对生产厂家而言，该产品是采用大批量生产方式制造的成熟产品。

大批量定制生产是在市场环境（市场需求多样化、交货期缩短、竞争压力增大等）发生重大变化，传统的大批量生产模式已经无法满足现代市场需求的条件下出现的。与大规模生产相反，大规模定制是一种用户先选择后生产的方式，通过信息技术和现代制造技术，它可以面向大量顾客以低成本的方式提供产品，最大化顾客价值，是企业获得竞争优势的新的战略选择。

国外已有许多关于企业成功实施大批量定制生产赢得竞争优势的案例，如眼镜公司专门针对眼镜这种特定产品设计一个软件，让顾客完全可以自己设计和组装适合自己的眼镜，如选择镜架式样以及镜片大小和颜色等，甚至可以让顾客选择不同的脸形看到试戴的效果，直到顾客满意为止；音像公司向客户提供网上定

制唱片光盘服务；计算机行业的戴尔公司，在互联网上直接面向最终用户提供可定制的计算机产品。同时，越来越多的企业正在考虑将大批量定制生产作为新的战略选择（如通用汽车公司）。在我国，一些行业（如汽车）和企业（如海尔集团）开始关注或实施这种新的生产方式。

大规模定制生产方式的竞争优势在于，由于让顾客参与产品设计，因而产品更加符合消费者的个性化需求；保证了产销平衡，避免了因缺货而造成的销售损失；可大大减少物品库存费用；开发中采取模块化方式，可以大大降低生产成本。

2. 多品种大批量生产的特点

鉴于大批量定制生产的核心是在系统思想指导下，通过对企业的产品结构和制造过程重组，充分合理地使用企业内外部资源，以大批量生产的成本快速向客户提供多种定制产品，在不牺牲企业经济效益的前提下，满足客户个性化需求。这种生产模式是将大批量生产和定制生产两种模式的优势有机结合，其特点是：

（1）在生产方面，要增加订单生产中库存生产的比例，可以将客户订单分离点（Customer Order Decoupling Point，CODP）（指企业生产过程中由基于预测的库存生产转向响应客户需求的定制生产的转换点）尽可能向生产过程的下游移动，即采取生产延迟策略，减少为满足客户订单中的特殊需求而在设计、制造及装配等环节中增加的各种费用。

（2）在时间维度优化方面，关键是有效地推迟客户订单分离点。企业不是采用零碎的方法，而是对其设计、制造和传递产品的过程与整个供应链的配置进行重新思考。通过采用这种集成的方法，企业能够以最高的效率运转，以最小的库存满足客户的订单要求。

（3）在空间维度优化方面，关键是有效地扩大相似零件、部件和产品的优化范围，并充分识别、整理和利用这些零件、部件和产品中存在的相似性。

3. 多品种大批量生产的物流特征

按照不同层次的客户需求，可以将大批量定制生产粗略分成三种模式，即面向订单设计（Engineering to Order，ETO）；面向订单制造（Making to Order，MTO）；面向订单装配（Assembly to Order，ATO）。可以看到，三种模式都是以订单为前提，所以生产物流特征表现为：

（1）大规模生产物流主要追求提高物流效率、降低物流成本，是一种推动型物流模式；而大规模定制物流旨在充分识别客户的物流需求，并根据需求特征进行市场细分，寻求差别化的物流战略，从而通过对物流功能的重组和物流操作的重构，提供客户化定制物流服务，是一种需求拉动型物流服务模式。

（2）由于要按照大批量生产模式生产出标准化的基型产品，并在此基础上按客户订单的实际要求对基型产品进行重新配置和变形，所以物料被加工成基型产品的重复度高，而对装配流水线则有更高的柔性要求，从而实现大批量生产和定制生产的有机结合。

（3）物料的采购、设计、加工、装配、销售等流程要满足个性化定制要求，这就必须有坚实的基础——订单信息化、制造过程现代化与物流配送网络化。而实现这个基础需要一些关键技术支持，如电子数据交换、电子自动订货系统（EOS）、现代产品设计技术（CAD、CAM）、产品数据管理技术（PDM）、编码技术、产品与过程的标准化技术、面向大批量定制生产的供应链管理技术、柔性制造系统等。

（4）产品设计的"可定制性"与零部件制造过程中由于"标准化、通用化、集中化"带来的"可操作性"的矛盾，往往与物料的性质与选购、生产技术手段的柔性与敏捷性有很大关联。因此，创建可供客户选择定制的产品与服务非常关键。

（5）库存不再是生产物流的终结点，基于快速响应客户需求为目标的物流配送与合理化库存，将真正体现出基于时间竞争的物流速度效益。

（6）生产品种的多样性和规模化制造，要求物料的供应商、零部件的制造商以及成品的销售商的选择全球化、网络化和信息化。

4. 大规模定制的实施条件

通过对国外实施大规模定制生产的企业进行分析，可归纳出成功实施大规模定制的条件。

（1）生产者必须具有获取消费者定制需求的能力，这是大规模定制实施的前提。获取定制信息的传统方式是买卖双方面对面地交流、电话或文字订货。这种方式效率低，信息非结构化，可以面向窄的顾客群体，因而不适合大规模定制。现在，网络技术的发展提供了一种低成本、快速的信息交换渠道，可以实现不间断的、迅速的、"一对一"的信息交换。电子商务支持公司直接面向顾客的战略使大批量定制成为可能。此外，电子商务还支持公司的全球化战略，从而可以使公司面向大量用户。

（2）企业的产品可实现大规模定制化，即适合大规模定制，这是企业实施大规模定制的基本条件。首先，这要求产品有相当规模的市场容量，否则大规模定制就变成了小规模定制。其次，消费者对产品功能的需求既有个性也有共性，即既非完全个性化也非完全共性化。

（3）企业具有敏捷的产品开发的柔性制造技术，这是大规模定制实施的技术支撑。大规模定制是目前最为复杂的生产方式，其面临的关键问题是产品种类的急剧增加和用户需求的不断变化导致的产品开发延期、成本增加等问题。为此，采用柔性的、模块化可重构的、多代产品共用的制造设备或生产线是实现这一目标的关键制造技术。

（4）供应链适合大规模定制。大规模定制建立在供应链概念基础上，它的成功取决于企业的供应商、分销商和零售商组成的供应链满足大规模定制战略的意愿和准备情况。同时，制造商、零售商和其他价值链中的实体必须是有效连接的信息网络中的一部分。

（5）企业具有与大规模定制生产方式相匹配的组织系统，这是大规模定制的决定条件。与大规模定制匹配的组织系统，首先要求企业树立以低成本和差异性有机结合为特征的大规模定制战略。其次要能充分利用信息技术，具有将各种技术系统集成起来的管理系统。最后要转变观念，构建适合大规模定制的企业文化。

复习思考题

1. 生产物流的基本特征。
2. 生产物流的空间组织形式有哪三种？它们的优缺点如何？
3. 生产物流的时间组织有哪些？
4. 单一品种大批量生产方式的特点及物流特征。
5. 大规模定制生产的概念和物流特征以及实施条件。

计算题

某工厂按照客户的要求，准备加工一种零件，该零件的批量为40件，要顺序经过车孔、铣平面、磨光、热处理四道工序方可完工，各道工序的单件加工时间分别为5分钟、3分钟、6分钟、4分钟，客户希望在6小时内完工交货。该工厂负责人知道三种生产移动方式，不同移动方式的零件生产周期有长有短，而且不同移动方式下设备和员工利用率也有差异。如果不能按期加工完这批零件，就无法按期交货，这势必影响工厂的声誉，也影响客户生产的正常进行，有失去客户的可能性，因而工厂不愿冒此风险。

在上述情况下，如果只考虑按期交货，那么该工厂共有几种生产移动方式可供选择？如果既要考虑按期交货，又要提高加工设备利用率，那么该工厂应采用哪一种生产移动方式？

第 八 章

库存管理

学习目标：

通过本章学习，了解库存的功能和种类，明确各种库存成本，了解库存管理的过程和效果衡量，重点掌握库存控制的各种方法。

库存问题既是一个古老的问题，又是一个很时髦的课题。因为一方面，世界性的资源（如石油、稀有金属等）短缺，从总体上控制库存量，能使有限的物质资源用在最需要的地方，产生最佳经济效益和社会效益，保持世界经济的持续发展；另一方面，由于企业资金的普遍紧缺，从微观上把握好资金的投向和分配也是至关重要的。因此库存管理是物流领域所面临的一个关键问题，对于物流系统整体功能的发挥起着非常重要的作用。

第一节　库存概述

一、库存的定义与功能

库存（Inventory）也称存货，是指处于储存状态的物品。广义的库存还包括处于制造加工状态和运输状态的物品。在制造企业，库存一般包括原材料、在制品、半成品、产成品、备件、低值易耗品等。

制定库存政策，需要理解库存在生产和营销中的作用，在企业生产经营活动中，库存起着如下重要作用：

1. 有利于实现规模经济

如果企业意识到采购、运输或制造中的规模经济问题，就需要考虑设置库存，例如，大批量订购原材料可以利用与订购数量有关单位的价格折让。运输的经济性又与运输批量密切相关，通常整车运输比零担货运的运输费率要低。产成品库存使制造的经济性成为可能。然而，大批量生产可能使一些产品在售出之前存储更长时间。可见，实现采购、运输或制造中的规模经济往往需要增加存货数量。

2. 平衡供应或需求

季节性的供应或需求要求企业必须持有库存，例如，在国外，一家盒装巧克力生产商的销售在圣诞节、情人节、感恩节和母亲节会剧增。如果为应付高峰期建立很大的生产能力势必需要大量投资，而且高峰期过后生产设备会大量闲置，劳动力也会大量剩余。相反，全年中维持相对稳定会使一年中不同时间的库存增加，但是对于企业来说总成本可能会较低。

另外，对某个产品的需求可能在一年之中是较为稳定的，但是原材料可能在一年中的特定时期才能获取，这就要求在获取原材料时，进行产品生产并将其存储起来，例如，水果罐头生产商在水果收获季节会大量收购成熟的水果，在较短的时间内将其生产成水果罐头并储存，以供全年稳定销售之需。

3. 应对不确定性的影响

持有库存可防止不确定性的影响，也就是说，在需求变动或补货周期变动的情况下防止缺货。从供货来源的不确定性看，管理层若预测原材料价格将上涨或供应会短缺，可能会持有更多的库存来防止因原材料短缺而关闭生产线，或因原材料价格上涨增加市场成本。现在企业正在与供应商和承运人紧密合作以提供供应的可靠性，降低因运达不可靠而准备的原材料库存的数量。

在制品的库存可避免关键设备出现故障时生产停顿，而且可以使流动平稳，因为并非所有的工序都以同样的速度进行。现在企业越来越关注生产过程的再平衡问题，使在制品库存最小化甚至消除。

4. 实现区域专业化生产

原材料产地与制造工厂所在地往往远离市场，同时为了集散产品，又需要将多家工厂的产品集中于距离市场较近的仓库。这种地理上的专业化分工需要在不同地点持有库存，也就是说，有必要将库存分布到整个供应链中，实现区域专业化生产。

二、库存类型

库存范围的确认，应以企业对库存是否拥有所有权为依据，而不论物品存放在何处和处于何种状态。企业持有的库存可按用途和目的进行分类。

1. 按库存的用途分类

按库存的用途，企业持有的库存可分为原材料库存、在制品库存、维护/维修/作业用品库存、包装物和低值易耗品库存以及产成品库存。

（1）原材料库存（Rawmaterial Inventory）。原材料库存是指企业通过采购和其他方式取得的用于制造产品并构成产品实体的物品，生产耗用但不构成产品实体的辅助材料、修理用备件、燃料以及外购半成品等的库存。

（2）在制品库存（Work - in - process Inventory）。在制品库存是指已经过一定生产过程，但尚未全部完工，在销售之前还要进一步加工的中间产品和正在加工中的产品。

（3）维护/维修/作业用品库存（Maintenance/Repair/Operating Inventory）。维护/维修/作业用品库存是指用于维护和维修设备而储存的配件、零件、材料等。

（4）包装物和低值易耗品库存。包装物和低值易耗品库存是指企业为了包装本企业产品而储备的各种包装物和由于价值低、易损耗等原因而不能作为固定资产的各种劳动资料的储备。

（5）产成品库存（Finished Goods Inventory）。产成品库存是指已经制造完成并等待装运，可以对外销售的制成产品的库存。

2. 按库存的目的分类

按库存的目的，企业持有的库存可以分为周转库存、安全库存、在途库存、投机库存、季节性库存以及呆滞库存。

（1）周转库存（Cycle Stock）。周转库存是在需求稳定和补货周期（前置期）不变的情况——确定情况下，为满足日常生产或销售需要而建立的库存。周转库存又称为周期库存、经常库存。周转库存的大小与订货量呈正相关，通常按订货量的1/2计算，例如，如果某产品每天的销售保持在20单位，补货周期总是10天，则在周转库存以外就不再需要额外库存，同时这种确定的情况也减少了库存管理的复杂性。图8－1显示了三种可选的再订货策略。

由于需求和前置期是不变的、已知的，因而可以安排订货恰好在最后一单位库存售完时到达，这样，在周转库存之外无需其他库存。在图8－1的三个例子中平均周转库存都等于其订货量的一半，分别为200单位、100单位、300单位。

（2）安全库存（Safety Stock）。安全库存是为了防止不确定性的影响而持有的缓冲库存（Buffer Stock）。因为所有的业务都面临着需求的不稳定（如大量突发性订货）或补货周期的不确定（如交货期突然延期等），这就需要在周转库存之外额外保有一定的安全库存来进行缓冲处理，以应对不确定性。在这种不确定情况下，平均库存应等于订货量的一半加上安全库存。

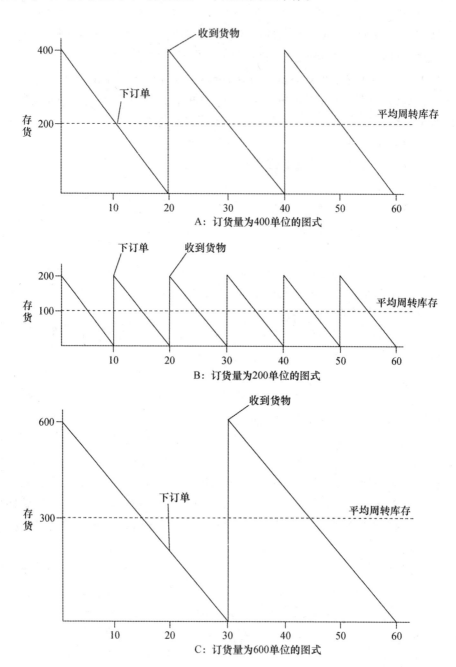

图 8-1　需求和前置期稳定的前提下，再订货量对平均库存的影响

1）需求变动而订货前置期不变的库存水平。在图 8－1 中的第二种策略中，如果需求和前置期不变，则平均周转库存是 100 单位。但是在图 8－2A 中，如果订货前置期不变仍为 10 天，每日实际需求变为 25 单位，而非先前预测的 20 单位，则库存在第 8 天（200/25）就会用完。由于下次订货要到第 10 天才会到（货是第 0 天订的），因而就会有两天没货。若每日实际需求是 25 单位，总共就会有 50 单位的缺货。如果管理层确信需求的最大变动是 ±5 单位，就应保有 50 单位的安全库存，以防因需求变化而缺货。这样，平均库存就是 150 单位（100 单位平均周转库存 ＋50 单位安全库存）。

2）需求不变而订货前置期变化的库存水平。现在考虑需求不变而订货前置期在 ±2 天内波动的情况（如图 8－2B 所示）。如果订货晚到两天（在第 12 天到达），就会发生两天的缺货，缺货数量是 40（2×20）单位。若管理层确信订货从不会迟到两天以上，那么就需保有 40 单位的安全库存，以保证不会因订货前置期变动而缺货。这样，再加上 100 单位的平均周转库存，平均库存就是 140 单位。

3）需求和订货前置期都变化的库存水平。需求和订货前置期都不确定是常见的，也是最糟糕的事情。管理者很难准确预测需求，因供应商问题和运输耽搁而使补货周期变化更为常见。在此例中（如图 8－2C 所示），如果实际需求是每天 25 单位，而不是 20 单位；补货又推迟两天到达。结果就导致了四天的缺货，每天缺货 25 单位。如果管理者想应对需求和前置期的都不确定，就需要保有 100 单位的安全库存。这样平均库存就是 200 单位。

从以上分析可知，安全库存不同于周转库存，它更为复杂，管理起来更具有挑战性。因为保有安全库存要花钱，所以管理者总是主动采取各种措施，努力降低或消除不确定性。利用先进的预测技术可以更好地预测需求，缩小与实际需求的偏差，降低安全库存。利用能长期提供准时送货服务的最可靠（而非最快）的运输商，可有效降低补货的不确定性和保有的安全库存，同时还有利于更精确地制订与执行计划。

此外，管理者已经认识到信息在降低不确定性方面的重要作用（信息是对库存的替代）。由于信息技术的发展，使得供应链上前向和后向的高质量信息传播成为可能。供应链上的信息共享对减少库存有着重要影响，与此同时也提高了服务水平。当然，完全消除不确定性也是不可能的。

（3）在途库存（In－transit Inventory）。在途库存是指处于运输之中以及停放在相邻两个工作地点之间或者相邻两个组织之间的库存。这种库存是一种客观存在，而不是有意设置的。在途库存的大小取决于运输时间以及该时间内的平均需求。

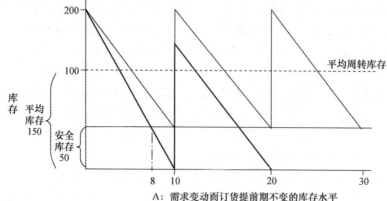

A：需求变动而订货提前期不变的库存水平

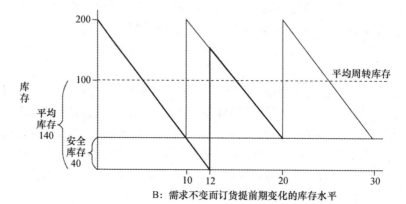

B：需求不变而订货提前期变化的库存水平

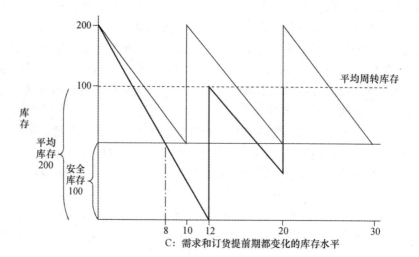

C：需求和订货提前期都变化的库存水平

图 8 - 2　不同情况下的安全库存与库存水平

（4）投机库存（Speculative Stock）。投机库存是在满足正常需求之外而备的库存。例如，由于可能出现罢工、预期价格会大幅上涨或政局动荡引发供应短缺等，企业要备有多于正常需求的库存以"躲避"这些特殊事件。

（5）季节性库存（Seasonal Stock）。季节性库存是投机库存的一种形式，指在某季节开始前进行的库存积聚，例如，生产水果或蔬菜罐头的企业不得不在水果收获季节大量购进"原材料"，由于易腐性因素，通常必须在一个合理的时间内进行加工。因为对加工成型的罐装产品的需求在全年内都是稳定的，因此加工完的成品必须存储直至出售。

对面临季节性需求/销售的企业（如贺卡、盒装巧克力生产商）而言，为满足高峰需求而建立很大的生产能力往往不是明智之举。有效的途径通常是利用小工厂在高峰需求到达之前生产并积聚产品。实际工作中，通过权衡生产成本与库存成本，在生产能力和仓储空间两者之间做出正确的平衡决策。

（6）呆滞库存（Dead Stock）。呆滞库存是那些已有一段时间没有需求的物品。呆滞库存可能在任何地方都是过时的，也可能只在某一存储点是过时的。如果是后者，那么可以将其运到其他存储点，以避免完全作废。

三、库存成本

库存成本，也称存货成本，是物流总成本中的一个重要组成部分，物流成本的高低常常取决于库存成本的大小，而且，企业物流系统中保持的库存对于企业提供给客户的服务水平起着重要作用。库存成本主要包括库存持有成本、订货成本或生产准备成本、缺货成本以及在途库存持有成本。

1. 库存持有成本（Inventory Carrying Cost）

库存持有成本，也称储存成本，是和储存的存货相关的成本，主要包括资金成本、仓储空间成本、库存服务成本和库存风险成本，是库存成本中最大的部分。每一个成本类型都有其独特的性质，其特殊的计量都包括不同的支出和成本。

（1）库存投资资金成本（Capital Cost）。保持库存占用了可以用于其他投资的资金，所以，应使用资金的机会成本（Opportunity Cost of Capital）来准确计量库存投资上的资金成本，反映资金的真实成本。所谓的资金的机会成本是指能用在其他值得做的项目上但却用在库存上的资金的潜在价值，通俗地讲就是将资金投资于其他项目能够得到的回报。

库存投资上的资金成本常常是库存持有成本中最大的一个方面。考虑到计算上的方便，通常可用持有库存货币价值的百分比表示，例如，一个产品的价值是200元，资金成本率若按20%计算，则库存资金成本是200×20% = 40（元）。

（2）仓储空间成本（Space Cost）。仓储的空间成本包括把产品运进和运出仓库所发生的搬运成本以及诸如租金、取暖和照明等储存成本。这些费用随情况不同变化相当大，如原材料通常直接从火车卸货并露天储存，而产成品则需要小心搬运以及储存在更可靠的仓储设施里。

仓储空间成本随库存水平的变化而增加或降低。如果利用公共仓库，有关搬运及储存的所有成本将直接随库存的数量而变化，进行库存决策时都要考虑这些成本。还要考虑如何利用好自有仓库，因为大部分空间的成本是固定的（例如建筑物的折旧）。

（3）库存服务成本（Service Cost）。库存服务成本由按价计征的税金以及缴纳的保险费组成。保险作为一种保护措施，可帮助企业预防和弥补火灾、风暴或偷盗所带来的损失。库存水平对于保险费率没有严格的影响，因为通常购买保险针对的是一个特定时间段的特定的产品价值。保险费率取决于仓储设施建造所用的材料、已使用年限以及所安装的防火设备等。

另外，许多国家把库存列入应税的财产，税率的高低根据库存所在地区的不同而不同。一般情况下，库存多税收成本就高。当企业选择仓储地点时，税收成本是一个重要的参考因素。

（4）库存风险成本（Risk Cost）。库存风险成本随着企业的不同而不同，通常包括废弃、损耗、损坏和移仓等费用。

1）废弃成本（Obsolescence Cost）。废弃成本是因过时而造成的价值贬值。它反映了库存的货币价值下降的可能性，而且这种可能性远远超出了企业的控制范围，例如，一旦过了销售旺季，时装的价值就会迅速贬值。还有，高价值的计算机和外围设备或半导体产品，它们的生命周期都很短，在这种情况下，考虑过时或贬值的成本是非常必要的。废弃成本按产品的原始成本和残值之间的差额计算，或者按原来销售价格和为了清除这种产品而降价销售的价格之间的差额计算。

2）损耗成本（Shrinkage Cost）。损耗成本已成为库存风险越来越重要的问题。仓储中的库存被盗是造成库存损耗的主要原因。偷窃行为比较普遍，有时难以控制。损耗还会因记录保持不善、装错产品或数量而发生。损耗成本可能与企业的安全措施而非库存水平联系得更紧密一些。

3）移仓成本（Relocation Cost）。移仓成本是为避免废弃或降价销售而将库存从一地仓库运到另一地仓库时引致的成本。这种库存的转运可以避免废弃成本，但是会增加额外的运输成本。

此外，在运输途中产生的物品损坏即损坏成本（Damage Cost）也应计入库存风险成本。损坏成本常以索赔之后的净值来确定。

计算库存持有成本时，首先，确定库存产品的价值，即库存价值。其次，估算每项持有成本占库存价值的百分比并加总，得到库存持有成本占库存价值的百分比，这样总的持有成本就用库存价值百分比表示。最后，用总的持有成本（以库存价值百分比表示）乘以库存价值，即可得出库存持有成本。

2. 订货成本（Ordering Cost）或生产准备成本（Setup Cost）

（1）订货成本。订货成本是指订购产品所发生的各种费用，不包括产品本身的成本支出。订货成本包括固定成本和变动成本两部分。订货固定成本指的是为方便订单的下达而使用的信息系统、设备和技术的成本。一定时期内用于订货的固定成本总额不随订购次数的变化而变化，保持相对稳定。

随订购次数而变化的成本是订货的变动成本，主要包括订单准备、传输，货物的搬运、验收，货款的准备与支付，差旅费以及订货之前检查库存水平等费用。

（2）生产准备成本。生产准备成本是指当库存不是由外部供应而是企业自己生产时，为方便产品线的更改而调整生产线的支出。其中更换模具、夹具，添置专用设备等属于固定成本，与生产产品的数量有关的材料费、加工费等属于变动成本。

在计算每年的订货成本或生产准备成本时，企业应从单项的订购支出或调整费用开始计算。一定时期的订购次数影响每次的订购数量。在年需求量一定的情况下，年总的订货成本与订货次数呈正相关，与订货批量呈负相关。

3. 缺货成本（Stockout Cost）

库存决策中的另一项主要成本是缺货成本，即当客户需要或有需求时没有产品供应而产生的损失。当卖方不能用现有库存满足需要时，就可能发生下列四种情况之一：①客户等待直到获得产品。②向客户延迟交货。③卖方失去一次销售机会。④卖方失去一个客户。理论上讲，客户等待不会给企业造成损失。这种情况很可能发生在产品替代性很低的时候。

（1）延迟交货。如果缺货产品延迟交货，就会发生特殊订单处理和运输费用。除了正常的补货处理，处理这种延迟订单往往还要跟踪延迟交货的移动。由于延迟交货经常是小规模装运，运输费率相对要高，而且延迟交货的产品可能需要从某一地区的工厂仓库直接供货，进行长距离运输。另外，卖方可能需要利用速度更快、费用更高的运输方式运送产品。因此，延迟交货成本可根据额外订单处理费用和额外运输费用确定。

（2）失去销售机会。尽管一些客户允许延迟交货，但仍有一些客户会转向其他供货商。因为许多企业都有生产替代产品的竞争者，当一家供货商发生缺货时，客户就可能从其他供货商那里订货，此时，缺货导致丧失销售机会。卖方的直接损失是缺货产品的利润损失。因此，失销成本可根据单位产品的利润乘以客户订货的数量来确定。

（3）丧失客户。第三种可能发生的缺货成本是由于缺货而失去客户。如果客户永远转向另一供货商，企业也就失去了未来的收益来源。这种缺货造成的损失很难估计，需要用管理科学技术以及市场营销的研究方法来分析计算。

确定缺货成本时，首先，要分析缺货可能产生的后果。其次，计算与可能结果相关的成本，即利润损失。最后，汇总确定一次缺货的损失。

决定是否允许缺货或是否要建立安全库存以防止缺货，取决于两者成本比较的结果。如果安全库存的持有成本低于缺货成本，企业就应当持有安全库存以防止缺货。测算安全库存的持有成本与测算总的持有成本的方法是一样的。为了简便，安全库存和周转库存可使用同样的持有成本率（以库存价值百分比表示）。

4. 在途库存持有成本

最后一个库存成本是在途库存持有成本，在库存成本中这一成本不像前面讨论过的三项成本那么明显。然而在某些情况下，它可能成为一项重大的成本支出，例如，如果企业以目的地交货价出售产品（FOB），就意味着企业要对产品送达客户之前的运输负责，当客户收到产品时，产品的所有权才转移。因此，在途库存直到交给客户之前仍然属企业所有，是卖方的库存。

在途库存持有成本的计算不同于前面讨论过的库存持有成本的计算。一般只考虑在途库存的资金占用成本以及使用自有车队或租用运输工具运送产品途中的保险费支出。

当使用承运人时，承运的责任相当明确，没有必要考虑保险费支出。另外，仓储空间成本与在途库存的持有成本也没关系，不予考虑。最后，由于运输服务的短暂性，产品过时或变质的可能性很小，因此库存风险成本可以认为不存在。

第二节　库存管理过程与效果衡量

一、库存管理的概念与目的

1. 库存管理的概念

库存管理就是对库存物资的管理。为了保证生产的连续性以及满足顾客的需求、避免发生缺货，必须保持一定的库存。但是库存商品要占用资金，发生维持费用并存在因库存积压而发生损失的可能。在企业总资产中，存货一般占到

20%～40%的价值。库存管理不当会造成大量资金沉淀，影响资金的正常周转，同时还会因库存过多增加市场风险，降低获利能力。而且，用于库存的资金也可用于别的盈利事业，即库存成本还包含着很高的机会成本。但是，在企业实际生产经营中，存货又是不可避免的，有时还是十分重要的。这就要求企业采取各种技术和手段，做好预测和管理工作，既要防止缺货避免库存不足，又要防止因库存过量而发生大量不必要的库存费用。做到在满足对库存需要的前提下，保持合理的库存水平。

2. 库存管理的目的

库存管理的目的主要有两个：保障供应和保持低成本。

首先是要保障供应，防止缺货。持有存货的主要目的就是要满足生产和销售的需求。在生产企业，仓库是为生产服务的。生产线一开就需要原材料、零部件、设备和工具等。没有了物资供应，企业就要停产，这不但会给企业造成巨大的利润损失，而且还可能因成品供应中断而导致延误发货，造成信誉损失，信誉损失无法准确估计，但确是致命的损失。因此，库存管理首先要保障供应，尽量避免发生缺货现象。

要保障供应，一个最简单的方法就是保持高库存水平，这样一般不会发生缺货现象。但是如前面提到的，库存要占用资金，会发生维护等相关的费用，高库存水平会给企业造成巨大的负担。因此，库存管理又要尽量降低库存成本。如何通过科学巧妙地运作，既做到保障供应又能降低成本，确定一个科学的库存管理水平，实现企业的最大利益，这就是库存管理的根本任务。

二、库存管理的过程与影响因素

1. 库存管理的过程

存货存在于整个供应链管理的过程之中，发挥着缓冲剂的作用。首先，原材料必须从供应源移动到制造地点，在那里进入制造流程。因此，工厂必须持有一定数量的原材料库存，以满足生产的需求；制造过程中，生产商不可避免地要保存在制品库存；待制造过程完成，产成品就要移至工厂所在地的产成品库存中；然后，要进行战略部署，将产成品运送到不同地方，可能是公司的配送中心，也可能是零售商的配送中心，或直接将产成品运送到零售地点，以供最终客户购买。类似地，客户也要保有一定的库存以维持个人或机构的消费。

从一个完整的库存过程来看，可以将库存管理分为如下几个活动阶段：

（1）订货活动阶段。订货活动阶段是从外部供应商订货或向供应商发出订货单开始，直到订货成交为止的整个活动过程，其作用是使物资的所有权从供方转移到需方。订货过程是商流过程，即通过订货成交、签订合同、支付货款，从而取得物资的所有权。经过订货处理，公司名义上的库存量增加。

（2）进货活动阶段。所谓进货，是指从订货成交之日起，到把货物从对方仓库运到自己仓库并将货物入库为止的过程。进货是一个物流活动，经过进货过程，企业仓库的库存量会实实在在地增加。

（3）保管活动阶段。保管活动阶段是从物品验收入库开始，直到物品供应或销售出去为止的全过程。该过程是在仓库内对物品实行一系列保管养护的活动，是物流性质的活动。这个过程不会使库存量发生变化。

（4）供货活动阶段。供货活动阶段是供应或出售物品，把出库物品送到消费者手中的过程。它既是一个物流过程，也是一个商流过程。通过销售过程，物品库存量无论在名义上还是在实质上都会减少。

总体来说，以上四个活动阶段就是物资的进、出、存的活动。从上述四个活动阶段分析可知，进货、出货是库存量变化的直接原因，就好比蓄水池的两个进出水的水龙头。进水的水龙头开了，水就增加，放水的水龙头开了，水就减少。为了控制库存量，一般根据人们的需求情况来控制订货、进货过程，从而达到对库存量实行控制的目的。

2. 库存管理的影响因素

库存管理是受许多环境条件制约的，如需求的不确定性、订货周期的变化、资金的投入、管理水平的高低，甚至运输条件、客户要求等都是库存管理的制约因素。同时，在库存控制系统内部也存在"交替损益"现象，这些制约因素会影响库存控制效果，乃至决定控制的成败。

（1）服务水平的制约。在顾客需求不确定的情况下，要保证100%地满足顾客订单经常是不可能的，也是不经济的，因此管理层需要确定一个合理的服务水平。客户服务水平对企业库存控制有着重要影响，如是否允许缺货直接决定着安全库存量的大小。

（2）顾客需求的不确定性。受许多因素影响，市场需求可能是不确定的，如突发的热销会造成需求突增，使库存控制难度加大。如果可以获取历史数据来估计顾客的平均需求和需求的变动性（常用标准差来表示），那么，企业就可以采用相应的预测工具来对需求进行准确预测。

（3）仓库储存的产品种类和结构。市场对产品种类的需求是多样化的，企业难以知道各种产品需要的确切数量，因此，仓库储存的产品种类就成为一种新的不确定因素，制约着库存控制。同时，任何企业的实力都是有限的，不可能满足市场所有的需求，企业必须根据自身情况，确定合理的产品品种及其结构。

（4）订货提前期。在企业发出订单时，库存补充的提前期（订货周期）可能是已知的，也可能是不确定的。这主要是受信息传递、生产周期、交通运输或其他自然、社会、生理等因素的影响。因此，订货提前期的不确定性就成为影响库存控制的另一项因素。

（5）订货批量。订货次数和订货批量是决定库存水平的非常重要的因素。一定期间内，增加订货次数，就会减少每次订货数量，平均库存水平和存货持有成本也就相应降低。不过，订货次数的增加会增加订货成本，因此，需要在降低存货持有成本与增加订货成本之间进行权衡，确定最近订货批量。

（6）运输状况。有时候库存控制不能达到预期目标，并不是控制本身或订货的问题，而是运输的提前或延误导致的，提前会一下子增大库存，延误则会使库存下降甚至出现失控状态。可见，运输的不稳定性和不确定性必然会制约库存控制，这种制约因素受到运输距离长短、运输条件改善和运输工具选择等的影响。因此，制订最佳的运输路线、选择可靠的承运人、合理安排运输方式等，就显得十分必要。

（7）信息处理能力。在库存控制中，信息要素的作用和其他系统中的信息要素的作用应当是不分伯仲的。在库存控制系统中，监控信息的采集、传递、反馈是控制的一个关键。信息处理能力的高低，成为信息代替库存的关键要素。

（8）库存管理水平。管理和信息一样，也是一般要素，库存控制系统的运行，不仅要靠先进的仓储设备、计算机监控系统等硬件，而且也要靠库存管理这一软件来支持。库存管理水平若达不到控制的要求，则库存控制就无法高效运行。

（9）资金状况。资金的暂缺及周转不灵等也会使预想的控制方法和目的落空。因而，是否具有一个良好的财务状况也是提升库存管理水平的一个关键。

（10）价格和成本。库存控制是建立在一定的成本基础上的，价格和成本成为库存控制中的一项制约因素。企业应在尽可能满足顾客需求的基础上，通过各种方式降低库存成本，增加企业利润。

三、库存管理效果衡量

首先，库存对盈利性的影响是衡量库存管理效果的重要标准。有效的库存管理会通过降低库存成本或增加产品销售来提高获利水平。

降低库存成本的方法主要包括减少延迟订单数、减少供应的不稳定性、加快运输速度和可靠性、清理过时或呆滞的库存、提高预测的准确性、仓库之间的转运可通过更好的库存计划而减少或消除。

其次，存货周转率即库存周转率，是另一个衡量库存管理绩效的重要指标。存货周转率是指一定期间内库存周转的次数，可用下面的公式计算：

$$存货周转率 = \frac{年销售成本}{平均存货额}$$

$$平均存货 = \frac{期初存货 + 期末存货}{2}$$

其他条件相同的情况下，存货周转次数越大，表明库存在企业的流转越快，因而效果就越好。这是因为库存周转率高，意味着同样的资金可以获得更高的利润率；可以减少资金占用，提高资金的利用效果。

存货周转速度可以用一定期间内存货周转的次数，即存货周转率表示，也可以用存货周转一次平均所用时间，即存货周转天数表示，两者的关系是：

$$存货周转天数 = \frac{全年天数}{存货周转率}$$

提高库存周转率可以通过重点控制年耗用金额高的物品、及时处理过剩物料、合理确定订货批量和削减滞销库存等措施来实现。但是，也应该注意到，库存周转率并不是越高越好。因为过高的周转率往往会降低库存水平，使发生缺货的机会增加，进而降低供应力，影响客户服务。因此，必须综合考虑各种影响因素，保持一个适当的库存周转率。

四、需求模式对库存管理的影响

库存在物流系统中是"拉式"还是"推式"，需求是"独立的"还是"非独立的"，对库存管理方法都有影响。

1. 独立需求与非独立需求（Dependent vs. Independent Demand）

独立需求与非独立需求（相关需求）的区别在于对某一物品的需求是否仰赖于对其他物品的需求。当对某一物品的需求不受任何其他物品需求的影响时，对该物品的需求称为独立需求。如果对某一物品的需求受到其他物品需求的影响时，对该物品的需求称为非独立需求，也称为相关需求。对于制造业而言，最终产成品是独立需求物品，而制造产成品所需要的零部件、原材料是相关需求物品，因为对原材料或零部件的需求是基于产成品的需求而定的。

管理独立需求的物品时，应该依据准确的需求预测；对于相关需求的物品，则不需要进行专门的需求预测，只要依据影响其需求的物品需求预测就可以了。

2. 拉式系统与推式系统（Pull vs. Push System）

区别拉式系统还是推式系统，要通过驱动生产的方式来鉴别。如果一个企业直到有了客户需求才开始生产产品，那么这就是一个拉式系统（方式），即客户需求"拉动"库存。如果一个企业根据预测的客户需求来组织生产，那么这就是一个推式系统（方式），即企业根据销售预期组织产品生产并将其"推"向市场。

拉式系统中生产企业对现实客户需求作出反应，而推式系统中生产企业是根据需求预测和计划来安排生产的，这是两者的根本区别。在拉式系统中，企业必须对客户的突发需求作出迅速而准确的反应。推式系统的优势在于，企业对市场进行准确的预测之后，统筹考虑，制定详细计划，稳定满足客户需求。它可以将各种相似需求统一考虑来降低成本，拉式系统则很难做到这一点。一般来说，拉式系统对于独立需求的产品比较有效，推式系统适用于相关需求产品。拉式系统注重信息由需求者向供应者传递，推式系统需要双向交流。

鲍尔索克斯（Bowersox）和克劳斯、海维瑞切（Closs Helferich）对这两种方式的使用环境进行了分析，当产品的需求水平、订货周期不稳定且难以预测，市场仓库和分销中心容量有限时，使用拉式方式比较合适。当产品利润较高、需求是相关需求、存在规模经济性、供给不稳定或供应能力有限、存在季节性供应时，推式方式可以降低成本。

第三节　库存管理方法

一、库存管理分类方法（ABC 分类法）

要对库存进行有效的管理和控制，首先要对库存进行分类。最常用的库存分类方法是 ABC 分类法。

1. ABC 分类法的定义和原理

ABC 分类法（ABC Classification）又称 ABC 分析法（ABC Analysis）或重点管理法，它是将库存物品按品种和占用资金的多少分为特别重要的库存（A 类）、一般重要的库存（B 类）和不重要的库存（C 类）三个等级，然后针对不同等级分别进行管理与控制的方法。

ABC 分析法来源于将"关键的少数和次要的多数"分开的帕累托定律。19 世纪一位名叫帕累托（Villefredo Pareto）的意大利经济学家，在对米兰财富分布的研究中发现，20% 的人掌握着 80% 的财富。占总数相对很少的一部分却在总的影响力或价值上占很大一部分比重的原理，被称为帕累托定律或"80/20 法则"。现实世界中，这一法则在很多情况下都适用，例如，营销人员可能会发现，企业中 20% 的消费者却占 80% 的销售额。在库存管理中同样存在着"80/20 法则"。

一般来说，库存货物与资金占用之间也存在这种规律：即少数存货价值昂贵，占用大部分库存资金；相反，大多数存货价格便宜，仅占用很少部分的库存资金。因此，可根据库存种类数量与所占用资金比重之间的关系，将库存货物分为 ABC 三类，并根据其特点分别采取不同的管理方法，如图 8 - 3 所示。这样能使企业在库存管理上分清主次、突出重点，提高存货管理的整体效果。

A 类存货：这一类存货品种数约占总数的 15%，价值占 70%~80%，应投入最多的精力和资源进行重点控制。

B 类存货：该类存货品种数约占总数的 25%，价值占 10%~20%，可进行适当控制。

C 类存货：该类存货品种数占总数的 60%，价值仅占 5%~10%，只需进行简单控制。

除价值量指标外，企业还可以按照销售量、销售额、订货提前期（前置期）、缺货成本等指标将库存物品进行分类。ABC 分类法并不局限于分为三类，可以增加。但经验表明，最多不超过五类，过多的种类反而会增加控制成本。

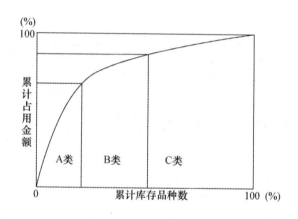

图 8-3　ABC 分类法

2. ABC 分类法的实施步骤

实施 ABC 分类法包括如下一些步骤：

（1）分析本企业库存物资的性质和特征，包括货物的价值、重要性以及保管要求的差异等。

（2）搜集库存物资的入库量、出库量和结算量等存储资料。前两项一般搜集半年到一年的资料，后一项则应搜集盘点时的最新资料。

（3）进行资料的整理和分析。根据搜集的资料对库存物资按价值大小进行排列，并算出每种存货的价值总额及其占库存物资总额的百分比。

（4）按存货金额标志由大到小进行排序，整理成表格并累加存货金额百分比。

（5）按照表中统计数据绘制 ABC 分析图，根据价值和数量比率的划分标准确定货物对应的种类。

3. ABC 分类法的应用

根据 ABC 分析图，对不同等级的存货采取不同的控制和管理方法。

（1）A 类存货的控制要求。A 类存货品种、数量少，但占用资金多，企业应将其列为控制的重点，集中主要力量进行周密的规划和严格的管理。具体的管理和控制措施包括以下几点：

1）合理确定其经济订货批量、最佳保险储备量和再订货点，严格控制库存数量。

2）采用永续盘存制，对存货的收发结存进行严密的监控，当存货数量降到再订货点时，及时通知采购部门组织进货。

3）将其作为价值分析的重点，及时掌握价值变动情况。

4）将其存放于容易进出的位置。

（2）B 类存货的控制要求。B 类存货的品种、数量及占用资金均处于中间状态，不必像 A 类存货控制得那样严格，但也不能过于宽松。其具体的控制要求是：

1）正常的控制，采用比 A 类货物相对简单的管理方法。

2）B 类存货中销售额较高的品种可采用定期订货方式或定期定量混合的方式组织订货。

（3）C 类存货的控制要求。C 类存货品种、数量多，但占用资金量很小。企业对此类存货不必花费太多的精力，可以采用总金额控制法，根据历史资料分析后，按经验适当增大订货批量，减少订货次数。

必须强调的一点是，在库存管理中，ABC 分类法一般以库存价值为基础进行分类，并不能反映存货品种对企业利润的贡献程度等情况。在有些情况下，C 类物品管理不当也可能给企业造成严重的损失。因此，在实际应用中，要结合企业的具体情况灵活地运用 ABC 分类法。

二、经济订货批量方法

企业每次订货的数量多少直接关系到库存水平和库存总成本的大小，因此，需要找出合适的订货批量使库存总成本最小。经济订货批量模型为满足这一要求提供了分析方法。

1. 经济订货批量模型

确定最优订货批量，可借助经济订货批量模型。经济订货批量（Economic Order Quantity，EOQ）是库存持有成本和订货成本之和最小时的订购数量。从这一概念可知，经济订货批量基本模型并非是在物流总成本的基础上考虑订货数量的最优化，而仅考虑了订货成本和持有成本。其中订货成本不包括产品本身的采购成本支出（Purchase Cost）。

（1）库存持有成本与订货成本与订货批量之间的关系。年度订货成本和年度持有成本随着全年订货次数或订货批量的变化呈反方向变化。研究表明，起初随着订货批量的增加，订货成本的下降比持有成本的增长要快，即订货成本的边际节约比持有成本的边际支出要多，使得总成本下降。当订货批量增加到某一点时，订货成本的边际节约与持有成本的边际支出相等，这时总成本最低。此后，随着订货批量的不断增加，订货成本的边际节约越来越小于持有成本的边际支出，导致总成本持续增长。

总之，随着全年订货批量（生产批量）的增大，年度持有成本随之增加，而年度订货（生产准备）成本随之降低，总成本曲线呈 U 形（一般称为浴盆效应），其关系如图 8 - 4 所示。

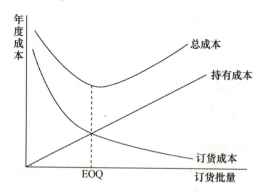

图 8 - 4　订货成本、持有成本与总成本关系图

（2）EOQ 模型的建立与求解。为了建立 EOQ 模型，首先假定如下变量：

D——年度的需求量（单位）

Q——订货批量（单位）

P——每次的订货成本或生产准备成本

V——单位库存的价值

C——年度库存持有成本（用库存价值的百分比表示）

TAC——年度库存总成本

根据上述假设，全年库存总成本可由以下公式表示：

$$TAC = \frac{1}{2}QCV + P\frac{D}{Q}$$

公式右边第一项是库存的持有成本，等于平均订货批量（$Q/2$）乘以单位库存的年持有成本（CV）。库存周转中，需求是已知且均衡的，因此，库存数量以相同速率减少，持有库存的平均数就是初试总量（Q）的一半。

公式右边第二项是订货成本或生产准备成本。假设每次订货成本或生产准备成本是固定的，全年需求量也是固定的，那么，订货批量增加，每年的订货次数就会减少，年订货成本也就会降低。

为了得到使库存总成本达到最小时的订货批量，即经济订货批量，将 TAC 函数对 Q 微分：

$$\frac{\mathrm{d}\,(TAC)}{\mathrm{d}Q} = \frac{CV}{2} - \frac{PD}{Q^2}$$

令：

$$\frac{\mathrm{d}\,(TAC)}{\mathrm{d}Q} = 0$$

即可得出：

$$EOQ = \sqrt{\frac{2PD}{CV}}$$

例 1：假设一企业全年需要某种物品 1200 单位，单价为 10 元/单位，年持有成本按物品价值的 20% 计算，每次订货成本为 300 元。求经济订货批量和全年库存总成本。将已知条件代入公式，得：

$$EOQ = \sqrt{\frac{2 \times 1200 \times 300}{10 \times 20\%}} = 600 \ （单位）$$

$$全年库存总成本 = \frac{1}{2} \times 600 \times 10 \times 20\% + \frac{1200}{600} \times 300 = 1200 \ （元）$$

即，每次订购批量为 600 单位时，全年库存总成本最小，为 1200 元。

（3）EOQ 模型的基本假设。EOQ 模型已在企业库存管理中得到了广泛关注和应用，但是它也有局限性。这一简单的 EOQ 模型基于如下假设：

1）持续、不变、已知的需求率。

2）不变、已知的补货周期或订货前置期。

3）所有需求都得以满足（不允许缺货）。

4）与订货数量或时间无关的不变的采购价格和运输成本。

5）没有在途库存。

6）只有一种库存物品或物品之间无相关性（独立需求物品）。

7）计划期限无限长。

8）资金可用性无限制。

需求稳定意味着库存消耗的速率是固定的，不变的前置期又表明原有库存在用完之时所订货物刚好到达，因此不会发生缺货情况。价格固定表明在采购和运输货物时，不存在与数量相关的价格折扣。没有在途库存意味着货物以买方所在地交货价为基础购买（购买价格包含运费），这样买方就不负责在途货物。当库存品种较多时，可对每一项重要库存单独作 EOQ 决策。

2. 对基本 EOQ 模型的调整

（1）利用采购数量折扣调整 EOQ 模型。任何负责采购或运输服务的管理者都经常面临这样的问题，即是否利用价格折扣。价格折扣可以是一次购买大批量产品时的减价，也可以是一次运输大批货物时单位运费的降低，或两者兼而有之。以下分两种情况进行讨论。

为鼓励大批量购买，供应商往往在订购数量超过一定量时提供优惠的价格。在这种情况下，买方就应通过总成本的比较，以确定是否需要增加订货量去获得价格折扣。若接受折扣所产生的总成本小于订购 EOQ 所产生的总成本，则应接受折扣；反之，则按不考虑数量折扣计算的 EOQ 进行订购。应注意的是，在利用采购数量折扣的情况下，计算库存总成本时，除了库存持有成本和订货成本以外，还要考虑订购物品本身的价值，即采购成本。

例 2：例 1 中，假设供应商给出的数量折扣条件是：若每次订货量小于 650 单位时，物品单价为 10 元，订货量大于或等于 650 单位时，单价降为 9 元。运输该物品时需用托盘，每个托盘可装 10 单位。若其他条件不变，最佳订货批量是多少？

根据以上条件，分析如下：

1）按不享受折扣价格时的批量（600 单位）订购时的总成本：

库存总成本 = 存货持有成本 + 订货成本 + 采购成本

$$= \frac{1}{2} \times 600 \times 10 \times 20\% + \frac{1200}{600} \times 300 + 1200 \times 10 = 13200 \text{（元）}$$

2）按享受折扣价格时的批量（650 单位）订购时的总成本：

库存总成本 = 存货持有成本 + 订货成本 + 采购成本

$$= \frac{1}{2} \times 650 \times 9 \times 20\% + \frac{1200}{650} \times 300 + 1200 \times 9 = 11939 \text{（元）}$$

3）按折扣单价计算 EOQ：

$$EOQ = \sqrt{\frac{2 \times 1200 \times 300}{9 \times 20\%}} = 632 \text{（单位）或最接近整托盘的 630 单位。}$$

由于按折扣价格（9 元/单位）计算的经济批量小于享受价格折扣的最小批量 650 单位，说明 632 单位的订购批量不可能享受 9 元的优惠价格。又由于按 650 单位采购的总成本低于按单价 10 元、批量 600 单位采购的总成本（13200 元），因此，应该以 650 单位作为最佳批量采购。

如果按折扣单价计算的经济订货批量大于享受数量折扣的 650 单位，则应按计算的经济订货批量采购。如折扣单价为 8 元时，经济批量为 670 单位，大于享受数量折扣的 650 单位，故应按 670 单位的批量采购，此时，全年库存总成本达到最低，其值为 10673 元。

（2）利用运输数量折扣调整 EOQ 模型。当运输费用由卖方支付时，可不考虑运输费用对库存总成本的影响。但如果由买方支付，则会对库存总成本产生较大影响。当增大运输批量可以得到运价上的折扣时，买方就要考虑是否要加大采购批量。简单的方法是将有无运价折扣的采购方案进行总成本对比，选择总成本最低的方案。应注意的是，在利用运价折扣的情况下，计算库存总成本时，除了考虑库存持有成本和订货成本，还要考虑订购物品的运输费用。

例3：例1中，若订货批量小于800单位时，运输费率为1元/单位；订购批量大于或等于800单位时，运输费率降为0.8元/单位。买方支付运输费用。若其他条件不变，最佳订货批量是多少？

根据以上条件，分析如下：

1）按不享受运价折扣的 EOQ 计算库存总成本：

库存总成本 = 存货持有成本 + 订货成本 + 运输成本

$$= \frac{1}{2} \times 600 \times 11 \times 20\% + \frac{1200}{600} \times 300 + 1 \times 1200 = 2460（元）$$

2）按享受运价折扣的订货批量计算库存总成本：

$$库存总成本 = \frac{1}{2} \times 800 \times 10.8 \times 20\% + \frac{1200}{800} \times 300 + 0.8 \times 1200 = 2274（元）$$

由计算结果可知，按800单位批量订购可节约成本186（2460 - 2274）元，因此，应该将订购批量由600单位增加到800单位（订货批量为1000单位时，库存总成本为2400元）。

三、定量订货法

所谓定量订货法，就是事先确定一个订货点和经济订货批量，实时检查库存水平，当库存水平下降到再订货点时就发出订货，按照经济订购批量进货。

采用定量订货法这种订货策略，关键就是要解决三个方面的问题：确定经济订购批量；确定再订货点；确定如何实施。下面我们逐一介绍。

1. 确定订购批量

所谓订货批量，就是一次订货所订的物资数量。订货批量的高低不仅直接影响库存水平的高低，而且直接影响货物供应的满足程度。订货批量过大，虽然可以满足用户需求，但将使库存数量升高，存货成本增加；订货批量过小，虽然可以降低库存水平，但难以确保用户需求，所以要合理确定订货批量，即经济订货批量。

确定订货批量时，需要综合考虑发生的存货持有成本和订货成本等成本项目，根据总成本最低的原则，参照前面叙述过的经济订货批量模型来确定。需要注意的是，经济订购批量的确定都是建立在一定的假设前提下的。前提条件的改变，就意味着存货总成本模型的改变，这就要求依据变化后的总成本模型，重新推导经济订货批量计算公式。

2. 确定再订货点

一旦经济订货批量确定后，企业就应以此为基础，每次订购固定数量的经济订货批量。对管理者而言，除了要知道每次订货多少之外，还必须知道什么时候订货，这就是再订货点（Reordering Point）。

在确定性条件下，可以用每日需求量乘以提前期（Lead Time）来确定再订货点。当库存数量下降到再订货点时，自动库存控制系统就会生成一份订单，经审核后发出订单。订货提前期包括订单传送、订货处理、订货准备和配送等活动。所需要的时间取决于许多因素，如传送订单的方式，卖方储存的库存能否满足订货要求以及所使用的运输方式等。

对企业而言，它们经常面临的情况不是确定性的。从需求的不确定性来看，客户购买产品往往带有偶然性，许多产品的需求速率依赖于天气变化、心理需求、社会需求和其他许多因素。一些因素也会引起提前期的变化，如运输时间的一贯性。事实上运输时间的一贯性常常是决定选择哪种运输方式或选择哪家运输公司的重要因素。

在不确定的情况下，因为需求或补货周期的不确定，计算再订货点就需要考虑安全库存。这样，再订货点就变成提前期内的平均每日需求加上安全库存。用公式表示为：

再订货点 = 平均每日需求 × 提前期 + 安全库存

例4：假设 EOQ 模型中的各项参数分别是：$D = 3600$ 单位。$P = 200$ 元/次，$V = 100$ 元/单位，$C = 25\%$。考虑到需求的波动以及补货周期的不确定性，安全库存按 60 单位设置。试求：经济订货批量、年度库存总成本；如果一年按 360 天计算，补货周期为 10 天，那么再订货点的库存水平是多少？

$$EOQ = \sqrt{\frac{2 \times 200 \times 3600}{100 \times 25\%}} = 240 \text{（单位）}$$

在 EOQ 条件下，库存总本最低，其值为：

$$TAC = \frac{1}{2} \times 240 \times 100 \times 25\% + \frac{3600}{240} \times 200$$

$$= 3000 + 3000 = 6000 \text{（元）}$$

再订货点 = $10 \times 3600/360 + 60 = 160$（单位）

本例中 EOQ、安全库存及再订货点之间的关系如图 8 – 5 所示。

3. 确定如何实施

定量订货法的实施较为简单，一般可以分成以下四个步骤：

（1）根据企业历史资料并运用科学的方法预测出年度总需要量、每次订货成本、年单位储存成本、平均日需要量和每日进货量。

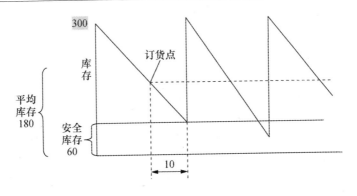

图 8－5　库存变量关系

（2）根据模型确定再订货点和订货批量。

（3）库存管理人员或销售人员每天检查库存。

（4）当库存量下降到再订货点时就发出订单。订货量取经济订货批量。

四、定期订货法

所谓定期订货，就是事先确定一个固定的订货周期 T 和最高库存量 Q_{max}，周期性地检查库存水平，并依据库存数量订货。订货批量的大小应使得订货后的"名义库存量"等于最高库存量 Q_{max}。

这种订货方式不必严格跟踪库存水平，减少了盘点次数。价值较低的物品可以大批量购买，不必关心日常的库存量，只要定期补货就可以了。食品店就经常使用这种方式，有些食品每天进货，有些每周进一次，另一些可能每月才进一次。定期订货法的运行模型如图 8－6 所示。

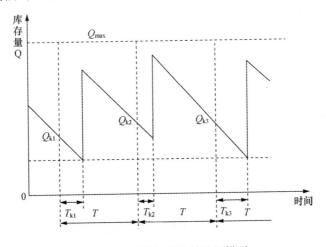

图 8－6　定期订货法的运行模型

根据定期订货法的原理，在系统运行以前，要先确定好最佳订货周期 T^* 和仓库库存控制的最高库存量 Q_{max}。假设定期订货法系统从时间轴的 0 点开始运行，当运行到第一个订货点时，检查此时库存水平，假设库存量为 Q_{k1}，以 $(Q_{max} - Q_{k1})$ 为订货量发出订单，此时，名义最高库存量就达到了额定的最高库存量 Q_{max}。订货提前期 T_{k1} 结束时，所订货物到达，库存数量上升 Q_1。然后进入第二个周期，在运行订货周期 T 天后，需要第二次订货，检查此时库存水平，假设此时库存量为 Q_{k2}，以 $(Q_{max} - Q_{k2})$ 为订货量发出订货，名义库存量仍达到 Q_{max}，第二个订货提前期 T_{k2} 结束时，所订货物到达，实际库存量又一次提高到高库存。依次类推。

强调名义库存量是因为在货物到达时，实际库存量并没达到 Q_{max} 的水平，因为在订货提前期内，企业的生产和销售正常进行，会耗用库存物资，实际库存量应该等于 Q_{max} 减去订货提前期内的需求量。所以，Q_{max} 实际上是库存水平的控制线，它是定期订货法用以控制库存量的一个关键的控制参数。

对于定期订货法，主要是要解决四个方面的问题：订货周期如何确定；最高库存量如何确定；订货量如何确定以及如何实施。下面逐一介绍。

1. 确定订货周期

订货周期就是订货间隔期。定期订货法中的订货间隔期与定量订货法中的订货间隔期不同。定量订货法中，订货间隔期可能互不相同，企业根据库存水平确定发出订货的时机，当库存水平达到再订货点时即发出订货。而在定期订货法中，订货间隔期是固定不变的，每运行一个周期 T，企业便发出订货请求。

订货间隔期的长短，直接决定了最高库存量的大小，也就决定了仓库库存量的大小，进而决定库存费用的大小。订货间隔期长短还同时决定订货次数的多少，从而影响订货费用。因此，一般根据库存总费用最小的原则来确定订货间隔期，称其为经济订货周期（EOI）。

2. 确定最高库存量

根据定期订货法的原理，定期订货法的最高库存量应该满足订货周期和订货提前期内的库存需求。故在允许缺货的情况下，最高库存量应当根据订货周期和订货提前期内的平均需求量再加上安全库存来确定。即：

$$Q_{max} = D/Q \times (T + T_k) + Q_s$$

3. 确定订货量

根据模型可知，定期订货方法没有固定的订货量。每次订货量的大小为最高库存量与实际库存量的差值。需要注意的一点是，这里的"实际库存量"是指检查库存时企业所拥有的能够用于满足需求的全部库存物资的数量，也就是说，它并不仅是指当时存放在仓库中的物资的数量 Q_k，还应当考虑已订但尚未到达

入库的物资数量 I 和已经销售但尚未发货的物资数量 B。Q'_k、B、I 都是订货时检查库存实际得到的数据，每次实际库存量 $Q_{ki} = Q'_{ki} + I_i - B_i$，每次的订货量 Q_i 就可以表示为：

$$Q_i = Q_{max} - Q_{ki} = Q_{max} - (Q'_{ki} + I_i - B)$$

4. 如何实施定期订货法

定期订货法具体实施时，首先要进行需求分析、经营方式分析、控制方法分析等。在确定要用定期订货法时，要分析确定决策参数 Q_{max} 和 T^*。在具体运行时，每隔一个订货周期 T^* 检查库存并根据最高库存量与实际库存量的差额发出订货。

五、安全库存

1. 安全库存的必要性

如前所述，安全库存是为了防止由于不确定性因素而准备的缓冲库存，又称保险库存。

如果某一期间的需求是一定的，补货周期（订货提前期）也是固定的，则没有设置安全库存的必要。但是，市场需求和生产现场的物料消耗大多数情况下是要发生波动的，补充库存的交货期也会出现提前或延迟的现象。此外，生产过程中出现的破损，仓库台账上出现的记账误差以及物料计算差错等都会导致库存与需求发生偏差。安全库存就是为了避免出现库存不足或过剩，对库存进行适当管理而设置的。

安全库存量是存货的最低库存量，正常情况下不要动用。遇到特殊情况必须使用安全存货时，可按实际需要使用，以保证生产顺利进行或市场需求，但是安全库存应在下批订货到达后立即补齐。

安全库存的数量除了受需求和补货的不确定性影响外，还与企业希望达到的顾客服务水平有关，这些都是指定安全库存决策时应考虑的主要因素。

2. 安全库存的计算

安全库存的确定是建立在数理统计理论基础之上的。计算安全库存可分以下三种情况分别进行。

（1）需求量变化，提前期固定。假设需求的变化情况服从正态分布。由于订货提前期是固定的数值，因而，可根据正态分布图直接求出在提前期内的需求量分布的均值和标准差，或通过直接的期望预测，以过去订货提前期内的需求情况为依据，确定需求的均值和标准差。在此情况下，安全库存可按下式计算：

$$S = Z\sigma_d$$

式中：σ_d——提前期内需求量的标准差

Z—— 一定客户服务水平下的安全系数，可根据预定的服务水平，由正态分布表查出

S——提前期固定，需求量变化情况下的安全库存量

客户服务水平与安全系数 Z 的关系，如图 8 - 7 所示。

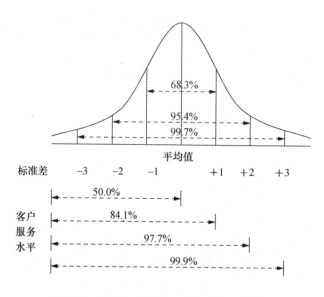

图 8 - 7　客户服务水平与安全系数 Z 的关系

从图 8 - 7 可知，按两个标准差设置安全库存，可确保客户服务水平（不缺货率）到达 97.7%，即（95.4 + 4.6/2）%。而要使客户服务水平到达 99.9%，必须按三个标准差设置安全库存。表 8 - 1 是客户服务水平与安全系数对应关系的常用数据。

表 8 - 1　客户服务水平与安全系数的对应关系

客户服务水平	0.9998	0.99	0.98	0.95	0.90	0.80	0.70
安全系数	3.5	2.33	2.05	1.65	1.29	0.84	0.53

（2）需求固定，提前期变化。当提前期内的客户需求不变，补货提前期的长短随机变化时，安全库存量的计算类似于需求量变化、提前期固定的情况，不同的是提前期内的需求量是通过不变的需求量与提前期的标准差相乘求出的。此时，安全库存量计算公式为：

$S = Zd\sigma_l$

式中：σ_l——订货提前期的标准差

d——提前期内固定的日需求量

Z——一定客户服务水平下的安全系数，可根据上述图表计算确定

S——需求固定、提前期变化情况下的安全库存量。

（3）需求和提前期都随机变化。现实库存作业中，需求量及提前期通常都是随机变化的，均有不确定性，此时，问题就比较复杂了。假设顾客需求和订货提前期是相互独立的（即互不影响），那么安全库存量的计算公式就为：

$$S = Z\sqrt{\sigma_d^2 \overline{L} + \overline{d}^2 \sigma_l^2}$$

式中：σ_d、σ_l 含义同上

$\overline{d}$——提前期内平均日需求量

$\overline{L}$——平均补货提前期

S——需求和提前期均变化时的安全库存量

六、供应链环境下的库存管理

在传统的库存管理模式下，企业的库存管理是各自为政的，物流渠道中的每一个部门都各自管理着自己的库存。零售商有自己的库存，批发商有自己的库存，供应商也有自己的库存。与此同时，供应链上各节点企业都有自己的库存控制策略，它们的库存控制策略不同而且相互封闭，无法利用供应链上的资源。如果将视野从单个企业扩大到由供应商、制造商、批发商和零售商组成的整个供应链来考虑库存问题，就会发现有问题的库存数量较单个企业大大增加。

在过去，上下游企业之间是纯粹的买卖关系，企业之间缺少信息交流，也不会相互协调进行库存管理，因而形成了不必要的大量库存，同时也可能降低了客户的满意度。过去由于缺少信息交流和相互协调，组成供应链的企业之间缺少必要的信任或信任度不高，它们往往会储存高于实际需要量的库存物资，以防万一出现供应商延期交货或不能交货的情况而给企业造成的损失。我们把这种超过实际需要量的库存称为"缓冲库存"。

同样，企业和各自的客户间也缺少信息交流，只能根据预测来安排生产，很容易产生库存不足或库存过剩的现象。有的企业则会为了满足客户大量突发性的订货而刻意储备"缓冲库存"。缓冲库存会增加企业的成本，这些成本最终会通过价格的上升转嫁给消费者，不利于给客户创造价值，会减少客户满意度。当然，真正意义上的零库存是不可能实现的，它只是及时制生产方式的努力方向。

随着组成供应链企业之间由过去的建立在买卖基础上的对立关系向基于共同利益的协作伙伴关系的转变，供应链上的各个企业之间加强交流，分享信息，协作进行库存管理成为可能，而先进的库存管理方法和管理技术的出现正在使这种

可能变成现实。目前，已经出现了许多在维持和改进客户服务水平的基础上优化企业内部和整个供应链库存的方法和技术。

1. 零库存管理

零库存是一种特殊的库存概念，其含义是某种或某些物品的储存数量很低，甚至可以为"零"，即不持有库存。减少存货数量，直至消灭库存就可以避免一系列问题，如仓库建设与管理费用，存货的维护、保管、装卸、搬运等费用，存货专用资金以及库存货物的老化、损失、变质等问题。

不过，零库存是对某个具体企业而言的，是在社会充分储备前提下的一种特殊形式。没有社会储备的保障，没有供大于求的经济环境，微观经济领域的零库存是很难实现的。

供应链物流、第三方物流和其他的新型物流系统，都把零库存服务作为客户服务的一项重要形式。企业为了降低物流成本，在构建自己的物流系统时，也把零库存作为降低成本，提高整个经营水平的重要举措。具体实现零库存的方法有以下几种：

（1）委托保管方式。接受用户的委托，由受托方代存代管所有权属于用户的货物，使用户不再保有库存，甚至可不再保有安全库存，从而实现零库存。

（2）协作代包方式。协作代包方式是使制造企业（主企业）供应库存为零的一种准时供应方式。在许多发达国家，很多制造行业都存在一家规模很大的主企业和数以千百计的小型分包企业，主企业主要负责装配和市场开拓，小型企业各自分包零部件制造等活动。分包零部件制造的小型企业，可以采取各种生产组织形式和库存调节形式，以保证按主企业的生产速率和指定时间送货到主企业，从而使主企业不再设立库存，达到零库存的目的。

（3）同步方式。同步方式也称轮动方式，是在对物流系统进行周密设计的前提下，使各个环节速率完全协调，从而在根本上消除库存的一种零库存形式。

（4）准时供应方式。在供应与生产之间或生产工位之间完全做到同步，是一件难度很大的系统工程，同时，有一些产业也不适合采用同步方式，因而，广泛采用比同步方式更为灵活、更容易实现的准时方式。

（5）看板方式。这是准时生产制的一种简单有效的实现形式，也称为"卡片"制度，是日本丰田公司首先采用的。在供应企业与生产企业之间，或生产企业各工序之间，采用固定格式的卡片为凭证，由下一环节根据自己的节奏，逆生产流程方向，向上一环节指定供应，做到准时同步。采用看板方式，有可能使供应环节实现零库存。

（6）水龙头方式。这是一种像拧开自来水管的水龙头就可以取水而无需自己保有存货的零库存方式，为日本索尼公司首先使用。经过一段时间的演进，已发展成即时供应制度，用户可以随时提出采购要求，采取需要多少就购入多少的方式，供货者以自己的库存和有效供应系统承担即时供应的责任，从而使用户实现零库存。适合这种供应方式的货物主要是工具及标准件。

2. 供应商管理用户库存

供应商管理用户库存（Vendor Managed Inventory，VMI）是指供应商等上游企业在对其下游客户的生产经营和库存信息进行充分了解的基础上，对下游客户的库存进行管理和控制的库存管理策略。这种库存管理策略打破了传统的各自为政的库存管理模式，体现了供应链的集成化管理思想，适应市场变化的要求，是一种适应供应链环境的有代表性的库存管理方法。

（1）供应商管理用户库存的基本思想。长期以来，库存控制都是由库存拥有者进行管理的。生产与流通环节中的每一个部门都各自管理自己的库存，供应商、制造商、批发商及零售商都有各自的库存，供应链上的各节点企业也都有自己的库存控制策略。由于各自的控制策略不同，需求与库存信息无法共享，因此不可避免地产生需求的扭曲现象，即所谓的需求放大现象，无法使供应商快速响应用户的需求。在供应链管理环境下，供应链各个环节的活动都应该是同步进行的，而传统的库存控制方法无法满足这一要求。

供应商库存管理系统就能突破传统的条块分割的库存管理模式，以系统的、集成的管理思想进行库存控制，使供应链系统能够获得同步化的运作。其主要思想就是在用户和供应商相互合作的基础上，以双方获得最低成本为目的，在一个共同的协议下由供应商管理用户的库存，确定库存水平和补给策略并拥有库存控制权。双方不断监督协议的执行情况并根据情况变动修正协议内容，使库存管理得到持续性改进。

（2）供应商管理库存策略的原则。供应商管理库存策略的原则有以下几点：

1）合作性原则。在实施该策略时，相互信任与信息透明是很重要的。供应商和其下游用户（制造商、零售商等）都要有较好的合作精神，才能够建立战略合作伙伴关系。

2）互惠原则。供应商管理用户库存不是关于成本如何分配或谁来支付的问题，而是关于减少成本的问题。通过该策略使双方的成本都获得减少。也只有实现了互惠互利才能使双方更好地合作。

3）目标一致性原则。这种策略的实施要签订相关的协议，在协议中对双方的责任和义务及相关的问题要做出明确的规定，从而使得双方在观念上达成一致，如库存放在哪里、什么时候支付、是否支付管理费、要花费多少等问题都要经协商达成-致，并体现在框架协议中。

4）连续改进原则。连续改进原则能使供需双方共享利益并消除浪费。

（3）如何实施供应商管理用户库存。实施供应商管理用户库存策略，就要改变订单的处理方式，建立基于标准的托付订单处理模式。首先供应商和批发商一起确定供应商的订单业务处理过程所需要的信息和库存控制参数；然后建立一种订单的处理标准模式，如电子数据交换，标准报文；最后把订货、交货和票据处理各个业务功能集成在供应商一边。

另外，库存信息的透明度对于实施供应商管理用户库存是至关重要的。信息不透明，供应商就不能够随时跟踪和检查销售商的库存状态，从而快速地响应市场的需求变化，也就不能对本企业的生产（供应）状态做出相应的调整，无法实现库存的最优化。因此，要实施供应商管理用户库存，就要建立相应的信息系统使得供应商能随时追踪和掌控下游客户库存情况及其变动。

具体来说，供应商管理库存的策略包括如下几个实施步骤：

1）建立下游客户情报信息系统。要有效地管理用户库存，供应商必须能够获得顾客的有关信息。可以通过建立顾客信息库的方式，掌握需求变化的有关情况，并把本应由分销商进行的需求预测与分析功能集成到供应商的系统中来。

2）建立销售网络管理系统。要很好地管理库存，供应商必须建立起完善的销售网络管理系统，保证自己的产品需求信息和物流畅通。为此，必须做到：保证自己产品条码的可读性和唯一性，这可以通过利用条码技术实现产品的条码化来实现；解决产品分类、编码的标准化问题；解决商品存储运输过程中的识别问题。

3）签订供应商与分销商（批发商）的合作框架协议。供应商和销售商（批发商）一起通过协商，确定处理订单的业务流程以及控制库存的有关参数（如再订货点、最低库存水平等）、库存信息的传递方式（如 EDI 或 Internet）等相关内容并将其反映在协议中。

4）变革相关的组织机构。在传统的库存管理策略下，一般由财务经理处理与用户有关的事情。引入供应商管理用户库存策略后改变了供应商的组织模式，在订货部门产生了一个新的职能，即负责用户库存的控制、补给和确定服务水平。因此要对组织机构进行相应的变革以适应新的库存管理模式的要求。

值得注意的是，供应商管理用户库存策略虽然较之传统的库存策略更能适应供应链整体的要求，但也并不具有普遍的适应性。一般在以下情况下实施该策略较为有效：零售商或批发商没有信息技术系统或基础设施来有效管理他们的库存；制造商实力雄厚并且比零售商市场信息量大；有较高的直接存储交货水平，因而制造商能够有效规划运输。

3. 联合库存管理

联合库存管理（Combined Inventory Management，CIM）是指供应商与客户同

时参与、共同制定库存计划，利益共享、风险共担的供应链管理策略。

（1）联合库存管理的基本思想。简单地说，联合库存管理是一种在供应商管理库存的基础上发展起来的上游企业和下游企业权利责任平衡和风险共担的库存管理模式。它体现了新型的供应链联盟的企业战略合作伙伴关系，强调了供应链企业之间的互利合作。联合库存管理是解决供应链系统中由于各节点企业的相互独立库存运作模式导致的牛鞭效应（需求放大现象），提高供应链的同步化程度的一种有效方法。联合库存管理强调供应链中各个企业同时参与，共同制定库存计划，并从相互之间的协调性出发，保持对需求预期的一致性。在这个模式下，任何相邻企业需求的确定都是供需双方协调的结果，从而部分消除了由于供应链环节之间的不确定性和需求信息扭曲现象导致的供应链的库存波动；库存管理不再是各自为政的独立运作过程，而是供需连接的纽带和协调中心。库存连接的供需双方以供应链整体的观念出发，同时参与，共同制定库存计划，实现供应链的同步化运作。

联合库存管理同时在供应链中建立合理的库存管理风险的预防和分担机制、合理的库存成本与运输成本分担机制和与风险成本相对应的利益分配机制，在进行有效激励的同时，避免供需双方的短视行为及供应链局部最优现象的出现，实现风险、成本和效益的平衡，提高供应链运作的稳定性。

（2）联合库存管理的实施策略。联合库存管理的实施策略如下：

1）建立供应链协调管理机制。为了发挥联合库存管理的作用，供应链各方应从合作的思想出发，建立供应链协调管理的机制，建立合作沟通的渠道，明确各自的目标和责任，为联合库存管理提供有效的机制。

建立供应链协调管理机制，要从以下几个方面着手：

第一，建立共同合作目标。要建立联合库存管理模式，首先供需双方必须本着互惠互利的原则，建立共同的合作目标。为此，要理解供需双方在市场目标中的共同之处和冲突点，通过协商形成共同的目标，如用户满意度、利润的共同增长和风险的减少等。

第二，建立联合库存的协调控制方法。联合库存管理中心担负着协调供需双方利益的任务，起协调控制器的作用，因此需要对库存优化的方法进行明确规定。这些内容包括库存如何在多个需求商之间调节与分配、库存的最高和最低水平、安全库存的确定、需求的预测等。

第三，建立一种信息沟通的渠道或系统。信息共享是供应链管理的特色之一。为了提高整个供应链需求信息的一致性和稳定性，减少由于多重预测导致的需求信息扭曲，应增加供应链各方对需求信息获得的及时性和透明性。为此应建立一种信息沟通的渠道或系统，以保证需求信息在供应链中的畅通和准确性。

第四，建立利益的分配、激励机制。要有效运行基于协调中心的库存管理，必须建立一种公平的利益分配制度，并对参与协调库存管理中心的各个企业（供应商、制造商、分销商）进行有效的激励，防止机会主义行为，增加协作性和协调性。

2）发挥两种资源计划系统的作用。为了发挥联合库存管理的作用，在供应链库存管理中应充分利用目前比较成熟的两种资源管理系统：制造资源计划系统和物资资源配送计划。原材料库存协调管理中心应采用制造资源计划系统，而在产品联合库存协调管理中心则应采用物资资源配送计划。在供应链系统中把两种资源计划系统很好地结合起来。

3）建立快速响应系统。快速响应系统是在 20 世纪 80 年代末由美国服装行业发展起来的一种供应链管理策略，目的在于减少供应链中从原材料到用户过程的时间和库存，最大限度地提高供应链的运作效率。该系统在美国等西方国家的供应链管理中被认为是一种有效的管理策略。美国的嘉思明（Kurt Salmon）咨询公司调查分析认为，实施快速响应系统后供应链效率大有提高：缺货大大减少，通过供应商与零售商的联合协作保证 24 小时供货；库存周转速度提高 1～2 倍；通过敏捷制造技术，企业的产品中有 20%～30% 是根据用户的需求而制造的。快速响应系统需要供需双方的密切合作，因此，协调库存管理中心的建立为快速响应系统发挥其作用创造了有利的条件。

4）发挥第三方物流系统的作用。第三方物流系统（Third Party Logistics，TPL）是供应链集成的一种技术手段。第三方物流系统也叫作物流服务提供者（Logistics Service Provider，LSP），它为用户提供各种服务，如产品运输、订单选择、库存管理等。第三方物流系统的一种形式是由一些大的公共仓储公司通过提供更多的附加服务演变而来的；另外一种形式则是由一些制造企业的运输和分销部门演变而来的。

面向协调中心的第三方物流系统使供应与需求双方都取消了各自独立的库存，增加了供应链的敏捷性和协调性，并且能够大大改善供应链的用户服务水平和运作效率。

复习思考题

1. 什么叫库存？库存的种类有哪些？
2. 库存成本由哪几部分构成？
3. 简述 ABC 分类法的运用过程。
4. 定期订货法和定量订货法的异同。
5. 简述供应商管理库存（VMI）和联合库存管理的基本思想。

计算题

1. 某公司仓库共有 20 余种物料，每一种物料的编号、库存数量和单价如表 8 - 2 所示。该仓库人员在管理物料过程中，不分主次，把所有物料都作为重点监控对象，结果发现，尽管库存数量得到了控制，但是投入的人力与时间过多，感到得不偿失。因此，他们计划改变库存物料管理方式，一方面控制库存水平与库存成本，另一方面减少人力和时间的投入。在此情况下，你建议该库存管理人员如何去做？

提示，先计算每一种物料的库存金额，并按大小排序；在此基础上，计算库存金额累计百分比和物料品种累计百分比，按 ABC 分类标准将每一种物料进行分类，分别归入 A、B、C 三类中，并根据统计数据绘制 ABC 分析图；针对不同类型物料，实施分类管理。

表 8 - 2 某公司物料的编号和库存数量

物料	1	2	3	4	5	6	7	8	9	10	11	12	13	14	15	16	17	18	19	其他
数量（单位）	400	360	300	300	250	240	225	200	155	150	130	120	100	90	60	50	30	30	20	80
单价（元/单位）	15	15	30	20	20	1000	50	180	40	100	50	10	240	2000	35	60	50	40	50	8

注：表中"其他"一项是指除去前 19 项物料以外剩余的物料，特点是种类、数量较多，价值最低。本例中这类物料数量总计 80 单位，每单位平均价格为 8 元。

2. 某企业年需某物资 1200 单位，单价为 10 元，年库存持有成本率为 20%，每次订货成本为 300 元。求：经济采购批量，年度采购成本以及年度库存持有成本，并画出采购成本、持有成本、总成本与采购批量之间的关系。

3. 某企业某种物资经济采购批量为 600 单位，全年需要该种物资 3600 单位，全年按 360 天计算，考虑到供应的不确定性，安全库存定为 100 单位，订货周期（即从发出订单到收到货物所经历的时间）按 20 天计算。求：该种物资每日需要量，再订货点的库存量，平均库存量，全年库存周转次数，画出该问题的库存关系锯齿图。

4. 某超市销售一种食用油，日销售量在 0～10 瓶，经济采购批量为 50 瓶，再订货点也为 50 瓶，补货提前期为固定常数 10 天。又假设每日销售量为一正态分布随机变量，而且三个补货周期的实际销售状况如表 8 - 3 所示。要求计算：平均每日销售量；如果要求客户服务水平不低于 95%，试通过计算需求量的标准差，确定安全库存量的大小。

表8-3 某超市三个补货周期的实际销售

第一周期			第二周期			第三周期		
日期	需求	累计需求	日期	需求	累计需求	日期	需求	累计需求
1	9	9	11	6	6	21	5	5
2	1	10	12	0	6	22	5	10
3	2	12	13	5	11	23	4	14
4	3	15	14	7	18	24	4	18
5	7	22	15	10	28	25	3	21
6	5	27	16	7	35	26	2	23
7	4	31	17	9	44	27	1	24
8	8	39	18	6	50	28	8	32
9	5	44	19	缺货	50	29	4	36
10	6	50	20	缺货	50	30	3	39

5. 上题作业中,假设订货提前期也是符合正态分布的随机变量,而且每日销量和提前期是相互独立的。提前期满足均值为10天、标准差为1.5天的正态分布。每日销量的均值和标准差按上面计算的结果确定,求95%的顾客满意度下的安全库存量。

第 九 章

运输管理

学习目标:

　　通过本章学习，了解运输的含义、功能与原理，明确各种运输方式的优缺点，熟悉运输业务管理，掌握运输路线的设计与规划等内容。

　　运输是将产品运送到地理位置相互分离的市场。如果产品按时并保质保量地到达，就能给客户提供附加价值，从而有助于提高客户服务水平。同时，运输还具有扩大市场、稳定价格、促进社会分工、扩大流通范围等社会经济功能，对发展经济、促进生产、提高居民生活水平有着巨大的影响。因此，建立高效、快捷、可靠的运输支持系统是至关重要的。

第一节　运输管理概述

一、运输的含义与特征

　　运输（Transportation）是物体借助运力在空间上产生的位移。我国国际标准《物流术语》对运输的定义是："用设备和工具，将物品从一地点向另一地点运送的物流活动，其中包括集货、分配、搬运、中转、装入、卸下、分散等一系列操作。"从本质上说，运输是一种服务。作为一种服务，运输具有以下特征：

　　1. 移动

　　移动可通过运输的速度、可靠性、可达性、安全性、频率以及特殊运输能力来反映。

（1）速度（Speed）。速度以货物从一地移至另一地的运送时间（Transit Time）来反映。运送时间越短，运输速度越快，存货水平就越低。

（2）可靠性（Reliability）。可靠性指的是货物运送时间（Time-in-Transit）的一贯性（Consistency）。确定或稳定的集货和运送时间可以使托运人和收货人优化存货水平并使缺货成本达到最小，不可靠的运送时间要求收货人增加存货水平以防止缺货情况的发生。

（3）可达性（Accessibility）。可达性是指运输提供者从客户指定的起始点到终点运输货物的能力，反映了运输方式的可用性。如果一种运输方式在起始点到终点之间不能提供直接送达服务，就会发生额外的成本，延长运输时间。

（4）安全性（Security）。安全性关注的是运输中货物的安全问题。在运输中货物受损或丢失会导致存货或缺货成本增加。这是因为买主因货物受损或丢失将面临无货出售或生产中断的可能，为了应对这种情况的发生，买主通常要增加存货水平。

（5）运输频率（Frequency）。运输频率是指在一定时间内运送货物的次数，这对小批量、多批次运输具有重要意义。

（6）特殊运输能力（Capability）。特殊运输能力的本质是承运人满足特殊服务要求的能力，例如，基于货物的物理及销售特性，货主对运输设备、设施及通信系统有独特的要求。要求对运输温度进行控制的产品必须使用备有冷冻设备的车辆，对时间要求严格的货物要求承运人借助通信系统以准确控制货物的位置和到达时间。出于销售方面的考虑，承运人需要提供货物合并或分装的设备以降低运输成本和运送时间，满足市场需求。

2. 使用运输设备

对货运而言，运输设备和手段的选用影响着运输货物的大小、装卸效率以及运输成本的高低。

3. 运输成本

运输服务具有成本，包括提供基本服务的成本以及由使用者承担的附加服务费用。后者包括取货和送货成本、包装成本、损坏和滞留成本等。

二、运输的功能

运输就是商品的载运和输送，它将货物从一个地方运往另一个地方。运输将商品从生产地运往消费地，使商品的交易过程能顺利完成，以实现商品的价值和使用价值，满足社会消费的需要和促进商品的再生产。运输是商品生产和流通的中间环节，对扩大商品市场范围、保证物价稳定，促进社会分工的发展以及提高人民生活水平等起着十分重要的作用。

在物流管理过程中，运输主要提供两种功能：产品转移和产品临时储存。

1. 产品转移

产品不管它处于何种形式（原材料、零部件、半成品、制成品），只要是将它转移到下一目的地进行再生产或销售，运输都是必不可少的环节。运输的主要目的是以最少的费用将恰当的产品在恰当的时间运往恰当的地点，并留下良好的印象。

运输使产品发生转移，改变了产品的地点和位置，增加了产品的价值，创造了产品的空间效用（Place Utility）或称地点效用；运输还使产品在规定的时间到达目的地，或者说在需要的时候发生了移动，因而，也创造了产品的时间效用（Time Utility）。如果产品没有在准确的时间到达目的地，企业就可能付出高昂的代价，比如，因产品缺货而丧失了销售机会，甚至失去客户，也可能因原材料供应延误出现生产线停工待料。

2. 产品临时储存

将产品进行临时储存也是运输的（次要）职能之一，即将运输工具作为暂时的储存场所。在运输期间对产品进行临时储存的原因有两个：一是运输中的产品需要储运，但在短时间内又将被再次运输，并且装卸货物的费用超过储存在运输工具中的费用；二是仓库空间有限，无法储存产品。这样企业可以将货物装载于运输工具中，采用迂回路径或间接路径运往目的地。显然，运输工具在迂回路径上所用的时间要长于在直接路径上所用的时间。

不过，使用运输工具作为产品的临时储存点的成本很高，但是考虑到装卸成本或仓库容量有限等限制条件，从总成本或完成任务的角度来分析，这样的方式有时是合理的。

三、运输原理

运输有两条基本原理，即规模经济和距离经济。

1. 规模经济（Economy of Scale）

规模经济是指随装运规模的增长，每单位重量的运输成本下降。例如，整车装运的货物每单位成本低于零担装运，铁路运输或水路运输这些运输能力较大的运输工具，其每单位重量的费用要低于诸如汽车或飞机之类运输能力较小的运输工具。运输规模经济之所以存在，是因为转移货物有关的固定费用可以按整批货物的重量来分摊。此外，当使用承运人运送货物时，大批量运输会有较强的讨价还价的能力，可以从中获得运价折扣，从而降低运输成本。

2. 距离经济（Economy of Distance）

距离经济是指随着运输距离的增加，每单位距离的运输成本下降。由于运输成本随距离递减，运输距离经济又称为距离成本递减原理（Tapering Principle）。距离经济产生的原因类似于规模经济，运输固定成本由较长的运输距离均摊时，计算的单位距离成本会降低。

四、运输管理的原则

运输是实现物品空间位移的手段，也是创造时间效用的主要方式，因而是一项非常重要的物流活动。认识到运输在物流中的重要功能和作用，企业对运输的要求越来越高。做好运输工作是保证高质量物流服务的重要环节。就物流运输工作而言，应该遵循"及时、准确、经济、安全"四大基本原则。

1. 及时

及时就是按照产供销的实际需要，及时把货物送到指定的地点，尽量缩短货物在途时间。企业应努力实现运输工作的合理化与现代化，做好不同运输工具之间的衔接工作。只有这样，产品才能及时发货并按时送往指定的地点。

2. 准确

准确就是在货物运输中防止各种差错的发生，准确无误地将物品送到收货人手中，避免多送、少送、误送。物品在运输过程中会经历装卸、中转等很多环节，稍有疏忽就会发生偏差，所以企业要采取多种措施防止差错的发生。

3. 经济

经济是以最低的费用运输物品。节约运输费用的主要途径是开展合理化运输，选择合理的运输路线和运输工具，尽量减少运输环节、缩短运输里程，用最少的费用将商品运往目的地。

4. 安全

安全就是要尽最大努力保证物品在运输中质量的完好无缺，商品的价值和使用价值不会发生贬损。这就要求在运输货物前做好运输包装工作，避免在货运中发生霉烂、碰撞、挤压以及丢失现象。在装卸时要小心轻放，以防物品的破损。

第二节　运输方式及选择

1807 年，世界上第一艘蒸汽轮船"克莱蒙特号"在美国试航成功，以此揭开了机械运输的新纪元。其后各种新型机械运输形式相继出现：1825 年世界上第一条铁路在英国正式通车；1861 年世界上第一条输油管道在美国铺设；1886年世界上第一辆以汽油为动力的汽车在德国问世；到了 1903 年，莱特兄弟制造的第一架飞机"飞行者1号"在美国飞上蓝天。至此,经历了整整一个世纪,完整新型机械运输工具相继问世,并以它们为运输手段逐步奠定了铁路、公路、水路、航空以及管道运输构成的运输业基本格局。

机械运输业的产生与发展,极大地推动了生产的发展,缩短了商品流通时间,减少了商品流通费用,开拓了新的商品市场。机械运输业的形成,最终确立了运输业作为一个独立产业部门的地位,也成为现代运输业的基础,而现代运输业是构成现代物流业的核心部门。

基本的运输方式有铁路运输、公路运输、水路运输、航空运输和管道运输五种,商品运输可以采用相应的运输方式,而不同的运输方式都有各自不同的特点。选用何种运输手段,对提高运输效率具有十分重要的意义。

一、运输方式

1. 铁路运输

铁路运输是指使用铁路列车运送客货的一种方式。铁路运输主要承担长距离、大批量的货运以及在没有水运条件的地区运送大批量的货物。铁路运输是在干线运输中起主力运输作用的运输形式。铁路运输的货物具有低价值和高密度的特点,运输成本在货物售价中所占的成本比较大。

(1)铁路运输的优缺点。铁路运输既有优点,也有缺点。

1)铁路运输的优点。铁路运输的优点主要有以下四方面:

A. 运量大、运输距离长并且运价低廉。随着铁路的内燃机化和电气化改造,铁路列车承担长距离、大批量运输货物的能力不断增强,同时运载能力的提高也进一步增强了铁路运输的成本优势。

B. 运输网络完善,可以将货物运往各地。随着现代科学技术的发展,铁路网逐渐向中小城市扩散,可以很好地满足远距离的运输需要。

C. 安全可靠。铁路运输有专用线路,可以全天候运营,受地理和气候的影响比较小,具有较大的连续性和可靠性,安全性也很高。

D. 不会发生交通堵塞。由于铁路货车沿固定轨道按事先计划运行,因此,不会发生交通堵塞。

2)铁路运输的局限性。铁路运输的局限性,也就是其缺点,主要有以下几方面:

A. 无法实现"门到门"的服务。由于在固定线路上行驶,始末端的运输通常要靠汽车来完成,这就需要与汽车进行换载作业。

B. 货损、货差较高。铁路运输可能因为列车行驶时的震荡及运输过程多次中转,很容易导致所载货物的损坏、丢失。由于铁路运输货损比例远高于公路运输，所以企业一般不把高价值的货物交由铁路承运。

C. 换载作业和列车编组需要时间，增加了运输时间，降低了机动、灵活性。

D. 近距离运输时，运费较高。

E. 铁路及其辅助设施建设费用较高。

这些特点决定了铁路运输是陆地长距离、大批量运输的主要方式，适宜长途、大量、价值低、密度高的物品运输，如煤炭、矿石、木材、粮食、钢材等。

（2）铁路货物运输的形式。铁路货物运输的形式主要有三种：整车货物运输、零担货物运输和集装箱货物运输。

1）整车货物运输。一批货物的重量、体积或形状需要以一辆以上货车运输的，应按整车方式办理托运。在铁路货物运输中，整车货物运输占很大比例。

2）零担货物运输。零担运输是指一批货物的重量、体积或形状不够整车运输条件时可按零担托运。铁路规定，按零担托运的货物，一件体积最小不得小于0.02 立方米（一件重量在 10 公斤以上的除外），一张运单托运的货物不得超过300 件。

3）集装箱货物运输。铁路集装箱运输是将货物装入集装箱，再将集装箱作为一个单元装载到货车上进行运输的方式。适合以集装箱运输的货物，可按集装箱运输方式办理。

（3）铁路运输车辆。铁路运输车辆主要有机车和货车两种，以煤炭为动力的蒸汽机车已属淘汰产品，目前正由内燃机车向电力机车发展。货车随用途而异，也有不同种类，如棚车、敞车（矿石、煤炭）、平车（集装箱、汽车）、罐车、保温车、特种车等。

2. 公路运输

公路运输是配送货物的主要形式。公路运输主要承担近距离、小批量的货物运输以及水路运输、铁路运输难以到达地区的长途大批量货运和水路运输、铁路运输难以发挥优势的短途运输。由于公路运输有很强的灵活性，能实现"门到门"的服务，近年来，在铁路和水路密集的地区，长途运输也开始使用公路运输。

（1）公路运输的优缺点。公路运输的优缺点如下：

1）公路运输的优点。公路运输的优点主要体现在下面五方面：

A. 可以实现"门到门"的运输。公路运输不受路线和停车站的约束，只要没有特殊的障碍（如壕沟、过窄的通道等），汽车都可以到达。因此，可以提供从托运人到收货人的"门到门"的直达运输。

B. 由于直达运输无须转运或反复装卸搬运，因而运输时间可以缩短（比铁路短），货物包装可以简化，因搬运造成的损坏、丢失也可以极大地减少。

C. 运用灵活，可以满足多种需求。公路运输对货物量的大小有很强的适应性，可以灵活制订运输时刻表，可以随时调拨，有很强的弹性。

D. 因为汽车承运人众多，公路运输服务随处可得。

E. 在多式联运中，公路运输通常作为其他运输方式的衔接手段。

2）公路运输的缺点。公路运输的缺点如下：

A. 载运量小。受汽车装载量及汽车数量的限制，无法实现大批量运输。普通汽车可载运 3～5 吨，即使使用全拖车也只有数十吨，无法与铁路和水路的庞大数量相比。

B. 长距离运输费用较高。在长距离运输时，由于动力费和劳务费较高，导致运输不经济。

C. 安全性差。由于车种复杂、路况不良以及驾驶人的疏忽等因素，容易发生交通事故，对人身、货物及汽车本身造成损失。

D. 由于汽车数量增多，造成了交通拥挤堵塞，同时产生的尾气、噪声也造成了环境污染。

（2）公路运输的车辆运行方式。科学、合理地组织车辆运行，可以显著提高运输效率。行之有效的车辆运行方式有双班运输、拖挂运输和甩挂运输等。

1）双班运输。在其他条件不变的情况下，延长出车时间能增加汽车行驶里程，进而提高运输效率。汽车运输变单班运输为双班运输甚至多班运输，其基本出发点就是"停人不停车"，是增加车辆出车时间，提高车辆生产率的有效措施之一。

2）拖挂运输。汽车运输使用的车辆通常分为汽车、牵引车和挂车三大类。不同用途的车辆按照一定的要求进行组合、搭配，便构成了各类汽车列车。比较常见的搭配方式有两种，一种是由载货汽车和挂车组成的汽车列车，另一种是由牵引车和半挂车组成的汽车列车。

拖挂运输是指汽车列车在运行和装卸作业时，载货汽车（或牵引车）与全挂车（或半挂车）一般不分离的车辆运行方式。拖挂运输在运行组织和管理工作中基本上与单车相仿，易于推广，是世界汽车货运发展的主要趋势之一。

3）甩挂运输。甩挂运输用牵引车拖带挂车至目的地，将挂车甩下后，换上新的挂车运往另一个目的地的运输方式。

（3）公路运输车辆。公路运输是最普及、最方便的一种运输方式。在我国，公路运输一般从事中、短途运输，是一种地区性的运输方式，是企业内部生产运输的主要运输方式，为铁路运输、水路运输、航空运输起到集中、疏散的作用。这种独特的运输作用是其他运输方式不能替代的。

货运汽车种类很多，主要有普通货车（轻3，中、重型8）、厢式货车两种。

虽然货车大型化（加挂车）是发展趋势，但是小型货车的适用范围很广，今后仍然会保持大型货车和小型货车相结合的汽车运输体系。

3. 水路运输

水路运输是指使用船舶运送客货的一种运输方式。水路运输主要承担大批量、远距离的运输，是在干线运输中起主力作用的运输方式。在内河和沿海，水路运输作为小型运输工具使用，担任补充及衔接大批量干线运输的任务。在各种运输方式中，水路运输是最经济的运输方式，但运输速度较慢。

（1）水路运输的优缺点。水路运输的优缺点如下：

1）水路运输的主要优点。水路运输有如下优点：

A. 运输成本低。水运运输成本明显低于航空、公路以及铁路运输。因此，水运对于单位价值低或者运输成本占售价很大比重的产品（如矿石、木材、农产品等）而言最具优势。

B. 运载量大。内河运输中采用拖带方式，运量会成倍增长。

C. 环境污染小。在同距离、等量产品的运输中，水路运输所耗费的能源最少。

D. 续航能力大。船上可以携带数十天的食物及淡水，配备各种设备，能够独立生活，非其他运输方式可比。

2）水路运输的主要缺点。水路运输的缺点如下：

A. 运输速度最慢。海上运输有时以几个月为周期，因此一些公司把水路运输作为"运送中的"仓库。

B. 受气候、季节、港口条件的影响。水运受到天气状况、季节水位、港口基础设施的影响较大。尤其是远洋运输，极易受风浪、风暴和恶劣天气的影响，使得航期不能保证。

C. 货损现象较多。水上运输的野蛮装卸、运输途中的颠簸以及水运自身导致的包装破损等损坏情况时常发生。

D. 可用性较差。只有临近水路的托运人才能直接使用水路运输，否则就需要有汽车或火车来衔接地面运输。

（2）水路运输的形式。水路运输的形式主要有：

1）内河运输。内河运输主要是使用船舶在陆地内的江、河、湖、川等进行运输的一种形式，主要使用中小型船舶。内河运输是一种古老的运输方式，是水路运输的主要组成部分。随着科学技术的不断发展，内河运输工具和管理技术也得到了不断的改进。

2）沿海运输。沿海运输是通过大陆附近沿海航道使用船舶运送客货的一种方式，一般适用中小型船舶。沿海运输主要从事国内产品的运输，其活动范围较小，运输风险也较小。

3）近海运输。近海运输是使用船舶通过大陆临近国家海上航道运送货物的一种形式，使用中型船舶还是小型船舶，要视航程而定。

4）远洋运输。远洋运输是使用船舶跨大洋的长途运输形式，主要靠运载量大的大型船舶，其运输距离较长，运输风险较大。随着我国加入世界贸易组织，国际贸易量会加大，活动范围也会更加广阔，远洋运输将越来越受到重视。

（3）水路运输的船舶。水路运输所使用的船舶按用途分类主要有：普通货船，散装货船以及集装箱船、滚装船、油船等专用运输船舶。

4. 航空运输

航空运输是指使用飞机或其他航空器进行运输的一种方式。航空运输快速、安全，但费用高昂。通常航空运输承载的货物主要有两类：一是运输时间受限的货物，如花卉、海鲜等保鲜物品，抢险救灾等紧急物品，时装等流行商品等；二是价值高，运费承担能力很强的货物，如贵金属、珠宝、手表、相机、美术品等贵重货物。

（1）航空运输的优缺点。航空运输的优缺点如下：

1）航空运输的优点。航空运输具有以下五方面的优点：

A. 运输速度快。航空运输的速度远远快于其他运输方式，这使得它在长途运输上具有突出优势。航空运输的高速性有利于降低库存水平，加速存货资金周转。

B. 可以提高货主对市场的快速反应能力。当今市场竞争激烈，航空运输的快捷服务可使货主根据市场信息迅速做出反应，推出适销对路的产品并占领市场。

C. 简化包装，减少货损。飞机在空中飞行平稳，着陆时也有减震系统，货物不会受到太大的外力，因而被运输的货物只需简单包装即可。还有，航空运输安全准确，事故率低，货损货差少，保险费用也较低。

D. 不受地形限制、机动性大。飞机在空中飞行，受陆地地形因素限制很少，受航线条件限制的程度远比汽车运输、铁路运输和水运小得多。

E. 除了雾天和雪天之外，航空公司都可以提供可靠的运输服务。

2）航空运输的缺点。航空运输也有不利的方面：

A. 运费高。航空运输的运费远高于其他方式，这是空运的最大劣势。

B. 运载能力有限。空运的能力在很大程度上受飞机货舱尺寸和飞机载重能力的限制。不过，随着大型飞机投入使用，这种限制越来越少。

C. 可用性较差。当离机场较远时，必须依靠汽车把货物送到机场或从机场取货。

D. 受气候影响较大。恶劣的天气情况可能会对航空运输造成极大的影响，影响航空运输及时性的实现。

（2）航空运输的方式。航空运输的主要方式包括班机运输、包机运输、集中托运三种形式。

1）班机运输。班机是在固定航线上定期航行的飞机，主要是客货混载。班机运输一般有固定的始发站、到达站和经停站。由于班机一般是客货混装，所以货舱舱位有限，不能满足大批货物运输的要求。

2）包机运输。包机运输是由租机人租用整架飞机或若干租机人联合包租一架飞机进行货运的运输方式。当空运的货物运量较大时，包机运输就成为首选方式。

3）集中托运。集中托运是指航空货运代理商把若干单独发运的货物组成一整批，采用一份总运单整批发运到同一目的站，或由指定的代理商收货，再根据签发的分运单，分拨给各实际收货人的运输方式。

客运飞机可以利用下部"腹仓"运送少部分货物。但是随着空运货物的增加，出现了专用货运机（运输机），采用单元装载系统，缩短装卸时间，保证了"快"的特色。

5. 管道运输

管道运输是使用管道输送流体货物的一种运输方式，它所运输的货物主要有油品、天然气、煤浆以及其他矿浆。管道运输是指气体、液体和粉状固体在管道内顺着压力方向循序移动。管道运输与其他运输方式的主要不同在于管道设备是静止的。

（1）管道运输的优点。管道运输的主要优点有：

1）运输费用低。管道一旦建成，可以连续不断地输送大量货物，不会产生回空问题且无须装卸、包装，因而费用很低。

2）不受天气影响，运行安全可靠。易燃的油、气密闭于管道之中运输，既不受天气影响，还可减少挥发损耗，又较其他运输方式安全可靠，这就减少了安全库存的需要。

3）便于管理。管道内的货物流动由计算机监视和控制。

4）占地少、污染小。管道多埋于地下，不占用土地或占地较少。管道运输沿途无噪声，漏失污染小。

（2）管道运输的缺点。管道运输的缺点主要是在输送对象和输送地点方面存在局限性：

1）在输送对象方面，一般适用于石油、成品油、天然气等流体货物。煤等固体原料必须加工成浆状后才能利用管道运输。

2）在输送地点方面，与管道接近的地方或货运人才能使用这种方式。

3）运输速度缓慢。如果产品不是急用，缓慢的管道运输可以看作免费仓库存储。

以上五种运输方式的营运特征可以从成本即运价、速度、可得性、可靠性、特殊运输能力、货物损失以及频率七个方面进行比较，见表9-1。

表9-1　各种运输方式相关的营运特征

营运特征	铁路	公路	水路	航空	管道
成本（1=最高）	3	2	4	1	5
速度（1=最快）	3	2	4	1	5
可靠性（1=最好）	2	1	4	3	—
可用性（1=最好）	2	1	4	3	—
特殊运输能力（1=最好）	1	2	4	3	5
货物损失（1=最少）	3	2	4	1	—
频率（1=最高）	3	1	4	2	—

注：速度：门到门的平均运送时间；可靠性：运送时间的一贯性、稳定性；可用性：接近运输设施的程度；特殊运输能力：满足货主不同运输需求的能力。

二、对各种运输方式的技术经济评价

1. 运输速度

运输是货物或旅客的空间位移，以怎样的速度实现空间位移是运输业的一个重要技术指标。

运输方式的技术速度决定运载工具在途运行时间，而运输速度（送达速度）除运行时间外，还应考虑途中的停留时间和始发、终点两端的作业时间。目前，我国各种运输方式的技术速度为：铁路为80~120公里/小时；海运为10~25节；河运为8~20节；公路为80~120公里/小时；航空为900~1000公里/小时。

实际运输中，旅客和货物所得到的运输服务速度低于运载工具的技术速度。

首先，运载工具不可能在全程运输中以技术速度运行，即运输速度总是低于技术速度的，例如，飞机必须进行升降作业，降落前必须减速飞行；铁路运输途中必须停站装卸和编组作业；船舶必须在港口、码头装卸，途中行驶会受到风浪影响；汽车运行途中必须按交通规则减速避让等。

其次，旅客和货物通常需要在机场、车站、码头等地集结和等待发送。等待时间与载体容量和发送频率有关，例如，海船容量大，运送频率低，因此货物必须较长时间在港口等待发运；而汽车容量小，货物集结等待时间就短。

就运输速度而言，航空运输最快，水路运输最慢，公路运输快于普通铁路运输，但慢于高速铁路。

2. 运输工具的容量及线路的运输能力

由于技术和经济的原因，各种运载工具都有其适当的容量范围。公路运输由于道路和桥梁的限制，作为公路运输工具的汽车容量最小，载重量通常为 5～10 吨；航空运输的升降作业限制了它的载重量；铁路运输的载重量取决于列车长度和路基的承受能力，我国一般铁路列车的载重量为 3000 吨；船舶容量主要受航道和港口水深的制约，但一般来说其载重量要比其他运输方式大得多，例如，大型内河拖驳船队的载重量已超过万吨，相当于铁路列车载重量的 4～5 倍。

运输工具的容量或载重量以及运输密度决定了运输线路的运输能力。运输单线铁路最大运输能力为 1800 万吨/年，复线铁路为 5500 万吨/年；一条四车道的公路年运输能力约为 300～500 万吨；管道运输能力取决于管径及泵的速度，通常一条 76 毫米管径的管道运输能力为 2000 万吨年。海上运输能力几乎不受限制。

3. 运输成本

运输成本主要由四项内容构成，即基础设施成本、运转设备成本、营运成本和作业成本。基础设施成本是运输基础设施建设方面的投资，如铁路运输中的线路建设、水路运输中的河川整治，车站、港口、机场、管道、灯塔等设施建设也属于基础设施成本；运转设备成本是指牵引机车、动力机械等运输工具方面的投资，如电力机车、汽车、轮船、飞机、集装箱等；营运成本是指运输过程中所产生的能源、人工等方面的开支；作业成本是指在始发、中转和终点所发生的编组、整理、装卸、储存等作业上的费用。

以上四种运输成本在各种运输方式之间存在较大的差异。对铁路而言，基础设施和运转设备方面的成本比重较大，这是因为铁路建设投资大，又属于专用线路。相反，公路、水路、航空虽然也有线路投资，但这些线路是公用线路，分摊后的费用较小，而营运费用、作业费用却较高。

评价各种运输方式的成本水平，还要考虑运输距离、运输密度、运输数量等多种因素。一般说来，通常空运成本最高，其次是公路运输成本，水路运输特别是海上运输的成本最低。

4. 经济里程

经济性是衡量交通运输方式的重要标准。对运输需求者来说，经济性是指单位运输距离所分摊的费用多少。运输方式的经济性除了受基础设施投资、运转设备投资、营运费用和作业费用等运输成本影响之外，还主要与运输速度和运输距离有关。

运输速度与运输成本关系密切，两者通常表现为正相关关系，即运输速度越快，相应运输方式的运输成本就越高。运输距离与运输的经济性关系也非常密切，不同运输方式的运输距离与成本之间的关系存在一定差异。例如，与公路运输相比，铁路的运输成本上升的幅度明显低于运输距离增加的幅度，这是因为铁路运输具有较高的固定成本和作业成本，增加运输距离显然有利于减少单位运输距离成本中分摊的费用。从国外惯例看，300公里以内被称为短途运输，应当分流给公路运输。

三、运输方式的发展

1. 联合运输

联合运输（Combined Transport）简称联运，是指一次委托，由两家以上运输企业或用两种以上运输方式共同将某一批物品运送到目的地的运输方式。这种综合性的运输组织工作，可以是两种以上运输方式的组合（即多式联运），或是两程以上运输的衔接；也可以是一种运输方式多家经营，或是多种运输方式联合经营。

（1）联合运输的特点。联合运输是对各种运输方式的合理组织与综合运用，不仅考虑了一种运输方式的特点，更是注重发挥各种运输方式的整体功能和综合优势以及各联运企业间的协调与配合。与一般运输相比，联合运输在组织物流活动中表现出以下特点：

1）代理性。从事联合运输的企业为承运、托运双方提供中转代办和代理承运业务，具有"一手托两家"的代办代理双重身份，即对承运方——运输企业而言，它代表货主；对货主而言，又代理运输业务。

2）协同性。联合运输要求涉及的各环节在运输组织上协调配合，建立统一计划、统一技术作业标准以及统一考核标准；在技术装备上，也要求港、站、库、场集疏运系统同步建设，相互配套，实现运输设施的协同性。

3）通用性。联合运输涉及两种以上运输方式或一种运输方式两程以上的衔接配合，因此，所使用的运输合同协议、规章制度必须在联运企业间具有通用性。

4）全程性。联运过程中，货物从受理、承运，直到送达、费用结算等环节，无论经过几程运输、几次中转，均可一票贯通全程。

5）简便性。联运实行"一次托运、一次起票、一次结算、一票（单）到底、全程负责、统一理赔"的运输代理，与传统运输相比，手续非常简便，提高了运输效率，节省了运输时间和运输成本。

（2）联合运输的作用与意义。联合运输的作用与意义如下：

1）提高运输效率和社会效益。随着社会经济快速发展，客货流量不断增长，运输距离日益延伸，加上交通运输具有跨地区、跨部门、开放性、多环节等特点，单靠一种运输方式或一个运输企业对客货运输的全过程难以实现科学合理的组织，要求多种运输方式或多家运输企业经过两程以上的衔接方能完成。同时，科学合理组织各种运输方式或运输企业，可大大提高运输效率，降低运输成本，从而创造更多社会效益。

2）简化手续，方便货主。开展联合运输，货主只需办理一次托运，支付一次运费，取得一张联运提单，即可把货物从起点运至终点，无须货主在中转地再次办理提货、托运、中转换装等业务，改由联运企业集中全面代理这些业务，大大方便了货主，减少了人力物力的浪费。

3）保证货物流通过程的畅通。对联合运输进行科学合理的组织，既可保证每种运输方式或每一程运输的高效合理，又可确保各种运输方式或各程运输之间的无缝衔接。可见，开展联合运输，有利于加快车船周转和货物送达，减少货物在途时间，加速货物流通。

总之，联合运输把分阶段的不同运输过程，联结成一个单一的整体运输过程，不仅给托运人和承运人带来了方便，而且加速了货物运输，降低了运输成本。因此，发展联合运输是充分发挥各种运输方式优势、使之相互协调配合的主要途径，对形成综合运输网络、提高社会经济效益也起着重要作用。

（3）联合运输的种类。联合运输有以下几类：

1）按联运中各种运输方式组合的情况，主要分为：铁路与公路联运、水路与公路联运、航空与公路联运，此外也存在铁路水路联运、管道水路联运等多种组合。

铁路与公路联运，即公铁联运，也称驮背运输（Piggyback），是指在铁路平板车上载运卡车拖车，其运输距离比卡车运输长。它既有铁路运输经济的特点，又有卡车运输的方便、灵活。这样，卡车铁路联合运输可以延伸其业务范围，托运人也能在合理价格下享受到长距离门到门服务的便捷。

公路或铁路与水路联运，也称鱼背运输（Fishyback），是将卡车、拖车、火车车厢或集装箱转载到驳船或船舶上进行运输。这是最便宜的多式联运方式。

2）按区域范围来分，可以分为国内联运与国外联运。国内联运是指在一国内进行的联合运输，而国外联运则是指在两国或多国之间进行的运输。

3）按运输的对象来划分，可以分为货物联运和旅客联运。货物联运可以是对多种货物进行的运输，如木材、煤炭、矿石等大宗物资联运以及一些小件货物或零散货物联运；旅客联运是用多种运输工具来运送旅客，可以是将铁路公路、水路公路、航空公路等运输方式联合起来运送旅客。最常见的是旅游公司利用旅游专列和旅游客轮来运送观光旅客。

2. 集装箱运输

（1）集装箱的含义。集装箱（Container）是指具有一定强度、刚度和规格，专供周转使用并便于机械操作和运输的货物容器。按照国际标准化组织（ISO）对集装箱定义，作为一种运输设备，集装箱应满足下列要求：①具有足够的强度，可长期反复使用。②适于一种或多种运输方式运送，途中转运时，箱内货物不需要换装。③具有快速装卸和搬运的装置，特别便于从一种运输方式转移为另一种运输方式。④货物方便装满和卸空。⑤具有一立方米及以上的容积。

为了适应各种运输方式和不同货物的需求，集装箱有许多种类。根据集装箱的用途可以分为通用集装箱和专用集装箱两大类：

通用集装箱也称干货集装箱（Dry Cargo Container），以装运普通杂货为主，用途最为广泛。这种集装箱通常为封闭式，在一端或侧面设有箱门。

专用集装箱是专门用来装运某一类别或某一特殊性质货物的集装箱。主要有运输冷藏或保温货物的保温集装箱，装运酒类、油类等液体货物的液罐集装箱，装载小麦、大豆、饲料等货物的散装集装箱以及服装集装箱，动物集装箱，轿车集装箱等。

（2）集装箱运输。集装箱运输是以集装箱为运输单位，通过一种或几种运输工具，进行货物运输的一种先进的运输方式，也是集装化运输的一种高级形式。适合于水路运输、铁路运输、公路运输、航空运输以及多式联运等各种运输方式。目前，集装箱运输以其高效、便捷、安全的特点，已成为国际上普遍使用的一种重要的运输方式，也是交通运输现代化的重要形式。

集装箱运输是货运方式上的革命，是运输技术上的巨大进步，也是实现散杂货物运输合理化、效率化的重要手段。与一般货物运输相比，集装箱运输具有下列优势：

1）提高货运质量，减少货损货差。集装箱结构坚固，强度和刚度很大，不怕压、砸、碰、撞，不怕风吹雨淋日晒，可以很好地保护箱内货物。运输途中需要转运时，不动箱内货物，使用机械进行装卸或在不同运输工具间换装作业，大大减少了货损、货差。同时，集装箱运输的安全性有效避免了偷窃，节省了保险费用。

2）节省包装材料和包装费用。由于集装箱的保护，箱内货物不会受到外力的挤压碰撞，因此不再需要箱、桶、袋、盒等外包装，物流包装的简化节省了货物包装材料，降低了包装费用。

3）提高装卸效率。集装箱运输将单件货物集合成组，装入箱内，增大了运输单位。集装箱配有快速装卸和搬运的装置，特别便于机械装卸和在不同运具间转移，从而大大提高了装卸效率，加速了车船周转。

4）简化货运手续，便利货物运输。集装箱运输实行按箱点货，交接时实行凭铅封移交。这种方式方便明确，简化了手续，缩短了货物在途时间，对企业改善物流工作十分有利。

5）便于开展多式联运，进行自动化管理，实现门到门的运输。集装箱运输已被称为海、陆、空的主体运输，被誉为可以到达世界任何地点的一种现代化运输方式。

（3）集装箱多式联运。集装箱多式联运是将集装箱装载的货物，通过两种及两种以上不同的运输方式，从接收地点送至交货地点的联运方式。集装箱多式联运具有联合运输的特点与优势。按区域概念，一般分为国内集装箱多式联运和国际集装箱多式联运。

组织集装箱多式联运需要具备较为严格的条件，主要包括：

1）拥有网络化的集装箱货运站，以便于货物集散，并与海关、商检等检查、检疫机构及金融机构等建立便捷联系。

2）拥有国内外的联运网点，以便于分承运人完成委托区段的运输，同时提供货物信息，签发运输单据，完成货物交接等工作。

3）至少使用两种不同的运输方式，签订一份多式联运合同，使用一份贯通全程的多式联运单据，由一个多式联运经营人对全程运输负责，实行单一的多式联运费率。

4）具有比较完善的多式联运组织制度。

3. 托盘运输

（1）托盘的含义。托盘是指用于集装、堆放、搬运和运输的放置单元负荷的水平平台装置。货物的集装化通常是通过使用托盘和集装箱来实现的，它们是最具代表性的两种集装化方式。集装化，又称单元化，是指通过一定的技术手段，将零散货物组合在一起，作为一个集装单元进行装卸和运输的作业方式。

在集装化系统中，装卸和搬运机械直接作用于托盘或集装箱容器，无须人工逐个装卸和搬运，从而给装卸和搬运作业带来极大的便利，对于实现装卸、搬运、储存和包装的合理化发挥着重要作用。

托盘种类很多。从使用的材质看，其种类有木制托盘、钢制托盘和塑料制托盘等。从形态上看，分为平托盘、柱式托盘、箱式托盘、轮式托盘以及特种专用托盘。木制平托盘的使用量最大。

托盘的规格繁多，有各种尺寸规格的托盘。为了高效率地开展"门到门"

的连贯运输，需要实行托盘规格的标准化，制定统一的托盘尺寸标准。中国国家标准规定的联运托盘的规格尺寸是：800 毫米×1000 毫米、800 毫米×1200 毫米、1000 毫米×1200 毫米。

（2）托盘运输。托盘运输是货物按一定要求成组装在一个托盘上组合成为一个运输单位并便于利用铲车或托盘升降机进行装卸、搬运和堆存的一种运输方式。托盘是按一定规格形成的单层或双层平板载货工具。在平板上集装一定数量的单件货物，并按要求捆扎加固，组成一个运输单位，便于运输过程中使用机械进行装卸、搬运和堆存。

托盘运输有以下特点：

1）搬运和出入库场都可以用机械操作，有利于提高运输效率，缩短货运时间，减少劳动强度。

2）以托盘为运输单位，货物件数变少，体积重量变大，而且每个托盘所装数量相等。既便于点数、理货交接，又可以减少货损、货差和事故。

3）托盘运输投资小，收效快，但是要额外增加托盘费用，同时由于增加了托盘的重量和体积，相应也减少了运输工具的载运量。

4）托盘和承运的货物范围有限，最适合托盘运输的货物是箱装、罐装食品和硬纸盒装的消费品等比较小的包装商品。体积较大、形状不一的商品以及散装冷冻食品等，不适合采用托盘进行运输。

5）托盘运输是向成组运输前进了一步，但它的效果还不足以根本改变传统的流通方式，特别是不能满足国际多式联运的要求。

四、目前我国货物运输中存在的问题及改进措施

1. 存在的问题

我国货物运输中存在的问题，主要是不合理运输。不合理运输是在现有条件下可以达到某种运输水平而未达到，从而造成了运力浪费、运输时间增加、运费超支等问题的运输形式。目前我国货物运输中存在的主要不合理运输形式有：

（1）返程或起程空驶。空车无货载行驶，可以说是不合理运输的最严重形式。造成空驶的不合理运输主要有以下几种原因：能利用社会化的运输体系而不利用，却依靠自备车送货提货，这往往出现单程重车、单程空驶的不合理运输；由于工作失误或计划不周，造成货源不实，车辆空去空回，形成双程空驶；由于车辆过分专用，无法搭运回程货物，只能单程实车，单程回空周转。

（2）迂回运输。迂回运输是舍近取远的一种运输。短距离运输不选用，却选择长距离运输的一种不合理形式。当计划不周、地理不熟、组织不当时就可能发生迂回运输。最短路线有交通阻塞、路况不好等特殊限制而不能使用时发生的

迂回．不属于不合理运输。

（3）过远运输。过远运输是指调运物资舍近求远，近处有资源不调而从远处调，这就造成可采取近程运输而未采取，拉长了货物运距的浪费现象。过远运输占用运力时间长、运输工具周转慢、物资占压资金时间长。远距离自然条件差距大，易出现货损，增加了费用支出。

（4）运具运力选择不当。选择运输工具或运输能力，必须结合运送货物的要求，充分发挥各种运输工具的优势，否则就会选取不当的运具和运力，常见的有以下若干形式：

1）弃水走陆。在同时可以利用水运及陆运时，不利用成本较低的水运或水陆联运，而选择成本较高的铁路运输或汽车运输，使水运优势不能发挥。

2）铁路、大型船舶的过近运输。铁路、大型船航的过近运输主要是因为火车及大型船舶起运及到达目的地的准备、装卸时间长，且机动灵活性不足，在过近距离中发挥不了快速、灵活的优势。相反，由于装卸时间长，反而会延长运输时间。另外，和小型运输设备比较，火车及大型船舶装卸难度大，费用也较高。

3）运输工具承载能力选择不当。选择运输工具时，如果未能充分考虑运送货物的数量及重量，就会造成过分超载、损坏车辆及货物不满载、浪费运力的现象。尤其是"大马拉小车"现象发生较多。由于装载量小，单位货物运输成本必然增加。

（5）托运方式选择不当。托运方式选择不当是货主没有选择最好的托运方式而造成运力浪费及费用支出加大的一种不合理运输，例如，应选择整车未选择，反而采取零担托运，应当直达而选择了中转运输，应当中转运输而选择了直达运输等都属于这一类型的不合理运输。

上述的各种不合理运输形式都是在特定条件下表现出来的，在进行判断时必须注意其不合理的前提条件，否则就容易出现判断的失误。再者，以上对不合理运输的描述，必须将其放在物流系统中做综合判断，单从一种情况来看，避免了不合理，但它的合理却可能使其他部分出现不合理。只有从系统角度，综合进行判断才能有效避免"效益背反"现象，从而优化全系统。

2. 运输合理化的影响因素

由于运输是物流中最重要的功能要素之一，物流合理化在很大程度上依赖于运输合理化。运输合理化的影响因素很多，起决定性作用的有五方面的因素，称作合理运输的"五要素"：

（1）运输距离。运输过程中，运输时间、运输货损、运费、车辆或船舶周转等运输的若干技术经济指标，都与运距有一定比例关系，运距长短是运输是否合理的一个最基本因素。缩短运输距离在宏观、微观上都会带来好处。

（2）运输环节。每增加一次运输，必然会增加装卸、搬运、换载等物流活动，这不但会增加中转费用和总费用，而且各项技术经济指标也会因此下降。所以，减少运输环节，尤其是同类运输工具的环节，对合理运输起着促进作用。

（3）运输工具。各种运输工具都有其使用的优势领域，对运输工具进行优化选择，按运输工具特点进行运输作业，最大发挥所用运输工具的作用，是运输合理化的重要一环。

（4）运输时间。运输是物流过程中需要占用较多时间的环节，尤其是远程运输，所以，运输时间的缩短对整个货物流通时间的缩短有决定性的用。此外，运输时间短，还有利于运输工具的加速周转，充分发挥运力的作用，加速货主资金的周转。

（5）运输费用。运费在全部物流费用中占很大比例，运费高低在很大程度上决定整个物流系统的竞争能力。实际上，运输费用的降低，无论对货主企业还是对物流企业来说，都是运输合理化的一个重要目标。运费的判断，也是各种合理化实施是否行之有效的最终判断依据之一。

3. 运输合理化的措施

运输合理化关系到运输效率的提高与运输成本的降低，在物流管理中具有重要意义。运输合理化的途径主要有以下几方面：

（1）运输网络的合理配置。企业在规划运输网络时，要结合经营战略、销售政策等因素，使运输总成本保持最低。这就需要分析在实现销售目标的条件下，建设或租用多少个仓库、配送中心；仓库、配送中心如何布局，密度多大，相距多远。这样才可能既满足销售需要，又减少交叉、迂回、空载运输，降低运输成本，提高经济效益。

（2）选择最佳的运输方式。铁路、公路、水路、航空和管道五种运输方式各有优缺点，选择运输方式应扬长避短。铁路和水路运量大、运费低，适合于"重、厚、长、大"货物的长距离、大批量的干线运输；公路运输适合近距离、小批量、多批次的运输，在运送"轻、薄、短、小"货物方面胜于铁路和水运；航空运输费用高，但速度快，适合保鲜物品、紧急物品和高价值商品的运输；管道可连续、大量输送石油、天然气等流体货物。

在确定运输方式之后，还要考虑运输工具的问题，如用公路运输还要选择汽车车型（大型、小型、专用），用自有汽车还是委托运输公司等。

（3）提高运行效率。通过编制运输计划，优化运输线路，选择最佳运输方式，充分利用货源、天气、路况及同业间运输等信息，努力提高运输工具的运行率、装载率，减少车辆空载空驶、迂回运输、对流运输、重复运输、倒流运输等不合理运输，缩短等待时间或装载时间，增加有效工作时间，节约能源与人工消耗。

（4）推进共同运输。提倡部门之间、行业之间、集团之间和企业之间进行合作，协调运输计划、共同利用运力；批发业、零售业和物流中心之间在组织商品运输方面加强配合，提高运输工作效率，降低运输成本。

（5）采用各种现代运输方法。为了提高运输系统的效率，一些新的运输模式应该加以推广，如多式联运、托盘化运输、集装箱运输、散装化运输、门到门运输、智能化运输等。

当然，运输合理化还必须考虑包装、装卸等有关环节的配合及其制约因素，依赖于现代化的信息系统来完成一整套的运输管理。

第三节　运输业务管理

一、运输决策的参与者

随着物流管理观念在经济领域的普及，其对企业的作用越来越明显，运输管理日益受到企业的重视，运输管理的内容也在不断地完善。运输管理是一项复杂、细致和富有挑战性的工作，是物流管理得以顺利进行的重要保证，而运输业务管理是运输管理的主要内容之一。

运输交易与一般的商品交易不同，一般的商品交易只涉及卖方和买方，而运输交易往往受到五个方面因素的影响，它们是托运人（起始地）、收货人（目的地）、承运人、政府和公众。它们之间的关系如图9-1所示。

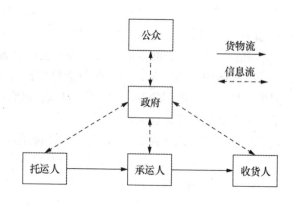

图9-1　运输决策参与者关系

1. 托运人和收货人

托运人和收货人的共同目的，是要在规定的时间内以最低的成本将货物从起始地转移到目的地。运输服务中应包括具体的提取货物和交付货物的时间、预计转移的时间、精确和适时地交换装运信息和签发单证。

2. 承运人

承运人作为中间人，他期望以最低的成本完成所需的运输任务，同时获得最大的运输收入。因此，承运人希望按托运人（或收货人）愿意支付的最高费率收取运费，而使转运货物所需的劳动、燃料和运输工具的成本保持最低，并且希望在提取和交付时间上有灵活性，以便能够将个别少量的装运整合成经济运输的批量。

3. 政府

政府希望形成稳定而有效率的运输环境，促使经济持续增长，使产品有效地转移到全国各市场中去，并以合理的成本获得产品。为此，政府对运输活动要进行干预，这种干预往往采取规章管制、政策促进、拥有承运人等形式。政府通过限制承运人所能服务的市场，或制定他们所能收取的价格来规范他们的行为，或通过信贷、税收等手段来促进运输业的发展。在英、德等国家，一些承运人为政府所拥有，政府对市场、服务和费率保持绝对的控制。

4. 公众

公众是最后的参与者，他们关注运输是由于运输活动将影响到大众生活，且需使用公共资源（如道路、桥梁等），因此，政府往往设立安全及经济上的管制法规，以确保大众的安全与公共资源的有效使用。因汽车尾气和噪声造成的环境污染，运输途中石油溢出、有毒气体泄漏，因严重超载造成的交通事故等运输问题都受到大众的广泛关注。

显然，各方的参与使运输关系变得很复杂，运输决策也很复杂。这种复杂性要求运输管理需要考虑多方面的因素，顾及各个方面的利益。

二、运输管理业务流程

运输业务管理是企业对运输过程的管理，是对运输活动进行计划、安排、监督、货单审查、运价和服务谈判、货损索赔的预防和处理以及物品的发送、接运、中转和运输安全的管理，以达到提高运输效率、降低运输成本的目的。运输管理部门是执行这些职能的部门机构。在实际工作中，不同运输管理部门的运输业务会有所不同，但一般包括以下程序：

1. 制定货运计划

制定货运计划要求运输部门与采购、销售及生产部门协调，监控运入、运出货物的日程，保证生产的连续进行，不能因运输而受到阻碍。另外，货物装卸应根据有效地利用码头、站台和劳动力的原则按计划进行。在运送时间安排上，尽量做到不提前、不滞后，将客户需求的物品按时送达，确保运输时间的一贯性、稳定性。货运计划的编排主要遵循以下原则：

（1）保证重点，有序安排。编排运输计划，应该把握全局、厘清重点，处理好整体与局部、重点与一般的关系。企业要按照货物的轻重缓急来安排运输的先后次序。

（2）运输。企业要统筹兼顾，合理安排好各个时期、各种运输工具之间的运输计划。对于一些量大的货物，可以利用季节特点来进行运输，避免时间过于集中，运力与运量间产生矛盾，做到运输工具的合理分工。

（3）进行运量预测。做好运量预测是制定运输计划的前提。要了解产品的特点、流向及规律性，随时了解产品的流向及销售情况，并利用计算机对货物销售情况加以记录，作为编制运输计划的依据。

（4）加强统计分析。运输统计是为编制运输计划提供资料的重要方法，也是对运输计划执行情况进行检查监督的重要手段。通过统计分析，可以找到运输中存在的问题并加以改进，从而提高计划的准确性。

2. 选择运输工具或运输方式

运输工具涉及对货物运输公司及运输方式的选择问题。无论是企业自有运输资源或是购买外部运输服务，运输经理在选择运输服务时，首先要考虑的是成本效益问题。但无论选择哪种运输方式，都要考虑许多因素。最经常考虑的因素有：

（1）运输时间。运输时间的长短往往是主要的选择条件。一般情况下，货主都愿意选择由一家运输公司来直接运输，而不愿意由几家公司进行联合运输，并力求避开拥挤的场所和车站。但在某些情况下，当托运人和收货人都不想增加货物的库存时，他们会寻求速度慢的运输。此外，运输工具还可以作为仓库来临时储存货物。

（2）运输时间和计划安排的一致性。有些运输任务要求符合发货计划，使托收双方都能预计到货时间。这对严格按进度进行装配的行业，或在收货人希望能满足生产实际需要而只保留少量库存的情况下，都是决定性的因素。为按时到货，而不选择速度较快但只有部分货物能按时到达的运输公司。研究表明，成本和运输时间的准确性已成为选择运输公司和运输方式的主要因素。

（3）运价。这是一个重要的选择因素。在同等服务水平下，人们愿意选择运输价格低的公司。

（4）设备可利用性。当获取运输服务或运输工具比较困难时，货主们往往根据货运工具的可利用性来选择运输公司。

（5）货差与货损。发生货差、货损的相对次数以及处理索赔的快慢和赔偿金的比例，也是选择运输公司时应考虑的因素。货主历来多愿选择货差、货损少的运输公司，而在这方面声誉不佳的承运人往往遭到货主的拒绝。

（6）互惠合作。货主会经常使用购买他们服务的运输公司，这通常是指采购运输设备和其他生产资料，这有利于双方互惠互利，有利于取得有关运输公司的服务和设备信息，运输公司也乐于协商运价和改进服务。

3. 安排运输服务工作

安排运输应向运输公司通报收货人的姓名、接货地点、货物重量，有时还需知道货物体积、类别和到站情况，以便车辆一到就可开始各项装货作业。这些工作步骤通常根据预先编制的货运计划进行，包括安排装货、货物固定、办理有关手续等工作。

4. 货物运输跟踪

货物运输跟踪工作包括连续跟踪货运过程和必要时提醒运输公司中途改变运输路线。有些货主通过计算机网络直接与运输公司的货运系统联网，每天都可以得到运输车辆和货物位置的报告。追踪运输中的货物对托运人、承运人和收货人都有重要意义。收货人可根据货运进程来安排接货以及合理计划生产活动。

5. 验货／确定运费

验货是为一次货运确定适当运费的进程。托运人在运输公司填写货单前会同承运人验货，这样可以避免和减少超收或少收运费情况的发生。

6. 审验／付费

审验是检查货单的计费是否准确。这项工作在运输公司提供货单或付费后进行。一些企业由本单位审核，有的则在付费后再聘请外部顾问来完成这项工作。货单一般要经过运输部门核实再交给负责支付的部门。

7. 延期／滞留

延期费是由于装卸超过规定的时间而导致运输工具耽搁，由运输公司向托运人或收货人收取的费用。滞留是铁路运输企业的用语，两者概念相同。运输经理一般要对延期和滞留负责监控、管理和付费。运输经理必须在装卸和人力成本与设备延期费用之间权衡比较，做出决策。

8. 索赔

运输公司在货运过程中，如果发生货差和货损，而且应由运输公司承担责任时，企业就要在规定时限内以书面形式提出索赔，以补偿部分或全部损失。如果承运人拒绝赔偿，企业还可通过法律手段索赔。

9. 自用货车和汽车车队的管理

在一些企业中，运输经理还要负责对自用货车或汽车车队的管理。为此，需要做好协调和管理工作，以降低车队成本和提供优质服务。

10. 运输预算管理

运输预算是防止各项运输费用超支的一项有效措施。运输经理应随时掌握现在和未来的各项活动及其开支，并与原计划相比较，采取有效措施，确保运输费用不超出预算。

总之，为了完成运输管理任务，运输企业必须熟悉上述业务程序，而工商企业在选择运输服务时，要运用总成本分析方法进行全面的权衡比较，把存货量、顾客服务、生产和其他费用考虑在内，做出总成本最低的选择。

第四节　运输路线的设计与规划

一、起迄点不同的路径规划

起迄点不同的路径规划问题也是两点之间的最短路线问题，是运输路径规划问题中比较简单的一类问题。

1. 实际问题的描述

运输路径规划问题通常可描述如下：

已知一个由若干条边（两点之间的直接连线）和若干节点组成的运输网络，其中，节点代表城镇或客户所在地，边表示两点之间的道路连通情况，边的权数通常代表两点之间的距离，有时也可代表两点之间的运输时间。并且有一个货物运输的起点，一个货物运输的终点，即运送目的地。

起迄点不同的路径规划的目的是在给定的运输网络中，寻找一条起点至终点的路径或时间最短的运输线路。

2. 求解最短路线问题

求解不同两点之间最短路线问题，通常用单源最短路径（Dijkstra）法。我们用 d_{ij} 表示运输网络中两相邻（相邻是指两点之间有边直接相连）节点 i 与 j 的距离，若 i 与 j 不相邻，令 $d_{ij}=\infty$，显然 $d_{ij}=0$，若用 L_{si} 表示从 s 点（起点）到 i 点（中间点）的最短距离，求从 s 点到终点 t 的最短路线。用单源最短路径法求解时步骤如下：

（1）从始点 s 出发，因 $L_{ss}0$，将此值标注在 s 旁的小方框内，表示 s 点已标号，成为已解节点。

（2）从 s 点出发，找出与 s 点相邻的点中距离最小的一个，设为 r_0 将 $L_{sr}=L_{ss}+d_{sy}$ 的值标注在 r 旁的小方框内，表明点 r 也已标号。

（3）从已标号的点（已解节点）出发，找出与这些点相邻的所有未标号点（未解节点）p，计算 $L_{sp} = \min\{L_{ss} + d_{sp}; \ L_{sr} + d_{rp}\}$，并对 p 点标号，将 L_{sp} 的值标注在 p 旁的小方框内。

（4）重复第三步，直到 t 点得以标号为止，即可得到起始点 s 到终点 t 的最短线路。

例1：下面的运输网络图中（如图9-2所示），公路连接处的节点代表不同的城市，节点之间的每一条边都标有相应的运输距离（单位为千米），求起点 s 到终点 t 的最短距离以及相应的最短路线。

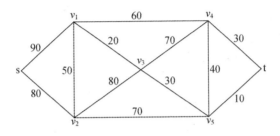

图9-2　运输网络图

为了便于理解，我们将每一步计算列入表9-2之中，并从运输起点 s 开始计算。

第一步，首先规定 $L_{ss} = 0$，作为计算的基准。与 s 相邻的未标号点（未解节点）有 v_1、v_2，其中，v_2 距离 s 点最近，相应的最短距离为80千米，最近连接为 sv_2。

第二步，找出距离 s 和 v_2 最近的未标号点（未解节点）。只需列出距各个已标号点（已解节点）最近的未标号点，有 $s \to v_1$ 和 $v_1 \to v_2$。注意从 s 点经 v_2 到达 v_1 的总距离是 $80 + 50 = 130$（千米）。比较到达未标号点的总距离，最短距离是 s 到 v_1 的90千米，这样 v_1 就成为已标号点（已解节点）。

第三步，迭代要找出与各已解节点最近的未解节点。有 v_3、v_5 两个候选点，从起点 s 到这两个候选点的最短距离分别为110千米和150千米，最短距离产生在连线 $v_1 v_3$ 上，因此 v_3 就是第三次迭代的结果。

重复上述过程直到终点 t 得以连接，即第五步。最终结果是起点 s 到终点 t 的最短距离为150千米，相应的最短路线为 $s \to v_1 \to v_3 \to v_5 \to t$。

表9-2　Dijkstra法的计算步骤

单位：千米

步骤	与未标号点相邻的已标号点	距离已标号点最近的未标号点	相关距离	标注的最短距离 L_{sp}	对应的已解节点	最近连接
1	s	v_2	$0+80$	80	v_2	sv_2

步骤	与未标号点相邻的已标号点	距离已标号点最近的未标号点	相关距离	标注的最短距离 L_{sp}	对应的已解节点	最近连接
2	s	v_1	$0 + 90$	90	v_1	sv_1
	v_2	v_1	$80 + 50$			
3	v_1	v_3	$90 + 20$	110	v_3	$v_1 v_3$
	v_2	v_5	$80 + 70$			
4	v_1	v_4	$90 + 60$			
	v_2	v_5	$80 + 70$			
	v_3	v_5	$110 + 30$	140	v_5	$v_3 v_5$
5	v_1	v_4	$90 + 60$	150	v_4	$v_1 v_4$
	v_3	v_4	$110 + 70$			
	v_5	t	$140 + 10$	150	t	$v_5 t$

最短路径非常适合利用计算机软件来求解。把运输网络中边和节点的资料都存入数据库中，选好起点和终点后，计算机很快就能算出最短路径。绝对的最短路径往往并不意味着穿越网络的最短时间，因为该方法没有考虑各条路线的运行时间。因此，对运行距离和时间都设定权数就可以得出比较具有实际意义的运输路线。

二、物资调运规划

物资调运规划问题也是多个起迄点的路径规划问题。这一类型的路径规划问题又包括直达运输物资调运以及可中转情况下的物资调运两类问题。

1. 直达运输物资调运问题

（1）实际问题的描述。直达运输物资调运问题一般可以描述如下：

已知有 m 个生产（供应）地点 A_i（$i = 1, 2, \cdots, m$），可生产（供应）某种物资，其供应量分别为 a_i（$i = 1, 2, \cdots, m$），有 n 个销地（需求地）B_j（$j = 1, 2, \cdots, n$），其需求量分别为 b_j（$j = 1, 2, \cdots, n$），并且从 A_i 到 B_j 运输单位物资的运价为 c_{ij}。这些数据可汇总于产销平衡表和单位运价表中，见表 9 - 3、表 9 - 4。

物资调运规划的目的是在产销平衡的条件下，制订总运费最小的调运方案。

表9-3 产销平衡表

产地 \ 销地	$B_1 B_2 \cdots B_n$	产量
A_1		a_1
A_2		a_2
$\vdots$		$\vdots$
A_m		a_m
销量	$b_1 b_2 \cdots b_n$	

表9-4 单位运价表

产地 \ 销地	$B_1 B_2 \cdots B_n$
A_1	$c_{11} c_{12} \cdots c_{1n}$
A_2	$c_{21} c_{22} \cdots c_{2n}$
$\vdots$	$\vdots$
A_m	$c_{m1} c_{m2} \cdots c_{mn}$

（2）直达运输物资调运优化模型。直达运输线路优化模型是一个假定产销平衡的运输模型，即 m 个供应地（产地）的总供应量等于 n 个需求地（销地）的总需求量，运输问题满足供需平衡。此时，由各供应地 A_i 调出的物资总量应等于它的供应量 a_i $(i=1, 2, \cdots, m)$，而向每一个需求地 B_j 调入的物资总量应等于它的需求量 b_j $(j=1, 2, \cdots, n)$。若用 x_{ij} 表示从 A_i 调运 B_j 给的物资数量，则其数学模型如下：

$$\min Z = \sum_{i=1}^{m} \sum_{j=1}^{n} c_{ij} x_{ij}$$

$$\begin{cases} \sum_{i=1}^{m} x_{ij} = b_j & j=1, 2, \cdots, n \\ \sum_{j=1}^{n} x_{ij} = a_i & i=1, 2, \cdots, m \\ x_{ij} \geqslant 0 \end{cases}$$

（3）模型求解。求解物资调运优化模型通常使用表上作业法。利用表上作业法寻求运费最少的调运方案，需经过以下四个基本步骤：

1）依据问题列出物资调运的产销平衡表及单位运价表。

2）根据沃格尔（Vogel）法或最小元素法，确定一个初始调运方案。

3）进行最优性检验，判断调运方案是否为最优方案。

4）若调运方案不是最优方案，则利用闭回路法对调运方案进行调整。每调整一次得到一个新的调运方案，而这个新方案的总运费要比前一个方案少一些，如此经过几次调整，就会得到最优物资调运方案。

实际运输问题中，供应地的总供应量往往不等于需求地的总需求量，即产销不平衡。此时，为了应用表上作业法寻求最优调运方案，需要把产销不平衡的运输问题转化为符合上述条件的产销平衡的运输问题。

例2：某种物资由三个产地向四个销地供应。已知，三个产地的该种物资的生产量分别为：A_1——700 吨，A_2——400 吨，A_3——900 吨。四个销地对该种物资的需要量为：B_1——300 吨，B_2——600 吨，B_3——500 吨，B_4——600 吨。从各产地向各销地调运单位数量物资的运价见表 9 - 5。问该物资应如何调运，才能在满足各销地需要的情况下，使总的运费支出为最小？

表 9 - 5　单位数量物资的运价

单位：元/吨

销地 产地	B_1	B_2	B_3	B_4
A_1	3	11	3	10
A_2	1	9	2	8
A_3	7	4	10	5

根据表上作业法解得最优调运方案如下：

$x_{13} = 500$ 吨，表示从 A_1 调运给 B_3 的物资数量。

$x_{14} = 200$ 吨，表示从 A_1 调运给 B_4 的物资数量。

$x_{21} = 300$ 吨，表示从 A_2 调运给 B_1 的物资数量。

$x_{24} = 100$ 吨，表示从 A_2 调运给 B_4 的物资数量。

$x_{32} = 600$ 吨，表示从 A_3 调运给 B_2 的物资数量。

$x_{34} = 300$ 吨，表示从 A_3 调运给 B_4 的物资数量。

最优调运方案的总运费最小，为8500元。

求解上述运输问题的详细步骤和具体方法，可参阅运筹学中的有关章节。此外，求解产销平衡情况下运输问题的最优调运方案，还可使用相应的计算机软件。

2. 可中转情况下的物资调运问题

（1）问题的提出。上面讨论的运输问题，是假定任意产地和销地之间都有直达路线，可直接运输货物，并且产地只输出货物，销地只输入货物。但是，实际情况可能更复杂一些。例如，可考虑下列更一般的情况：

1）产地和销地之间没有直达运输路线，货物由产地到销地必须通过中间站转运。

2）某些产地既输出货物，也吸收部分货物；某些销地既吸收货物，又输出部分货物，即产地或销地也可以起中转站的作用。

3）产地与销地之间虽然有直达路线，但直达运输的费用或运输距离要比经过某些中转站还要高或远。

存在以上情况的运输问题，统称为转运问题。

（2）约束分析与数学模型。求解中转运输问题的思路是先把它转化为无中转的产销平衡运输问题。为此，需作如下假设：

1）首先根据产销平衡运输问题求出最大可能中转量 $Q\left(Q = \sum\limits_{i=1}^{m} a_i = \sum\limits_{j=1}^{n} b_j \right)$。

2）纯中转站可视为输入量和输出量均为 Q 的一个产地和销地。

3）兼中转站的产地 A_i 可视为一个输入量为 Q 的销地以及一个输出量为 $a_i + Q$ 的产地。

4）兼中转站的销地 b_j 可视为一个输出量为 Q 的产地以及一个输入量为 $b_j + Q$ 的销地。

在此假设的基础上，列出各产地的输出量（产量）、各销地的输入量（销量）以及各产销地之间的运价表，最后用表上作业法求解。

设有 m 个产地 A_i（$i = 1，2，\cdots，m$），其供应量分别为 a_i（$i = 1，2，\cdots，m$），有 n 个销地 B_j（$j = 1，2，\cdots，n$），其需求量分别为 b_j（$j = 1，2，\cdots，n$），且 $\sum\limits_{i=1}^{m} a_i = \sum\limits_{j=1}^{n} b_j$，有 p 个纯中转站 T_k（$k = 1，2，\cdots，p$），单位物资的运价为 C_{xy}（$x = 1，2，\cdots，m+p+n$；$y = 1，2，\cdots，m+p+n$）。

产销平衡表中，产地 A_i 可视为产地，输出量为 $a_i + Q$，也可视为销地，输入量为 Q；销地 B_j 可视为输出量为 Q 的产地，输入量为 $b_j + Q$ 的销地；纯中转站 T_k 可视为输入量、输出量均为 Q 的一个产地和一个销地。于是，可建立下列数学模型：

$$\min Z = \sum_{x=1}^{m+n+p} \sum_{y=1}^{m+n+p} C_{xy} X_{xy}$$

$$\begin{cases} \sum_{y=1}^{m+n+p} X_{xy} = Q + a_i \ (x = 1, 2, \cdots, m) \\ \\ \sum_{y=1}^{m+n+p} X_{xy} = Q \quad (x = m+1, \cdots, m+n+p) \\ \\ \sum_{x=1}^{m+n+p} X_{xy} = Q \quad (y = 1, 2, \cdots, m+p) \\ \\ \sum_{x=1}^{m+n+p} X_{xy} = Q + b_i \quad (y = m+p+1, \cdots, m+n+p) \\ \\ X_{xy} \geq 0 \end{cases}$$

复习思考题

1. 运输在物流中发挥什么样的功能？结合实例说明运输的两大原理。

2. 基于经济和服务特征，简要说明五种基本运输方式的优缺点。

3. 什么是联合运输？联合运输有何特点？

4. 说明集装箱和托盘运输的特点。

5. 不合理运输的具体表现有哪些？运输合理化的措施是什么？

6. 简述运输业务管理的程序。

7. 在评价运输模式和选择运输承运人时，对托运人来说，运输服务的一贯性（可靠性）比及时性（速度）重要得多。这两个术语有何不同？简述托运人认为服务的一贯性更为重要的理由。

第 十 章

销售物流管理

学习目标:

通过本章学习,了解销售物流的基本内容,掌握需求预测的基本方法以及订单管理的基本流程,了解客户关系管理。

销售物流指制造商将自己的产品出售给消费者的物流活动,是生产者至消费者之间的物流,它包括订货处理、产成品库存、发货运输、销售配送等内容。销售物流是企业物流系统的一个重要环节,是企业物流与社会物流的最后一个衔接点,是企业物流与社会物流的转换点。它与企业销售系统相配合,共同完成产品的销售任务。

第一节 销售物流概述

一、销售物流概述

1. 销售物流的概念

只有经过销售,企业的产品才能实现其价值,创造利润。销售物流是企业在销售过程中,将产品的实体转移给用户的物流活动,是产品从生产地到用户的时间和空间的转移,以实现企业销售利润为目的。销售物流是储存、运输、配送等环节的统一。

(1) 销售物流是一个系统,具有系统性。销售物流是企业为保证自身的经营利益，伴随销售活动，将产品所有权转给用户的物流活动，包括订货处理、产成品库存、发货运输、销售配送等物流活动。

（2）销售物流是连接生产企业和用户的桥梁。销售物流是企业物流的一部分，也是企业物流活动的一个重要环节，它以产品离开生产线进入流通领域为起点，以送达用户并经售后服务为终点。

（3）销售物流是生产企业赖以生存和发展的条件。对于生产企业来讲，物流是企业的第三利润源，降低销售物流成本是企业降低成本的重要手段。销售物流成本占据了企业销售总成本的20%左右，销售物流的好坏直接关系到企业利润的高低。企业一方面依靠销售物流将产品不断运至消费者和用户；另一方面通过降低销售过程中的物流成本，间接或直接增加企业利润。

（4）销售物流具有服务性。在现代社会中，市场环境是一个完全的买方市场，只有满足买方要求，卖方才能最终实现销售。在这种市场前提下，销售往往以送达用户并经过售后服务才算终止，因此，销售物流具有更强的服务性。销售物流的服务性表现在要以满足用户的需求为出发点，树立"用户第一"的观念，要求销售物流必须快速、及时，这不仅是用户和消费者的要求，也是企业发展的要求。

2. 销售物流的内容

销售物流是企业物流的一个重要环节，它与企业的销售系统相结合，共同完成产品的销售任务。

销售物流是由客户订单驱动的，而物流的终点又是客户。因此，在销售物流之前，企业要进行售前的各种市场活动，包括确定客户（潜在客户、目标客户）、与客户的联系、产品展示、客户询价、报价、报价跟踪等。所以，从企业方面来看，销售物流的第一个环节应该是订单处理。在客户接受报价后就开始处理销售订单。订单记录了客户的需求、订货的价格，并检查客户信用度和可用的物料。然后，根据销售订单实施其他物流业务。若有库存，则生成产品提货通知单，物流配送部门根据提货通知单生成物流配送单，进行销售运输、组织配送等。若没有库存，生成产品需求单（包括采购单），再把信息传递给生产物流管理系统或供应物流管理系统。

对于由于损坏或其他原因退回的货物，还应该实施退货处理。退货在销售活动中会经常发生，由于销售退还的商品也需要登记和管理，也会有费用发生，因此退货作业与企业经济效益紧密相关，不可小觑。另外，还应考虑在库商品的退换问题，可以在数据上分为退换商品与正品，但是实际的物理存放空间不变。

3. 销售物流的地位

销售物流与整个物流活动有着密切的联系，通常情况下，为了迅速、有效地满足顾客需求，促进产品附加价值的实现，要求销售物流活动快速地向顾客提供服务，并使其具有较高的稳定性和可信赖性，拥有实时交易保存量。

作为销售物流服务对象的顾客，其需求分布的差异性决定了多种物流方式的存在，例如，对采购规模比较大的用户实行从地区仓库进行直送，在向用户让利的同时降低成本。对规模比较小的用户来讲，地区流通系统的建立，有利于提高经济服务水准，拓展市场。

从当今的发展趋势看，一些大需求用户，如零售连锁店等，都在建立自己独立的流通系统如配送中心等，并与供货商的进货系统统一起来。生产企业在考虑大客户的利益、努力降低成本和商品价格的同时，也必须考虑到方便小客户，维护他们的利益。

商品库存量与流通速度是一种正比例关系，交易保存量越大，越容易实现商品的快速流转，所以，销售部门或零售业为了及时满足出现的需求，并实现向客户的快速配送，常常拥有较大的商品储存量。此外，商品库存也能实现商品的迅速配送，这是因为仓库离市场越近，向用户迅速流转商品的服务越容易实现。因而，现在很多生产企业，为了与所提供服务的目标用户相配合，直接将仓库建在需求方附近。库存量或仓库点的建设又直接决定了物流成本的高低。库存量越大、仓库点越分散，物流成本越高，物流效率越低。

由此看来，销售物流服务中顾客服务的要求对物流活动的效率产生影响，顾客服务要求过高，势必会对物流效率产生负面影响。

4. 销售物流的影响因素

销售渠道的变革直接影响物流活动的合理化。如今，很多大型零售商或零售连锁店通过物流系统的重组来确保物流活动的经济性，亦即将物流系统的构筑与收集消费者需求信息和提高商品购买力紧密结合在一起，从而发挥零售业直接接触消费者、直接面向市场的优势。由于零售业的积极推动，原有的物流格局开始崩溃。此外，从厂商的角度来看，为了更好地了解顾客需求，保持物流经济性，也在积极进行对流通渠道的管理和整合，试图通过对渠道的控制，在消费者中确立厂商的品牌形象。所有这些销售物流渠道上的变革，都直接或间接影响着物流的格局和由此而产生的效率和效果。

企业销售物流的对象就是产品，新产品的生产或者生产的扩大必须考虑到物流的顺畅问题，例如，产品的设计必须考虑到产品的包装方式、搬运方式等，不方便搬运的产品是不会有好的市场效果的。不断扩大产品生产线，创造新产品已成为当今企业经营的重要手段。但是，产品线的无限扩大，会直接影响物流效率，从而对企业利润的增加起到抑制作用。通常人们认为企业总销售额的增长必然会带来物流成本的下降，但事实正好相反，产品线扩大虽然使企业总销售额增加，但同时也带来单位物流成本的上升，也就是说大多数物流成本与某个品种的平均销售量有关，而与总销售量无关。所以，在确定产品线扩大的时候，应当充分考虑新产品线的平均销售规模以及相应的物流成本。当然，在此基础上要考虑整个产品线的组合状况以及对整个物流成本的影响，亦即是否存在单个种类产品不经济，但能推动其他种类产品超过规模销售量或降低物流成本的情况。

特定产品线中不同品种的需求特性是不相同的，也就是说，产品品种的需求分布差异很大。一般而言，大部分品种需求量相对较少，而少数品种却占了需求量的绝大多数。产品品种的需求分布特性表明，大需求量品种的物流应与小需求量品种的物流区分开来，也就是说，相对大需求量品种更加侧重物流成本降低而言，小需求量品种或需求量比较固定的品种应更注重物流服务的维持和改善，例如，大需求量品种为了降低输送费用，改善服务效果，可以将商品更多地转移到地方仓库，而小需求量品种在库维持的必要性较小，可以实现中央仓库保管，采用空运等迅捷的输送方式。相对于大需求量品种而言，拥有广泛的地方仓库尽管能提高服务的可信赖性，但是长期增加库存会降低商品周转率，增加物流成本，作为一种解决办法，可以考虑采用迅捷的自动补充系统，即在货物快要出清的时候，采用机械化的形式补充货源。尽管这种系统投资很大，但在大需求量、品种较多、需求持续的状况下，要比常年大量在库的维持成本低得多。

企业在日常经营活动中，为了在特定时期提高销售额或扩大市场份额，常常采取各种各样的促销手段，这些销售策略在一定时期和范围内的确能提高企业收益，但应当注意的是，在计算企业的收益时不能忽视销售策略对物流成本的影响。诸如在实施特定促销或商品折扣活动时，有可能使商品销售量在一定时间内达到高峰，与这种促销活动相对应，必须合理安排、确立商品销售高峰期的制造、输送、库存管理、事务处理等各种物流要素和活动，并使设备投资和在库投资有利于缓和销售高峰期对商品输送所造成的压力。除此之外，促销期的商品往往与平时销售的商品不太一致，在包装和设计上会突出促销品特征，这就会出现与上述产品线扩大相类似的物流问题。另外，促销期的商品在生命周期上也会有所限制，与产品生命周期的变化相对应，就会派生出计划、管理、需要的迅速反应、过剩产品的处理等其他问题。因此，在企业实施销售物流策略时，应充分考虑它对整个物流产生的影响。

5. 销售物流的发展趋势

在加入世贸组织中美达成的双边协议中，我国根据逐步开放的原则，就销售流通、服务领域的开放、提供服务的方式、市场准入和国民待遇等方面的问题做出了承诺时间表。比如，在连锁经营中，最迟到 2003 年 1 月 1 日允许外资在中外合资企业控股、开放所有省会城市；最迟到 2003 年 1 月 1 日，取消合资企业地域、数量、股权及形式的限制；最迟到 2005 年 1 月 1 日，除了 30 家以上连锁店外，对连锁店经营将取消外资控股的限制。因此，加入世贸组织，中国的流通销售服务业将进一步扩大开放，这一领域涉及批发、零售、直销、代理、仓储、运输及售后服务等方方面面。

一些大型跨国公司可以通过自建的销售体系，或通过控制销售网络等方式，达到控制物资流通的目的，它们利用国际先进的营销方式和现代物流的各种手段，将物资流通的销售服务触角延伸到本国乃至国际市场的各个角落，缔造一个销售、物流、售后服务等紧密联系的、高效率的销售物流体系和网络。

谁掌握了销售服务领域的主动权，也就掌握了在销售服务领域的市场竞争主动权。因此，对外进一步开放销售物流市场，对物资流通企业在销售物流领域提出了挑战。但是，我国传统的产、存、销三体分离模式与内贸外贸分离经营的格局，没有很大改变，对于销售物流如何面对加入世贸组织的挑战的研究和应采取的措施尚未受到各方关注。

现代销售物流的发展趋势有：

（1）信息化、网络化。现代社会是信息社会，物流的信息化是整个社会信息的一部分。销售物流的信息化包括物流信息的商品化、物流信息收集数据化和代码化、物流信息的电子化和计算机化、物流信息传递的标准化和实时化、物流信息贮存与交换的数字化。诸如条形码技术、数据库技术、电子订货（EOS）系统、电子数据交换及快速反应、有效的顾客反应等技术与观念，有的刚开始采用，有的已经得到广泛应用。

（2）供应链管理。供应链管理是以最终客户为中心的现代营销观念取代了传统的以生产和产品为中心的观念后产生的。供应链是以最终用户到初始供货商逆流向上的市场需求信息的传导过程，又是从初始供货商向最终用户顺流向下的产品和服务的传递过程。它将供应链管理中所涉及的众多供货商，包括供货商的供货商以及众多的客户，包括客户的客户直至终端客户，组成了一个"供应网络"，通过这个网络中各有关方面的协作配合，以最低成本为客户提供销售和物流服务。

（3）自动化。自动化的基础也来源于信息化，其核心是机电一体化，从而达到省时、省力，扩大物流作业能力，提高劳动生产力，减少物流作业的差错事故率。例如，自动化立体仓库，又称自动化存取系统，由货架、巷道机、周边搬运系统和控制系统所组成，在单元格组成的货架里，一个单元格内存放一个托盘的货物，由管理人员通过计算机发出入库或出库的指令，巷道机、自动分拣及其他接口设备按指令启动，共同完成入库或出库作业，做到了大量储存、自动存取，提高了工作效率。

（4）及时制生产方式。及时制是日本丰田汽车公司 20 世纪 60 年代实行的一种生产方式，它要求将必要的零部件以必要的数量在必要的时间送到生产线，做到恰到好处。而及时制应用到现代物流领域，就是要将正确的商品以正确的数量在正确的时间送到正确的地点，这种生产方式的运用是推动销售物流发展的原动力。

（5）共同配送中心。配送是现代物流系统的终端，是由集货、配货和送货三个环节有机结合而成的，它直接面对服务对象，配送的水平和质量可以直观而具体地反映销售物流的功能发挥程度。配送可以分为集团或企业内自营、单项服务外包型、中介型配送和共同配送模式。如德国卡齐乌耳姆配送中心，有一座 7000 平方米的仓库，库内货架高五层，有近 9000 个货位，配送中心有自己的车队，承担 70% 的货运量，在中心信息管理系统指挥下每天向 80 家商店供货，每家店发出订单后在 30 小时内即可收到所需商品。共同配送中心更可以发挥资源共享、管理共享的优势，使销售物流达到物尽其用和货畅其流的效果，这是我国普遍存在的仓储式运输型的物流企业所不能比拟的。

（6）第三方物流。国际上，第三方物流方兴未艾。第三方物流以代理形式为客户制定物流服务，这种全新的物流代理模式是销售物流中专业化物流中间人，它依靠电子信息和物流网络信息，对商品进行分拣整理、制定配送方案、装车送货，可以承接多家企业的销售物流业务、配送业务，乃至代客户办理报关、接运、质检、分析、选货、配货、集成、结算、制单、信息传递、储存运输、装卸等多项作业，提供一揽子、全过程的物流服务。

二、销售物流管理的概述

1. 销售物流管理的内容

销售物流管理既是在销售物流过程中的管理活动，也是对销售物流活动计划、组织、指挥、协调和控制的管理活动。具体包括以下内容：

（1）收集、掌握和分析市场信息，包括需求量、需求分布、需求变化规律、竞争态势、制定市场战略和物流战略。

（2）根据市场战略和物流战略规划销售物流方案，规划物流网络布局。

（3）根据物流网络规划设计物流总体运作方案。

（4）根据物流网络规划和销售物流总体运作方案设计各个物流网点，进行网络设计、网点内部规划和网点运作方案。

（5）策划设计运输方案，配送方案。

（6）策划设计库存方案。

（7）策划设计包装、装卸方案。

（8）策划设计物流运作方案实施的计划和措施。

（9）物流运作过程的检查、监督和控制。

（10）考核物流业绩，进行物流再造。

（11）进行物流人力资源的管理、考核和激励。

（12）做好物流技术的开发。

（13）检查物流战略和市场目标的符合程度。

销售物流管理通过对以上项目的管理，将达到企业资源的有效配置，使得企业以最小成本达到有效客户服务的目的，保证企业销售物流的顺畅进行。

2. 销售物流管理的环节

根据销售物流管理的定义，销售物流管理可分为以下几个环节：

（1）销售物流战略。物流销售战略指销售物流远景规划，包括未来销售物流量及其构成，未来运输、储存的发展规模，销售物流机械化、自动化的发展水平，未来销售物流经济效果的分析等内容。销售物流战略一般以 3~5 年为战略规划长度，是一种长期目标计划。

销售物流战略的基础应以市场需求为导向。企业制订战略规划的程序应始于销售物流预测和销售物流目标，而后制订销售物流运行计划、销售物流研究发展计划、销售物流人力资源计划，最后编制销售物流成本财务计划。

（2）计划和规划、策划。建立在科学预测基础上的计划能使企业的工作高效率地完成，计划是开始一项工作的基础，只有计划周密才能使企业的资源得到很好的利用，提高资源的利用率，在复杂的物流运作中众多因素合理地配合，才能防范风险，使企业物流工作顺利地进行。

规划是战略层次的、方向性的工作，它涉及的一般是总体目标和工作的原则方针，是市场计划的依据之一，规划的实施需要计划，计划把总体目标和方向转换成可以执行的实际方案，分阶段和层次逐渐实现规划。策划则是战术性的，往往和一次活动和一个方案相联系，是计划实施的方式方法。

计划建立在准确预测基础上，它的制定主要有五步。

1）调查实际。计划的制定是行动的依据，能避免行动的盲目性，具有可操作性。因此在制定计划时一定要调查实际，使计划不脱离实际，例如，在制定配送计划时，就需要调查企业的资源状况，看是否能满足需求，还要调查各个环节的构成，配送的条件和配送的效率，使计划制定得更符合实际。

2）确定问题。弄清本次计划需要解决的实际问题，找出实际问题的组成元素，例如，一次配送要弄清需要配送的量，需要配送的类别，配送的市场分布、路线和历程，了解配送的方式和运输的工具。

3）制定目标。目标即销售物流需要到达的服务水平。在制定目标时一定要进行客户分类，依次制定客户服务水平，进行差别物流政策。制定目标时要了解客户期望的服务水平，并按不同客户类型进行满足和适度满足两种差别服务，还要了解竞争对手的客户服务水平，更有效地提供客户服务，例如，在配送时，要制定缺货率和脱销率目标、到达客户的时间、配送的准确率、路线等。

4）拟定方案。在拟定方案的过程中，第一要列出可行性方案。方案把各种情况尽可能地都列出来，这样才有可能选到满意的方案。第二是对可行方案进行调试，包括用数理的和建模的方法，要让每个方案达到最优。第三是对以上的方案进行选择，找到最优方案。

5）制定政策。在方案选定以后就要执行，要制定执行的政策，要有执行的人员和机构，并确定执行的时间和方式，保证各项资源的有效利用。

（3）组织和指挥。计划的执行是涉及面特别广的事情，要配备人员，建立机构，进行岗位设计，特别是在各个因素的配合中容易出现一些意想不到的事情，要对计划的执行有统一的指挥。

（4）协调和控制。对各个元素的配合进行协调，对计划执行结果进行控制，及时纠正可能的偏差，甚至要对计划进行调整。

3. 销售物流管理的原则

（1）系统化原则。物流管理的实质是进行成本控制，核心是提高物流服务水平，但是物流管理领域中各个要素又是互相制约的，在最优状态下，一般不会既能降低成本又能提高物流服务水平。在销售物流领域中也存在效益背反现象，即一个物流元素成本下降就伴随着另外一个元素成本的上升，例如，减少运输的次数，必然是带来仓储费用的增加。以上两个原因就决定在销售物流管理中要用系统的观点，在一个目标下整合企业现有资源，以一个整体考虑成本，同时也要使物流组织结构一体化，避免以小集体利益牺牲整体利益。

（2）物流和商流分开原则。商流一般包括商务谈判、订单接受、广告及促销等活动，不涉及实物流，没有时间和地点的特别要求，有很大的灵活性。而物流则不同，物流要在适当的时间内把适当的产品或服务送达一定的地方，有很强的计划性。物流和商流在时间上和地点上是分离的，物流可能发生在商流前也可能在其后，特别是在信息化时代，随着网上业务的发展，这种趋势更加明显，更能证明商流和物流分离的价值。

（3）输送和配送相结合原则。在物流当中实物的实体转移产生的成本在整个成本中占有很大的比重，在进行销售物流管理时我们要以转移的距离和量分别对待，处理好输送和配送的关系。首先我们要了解输送和配送的区别（如表10-1所示）。

表 10 - 1　输送和配送的区别

	输送	配送
特征	长距离、大批量快速运输	短距离、小批量局部运输
运输工具	火车、轮船	汽车
起至点	生产厂到配送中心和个别用户	配送中心到用户
目标	多组织货源快速提高运输效率	按时送货提高客户服务水平
执行部门	厂家销售部	配送中心

（4）差别化原则。物流管理的核心是提高物流服务水平，实质是降低物流服务成本，所以在进行物流管理时我们要根据实物的周转周期和销售规模施行差别化管理，来更有效地提高物流管理质量，例如，周转周期较长的产品应储存在生产厂家的仓库，周转周期短的产品则应放在配送中心，这样就能节约仓储空间，节约物流成本。对销售量大的产品要搞好输送销售，对量小的则应搞好配送以节约成本。

4. 销售物流方案的制定

销售物流的方案有多种，企业要根据行业状况、自身的资源和社会服务水平确定自己的销售物流方案，从实体空间位置移动的角度可分为以下几种（如表 10 - 2 所示）。

表 10 - 2　销售物流方案

种类	特征	操作方式
传统方式	厂家和用户都设库，自发性运作	厂家送货，用户自提
自己配送	厂家设库，计划性运作	定时配送，DRP
委托配送	厂家不设库，委托他人送货，计划性运作	配送中心，第三方物流
JIT 送货	厂家设库，用户不设库，厂家按客户需求供货，计划性运作	看板供应
VMI	自己在用户设库，用户按需求提货，不承担库存风险	VIM 方式

5. 销售物流方案的实施与控制

销售物流计划和销售物流方案都制定后，就进入了销售物流计划的实施与控制阶段，按计划进行并时时监督实施的效果，使结果向计划目标迈进，对确实是计划没有预料到的情况要按实际情况调整计划和物流方案，进行物流的修正。

第二节　需求预测

需求预测是物流管理的前提与基础，需求预测直接决定物流管理者的行为，影响企业的竞争力。需求有时间性和空间性，这就要求物流的管理者知道需求量在何时何地发生，以便组织货源，保证在适当的时间把适量的产品或服务送达适当的地点。

一、影响需求预测的因素

需求是很多因素的函数，大致可分为两类：内部因素和外部因素（如表 10 – 3 所示）。内部因素是企业可控制的自身状态，外部因素是企业不可控的影响因子，其主要是大环境因素。

表 10 – 3　影响需求预测的因素

内部因素	外部因素
产品政策：产品线的宽度和广度，产品创新程度	环境状况：地理位置，地貌差别，气候异常变化
价格政策：价格定价策略，交易条件和付款条件，销售的方法和策略	经济发展状况：经济政策，投资政策，人均收入水平，产业政策
渠道政策：渠道长度和宽度，渠道的客户关系	社会及文化因素：人口数量，人口结构，家庭结构，消费观念
促销及广告政策：广告的力度，广告认知度，促销创新	法律因素：消费政策，税收政策
企业人力资源素质：产品知识，市场知识，市场经验，责任心和积极性	技术因素：技术进步，替代品
其他因素：生产状况，企业财务状况	行业竞争状况：替代品的密度，新进入者的数量

二、需求预测的内容

需求预测是市场预测的一部分，需求预测以市场预测为基础，具体有以下一些内容：①企业经营地区范围内社会商品购买力发展趋势预测。②企业生产经营商品的需求趋势预测。③市场竞争水平预测。④地区市场潜力预测。⑤产品生命周期预测和新产品成功率预测。⑥市场地位预测，包括市场占有率、市场渗透率、市场覆盖率。

三、需求预测的原则

1. 系统性原则

首先，做需求预测要依据过去的和现在的一些数据，这些数据中的每一组数据都表达需求的相关信息，不能割裂地看待这些数据。其次，事物内部也有一定的层次性，由低层次向高层次发展，达到更高的秩序性，例如，在做企业产品需求预测时，我们必须先预测企业经营地区的商品购买能力。最后，事物内部还有很多子系统，这些子系统之间也互相影响，需求只是企业系统里的子系统。由于以上现象的存在，我们在做需求预测时要把握好系统原则，使预测更接近实际。

2. 连续性原则

做需求预测不但要用到历史数据，还要对已经揭示的规律加以利用，比如，季节性需求很强的产品，不可能一下失去其规律性，可以预见，冷饮在夏季的需求会上升，在冬季的需求则会下降，这就是规律的连续性。在做某产品或服务的需求预测时，应先参考已经揭示的规律，看它的历史表现，再结合现有的特定的条件来预测，这样将达到事半功倍的效果。

3. 类推原则

在做产品的需求预测时，有时候没有必要确切的掌握其第一手资料，有时候也很难准确地收集到全部资料，甚至有时这些资料是错误的，这就要求预测人员放宽眼界，在很难收到第一手资料时，利用其他途径来预测需求，包括利用类似产品的需求预测和利用相关产品的需求预测，例如，根据年度汽车保有量，可以预测汽车维修市场需求量的大小，同样地，参考城市家庭同等收入条件下的家电拥有量，可以分析农村家庭家电的合理需求量。

4. 因果原则

需求是多种元素的函数，在做需求预测时一定要找到相关元素，建立相应的函数关系，使需求的每个变化都能找到是哪些因素是自变量的函数，使每个结果都有相应的原因，这就是因果原则。使每个结果和原因相配对，找出各个因素对需求影响大小的指数，并把诱因放大以改善对产品的需求，比如，市场突然对企业的产品需求大增，这就要分析是市场的购买力增加还是自己的产品适销对路，如果是后者则就应进一步地适应变化，改善经营业绩，提高物流效率，缩短产品流通周期。

四、需求预测程序

需求预测是一项比较系统的工作，分为以下几个步骤（如图10-1所示）。

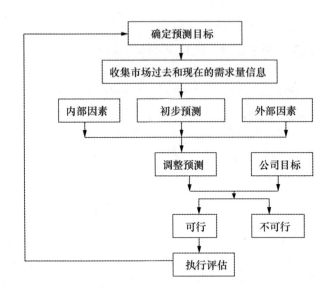

图10-1 产品需求预测的过程

1. 根据预测任务确定预测的目标、期限和预测因子

按计划和决策的需要确定预测对象和目标，确定预测的时间和负责人员，规定预测结果的准确程度，这是预测工作的前提，并根据以往的实践经验和内在的因果关系找出和本次预测有关的预测因子。

2. 收集选定因子的资料

收集选定因子的资料包括内部的和外部的一些资料。先收集过去和现在产品或服务市场需求的实际资料，然后通过这些一线的资料得出一个初步的预测结果，包括产品的需求量是上升还是下降，在产品线上的移动趋势。但是这种现象的原因还必须结合企业内部因素和外部因素共同分析，弄清是长期的趋势还是短暂的现象，更好地把握需求的变化趋势。

收集资料的途径有：①企业内部年鉴、财务资料和计划资料。②国家有关部门的统计资料和计划资料。③行业协会有关统计资料和有关研究报告。④学术刊物上发表的有关资料。⑤高校、研究院所和有关学术团体的研究成果。⑥商业媒体上的资料。⑦其他有效途径。

在收集资料的过程中我们要防止信息不够和信息堆积，太少的信息表现不出规律性，太多则会形成信息堆积，对分析造成干扰，同时我们在收集资料时要筛选、加工和整理，力求使收集的资料完整、准确和有效。

3. 选择预测方法及进行预测

在选择分析方法时要考虑两个方面的因素，首先，了解预测对象的性质，预测的目标和预测对象的资料获取程度，并在此基础上形成概念和判断。其次，要了解每个预测方法的优缺点和适用范围，在弄清这两方面因素的基础上选定预测方法。并用选定的方法修正初步预测的结果形成预测。

4. 分析评价预测结果

分析评价预测结果实际就是分析预测结果的可靠性和准确性。预测结果的可靠性和准确性是多个自变量的函数，这些自变量包括预测者的经验、预测者的分析判断能力和预测者的工作态度，预测方法的适合程度，预测数据的可靠性、完整性和有效性，特别是预测数据有很强的实效性，由于我们收集的数据是已经发生的数据而且被局限在一定的时间区域内，因此，收集的数据不可能接近最理想状态，肯定有和现实相脱离的地方，这就要求必须对预测结果加以分析，判断其准确性，并在此基础上修正原来的预测结果，得到最终预测结果。需求预测为销售服务的同时，也为销售物流服务，所以得到的结果还要和企业的目标相比较，得出对企业有利的、有能力满足的预测结果。

5. 提交预测报告

预测为计划服务，为计划提供可靠的准确的市场需求资料，有很强的时效性，必须向决策层及时提交预测报告，预测报告主要有以下内容：①本次预测的对象，预测目标和相关因素。②本次预测主要的活动内容，时间。③主要数据资料，预测方法，预测结果。④达到预测目标的各种有效途径和所必需的资源条件。

五、预测方法

对于销售物流需求预测来说，一般要考虑以下因素：某时期产品和服务的基本需求、季节需求、需求变化趋势、需求周期、促销和随机变量，需求是这些变量构成的函数，需求预测函数表达式为：

$F_t = f(B_t, T_t, S_t, C_t, P_t, U)$

式中：F_t——t 时期的预测值

B_t——t 时期的基本需求水平

S_t——t 时期的季节因素

T_t——t 时期的需求趋势

C_t——t 时期的周期因素

P_t——t 时期的促销因素

U——t 随机变量

预测的方法很多，但在原理上它们都基于同样的前提"预测对象过去和未来遵循同样的运行规律"，在这里主要分为两类：定性预测和定量预测。下面将介绍其中的一些方法。

1. 定性预测

定性预测是预测者根据自己掌握的实际情况、实践经验、专业水平，对市场需求趋势、市场需求量、市场需求密度做出的判断，定性预测适用于掌握的信息不够多、不够准确或者是主要的影响因素不能量化，更不能量化分析的情况。

（1）经验法。经验法也叫类比法，是依据预测者以往的经验，通过比较类推，主观判断、估计和评价目前的状况，得出预测的结果，是预测者心中的潜意识在需要预测对象上的再现，对程序型的预测和特别不规则的预测往往是很有效的。主要包括两种方法：横向类比预测和纵向类比预测。横向类比预测是指在同一时期内将某地某产品的市场情况与同时期其他地方的市场情况进行比较，得出这一地区的需求预测结果；纵向预测是指通过将当前的市场情况和以往相类似的情况进行比较，得出预测结果。

（2）市场调查法。市场调查法主要通过问卷、上门访问、电话访问、座谈等方式对现实的和潜在的相关群体进行调查，了解他们对产品或服务的需求特性，和在今后一段时期的消费打算，主要是期望购买率，根据调查结果预测本产品或服务的需求。

（3）头脑风暴法。头脑风暴法又称德尔菲法，主要分两种形式：小组讨论和专家调查。小组讨论是指由高级管理人员、销售人员、顾客代表和行业专家组成的小组就某一产品或服务的需求进行讨论，在开放的环境下大家自由发言，可以阐述自己的观点，但不能对他人的意见进行评判，每个人都能发表自己的看法，思路比较广。

专家调查是通过专家背靠背的匿名征询方式进行预测的一种方法，步骤如图 10 - 2 所示。

1）选定专家组。专家组应既有行业专家又有销售商代表，专家组的成员只和预测人员单独联系，他们互相之间不联系，专家组成员数量视预测对象和预测目标具体情况而定。

2）提出需要预测的问题，连同材料一起寄给专家组每位成员。

3）收回专家组每位成员的书面预测结果和预测依据。

4）汇总专家组的预测结果，并加以分析，再把反馈意见寄给每位专家，进入下一轮预测。

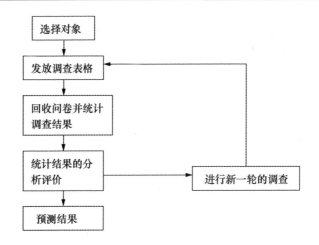

图 10 - 2　专家调查预测的一般步骤

5）经过多轮预测，如果专家的预测趋于一致，最后就得出一致的预测结果。

2. 定量预测

定量预测是把影响因素量化后，用数学表达式或数学模型来表示需求和各种变量之间的关系。运用最普遍的是时间序列分析方法和因果模型分析方法。前者以时间为独立变量，把过去的需求和时间的关系作为需求模型来估计未来的需求；后者是利用预测变量和影响变量的因果关系进行预测。在这里主要介绍一些常用的方法。

（1）移动平均法。移动平均法的方法是指将一段包含数据点的时间段求平均，即用该时间段各数据点的和除以这段时间所含数据点的个数，其公式表达为：

$MAt + 1 = 1/n \ (A_i + A_i - 1 + A_i - 2 + \cdots + A_i - n + 1)$

式中：A_i——第 i 期的实际值（$i = t$，$t - 1$，$t - 2$，$\cdots$，$t - n + 1$）

　　　$MAt + 1$——预测值

移动平均法对随机性需求、无季节性和无趋势变化、需求稳定的产品或服务的预测很适用，预测结果也很理想。

（2）加权移动平均法。加权移动平均法是移动平均法的改进，是根据实际值对预测值影响程度的大小对各个实际值赋予一定的权重，这样可以提高预测准确性。其公式表达为：

$MAt + 1 = WiA_i + W_i - 1A_i - 1 + \cdots + W_i - n + 2A_i - n + 2 + W_i - n + 1A_i - n + 1$

式中：A_i——第 i 期的实际值

　　　$MAt + 1$——预测值

WI——各期的权重，$\sum Wi = 1$

加权移动平均法根据实际影响的大小给各个变量加了权重，使预测更为准确，适用于随机的、有趋势的产品或服务的需求预测。

（3）指数平滑法。指数平滑法是利用过去的数据资料，使用平滑指数来进行预测的一种方法。对包含未来信息较多的近期数据赋予较大的权重，使预测更为合理，其公式表达为：

$F_{t+1} = \alpha Yt + (1 - \alpha) Ft$

式中：Ft——t 期的预测值

$\qquad Yt$——t 期的实际值

$\qquad \alpha$——平滑常数（$0 \leqslant \alpha \leqslant 1$）

例：已知某产品的一组需求数据，见表 10 - 4，要预测 2004 年第三季度的需求。

表 10 - 4　某产品需求数据

单位：件

年份	第一季度	第二季度	第三季度	第四季度
2003	1200	700	900	1100
2004	1400	1000	F3	

假设 $\alpha = 0.2$，将 2003 年四个季度的平均值作为以前的预测值。

$F_0 = (1200 + 700 + 900 + 1100) / 4 = 975$

2004 年第一季度的需求预测值为：

$F_1 = 0.2 Y_0 + (1 + 0.2) F_0$

$\quad = 0.2 \times 1100 + 0.8 \times 975$

$\quad = 1000$（件）

2004 年第二季度的需求预测值为：

$F_2 = 0.2 Y_1 + (1 + 0.2) F_1$

$\quad = 0.2 \times 1400 + 0.8 \times 1000$

$\quad = 1080$（件）

2004 年第三季度的预测值为：

$F_3 = 0.2 Y_2 + (1 - 0.2) F_2$

$\quad = 0.2 \times 1000 + 0.8 \times 1080$

$\quad = 1064$（件）

所以 2004 年第三季度的预测值为 1064。

这种方法较好地考虑了近期需求数据的影响，对预测随机的波动性较大的产品的需求预测准确性高。

（4）趋势推测法。趋势推测法对随季节变化又有较大需求波动的产品，利用季节指数方法来预测产品需求，季节指数是由各个季节或月份需求的实际值和由历史数据计算出来的季节或月份平均值的比值，即由于季节因素偏离预测值的程度。基本步骤如下：

1）用最小二乘法求出趋势方程：$YI = aX + b$。

2）使用趋势方程预测出各个季节或月份的历史数据，并将这些数据除以对应的实际值，即得到季节指数。

3）用季节指数修正趋势方程，预测产品需求量。

这一方法是基于产品的需求同样受季节因素影响，并且这种影响持续对产品或服务的需求产生影响。

第三节　订单管理

一、订单管理的定义

订单管理是一个企业从接受订单到通知仓库送货并交付订货的这段时间内所发生的所有活动。订单处理系统是物流系统一个重要的子系统，是客户和企业的联系纽带，订单处理能力是客户服务的重要一环，订单处理的速度和质量直接影响整个物流活动的成本和效率，快速准确的订单处理不仅使企业以较高的客户服务水平抓住客户，而且可以为企业节约流动资金，并消减费用。

二、订单处理的过程

订单处理过程从客户向企业下订单开始，然后企业把订单输入到订单处理系统，企业进行订单检查，核实后向仓库发出送货指令，安排运输，填制单据，跟踪货物交付单据并回收货款，最后反馈订单处理信息（如图 10 - 3 所示）。

1. 订单准备

订单准备是订单处理的第一步，主要是给用户搭建一个平台，让客户了解产品并获取客户的订单，内容包括收集客户对产品或服务的需求信息，向客户介绍产品以及向上游供货商订货等主要职能。具体而言，订单准备包括以下几方面的活动：选择上游供货商，通过媒体或行销人员向客户介绍产品，并控制订货期，由客户或者是营销人员填制订单等。

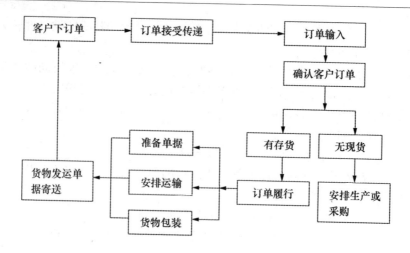

图 10 - 3　订单处理流程

与传统的订单处理不同的是现在加进了很多新技术,其中最显著的是电子商务和电子数据交换系统。

由于互联网技术的成熟和网络的普及,电子商务在商业中用途越来越广,企业建立主页不但把产品和企业的信息放上去,而且还把电子订单放上去,客户一旦对产品感兴趣就可以立即订货,大大提高了订单处理的效率。

电子数据交换系统使企业和客户的信息共享,企业可以随时了解客户的需求及库存情况,适时提示客户下订单,同时客户也可以把自己的特殊需求传递到企业,增强企业客户服务能力。

在订单准备阶段,还有一个重要的职能就是平衡订单,防止订单扎堆,主要指大比例的客户同时订货,使订单系统超负荷导致订单处理的延误。减缓订单扎堆的办法是对客户的订货进行一定的控制,主要有三种途径:第一种途径是利用销售部或其他部门、销售人员上门取回订单;第二种途径是采用电话销售人员来获取订单;第三种途径就是在特定的时间内向客户提供折扣。

2. 订单传送

订单传送是指从客户下订单或发送订单到销售方获得订单这一时段内所进行的所有业务活动。主要是订单在客户和企业之间,在时间上和空间上的传递,传统上主要是人工传递,即销售人员取得订单后带回企业或者邮寄给企业,这种方式费时、费力、没有效率,客户服务水平低。而现在一些新技术的引进大大地提高了效率。比如,800 免费电话、电子数据交换系统。现在被越来越广泛使用的另一种订单传递方式就是扫描仪和条形码系统,它使订单处理更快捷,缩短了订货周期,提高了客户服务水平。

3. 订单加工

订单加工是企业接到订单以后和实际履行订单以前的这段时间内发生的一系列活动。订单加工基本包括以下几项活动：①核实订单信息以求更加完整和准确。②信用部门进行信用审核检查。③将订单录入系统即订单登记。④销售部门将信贷计入销售人员的销售额中。⑤会计部门登记交易量。⑥存货部门给客户安排最近的仓库，并通知客户提货，加强企业的库存管理。⑦运输部门负责把货物运出仓库。

4. 订单交付

订单交付是指根据客户的订单把客户的订货在适当的时间以适当的运输方式交付给客户。主要包括以下主要内容：①通过提取存货、安排生产或者对外采购来准备客户的货物。②将准备好的货物包装运输。③联系安排运输，确定运输时间，将备好的货物发运。④安排发运货物并准备好相关单据。

5. 订单的信息跟踪

订单信息跟踪贯穿于整个订单处理系统，从刚开始的订单准备一直到订单的交付，对订单信息的处理有利于提高企业对订单处理系统的管理，提高物流系统的效率和质量，同时客户可以通过企业提供的信息查询方式随时了解订货的处理情况，提高客户服务水平。

6. 订单处理反馈

在客户的订货到达客户后，订单处理的结果也需要及时反馈到企业，包括此次订单处理过程中的问题，客户的满意程度，客户希望的产品或者服务的特性和客户期望的服务水平，企业根据这些进行评估和优化订单处理系统，从而进一步提高效率。

第四节 客户关系管理

客户关系管理（CMR）在销售物流这个以服务为主要内容的环节里有重要的地位，是销售物流管理的重要手段，它存在于整个流程当中，是一种健全、改善企业与客户关系的新型管理体系，指的是企业利用信息技术通过有意义的交流来了解并影响客户的行为，以提高客户招揽率、客户忠诚度和客户收益率，客户关系管理是为保证企业与客户互动而设计的有效工具，是企业提高反应能力的关键。

一、客户关系管理概述

1. 客户关系管理的发展背景

随着信息技术的发展，大多数企业都在搞电子商务，但并不是所有搞电子商务的企业都能提高销售，获得利润，得到客户的青睐。因为电子商务的兴起，使客户的选择性增加，对服务层次的要求也随之提高，客户对自己应该得到怎样的服务显得越来越精明。要让客户服务偏好来支配自己的消费行为，企业必须通过电子商务的技术增加个性化的服务，以配合满足不同客户的需求。但是许多企业提供相同的服务，在客户选择更多的情况下，企业维持客户的忠诚度变得越来越困难。企业一旦无法了解或错误估计客户的期望就将失去客户，浪费时间与金钱，进而影响竞争力。客户关系管理就是在这样的企业困境中被逐步重视起来的，作为解决这些难题的有效工具，通过正确的渠道（Right Channel）、正确的时机（Right Time），提供正确的产品（Right Offer）给需要的客户（Right Customer）。

2. 客户关系管理的定义

客户关系管理尽管在实践中已经非常热门，但是在学术界还没有一个统一的定义，在这里本书将介绍几种有影响力的定义，并加以分析得出本书的定义。

卡纳科特（Kalakota）和罗宾逊（Kobinson，1999）认为客户关系管理是整合销售、行销与服务的策略，排除过去个别部门独立作业的情况，并且通过不同部门的整合行动来完成客户管理。

派培斯德沃（Peppersetal，1999）认为客户关系管理与一对一行销或关系行销具有相同的含义，通过与个别客户的互动，企业能从客户所透露的信息中了解客户的需要，并据此来改变企业的行销方式，客户的购买行为对企业透露出其购买信息，而企业在每一次互动之后能根据客户的需求将产品与服务完成，为客户提供所需的产品和服务。

佩帕德（Peppard，2000）认为企业希望运用客户关系管理来帮助它们维持持续性的竞争力。这些组织已经改变了它们的事业流程，并建立可行的技术解决方案，通过这样的改变使企业能够获得新客户，保留老客户，并且管理客户的终生价值使客户对企业的价值贡献达到最大化。

塞夫特（Sift，2000）从客户角度给出定义，认为客户关系管理是管理方法。

尼尔森（Nelson）和贝尔格（Berg，2000）从整合的角度给出定义，认为客户关系管理是企业整体面向客户的行为。

从以上定义不难看出，客户关系管理包含以下要素：客户、目标、技术、整合、管理和价值。本书参考这些定义，结合这些要素认为客户关系管理是整合不同部门改造企业事业流程，通过客户取得，保留与加强客户间关系的发展，以创造客户终生价值，提高客户对企业利润的贡献率，客户也能获得所需的产品和服务，最终企业获得预期利润，达到互利的结果。

3. 客户关系管理的发展

Carleton corporation 认为行销观念是从过去大量的行销逐步演化过来的模式，

将会有革命性的变化，现在由于科技的进步，许多企业已经能够做到大量定制服务的地步，现代企业应尽快整合企业策略、行销、服务等销售相关部门的信息，并利用所有可能的信息与客户做最好的互动。

根据应用技术组（Applied Technologies Group，ATG）将行销分为三个阶段：大量行销，目标行销，客户关系管理。这里重点介绍最后一个阶段，应用技术组认为客户关系管理是目标行销的下一个阶段，对客户的观点回归到与客户亲近关系的建立，并利用现今科技维持大规模生产与管理系统。

客户的信赖与忠诚取决于以下两个变量：

（1）企业对"个别客户信息的了解"。一个企业对客户的需求和价值的认知能力，体现在其对客户信息的掌握和分析能力上，没有良好的情报系统，缺少精确的分析能力，就不可能认识客户的价值，更不可能满足客户需求。

（2）与客户的互动性。描述企业与客户的互动性的层次，主要是看企业与客户的人际接触。

1980年以后，随着市场由卖方市场转向买方市场，市场竞争加剧，客户关系管理开始受到企业的关注，但当时还是个别部门的行为，是分别执行的没有统一的程序、标准，只是解决问题的"单点方案"。1990年以后则表现为企业式客户关系管理（Enterprise CRM），企业开始利用各个部门的客户信息，着重客户信息的获取和分享，并利用行销、销售、服务和支持部门之间的客户信息，也称为"沟通式的客户关系管理（Coleborative CRM）"，达到企业与客户合作的目的，以期满足各自需求，这种关系供货商实践得较多。

目前，客户关系管理在企业实践中正快速发展，结合传统方式与协同式的关系管理系统，通过分析工具，提供企业对客户、供货商与员工的需求或偏好的资料或数据，可将公司的资料存储（Data Wearhouse）及企业记忆（Organization Memory）中的企业资料转变成商业智能（Business Intelligence）。

4. 客户关系管理的职能

客户关系管理支持以下客户生命周期内的各种商业流程：

（1）营销。通过数据的采集和分析，发现潜在客户，获取新客户。这里强调的是长期价值创造，而不是短期利益。

（2）销售。通过运用建议生成器、配置器、知识管理工具、联系管理器及预测，帮助企业实现有效的销售流程。

（3）电子商务。在互联网时代销售流程应该迅速转向采购，使得销售和采购成为电子商务重要的两个方面，能以最少的成本快速方便地完成交易。无论其采用何种联系方式，所有客户都应该在公司留有联系记录。

（4）服务。用呼叫中心或互联网的客户通过自动服务系统来处理售后服务和提供帮助。

二、客户关系管理的途径

客户关系管理是企业对外的行为，在这根管理的链条上，各个主体又是相互独立的，有独立的目标、管理体系，这就决定了企业在进行客户关系管理时，不能像在企业内部管理一样，依靠太多的强制力，在进行客户关系管理时要做好以下几个方面的工作：

1. 客户分类

客户分类是进行客户关系管理的关键，客户关系管理实际上是一种客户关系分类管理，不同类别的客户，管理方法也不相同。客户分类能为企业提供有价值的信息，使企业在客户关系管理时分清利润客户，工作有所侧重。

本书依据是否已经使用本企业的产品或服务把客户分为两大类。第一类是潜在客户。潜在客户又可分为：一是对企业自身产品或服务不知晓的客户；二是对企业的产品或服务知晓的客户。第二类是现实客户。现实客户又分为三类，一是基本客户；二是目标客户；三是战略客户。

（1）潜在客户。潜在客户是对本企业产品或服务有需求，但是还没有和本企业发生业务往来的客户，这些客户是要争取的，但也有可能永远不会成为企业的客户，这类客户数量巨大，不容易有效接触。

1）对本企业的产品或服务不知晓的客户。他们可能是行业的新进入者，数量很大，但是不容易接触，比较隐蔽，现有的行销手段都不容易到达，对这类客户的管理主要通过媒体广告进行。这些广告包括：①产品广告。②企业宣传。③实际客户的现身说法。

2）对本企业产品或服务知晓的客户。这类客户大体知晓产品，知道本企业，但是没有实际购买过产品也没有和企业打过交道。对这类客户的管理，主要是去发现、联系和沟通。主要的方式除了继续宣传外，还可以选择以下方式：①有奖咨询。②有奖征文。③有奖销售。④展示会。

（2）现实客户。现实客户是已经和本企业发生业务联系，已经购买或使用过本企业的产品或服务的客户。依据客户和企业联系的紧密程度这类客户可分为以下三类：

1）基本客户。基本客户和本企业已经发生了联系，且已进入企业客户名册或基本数据库，他们已经成为客户管理的基本对象，已由隐蔽性转向可视性，他们可能对产品和企业已经有所了解，发生了一定的兴趣，但他们中的多数还没有购买本企业的产品或服务，至少没有长期、大量地购买，对他们的管理就是促销，促进他们对本企业产品或服务的购买，主要的措施除了深入的广告宣传之外，还要附以下措施：①有奖销售。②各种促销活动。③赠送、免费使用等。④走访、沟通。

2）目标客户。目标客户已经购买了企业的产品或服务，并为企业带来利润，是企业利润的贡献者，这类客户是本企业的主要利润来源，数量较大，是企业客户管理的重要对象，是本企业与竞争对手争夺的资源，并且这类客户的忠诚度主要受短期利益的影响。这类客户了解企业的产品，对产品很有发言权，他们对企业产品的开发、企业工作的改进以及企业开拓市场也很有帮助。对这类客户管理的重点，就是要解决好大量的售前、售后服务，解决购买纠纷，协调、沟通关系；要对这类客户进行购买业绩的登记和考核，规范和防范风险，还要做好以下工作：①做好事务管理、售前售后服务、业绩考核监控，协调处理关系，培养忠诚客户。②建立客户委员会管理体制。③组织客户联谊活动，增加友谊和凝聚力。④有奖销售，鼓励进一步购买。⑤销售竞赛，表彰先进，鼓励客户。

3）战略客户。战略客户是企业的关键客户，他们的数量不大，但是他们的购买量大，购买频率高，在企业整个销售和采购中占有很大的比例，和企业的联系很紧密，对企业的生存与发展影响较大，是企业的战略层次上的合作伙伴，是企业优先服务的对象。对他们的管理重点是要进行更大的激励，加强沟通使双方的战略目标一致，同时也要加大监督。具体的做法如下：①建立数据共享系统，加强联系，及时沟通。②互派经理人进入对方企业任职或建立协调小组。③提供高档次的优质服务，使服务更加细致，更加人格化、个性化，使他们成为忠诚客户。④开展客户联谊活动，交流感情。⑤以各自所长为对方提供市场、产品和技术支持。

2. 分析客户需求

在进行客户关系管理时，要分析客户的需求，只有这样才能更好地使客户满意，开展客户关系管理，使企业把有限的资源分配到最适合的地方，获得最大利益。只有进行客户需求分析，才能使企业开展客户关系管理时做到有的放矢，准确地抓住客户，如果不了解客户的需求，就可能会费财、费力、费时也得不到客户的满意，影响企业的竞争力。在分析客户需求时主要考察以下一些方面：①订货数量和订货时间要求。②管理支持要求。③产品或企业发展潜力要求。④促销支持要求。⑤企业培训要求。⑥广告预算及广告形式和广告运作要求。⑦产品订货周期要求。⑧产品销售区域要求。⑨付款形式要求。

3. 分析客户满意和客户忠诚

分析客户满意和客户忠诚也是进行客户管理的前提，因为这是两个不同的心理学概念，有不同的运作规律，而在现实中，企业常把它们混为一谈，使客户关系管理质量不高，浪费资源。

（1）客户满意和客户忠诚的关系。客户满意是指客户在通过对一个产品或服务的可感知效果与他期望效果的比较后，所形成的愉快或失望状态；客户忠诚是客户对某品牌或公司的信赖、维护和希望再次购买的一种心理倾向和重复购买行为。这两个概念有一定的联系，但是区别也是明显的（如表10-5所示）。

表10-5 客户满意与客户忠诚的区别

	客户满意	客户忠诚
比较的对象	过去期望和现实感知效果	现实期望和预期利益
表现形式	心理感受	行为选择
可观察程度	内隐的	外现的
受竞争对手的影响程度	影响小	影响大

（2）正确处理客户满意和客户忠诚的关系。客户满意和客户忠诚都是企业所需要的，同时客户满意又对客户忠诚起到一定的促进作用，但是不加选择地追求客户满意对客户忠诚的支持作用并不明显，因此正确处理客户满意和客户忠诚的关系，在客户关系管理时显得格外重要，在处理它们的关系时要把握以下三个原则：

1）与战略协调一致。在企业进行客户关系管理时，客户满意和客户忠诚是以客户满意度调查为前提的，通过调查发现不足，在执行中从战略角度进行评价，进行市场细分，改进项目，提高客户满意度，对目标客户和战略客户投入更多的精力。

2）找准客户满意和客户忠诚的结合点。尽管所有企业都将客户满意和客户忠诚作为追求的目标，但是在现实生活中，对两者的追求都是有成本的，所以表现出来的行为存在很大差异。

企业既要追求客户满意又要追求客户忠诚，可客户满意并不一定带来客户的忠诚，比如，在房产交易时只需要达到客户满意就可以了，获得客户忠诚是不大可能，这时的企业就要分清自己的目标，同时企业的资源也是有限的，追求客户满意和追求客户忠诚存在一种七巧板的关系，企业要根据自身的情况设定自己的目标。

3）针对不同的客户采取不同的策略。由于客户的购买特征和购买状况的差异，其忠诚和满意度也不同，在实践中，按照客户满意和客户忠诚两个维度把客户划分为四种类型（如表10-6所示）。

表 10 - 6 客户满意—客户忠诚分类

	客户忠诚	客户不忠诚
客户满意	真正忠诚者	创新者
客户不满意	陷入困境者	流失者

对于创新者，单纯地提高其满意度，并不能提高其忠诚度，对于因不满意而流失的客户来说提高满意度有可能提高忠诚度，对于那些陷入困境的客户一旦有条件就可能成为流失者。

4. 建立良好的客户服务体系

建立良好的客户服务体系是做好客户关系管理的基点，使客户有和企业沟通的渠道，使企业的客户关系管理理念得以具体化，如果没有良好的客户服务体系，客户就很难得到满意的服务，并使客户的成本上升，降低客户的满意度。在进行客户服务时要做好售前和售后两个方面的工作，售前服务主要是为了获得客户，具体的包括主动的接触客户和快速响应客户的要求两大部分：前者要做好市场的情报工作，进行客户走访，并通过媒体做好企业产品的宣传，主办一些大型的展览和讲座；后者要建立快速反应机制，对客户的需求特性和客户的咨询要给予及时的答复，这个快速反应体系要使客户能够方便地进入，很容易地接触到企业。售后服务主要是留住现实客户，通过及时、快速、准确地解决客户产品使用中的问题，来维护客户的满意度。售后服务大多是有形的服务，有很强的空间要求，要使客户能够方便地获得这种服务，就要求企业做好网点的建设，使服务渠道得以畅通，并结合客户满意和企业目标设计售后服务网络，把企业的客户关系观念变得有形、具体化，提高客户满意。

5. 建立沟通体系

沟通是做客户关系管理不可缺少的部分，没有良好的沟通，企业在做客户关系管理时就会盲目化，企业自己闭门造车，肯定不会有好的效果。由于客户和产品的关系比较紧密，同时客户又是市场的基础，他们对产品或服务很有发言权，所以和客户沟通，了解他们对产品的要求，有利于企业掌握市场趋势，提高反应能力，同时企业和客户加强联系，比如，技术合作和合作库存管理，也能降低企业成本。由于市场变化是无常的，企业在应对这些变化时，要结合客户的利益，要不然企业策略会给客户造成损失，激化渠道的冲突，使企业失去终端客户，比如，当企业降低产品价格时，要考虑到销售商的利益，提前做好沟通给予补贴或退货，避免销售商产品积压。

企业和客户的沟通要通过以下方式进行：①客户走访。②开通免费电话，建立客户呼叫中心。③开展电子商务（Web）。④建立电子数据交换体系。⑤建立客户联系小组。

6. 加大宣传

宣传分为两个部分，一是对内宣传；二是对外宣传。由于客户关系管理不是单个部门的行为，而是整个企业整合的结果，已经变成每一个员工的行为，每个人都要进行客户接触，要把这种理念转化为员工的行动，必须加强企业对内的宣传，让每一个员工都有客户服务理念。客户关系管理有时是一对一的行销，但是大多数还是一对多，对这些客户进行集体管理，就要通过宣传，把客户服务理念传达给客户，把客户服务事件故事化，善于寻找有价值的新闻线索，加大口碑宣传效果。

宣传的主要方式有：①办讲座，培养理念。②广告宣传。③网络宣传。④公益活动。⑤公共形象。⑥新闻广播。

7. 客户控制

客户关系管理要有适当的控制。控制包括客户行为的控制和客户风险的控制，客户当中有一些不良的客户，甚至是恶意的客户，可能有不良的行为或者是恶意的行为，都要进行适当的规范和控制，他们的存在会破坏客户秩序，增加客户服务的成本，对这些客户要认真地进行审计，考察是否会有所改善，如果得不到改善就放弃这类客户。客户的风险控制还包括非常情况的控制，这类客户指的是由正常客户转变成非正常客户，虽然客户本身没有恶意，但是也可能成为企业的负担，这就要对战略客户进行连续的监控，规避风险。

8. 加强自身的素质

正如前面讲的，客户关系管理是企业对外的行为，管理较为松散，但是要进行有效的客户关系管理，必须具有客户关系管理的领导力和控制力，其中有的是强制力，是合同或法律所赋予的权利，有的是软实力，比如，管理能力、产品力。只有具有关系控制能力，才能实现各种客户关系，使物流畅通。加强自身素质要从以下几个方面着手：

（1）加强产品力。产品力包括产品的获利能力、产品的发展潜力、产品的客户认知度。产品是客户利益的焦点，是价值的承载，只有拥有可以获利的、知名度高的产品才有可能得到客户青睐，才有可能得到关系控制能力。

（2）加强专家力。专家力包括技术能力、企业管理能力、市场能力。企业拥有这些能力就能给客户提供额外的价值，使客户的长期利益有保障，满足企业渴望发展的需求，增强企业的向心力。

（3）加大企业规模。在大批量制造的时代，加大企业规模显得特别重要，也是企业参与市场竞争的有力武器。大规模能使企业减少制造成本和管理成本，只有成本降低才能应对激烈的市场竞争，让渡客户更多的价值。显然这样也能加强企业对客户的控制力。

（4）灵活财务制度，加强财务能力。有些客户的实力一般，他们需要的是宽松的付款制度安排，这时谁能有效地解决这个问题，谁就能更好地抓住客户，当然在解决这个问题时，要做好客户信用等级和客户财务能力的调查，以免造成损失。

9. 客户服务标准化

建立客户服务的标准化，是客户服务的重要内容，具体包括两个部分：工作程序的标准化和工作操作层次的标准化。

建立工作程序的标准化是必要的，是建立客户关系管理的一个重要支柱，也是企业各个部门所有员工工作上的标准化、程序化，尤其是直接面向客户的行销、服务等部门，必须符合客户管理程序的设计要求，否则客户管理的目标就很难实现。

工作操作层次上的标准化，在客户关系管理时是必要的，它使客户服务理念量化，让客户给予监督，同时符合客户服务预期，有利于提高客户满意，有利于留住客户。

三、客户关系管理的工具

在这里主要介绍的是客户关系管理的一些新的手段，对一些传统的手段如客户拜访、举办交流会等形式不予介绍。客户关系管理主要是通过呼叫中心、电子商务、移动设备、智能系统来实现对市场活动和销售活动的有效管理及对客户提供个性化的关怀和服务，充分连接市场、销售和服务之间的各个环节，并将它们和后台办公室的客户交流连接为一体。

1. 呼叫中心（Call Center）

呼叫中心是一个能够处理呼入/呼出电话、电子邮件、传真、电子商务以及电话反馈的综合性客户交流枢纽，是一个将营销电话中心、销售电话中心和服务中心功能集成的综合体。它作为一个综合全面的客户关怀中心，利用客户数据仓库，给电子营销提供个性化促销，在接听电话之前自动迅速调用客户服务记录作为参考，充分掌握客户信息，用统一的服务面对客户，从而实现对客户的关怀和个性化服务，提高客户的满意度。

2. 电子商务（Web）

基于电子商务建立网上商店，通过电子商务直接与商业客户、伙伴或消费者进行销售和服务，并运用统一全面的客户信息进行个性化的促销，使产品以更快的速度进入市场。电子商务能够充分利用自身优势，如自助销售、潜在客户开发、事件登记、合同续订、服务请求以及电话反馈等。它向传统的营销、销售和服务渠道提供自然的扩展，使客户在任何时间、任何地点都能与企业建立联系。

3. 移动技术（Mobile）

通过各种不同类型的移动设备，如膝上型电脑、掌上型电脑、修改器（CE）设备、智能电话，甚至还包括寻呼机，实现现场销售人员和服务机构对关键最新信息的访问。通过共享数据库，现场销售代表可快速方便地访问联系人信息和潜在客户信息，以及报价、佣金和预测。销售管理人员可随时访问最新的全球销售预测，并对销售活动做出更形象、更全面的设想，从而迅速采取行动。同时，现场的服务支持人员或代理，也可管理产品的安装、修理或替换工作。利用移动设备，销售经理也可建立起更为有效的销售奖励和佣金计划，提高销售人员绩效。

4. 客户智能（Customer Intelligence）

运用客户智能系统，收集和分析市场、销售、服务和整个企业的各类信息，对客户进行全方位了解，从而理顺企业资源与客户需求之间的关系，提高客户满意度，并减少客户"变节"的可能性。同时，通过获取并分析与客户所有的交往历史，从整个企业的角度认识客户，达到全局性销售预测的目的，从而增加获利能力。

复习思考题

1. 什么是销售物流？现代销售物流的发展趋势是什么？
2. 销售物流管理的内容与原则是什么？
3. 需求预测的内容及预测方法。
4. 订单处理的流程是什么？
5. 客户关系管理的职能是什么？

第十一章

物流配送管理

学习目标：

  通过本章学习，能够掌握配送及配送管理的基本概念，熟悉配送作业管理的基本流程和模式，了解配送中心管理的一些基本内容。

  配送是物流的基本功能，在物流活动中具有重要的地位和作用。配送作为直接面向最终客户提供的物流服务，在满足高度化的物流需求方面发挥着极其重要的作用。如果没有配送就会影响物流的经济效益和社会效益，可以说物流成果主要是通过配送来实现的。从经济学角度看，配送是将事物的物质特性转换为经济价值的过程，为产品带来了客户。

第一节　配送概述

一、配送的概念与作用

  "配送"一词是日本引进美国物流科学时，对英文原词"delivery"的意译，1985 年末，日本政府颁布的《日本工业标准（JIS）物流用语》中将配送定义为："将货物从物流据点送交给收货人。"我国使用了日本的意译，直接用了"配送"这个词，形成了我国的配送概念。

  1. 配送的概念

  我国国家质量技术监督局在 2001 年颁布的中华人民共和国国家标准《物流

术语》中，对配送的定义为：在经济合理区域范围内，根据客户要求，对物品进行分拣、加工、包装、分割、组配等作业，并按时送达指定地点的物流活动。

另外一个被广泛认同的定义是：配送是指按客户或收货人的订货要求，在配送中心或其他物流节点进行集货、分货、配货业务，并将配置货物送交客户或收货人的过程。

概括而言，配送的概念反映如下几点：

（1）配送是接近客户资源配置的全过程。

（2）配送是"配"和"送"的有机结合，完全按照客户要求的数量、种类、时间等进行分货、配货、配装等工作。配送与一般送货的重要区别在于，配送利用有效的分拣、配货等理货工作，使送货达到一定的规模，利用规模优势取得较低的送货成本（如表 11-1 所示）。

表 11-1　配送与一般送货业务的区别

项目	配送活动	送货活动
目的	是社会化大生产、专业化分工的产物，是流通领域内物流专业化分工的反映，是物流社会的必然趋势	是生产企业的一种推销手段，通过送货上门服务达到提高销售量的目的
内容	客户需要什么送什么，不单是送货，还有分货、配货、配装等项工作	有什么送什么，只能满足客户的部分需要
承担者	是流通企业的专职，要求有现代化的技术装备，有将分货、配货、送货等活动有机结合起来的配送中心	由生产企业承担，中转仓库的送货只是一项附带业务
基础	以现代化的交通运输工具和经营管理水平为基础，运用信息系统完成业务	没有具体要求
技术装备	全过程有现代化技术和装备的保证，在规模、水平、效率、质量等方面占优	技术装备简单

（3）配送是以客户的要求为出发点，按客户要求进行的一种活动。因此，在观念上必须明确"客户第一"、"质量第一"，配送企业的地位是服务地位而不是主导地位。

（4）配送是一种"中转"形式，是从物流节点至客户的一种特殊送货形式。

（5）配送是一种先进的现代物流形式，不但给供应者和需求者带来降低物流成本、享受优质服务的直接效益，而且还能为社会节省运输车次、缓解交通压力、减少运输污染、保护生态环境等做出贡献。

2. 配送与物流的关系

配送是物流系统中由运输派生出的功能，是短距离的运输，有如下特点：

（1）配送的距离较短，位于物流系统的最末端，处于支线运输、二次运输和末端运输的位置，即到最终消费者的物流。

（2）在配送过程中，也包含着其他的物流功能（如装卸、储存、包装等），是多种功能的组合。

（3）配送是物流系统的一个缩影，也可以是一个小范围的物流系统。

配送是物流中一种特殊的、综合的活动形式，是商流与物流的紧密结合，既包含了商流活动和物流活动，也包含了物流中若干功能要素。

从物流角度来讲，配送几乎包括了所有的物流功能要素，是物流在一定范围内全部活动的体现。一般来说，配送集装卸、包装、保管、运输于一身，通过这一系列活动实现将物品送达客户的目的。特殊的配送则还要以加工活动为支撑，包含的面更广。但是配送的主体活动与一般物流不同，一般物流是运输及保管，而配送则是运输及分拣配货。

从商流角度来讲，配送和物流的不同之处在于，物流是商流分离的产物，而配送则是商物合一的产物，配送本身就是一种商业形式。在配送具体实施时，虽然也有以商物分离形式实现的，但从配送的发展趋势看，商流和物流越来越紧密地结合，是配送成功的重要保障。

3. 配送的作用与意义

配送是现代物流发展的产物，也是市场竞争的产物。企业受利润、市场份额的驱动，想要提高送货的服务水平，降低送货的成本，扩大自己的市场，急需寻找一种方法，随着物流学的诞生，配送这个新事物一出现，就立刻引起社会企业的关注，它的发展有很大的意义：

（1）完善和优化了物流系统。第二次世界大战之后，由于大吨位、高效率运输力量的出现，使干线运输无论在铁路、海路抑或公路方面都达到了较高水平，长距离、大批量的运输实现了低成本化。但在干线运输后，支线运输及小搬运成了物流过程的一个薄弱环节，使运力利用不合理、成本过高等问题难以解决，采用配送方式，从范围来讲将支线运输及小搬运统一起来，使运输过程得以优化和完善。

（2）提高末端物流的效益。采用配送方式，通过增大经济批量来达到经济的进货，又通过将各种商品客户集中在一起进行一次性发货，代替分别向不同客户小批量发货，来达到经济发货，使末端物流经济效益提高。

（3）通过集中库存使企业实现低库存或零库存。实现了高水平的配送之后，尤其是采取准时配送方式之后，生产企业可以完全依靠配送中心的准时配送而不需要保持自己的库存。或者生产企业只需保持少量保险储备而不必留有经常储备。

（4）简化事务，方便客户。采用配送方式，客户只需向一处订购，或与一个进货单位联系就可以订购到以往需要去许多地方才能订到的货物，只需组织对一个配送单位的接货便可代替现有的高频率接货，因而大大减轻了客户的工作量和负担，也节省了事务开支。

（5）提高了供应保证程度。生产企业自己保持库存，维持生产，供应保证程度很难提高（受到库存费用的制约）。采取配送方式，配送中心可以比任何单位企业的储备量更大，因而对每个企业而言，中断供应、影响生产的风险便相对缩小，使客户免去短缺之忧。

（6）配送可以成为流通社会化、物流产业化的战略选择。实行社会集中库存、集中配送，可以从根本上打破条块分割的分散流通体制，实现流通社会化、物流产业化。

二、配送的产生与发展

1. 配送的产生

与其他新生事物一样，配送是伴随着生产的不断发展而发展起来的。自从第二次世界大战后，为了满足日益增长的物资需求，西方工业发达国家逐步发展了配送中心，加速了库存物资的周转，打破了仓库的传统观念。

配送作为一种新型的物流手段，是在变革和发展仓库业的基础上开展起来的。因此，从某种意义上来说，配送是仓库业功能的扩大化和强化。具体而言，现代配送的雏形最早出现于 20 世纪 60 年代初期。在这个时期，物流运动中的一般性送货开始向备货、送货一体化方向转化。从形式上看，初期的配送只是一种粗放型、单一性的活动。这时的配送活动范围很小，规模也不大。

20 世纪 60 年代中期，在一些发达国家，随着经济发展速度的逐步加快，以及由此带来的货物运输量的急剧增加和商品市场竞争的日趋激烈，配送得到了进一步的发展。在这个时期，欧美一些国家的实业界相继调整了仓库结构，组建或设立了配送组织或配送中心，普遍开展了货物配装、配载及送货上门服务。不但配送的货物种类日渐增多，而且配送服务的范围也不断扩大。

2. 配送的发展

20 世纪 80 年代以后，受多种社会及经济因素的影响，配送有了长足发展，而且以高技术为支撑手段，形成了系列化、多功能的供货活动。

（1）发达国家的配送。发达国家的配送发展过程如下：

1）发达国家对配送的认识。发达国家对配送的认识并非完全一致，在表述上有其区别。但是，一个非常重要的共同认识是：配送就是送货。美国配送的英语原词是"Delivery"，是送货的意思，强调的是将货送达；日本对配送的权威解释，应该是日本工业标准（JIS）的解释："将货物从物流节点送交收货人"，送货含义明确无误，配送主体是送货。

当然，现代经济中的送货也必定比历史上的送货有所发展，这种发展是竞争的产物，受利润和占领市场的驱使，想方设法对送货行为进行优化，于是在实践上出现了送货时车辆的合理调配，路线的规划选择，送货前的配货、配装等。发达国家对配送的解释中，并不强调"配"，而仅强调"送达"，原因是在买方市场的国家中"配"是完善"送"的经济行为，是进行竞争和提高自身经济效益的必然延伸，既然是一种必然行为，就没有再强调的必要了。

2）发达国家的配送发展及现状。从历史上曾采用的一般送货，发展到以高技术方式支持的作为企业发展战略手段的配送，也是近一二十年的事情。许多国家甚至到20世纪80年代才真正认识到这一点。国外一篇文章提到："在过去十年里，这种态度和认识有了极大的转变。企业界普遍认识到配送是企业经营活动的主要组成部分，能给企业创造出更多盈利，是企业增强自身竞争能力的手段。"这种认识的转变有着深厚的社会根源：

第一，科学技术的进步和生产力发展，可以为经济界提供省力且高效的管理方式与技术装备方式，将费力、低效的活动转变为省力、高效的活动。

第二，生产领域劳动生产率的提高，使人看出流通和物流过程中的潜力。不少实践证明，对包括配送在内的物流领域的开发，可以取得很高的经济效益，因此就不再"有碍于企业的发展"了。

第三，生产力的发展大大促进了社会分工，服务性社会的出现，使人们增强了配送的主动服务意识，成为企业"增强自身竞争能力的手段"。

（2）配送的发展趋势。配送由一般送货形态发展而来，通过现代物流技术的应用来实现商品的集货、储存、分拣和输送。因此，配送过程集成了多种现代物流技术。建立现代化的高效率配送系统，必须以信息技术和自动化技术等先进技术为手段，以良好的交通设施为基础，不断优化配送方式，而配送现代化又必然推动物流新技术的应用和开发，促进科学技术的不断进步。

1）现代配送的共同化、集约化发展趋势。共同配送最早产生于日本，其实质就是在同一个地区，许多企业在物流运作中相互配合，联合运作，共同进行理货、送货等活动的一种组织形式。配送的集约化、共同化突破了单个企业的个别化配送模式，出现了整个产业、整个行业的组团式配送活动或配送企业。这对于克服不同企业之间的重复配送或交错配送，提高车辆使用效率，减少城市交通拥挤和环境污染，将带来良好的社会效益和经济效益。共同配送的主要方式有成批集货方式；对百货店和批发商采取的共同交货方式；中小运输企业的共同配送等。

2）现代配送的区域化趋势。配送的区域化趋势突破了一个城市的范围，发展为区间、省间，甚至是跨国、跨洲的更大范围的配送，配送范围向周边地区、全国乃至全世界辐射。配送区域化趋势将进一步带动国际物流，使配送业务向国际化方向发展。

3）现代配送的产地直送化趋势。配送产地直送化将有效地缩短流通渠道，优化物流过程，大幅度降低物流成本。特别是对于批量大、需求量稳定的货物，产地直送的优势将更加明显。

4）现代配送的信息化趋势。配送信息化就是直接利用计算机网络技术重新构筑配送系统。例如，建立电子数据交换系统，以快速、准确、高效地传递、加工和处理大量的配送信息；利用计算机技术，建立计算机辅助进货系统、辅助配货系统、辅助分拣系统、辅助调度系统和辅助选址系统等。信息化是其他先进物流技术在配送领域应用的基础。

5）现代配送的自动化、机械化趋势。配送作业的自动化与机械化突破了体力劳动和手工劳动的传统模式，出现了大量自动化程度相当高的所谓无人立体仓库，采用了诸如自动装卸机、自动分拣机、无人取货系统和搬运系统等自动化物流设施，为高效、快速、优质的配送服务提供了技术基础。

6）现代配送的条码化、数字化以及组合化趋势。为适应配送信息化和自动化的要求，条码技术在配送作业中得到了广泛应用，将所有的配送货物贴上标准条码，同时尽可能归并为易于自动机械装卸的组合化货物单元，利用这些技术可以使分拣、配货的速度大幅度地提高。

7）现代配送的多种配送方式组合最优化趋势。多种配送方式和手段的最优化组合，将有效地解决配送过程、配送对象、配送手段的复杂化问题，从而寻求到配送的最大利益和最高效率。小批量快递配送、准时配送、分包配送、托盘配送、分销配送、柔性配送、往复式配送、巡回服务式配送、按日（时）配送、定时定路线配送、厂门到家门的配送、产地直送等配送方式正随着现代物流业的发展而在实践中不断优化。

三、配送的种类

1. 按配送商品的种类和数量不同分类

（1）单（少）品种、大批量。一般来讲，对于工业企业需要量较大的商品，由于单独一个品种或几个品种就可达到较大输送量，可以实行整车运输，这种情况下就可以由专业性很强的配送中心实行配送，往往不需要再与其他商品进行搭配。由于配送量大，可使车辆满载并使用大吨位车辆。这种情况下，由于配送中心的内部设置、组织、计划等工作也较为简单，因此配送成本较低。但是，如果可以从生产企业将这种商品直接运抵用户，同时又不至于使用户库存效益下降，采用直送方式则往往效果更好一些。

（2）多品种、少批量。现代企业生产中，除了需要少数几种主要物资外，大部分属于次要的物资，品种数量较多，但是由于每一品种的需要量不大，如果采取直接运送或大批量的配送方式，一次进货批量大，必然造成用户库存增大等问题。类似的情况在向零售品店补充一般生活消费品的配送中也存在，所以以上这些情况，适合采用多品种、少批量的配送方式。

多品种、少批量配送是根据用户的要求，将所需的各种物品（每种物品的需要量不大）配备齐全，凑整装车后由配送据点送达用户。这种配送作业水平要求高，配送中心设备要求复杂，配货、送货计划难度大，因此需要有高水平的组织工作保证和配合。而且在实际中，多品种、少批量配送往往伴随多用户、多批次的特点，配送频度往往较高。

配送的特殊作用主要反映在多品种、少批量的配送中。因此，这种配送方式在所有配送方式中是一种高水平、高技术的方式。这种方式也与现代社会中的"消费多样化"、"需求多样化"等新观念刚好相符合，因此，是许多发达国家推崇的方式。

（3）配套（成套）配送。配套配送是指根据企业的生产需要，尤其是装配型企业的生产需要，把生产每一台设备所需要的全部零部件配齐，按照生产节奏定时送达生产企业，生产企业随即可将此成套零部件送入生产线以装配产品。

这种配送方式中，配送企业承担了生产企业大部分的供应工作，使生产企业可以专注于生产，与多品种、少批量的配送效果相同。

2. 按配送组织者（机构）不同分类

（1）配送中心配送。配送中心配送的组织者是专职配送中心，规模比较大，其中有的配送中心由于需要储存各种商品，储存量也比较大；也有的配送中心专职组织配送，因此储存量较小，主要靠附近的仓库来补充货源。

由于配送中心专业性比较强，与用户之间存在固定的配送关系。因此，一般情况下都实行计划配送，需要配送的商品有一定的库存量，但是一般情况很少超越自己的经营范围。

配送中心中的设施及工艺流程一般是根据配送的需要而专门设计的，所以配送能力强，配送距离较远，配送的品种多，配送的数量大，可以承担工业生产用的主要物资的配送以及向配送商店实行补充性配送等。

配送中心配送是配送的重要形式。从实施配送较为普遍的国家来看，作为配送主体形式的配送中心配送不但在数量上占主要部分，而且也作为某些小配送单位的总据点，因而发展较快。作为大规模配送形式的配送中心配送，其覆盖面较宽。因此，必须有配套的大规模实施配送的设施，比如，配送中心建筑、车辆、路线、其他配送活动中需要的设备等，因此，其一旦建成便很难改变，灵活机动性较差，投资较高。这就导致了在实施配送初期很难大量建立配送中心。因此，这种配送形式有一定局限性。

（2）仓库配送。仓库配送形式是以一般仓库为据点来进行配送。它可以是把仓库完全改造成配送中心，也可以是在保持仓库原功能前提下，以仓库原功能为主，再增加一部分配送职能。由于其并不是按配送中心要求专门设计和建立的，所以，一般来讲，仓库配送的规模较小，配送的专业化比较差，但是由于可以利用原仓库的储存设施及能力、收发货场地、交通运输线路等，所以既是开展中等规模的配送可以选择的形式，同时也是较为容易利用现有条件而不需大量投资、上马较快的形式。

（3）商店配送。商店配送形式的组织者是商业或物资的门市网点，这些网点主要承担商品的零售，一般来讲规模不大，但经营品种却比较齐全。除日常经营的零售业务外，这种配送方式还可根据用户的要求，将商店经营的品种配齐，或代用户外订、外购一部分本商店平时不经营的商品，与商店经营的品种一起配齐运送给用户。

这种配送组织者实力有限，往往只是零星商品的小量配送。所配送的商品种类繁多，但是用户需求量不大，甚至于有些商品只是偶尔需要，很难与大配送中心建立计划配送关系，所以常常利用小零售网点从事此项工作。

由于商业及物资零售网点数量较多、配送半径较小，所以比较灵活机动，可承担生产企业非主要生产物资的配送以及对消费者个人的配送。可以说，这种配送是配送中心配送的辅助及补充形式。商店配送有两种具体形式：

1）兼营配送形式。进行一般销售的同时，商店也兼行配送的职能。商店的备货可用于日常销售及配送，因此，有较强的机动性，可以使日常销售与配送相结合，作为互相补充的方式。这种配送形式在铺面条件一定的情况下，往往可以取得更多的销售额。

2）专营配送形式。商店不进行零售销售，而是专门进行配送。一般情况下，如果商店位置条件不好，不适于门市销售，而又具有某些方面的经营优势以及渠道优势，可采取这种方式。

（4）生产（制造）企业配送。生产企业配送形式的组织者是生产企业，尤其是进行多品种生产的生产企业。这些企业可以直接从本企业开始进行配送，而不需要再将产品发运到配送中心进行中心配送。由于避免了一次物流的中转，所以生产企业配送具有一定优势。但是由于生产企业，尤其是现代生产企业，往往实行大批量低成本生产，品种较为单一，因此无法像配送中心那样依靠产品凑整运输取得优势。实际上，生产企业配送不是配送的主体，它只是在地方性较强的产品生产企业中应用较多，比如，就地生产、就地消费的食品、饮料、百货等。此外，在生产资料方面，某些不适于中转的化工产品及地方建材也常常采取这种方式。

3. 按配送时间及数量不同分类

（1）定时配送。定时配送是指按规定时间间隔进行配送，比如，数天或数小时一次。而且每次配送的品种及数量可以根据计划执行，也可以在配送之前以商定的联络方式（比如电话、计算机终端输入等）通知配送的品种及数量。

由于这种配送方式时间固定、易于安排工作计划、易于计划使用车辆，因此，对于用户来讲，也易于安排接货的力量（如人员、设备等）。但是，由于配送物品种类变化，配货、装货难度较大，因此如果要求配送数量变化较大时，也会使安排配送运力出现困难。具体来讲，有以下几种形式：

1）日配（当日配送）。日配是定时配送中施行较为广泛的方式。尤其在城市内的配送中，日配占了绝大多数比例。日配的时间要求大体上是：上午的配送订货下午可送达，下午的配送订货第二天早上送达，即实现送达时间在订货的24小时之内。或者是用户下午的需要保证上午送到，上午的需要保证前一天下午送到，即实现在实际投入使用前24小时之内送达。

广泛而稳定地开展日配方式，就可使用户基本上无须保持库存，做到以配送的日配方式代替传统库存方式来实现生产或销售经营的保证。日配方式对下述情况特别适合：①消费者追求新鲜的各种食品，如水果、点心、肉类、蛋类、蔬菜等。②用户是多个小型商店，它们追求周转快，随进随售，故而需要采取短期日配形式实现快速周转。③由于用户的条件限制。不可能保持较长时期的库存，比如，已经采用零库存方式的生产企业，位于"黄金宝地"的商店以及那些缺乏储存设施（比如冷冻设施）的用户。④临时出现的需求。

2）准时配送。准时配送方式是实现配送供货与生产企业生产保持同步的一种配送方式。与日配方式和一般定时方式相比，这种方式更为精细和准确，其配送每天至少一次，甚至几次，以保证企业生产的不间断。这种配送方式的目的是实现供货时间恰好是用户生产之时，从而保证货物不需要在用户的仓库中停留，而可直接运往生产场地。这样，与日配方式比较，连"暂存"这种方式也可取消，可以绝对地实现零库存。

准时配送方式要求依靠很高水平的配送系统来实施，由于要求迅速反应，因而对多用户进行周密的共同配送计划是不大可能的。该方式适合于装配型重复大量生产的用户，这种用户所需配送的物资是重复、大量而且没有大变化的，往往是一对一的配送。即使时间要求可以不那么精确，但是也难以集中多个用户的需求实行共同配送。

3）小时配送。小时配送即接到订货要求之后，在一小时之内将货物送达。这种方式适用于一般消费者突发的个性化需求所产生的配送要求，也经常用作配送系统中的应急配送方式。

4）快递。快递是一种快速配送方式。快递服务一般而言覆盖地区较为广泛，所以，服务承诺期限按不同地域会有所变化，这种快递方式，综合利用"小时配送"、"日配"等在较短时间内实现送达的方式，但不明确送达的具体时间，所以一般用作向社会广泛服务的方式，而很少用作生产企业"零库存"的配送方式。

（2）定量配送。定量配送是指按照规定的批量，在一个指定的时间范围内进行配送。这种配送方式数量固定，备货工作较为简单，可以根据托盘、集装箱及车辆的装载能力规定配送的定量，能够有效利用托盘、集装箱等集装方式，也可做到整车配送，配送效率较高。由于时间不严格限定，因此可以将不同用户所需的物品凑成整车后配送，运力利用也较好。对于用户来讲，每次接货都处理同等数量的货物，有利于人力、物力的准备工作。

（3）定时定量配送。定时定量配送是指按照所规定的配送时间和配送数量进行配送。这种方式兼有定时、定量两种方式的优点，但是其特殊性强，计划难度大，因此适合采用的对象不多，不是一种普遍的方式。

（4）定时、定路线配送。定时、定路线配送是指在规定的运行路线上，制定到达时间表。按运行时间表进行配送，用户则可以按规定的路线及规定的时间接货以及提出配送要求。

采用这种方式有利于计划安排车辆及驾驶人员。在配送用户较多的地区，也可以免去过分复杂的配送要求所造成的配送组织工作及车辆安排的困难。对于用户来讲，既可以在一定路线、一定时间进行选择，又可以有计划地安排接货力量。但这种方式应用领域也是有限的。

（5）即时配送。即时配送是指完全按照用户突然提出的时间、数量方面的配送要求，进行配送的方式。这是有很高灵活性的一种应急的方式，采用这种方式的品种可以实现保险储备的零库存，即用即时配送代替保险储备。

4. 按经营形式不同分类

（1）销售配送。销售配送方式是指配送企业是销售型企业，或者是指销售企业作为销售战略一环所进行的促销型配送。一般来讲，这种配送的配送对象是不固定的，用户也是不固定的，配送对象和用户往往根据对市场的占有情况而定。其配送的经营状况也取决于市场状况，因此，这种形式的配送随机性较强，而计划性较差。各种类型的商店配送一般多属于销售配送。

用配送方式进行销售是扩大销售数量、扩大市场占有率、获得更多销售收益的重要方式。由于是在送货服务前提下进行的活动，所以一般来讲，也受到用户的欢迎。

（2）供应配送。供应配送是指用户为了自己的供应需要所采取的配送形式。在这种配送形式下，一般来讲是由用户或用户集团组建配送据点，集中组织大批量进货（以便取得批量折扣），然后向本企业配送或向本企业集团若干企业配送。在大型企业或企业集团或联合公司中，常常采用这种配送形式组织对本企业的供应，例如，商业中广泛采用的连锁商店，就常常采用这种方式。用配送方式进行供应，是保证供应水平、提高供应能力、降低供应成本的重要方式。

（3）销售—供应一体化配送。销售—供应一体化配送是指对于基本固定的用户和基本确定的配送产品，销售企业可以在自己销售的同时，承担用户有计划供应者的职能，既是销售者同时又成为用户的供应代理人，起到用户供应代理人的作用。

对于某些用户来讲，这样就可以减除自己的供应机构，而委托销售者代理。对销售者来讲，这种配送方式能够获得稳定的用户和销售渠道，有利于扩大销售数量，有利于本身的稳定持续发展。对于用户来讲，能够获得稳定的供应，而且可以大大节约本身为组织供应所耗用的人力、物力和财力。销售者能有效控制进货渠道，这是任何企业供应机构难以做到的，因而委托销售者代理对供应的保证程度有望大大提高。

销售—供应一体化的配送是配送经营中的重要形式，这种形式有利于形成稳定的供需关系，有利于采取先进的计划手段和技术手段，有利于保持流通渠道的畅通稳定，因而受到人们的关注。

（4）代存代供配送。代存代供配送是指用户将属于自己的货物委托给配送企业代存、代供，有时还委托代订，然后组织对本身的配送。这种配送在实施时不发生商品所有权的转移，配送企业只是用户的委托代理人。商品所有权在配送前后都属于用户所有，所发生的仅是商品物理位置的转移。配送企业仅从代存、代送中获取收益，而不能获得商品销售的经营性收益。在这种配送方式下，商物是分流的。

5. 按专业化程序不同分类

（1）综合配送。综合配送是指配送商品种类较多，在一个配送网点中组织不同专业领域的产品向用户配送。由于综合性较强，称这一类配送为综合配送。综合配送可减少用户组织所需全部物资的进货负担，他们只需要和少数配送企业联系，便可解决多种需求的配送。因此，这是用户服务较强的配送形式。

综合配送的局限性在于，由于产品性能、形状差别很大，在组织时技术难度较大。因此，一般只是在性状相同或相近的不同类产品方面，实行综合配送，而对于差别过大的产品则难以实现综合化。

（2）专业配送。专业配送是指按照产品的性状不同，适当划分专业领域的配送方式。专业配送并非越细分越好，实际上在同一性状而类别不同的产品方面，也是有一定综合性的。

专业配送重要的优势是可以根据专业的共同要求来优化配送设施。优选配送机械及配送车辆，制定适用性强的工艺流程等，从而大大提高配送各环节工作的效率。

现在已形成的专业配送形式主要有以下若干种：

1）中小件杂货配送。中小件杂货配送大部分是按标准规格包装的不同类别的中小产品。由于包括的领域较广，也可看成是一种综合性配送。这是当前开展较广泛的一种配送的类型。中小件杂货主要包括各种百货、小机电产品、轴承、工具、标准件、中小零件、中小包装的化工产品、中小包装的建材产品、土产品、书籍、仪器仪表、电工器材等。

2）金属材料的配送。金属材料的配送包括各种金属材料及金属制品。

3）燃料煤的配送。燃料煤的配送包括各种煤炭和煤制品。

4）水泥的配送。水泥的配送包括各种包装形式的水泥。

5）燃料油的配送。燃料油的配送包括各种燃油成品。

6）木材的配送。木材的配送包括原木及加工木。

7）平板玻璃的配送。平板玻璃的配送包括各规格的平板玻璃及制品。

8）化工产品的配送。化工产品的配送包括各种液体及固体化工产品。

9）生鲜食品的配送。生鲜食品的配送包括各种保质期较短的食品。

10）家具及家庭用具的配送。家具及家庭用具的配送包括各种家具及家用大件用具。

6. 其他配送

（1）共同配送。按照日本工业标准的解释，共同配送是"为提高物流效率，对许多企业一起进行配送"。由于通过共同配送可以：①降低配送成本。②减少上路车辆，改善交通及环境。③取得就近的优势，减少车辆行驶里程。④减少配送网点及设施，节约社会财富。所以得到广泛应用。

共同配送有以下几种具体形式：

1）由一个配送企业综合若干家用户的要求，对各个用户统筹安排，在配送时间、数量、次数、路线等诸方面做出系统的、最优的安排。

2）由若干家用户联合组织配送系统对这些用户进行配送。这种形式将分散的配送需求集中起来，将分散的资源集中，就可以达到一定规模，从而提高配送效率并且降低成本。

3）多家配送企业联合，共同划分配送区域，共同利用配送设施（如配送中心），进行一定程度的配送分工，形成一种共同协作的配送方式。

（2）加工配送。加工配送是指与流通加工相结合的配送，即在配送据点中设置流通加工环节，或是流通加工中心与配送中心建立在一起。如果社会上现成的产品不能满足用户需要，或者是用户根据本身的工艺要求，需要使用经过某种初加工的产品，可以经过加工后进行分拣、配货再送货到户。

流通加工与配送的结合，使得流通加工更有针对性，减少了盲目性。对于配送企业来说，不但可以依靠送货服务、销售经营取得收益，还可通过加工增值取得收益。

第二节　配送作业管理

一、配送业务管理

一般配送业务流程（如图 11 - 1 所示）。

1. 进货

进货作业流程（如图 11 - 2 所示）。

（1）订货。订货一般包括以下五个方面：向供应商发出订单，确定货物的品种、数量，与供应商沟通确定货物发出日期；尽可能准确地预测送货车的到达日程；配合停泊信息协调进出货车的交通问题；为了方便卸货及搬运，计划好货车的停车位置；预先计划临时存放位置。

（2）接货。当供应厂商根据订单组织供货后，配送中心必须及时组织人力、物力接收货物，有时还需要到站（港）、码头接运货物。接货的主要工作有卸货、搬运、拆装、货物编码与分类等。

（3）验货（货物验收）。所谓货物验收，是指对产品质量和数量进行检查。按照验收标准，对质量进行物理、化学和外形等方面的检查。在进行数量验收时，首先要核对货物号码，然后按定购合同规定对货物进行包装、长短、大小和

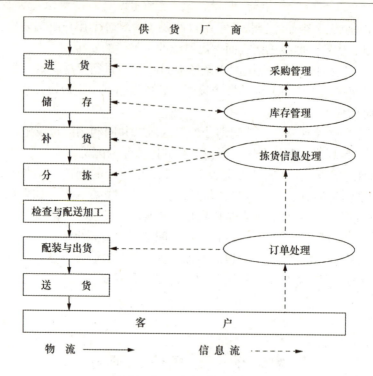

图 11-1 一般配送业务流程

重量的检查。验收合格的货物即办理有关登账、录入信息及货物入库手续，组织货物入库。

2. 储存

储存货物是购货、进货活动的延续。配送系统中的存货可分为两种情况：一种是需要在配送系统中储存的货物；另一种是通过性的货物，只是在配送中心做短暂停留，经过分拣、配货后就直接送货。储存作业的几道工序：运输→卸货→验收→入库→保管→出库。

暂存形态的储存，是按照分拣、配货工序要求，在理货场地储存少量货物。这种形态的货物储存是为了适应"日配"、"即时配送"需要而设置的，其数量多少对下一个环节的工作方便与否会产生很大影响，但不会影响储存活动的总体效益。储存形态的储存，是按照一定时期配送活动要求和根据货源的到货情况（到货周期）有计划地确定的，它是使配送持续运作的资源保证。然而，不管是哪一种形态的储备，相对来说数量都比较多。所以，货物储备合理与否，会直接影响配送的整体效益。

3. 盘点（作业步骤）

在配送中心里，由于货物的进入量非常频繁，经过一段时间后，库存记录资

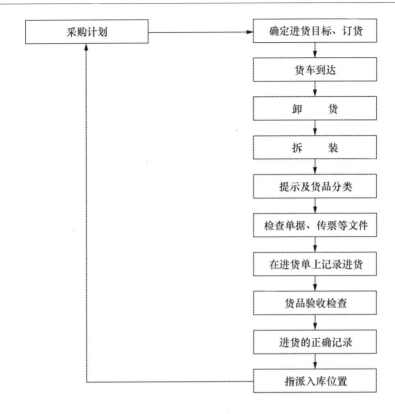

图 11 – 2 进货作业流程

料与实际库存数量可能产生账物不符；也可能某些商品由于存放过久，保养不当，导致质量受到影响，或接近、超过保质期，必须对货物尽快做出处理。为了有效地控制库存货品数量，而对各库存场所的货物进行数量清点的作业，称为盘点作业。

盘点作业的步骤如下（如图 11 – 3 所示）。

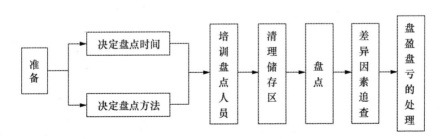

图 11 – 3 盘点作业的步骤

（1）准备。准备工作内容如下：明确建立盘点的程序方法；配合会计决算进行盘点；培训盘点、复盘、监盘人员；统一盘点用的表格；让受训人员熟悉盘点的表单；结清库存资料。

（2）决定盘点时间。决定盘点时间，既要防止过久盘点对公司造成的损失，又要考虑配送中心资源的有限情况，最好能根据配送中心各货品的性质制定不同的盘点时间，将货物分为 A、B、C 三大类。A 类为主要货品，每天或每周盘点一次；B 类货品每周或三周盘点一次；C 类为较不重要货品，每月盘点一次即可。盘点日期一般会选择在财务决算前夕和营业淡季进行。

（3）决定盘点方法。因盘点场合、需求的不同，盘点的方法也有差异，为满足不同情况的需要，所决定的盘点方法要对盘点有利，不至于在盘点时混淆。

（4）培训盘点人员。人员的培训分为两部分：一是针对所有人员进行盘点方法训练，使相关人员了解盘点目的、表格；二是针对复盘与监督盘点人员进行认识货品的训练。

（5）清理储存区。清理储存区的工作具体包括：对厂商在盘点前送来的货物必须明确其数目；储存区在关闭前应通知各部门预领货品；整理储存场地，预先鉴定呆料、废品、不良品；整理、结清账卡、单据、资料，进行自行预盘，以便提早发现问题并加以预防。

（6）盘点。在盘点时，应加强指导与监督。

（7）差异因素追查。盘点结束后，发现所得数据与账簿资料不符时，应追查差异原因。可能出现的原因有：①由于记账员素质不高，使货品数目记录不准确。②由于料账处理制度的缺陷，导致货品数目不准确。③由于盘点制度的缺点导致货账不符。④盘点所得的数据与账簿的资料所产生的差异在不容许误差范围内。⑤盘点人员不尽责。⑥产生盘漏、重盘、错盘等情况。

（8）盘盈、盘亏的处理。货品除了盘点时产生数量的盈亏外，有些货品在价格上会产生增减，所以必须做出盘点报表和盘点处理意见。

4. 补货

补货是在拣货区的存货低于设定标准的情况下，将货物从仓库保管区域搬运到拣货区的工作，其目的是将正确的产品在正确的时间和正确的地点以正确的数量和最有效的方式送到指定的拣货区。如图 11-4 所示是由储存货架区与流动式货架组成的存货、拣货、补货系统。

（1）补货方式。补货方式有以下几种：

1）整箱补货。整箱补货是指由货架保管区补货到流动货架的拣货区。这种补货方式的保管区为料架储放区，动管分拣区为两面开放式的流动分拣区。分拣员分拣之后把货物放入输送机并运送到发货区，当动管区的存货低于设定标准时，

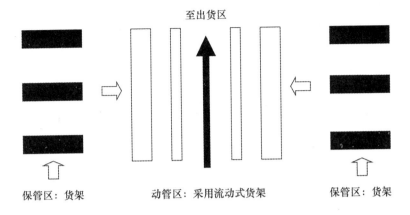

图 11 - 4 储存货架区与流动式货架系统

则进行补货作业。整箱补货方式较适合体积小且少量、多样出货的货品。

2）货架上下层补货。货架上下层补货方式，保管区与动管区属于同一货架，也就是将同一货架上的中下层作为动管区，上层作为保管区，而进货时则将动管区放不下的多余货箱放到上层保管区。当动管区的存货低于设定标准时，利用堆垛机将上层保管区的货物搬至下层动管区。这种补货方式适合体积不大、存货量不多，且多为中小量出货的货物。

3）托盘补货。托盘补货方式是以托盘为单位进行补货。托盘由地板堆放保管区运到地板堆放动管区，分拣时把托盘上的货箱置于中央输送机送到发货区。当存货量低于设定标准时，立即补货；使用堆垛机把托盘由保管区运到分拣动管区，也可把托盘运到货架动管区进行补货。这种补货方式适合体积大或出货量多的货品。

（2）补货流程和时机。补货流程和时机有以下几种：

1）补货流程。以托盘补货为例说明补货作业流程，如图 11 - 5 所示。

2）补货时机。补货作业的发生与否主要看动管拣货区的货物存量是否符合需求，因此究竟何时补货要看动管拣货区的存量，以避免出现在拣货中途才发现动管区货量不足需要补货，而影响整个拣货作业。通常可用批次补货、定时补货或随机补货三种方式。

A. 批次补货。在每天或每一批次拣取之前，要先经电脑计算所需货品的总拣取量，再查看动管拣货区的货品量，计算差额并在拣货作业开始前补足货品。这种"一次补足"的补货原则，比较适合于一天内作业量变化不大、紧急追加订货不多，或是每一批次拣取量大需事先掌握的情况。

B. 定时补货。将每一天划分为若干个时段，补货人员在每一时段内检查动管

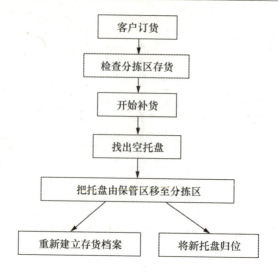

图 11 - 5　一般补货作业流程图

拣货区货架上的货品存量，如果发现不足，马上予以补足。这种"定时补足"的补货原则，较适合分批拣货时间固定且处理紧急追加订货的时间也固定的情况。

C. 随机补货。随机补货是一种指定专人从事补货作业方式，这些人员随时巡视动管拣货区的分批存量，发现不足随时补货。此种"不定时补足"的补货原则，较适合每批次拣取量不大、紧急追加订货较多，以至于一天内作业量不易事前掌握的场合。

5. 分拣

（1）分拣作业。分拣作业包含以下几个步骤：

1）作业流程（如图 11 - 6 所示）。在配送中心内，分拣系统的流程涵盖了两种分拣方式，其中下部流程为按单分拣作业流程，上部为批量分拣作业流程。

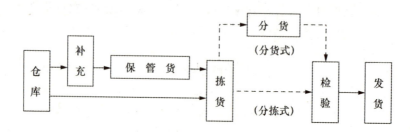

图 11 - 6　分拣作业流程

2）作业过程（如图11-7所示）。分拣作业过程由生成分拣资料、行走或搬运、拣取、分类与集中几个环节组成。

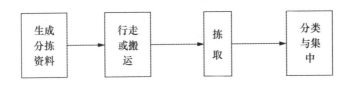

图11-7　分拣作业过程

（2）分拣作业分类和方法。分拣作业分类和方法介绍如下：

1）分类。分拣作业有以下分类方法：

A. 按订单的组合。按订单的组合分为按单分拣和批量分拣。

B. 按人员组合。按人员组合分为单独分拣方式（一人一件式）和接力分拣式（分区按单分拣）。

C. 按运动方式。按运动方式分为人至货前分拣和货至人前分拣等。

D. 按分拣信息。按分拣信息分为分拣单分拣、标签分拣、电子标签分拣、RF分拣等。

2）方法。分拣作业的方法如下：

A. 按单分拣。按单分拣作业方式针对每一张订单，作业员巡回于仓库内，将客户所订购的商品逐一由仓库中挑出集中，是较传统的拣货方式。这种方式的优点是作业方法简单、前置时间短、导入容易且弹性大、作业员责任明确、派工容易公平、拣货后不用再进行分类作业，适用于大量订单的处理。缺点是商品品项多时，拣货行走路径加长，拣取效率降低；拣货区域大时，搬运系统设计困难。

B. 批量分拣。批量分拣作业方式把多张订单集合成一批，依商品品种分别将数量加总后再进行拣取，之后依客户订单再作分类处理。这种方式的优点是适合订单数量庞大的系统，可以缩短拣取时行走搬运的距离，增加单位时间的拣货量。缺点是对订单的到来无法做即刻的反应，必须等订单积累到一定数量时才作一次处理，因此会有停滞的时间产生。批量拣取时，根据订单的多少、急缓，还可以采取下述四种方法：

合计量分拣。将进行拣货作业前所有累积订单中的货品依品项合计总量，再根据此总量选定拣取。它适合固定点间的周期性配送。优点是一次拣出商品总量，可使平均拣货距离最短。缺点是必须经过功能较强的分类系统完成分类作业，订单数不可过多。

时窗分拣。当订单到达至出货所需时间非常紧迫时，可利用策略开启短暂时窗。此分拣方式较适合密集频繁的订单，且较能应付紧急插单的需求。

定量分拣。订单分批按先进先出（FIFO）的基本原则，当累计订单数达到设定固定量后，再开始进行拣货作业。优点是维持稳定的拣货效率，使自动化的拣货、分类设备得以发挥最大功效。缺点是订单的商品总量变化不宜太大，否则会造成分类作业的不经济。

智能分拣。订单汇集后，必须经过较复杂的电脑计算程序，将拣取路线相近的订单集中处理，得到最佳的订单分配，可大量缩短拣货行走搬运距离。优点是分批时已考虑到订单的类似性及拣货路径的顺序，使拣货效率进一步提高。缺点是软件技术层次较高，不易达成，且信息处理的前置时间较长。

C. 复合分拣。复合分拣为订单拣取及批量拣取的组合，可依订单品项数量决定哪些订单适合订单拣取，哪些适合批量拣取。

D. 分区、不分区分拣。不论是采用单订拣取还是批量拣取，从效率上考虑皆可配合采用分区或不分区的作业策略。所谓分区作业就是将拣取作业场地做区域划分，每一个作业员负责拣取固定区域内的商品。而其分区方式又可分为拣货单位分区、拣货方式分区及工作分区。事实上在做拣货分区时也要考虑储存分区的部分，图11-8就是进行分区决策思考时的程序。

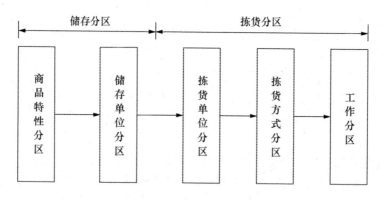

图11-8　储存与拣货分区

商品特性分区。根据商品原有特性来划分储存区域。

储存单位分区。根据需求的拣货单位（拣取栈板或取箱）做分区。

拣货方式分区。在同一拣货单位分区内，若打算采用不同方式及设备的拣取，则需做拣货方式的分区考虑。

工作分区。先订出分区组合并预计其生产能力，再计算所需的工作。

E. 分类拣取。当采用批量分拣作业方式时，分拣完后还必须进行分类，因此需要有相配合的分类策略。

分拣时分类。在分拣的同时将货物按各订单分类，这种分类方式常与固定订单量分批或智能型分拣方式联用，因此需使用电脑辅助台车作为分拣设备，才能加快分拣速度，同时避免错误发生。较适用少量、多样的场合，且由于分拣台车不可能太大，所以每批次的客户订单量不宜过大。

分拣后集中分类。分批按批量合计分拣后再集中分类。一般有两种分类方法：一种方法是以人工作业为主，将货物总量搬运到空地上进行分发，而每批次的订单量及货物数量不宜过大，以免超出人员负荷；另一种方法是利用分类输送机系统进行集中分类，这是较自动化的作业方式。当订单分割越细，分批批量品项越多时，后一种方式的使用率越高。

F. 订单分割。当一张订单所订购的商品项目较多，或打算设计一个讲求及时快速处理的拣货系统时，为了使其在短时间内完成拣货处理，故利用此策略将订单切分成若干子订单，交由不同的拣货人员同时进行拣货作业以加速拣货任务的完成。订单分割策略必须与分区策略联合运用才能有效发挥其长处。

6. 配装

配装是指充分利用运输工具（如货车、轮船等）的载重量和容积，采用先进的装载方法，合理安排货物装载的作业。

配送面临的一般是小批量、多批次的送货，单个客户的配送数量往往不能达到车辆的有效载运负荷。因此，在配送作业流程中需要安排配装，把多个客户的货物或同一客户的多种货物进行搭配装载，满载于同一辆车。这样，不但能降低送货成本，提高企业的经济效益，还可以减少交通流量，改善交通拥挤状况。所以，配装是配送系统中有现代特点的功能要素，也是现代配送不同于传统送货的重要区别之处。

配装的一般原则是：

（1）重的货物在下，轻的货物在上。

（2）后送先装，即按客户的配送顺序，后送的、远距离的客户的货物先装车，先送的、近距离的货物后装车。

（3）根据货物的特性选择配载，不相容的货物不能用同一辆车送货，需要不同送货条件的货物也不能用同一辆车送货。

（4）外观相近、容易混淆的货物尽量分开装载。

7. 送货

送货作业是利用配送车辆把客户订购的物品从制造厂、生产基地、批发商、经销商或配送中心，送到客户手中的过程。配送送货通常是一种短距离、小批量、高频率的运输形式。它以服务为目标，以尽可能满足客户需求为宗旨。

送货管理的基本业务流程是：

（1）划分基本送货区域。首先将客户做区域上的整体划分，再将每一客户分配在不同的基本送货区域中，作为配送决策的基本参考。

（2）车辆配载。由于配送货物品种、特性各异，为提高送货效率，确保货物质量，必须首先对特性差异大的货物进行分类。在接到订单后，将货物按特性进行分类，以便分别采取不同的送货方式和运输工具。其次，配送货物也有轻重缓急之分，必须初步确定哪些货物可配于同一辆车，哪些货物不能配于同一辆车，以做好车辆的初步配装工作。

（3）暂定送货先后顺序。在考虑其他影响因素，做出最终送货方案前，应先根据客户订单的送货时间将送货的先后次序进行大致预订，为后面车辆配装做好准备工作。预先确定基本送货顺序可以有效地保证送货时间，提高运作效率。

（4）车辆安排。车辆安排要解决的问题是安排什么类型、多大吨位的配送车辆进行最后送货。一般企业拥有的车型有限，车辆数量也有限。当本公司车辆无法满足需求时，可使用外雇车辆。无论选用自有车辆还是外雇车辆，都必须事先掌握有哪些车辆可供调派并符合要求，即这些车辆的容量和额定载重是否满足要求。安排车辆之前，还必须分析订单上的货物信息，如体积、数量、重量、对装卸的特别要求等，综合考虑多方面因素的影响后，再做出最合适的车辆安排。

（5）选择送货路线。知道了每辆车负责配送的具体客户后，如何以最快的速度完成对这些货物的配送，即如何选择配送距离短、配送时间短、配送成本低的路线，还需根据客户的具体位置，沿途的交通情况等做出有限选择和判断。除此之外，还必须考虑有些客户或其所在地点对送货时间、车型等方面的特殊要求。

（6）确定每辆车的送货顺序。做好车辆安排及选择好最佳的配送路线后，就可以确定每辆车的送货顺序，从而估计出货物送到每位客户的大致时间，并通知客户。

（7）完成车辆配载。明确了客户的送货顺序后，接下来就是如何将货物装车，按什么次序装车的问题，即车辆的配载问题。

8. 配送加工

配送加工是根据用户的要求，对产品施加包装、分割、计量、分拣、刷标志、拴标签、组装等简单作业。配送加工在配送中不具有普遍性，但是起着很重要的作用，通过配送加工，通常可以大大提高客户的满意程度。

（1）配送加工的类型。配送加工的类型主要有生产资料的配送加工、消费资料的配送加工、食品的配送加工。

（2）配送加工合理化。配送加工合理化的含义是避免不合理的配送加工，使配送加工有存在的价值，而且实现配送加工的最优配置，主要从以下几方面考虑：

1）加工和配送相结合。加工和配送相结合是将配送加工设置在配送点中，一方面按配送的需要进行加工；另一方面加工又是配送业务流程中的一环，加工后的产品直接投入配货作业，这就无需单独设置一个加工的中间环节，使配送加工有别于独立生产，而使配送加工与中转流通巧妙地结合在一起。同时，由于配送之前有加工，可使配送服务水平大大提高。

2）加工和配套相结合。在对配套要求较高的流通中，配套的主体来自各个生产单位。但是，完全配套有时无法全部依靠现有的生产单位。进行适当配送加工，可以有效促成配套，大大提高流通的桥梁和纽带作用。

3）加工和合理运输相结合。利用配送加工，在支线运输转干线运输或干线运输转支线运输等必须停顿的环节，按干线或支线运输的合理要求进行适当加工，从而大大提高运输及运输转载水平。

4）加工和商流相结合。通过加工有效促进销售，使商流合理化，也是配送加工合理化考虑的方向之一。通过加工，提高了配送水平，强化了销售，是加工与商流相结合的一个成功例证。此外，通过简单地改变包装加工形成方便的购买量，通过组装加工解除客户使用前进行组装、调试的难处，都是有效促进商流的例子。

5）加工和节约相结合。节约能源、节约设备、节约人力、节约耗费是实现配送加工合理化考虑的重要因素，也是目前设置配送加工，考虑其合理化较普遍的形式。

二、配送模式

1. 自营配送模式（商流和物流一体）

自营配送是商流和物流一体化的配送模式亦称销售配送模式，其意为配送主体是销售企业或生产企业，配送是作为促销的一种手段而与商流融合在一起的。实际上，在国内外，有很多从事配送活动的经济组织本身就是经销各类商品的企业。也有不少的配送组织是附属于生产企业的，称作自有型仓库或合作型仓库。这些经营实体，虽然从现象上看，也在独立地从事货物的存储、保管、分拣和运送等物流活动，但这些活动是作为产品销售活动的延伸而开展起来的，因而，配送活动实为企业的"营销手段"或"营销策略"。就主体的行为活动而言，在流通实践中，它们既参与商品交易活动，也向客户转让其产品所有权，同时在此基础上向购买者提供诸如货物分拣、加工、配货和运送等系列化的配送服务。在这里，销售和配送是合二为一的。

2. 共同配送模式

共同配送是物流配送企业之间为了提高配送效率以及实现配送合理化所建立的一种功能互补的配送联合体。共同配送的优势在于有利于实现配送资源的有效配置，弥补配送企业功能的不足，促使企业配送能力的提高和配送规模的扩大，更好地满足客户需求，提高配送效率，降低配送成本。共同配送的核心在于充实和强化配送的功能，提高配送效率，实现配送合理化和系统化，因此，作为开展共同配送的联合体成员，首先要有共同的目标、理念和利益，这样，才能使联合体有凝聚力和竞争力，才能有利于共同目标和利益的实现。

3. 互用配送模式

互用配送模式是几个企业为了各自利益，以契约的方式达到某种协议，互用对方配送系统而进行的配送模式。其优点在于企业不需要投入较大的资金和人力，就可以扩大自身的配送规模和范围，但需要企业有较高的管理水平以及与相关企业的组织协调能力。与共同配送模式相比较，互用配送模式的特点有：

（1）共同配送模式旨在建立配送联合体，以强化配送功能为核心，为社会服务；而互用配送模式旨在提高自己的配送功能，以企业自身服务为核心。

（2）共同配送模式旨在强调联合体的共同作用，而互用配送模式旨在强调企业自身的作用。

（3）共同配送模式的稳定性较强，而互用配送模式的稳定性较差。

（4）共同配送模式的合作对象需要是经营配送业务的企业，而互用配送模式的合作对象既可以是经营配送业务的企业，也可以是非经营配送业务的企业。

4. 第三方配送模式（商流、物流分离）

商流、物流相分离的配送模式亦称单项服务外包型配送模式。在实际生活中，有很多从事配送活动并冠以配送中心的专业组织，本身并不购销商品（亦即不直接参与商品交易活动），而是专门为客户提供诸如货物的保管、分拣、加工、运送等的系列化服务。这些配送组织的职能通常都是从工厂或转运站接收货物（所有权属于客户的货物），然后代客户存储、保管货物，并按照客户提出的要求分拣、运送货物至指定的接货点。显然，上述职能组织所从事的配送活动是一种纯粹的物流运动，其业务属于代理物流服务业。从组织形式上看，上述配送活动是与商流活动相分离的。实际上，这种形式的配送活动是仓储运输业物流服务项目的增加与扩充，其宗旨是为生产和市场提供全面的物流保障，故也称第三方物流。

第三节 配送中心管理

一、配送中心的构成和作业流程

配送中心是以组织配送性销售或供应，执行实物配送为主要职能的流通型节点。在配送中心中，为了能更好地做送货的编组准备，必然需要采取零星集货、批量进货等资源搜集工作和对货物的分整、配备工作，因此它也具有集货中心、分货中心的职能。为了更有效、更高水平地配送，配送中心往往还有比较强的流通加工能力。此外，配送中心还必须执行货物配备后送达到户的使命，这是和分货中心只管分货不管运达的重要不同之处。由此可见，如果说集货中心、分货中心、加工中心的职能还较为单一的话，那么，配送中心功能则较全面、完整，也可以说，配送中心实际上是集货中心、分货中心、加工中心功能之综合，并有了"配"与"送"的更高水平。

1. 配送中心的含义

（1）配送中心的含义。我国 2001 年颁布实施的中华人民共和国国家标准《物流术语》中关于配送中心的定义是：从事配送业务的物流场所或组织。配送中心应基本符合下列要求：①主要为特定的用户服务。②配送功能健全。③完善的信息网络。④辐射范围小。⑤多品种、小批量。⑥以配送为主，以储存为辅。

日本《市场用语词典》对配送中心的解释"是一种物流据点，它不以贮藏仓库这种单一的形式出现，而是发挥配送职能的流通仓库。也称作基地、据点或流通中心。配送中心的目的是降低运输成本、减少销售机会的损失，为此建立设施、设备并开展经营、管理工作。"

《物流手册》对配送中心的定义是："配送中心是从供应者手中接受多种大量的货物，进行倒装、分类、保管、流通加工和情报处理等作业，然后按照众多需要者的订货要求备齐货物，以令人满意的服务水平进行配送的设施。"表11－2是配送中心与物流中心的区别。

（2）配送中心的功能。配送中心有如下功能：

1）采购功能。配送中心必须首先采购所要供应配送的商品，才能及时、准确无误地为其用户即生产企业或商业企业供应物资。配送中心应根据市场的供求

表 11 - 2　配送中心与物流中心的区别

	配送中心	物流中心
服务对象	主要为针对性的特定用户服务	主要是面向社会服务
功能	配送功能健全	物流功能健全
信息网络	完善的信息网络	完善的信息网络
辐射范围	辐射范围小	辐射范围小
配送特点	多品种、小批量	少品种、大批量
经营特点	以配送为主，以储存为辅	储存、吞吐能力强

变化情况，制定并及时调整统一的、周全的采购计划，并由专门的人员与部门组织实施。

2）存储功能。配送中心的服务对象是为数众多的生产企业和商业网点（比如，连锁店和超级市场），配送中心需要按照用户的要求及时将各种配装好的货物送交到用户手中，满足生产和消费需要。为了顺利有序地完成向用户配送商品的任务，而且能够更好地发挥保障生产和消费需要的作用，配送中心通常要兴建现代化的仓库并配备一定数量的仓储设备，存储一定数量的商品。某些区域性的大型配送中心和开展"代理交货"配送业务的配送中心，不但要在配送货物的过程中存储货物，而且它所存储的货物数量更大、品种更多。由于配送中心所拥有的存储货物的能力使得存储功能成为配送中心中仅次于配组功能和分送功能的一个重要功能之一。

3）配组功能。由于每个用户企业对商品的品种、规格、型号、数量、质量、送达时间和地点等的要求不同，配送中心就必须按用户的要求对商品进行分拣和配组。配送中心的这一功能是其与传统仓储企业的明显区别之一，这也是配送中心的最重要的特征之一。可以说，没有配组功能，就无所谓配送中心。

4）分拣功能。作为物流节点的配送中心，其为数众多的客户彼此差别很大，不仅各自的性质不同，而且经营规模也大相径庭。因此，在订货或进货时，不同的用户对于货物的种类、规格、数量会提出不同的要求。针对这种情况，为了有效地进行配送，即为了同时向不同的用户配送多种货物，配送中心必须采取适当的方式对组织来的货物进行拣选，并且在此基础上，按照配送计划分装和配装货物。这样，在商品流通实践中，配送中心就又增加了分拣货物的功能，发挥分拣中心的作用。

5）分装功能。从配送中心的角度来看，它往往希望采用大批量的进货来降低进货价格和进货费用。但是用户企业为了降低库存、加快资金周转、减少资金占用，则往往要采用小批量进货的方法。为了满足用户的要求，即用户的小批量、多批次进货，配送中心必须进行分装。

6）集散功能。凭借其特殊的地位以及拥有的各种先进的设施和设备，配送中心能够将分散在各个生产企业的产品集中到一起，然后经过分拣、配装向多家用户发运。

7）加工功能。配送中心能够按照用户提出的要求并根据合理配送商品的原则，将组织来的货物加工成一定的规格、尺寸和形状。这些加工功能是现代配送中心服务职能的具体体现。

加工货物是一些配送中心的重要活动。配送中心具备加工功能，积极开展加工业务，既方便了用户，省却了其烦琐劳动，又有利于提高物质资源的利用率和配送效率。此外，对于配送活动本身来说，客观上起着强化其整体功能的作用。

配送中心应该添置必要的机器设备，以便满足用户，特别是生产企业对物料的不同需求。为了扩大经管范围和提高配送水平，目前，国内外许多配送中心都配备了各种加工设备，因此形成了一定的加工能力。

2. 配送中心分类

为了深化及细化认识配送中心，就要对配送中心做出适当的划分。从理论上和配送中心的作用上来划分，可以把配送中心分成许多种类。

（1）按中心的设立者（运营主体）分类。按中心的设立者主要分为以下几类：

1）制造商型。制造商型配送中心是以制造商为主体的配送中心。这种配送中心里的物品完全是由自己生产制造的，用以降低流通费用，提高售后服务质量，及时地将预先配齐的成组元器件运送到规定的加工和装配工位。从物品制造到生产出来后，条码和包装的配合等多方面都较易控制，所以按照现代化、自动化的配送中心设计比较容易达到目的，但不具备社会化的要求。

2）批发商型。批发商型配送中心是由批发商或代理商所建立的，是以批发商为主体的配送中心。批发是物品从制造者到消费者手中的传统流通环节之一，一般是按部门或物品类别的不同，把每个制造厂的物品集中起来，然后以单一品种或搭配向消费地的零售商进行配送。这种配送中心的物品来自各个制造商，它所进行的一项重要活动是对物品进行汇总和再销售，而它的全部进货和出货都是社会配送的，社会化程度高。

3）零售商型。零售商型配送中心是由零售商向上整合所成立的配送中心。零售商发展到一定规模后，就可以考虑建立自己的配送中心，为专业物品零售店、超级市场、百货商店、建材商场、粮油食品商店、宾馆饭店等服务，其社会化程度介于制造商型配送中心和批发商型配送中心之间。

4）专业物流配送。专业配送中心大体上有两个含义，一是配送对象、配送技术是属于某一专业范畴，在某一专业范畴内有一定的综合能力，能综合这一专业的多种物资进行配送，例如，多数制造业的销售配送中心；二是以配送为专业化职能，基本不从事经营的服务型配送中心。

（2）按配送范围分类。按配送范围主要分为以下几类：

1）城市配送中心。城市配送中心是以城市范围为配送范围的配送中心。由于城市范围一般处于汽车运输的经济里程，这种配送中心可直接配送到最终用户，且采用汽车进行配送，所以，这种配送中心往往和零售经营相结合。由于运距短，反应能力强，因而从事多品种、少批量、多用户的配送较有优势。

2）区域配送中心。区域配送中心是以较强的辐射能力和库存准备，向省（州）际、全国乃至国际范围的用户配送的配送中心。这种配送中心配送规模较大。一般而言，用户也较大，配送批量也较大，而且，往往是配送给下一级的城市配送中心，也配送给营业场所、商店、批发商和企业用户，虽然也从事零星的配送，但不是主体形式。

（3）按配送中心的功能分类。按配送中心的功能主要分为以下几类：

1）储存型。储存型配送中心是有很强储存功能的配送中心。一般来讲，在买方市场下，企业成品销售需要有较大的库存支持，其配送中心可能有较强的储存功能；在卖方市场下，企业原材料、零部件供应需要有较大库存支持，这种供应配送中心也有较强的储存功能。大范围配送的配送中心，需要有较大库存，也可能是储存型配送中心。我国目前拟建的配送中心，都采用集中库存形式，库存量较大，多为储存型。

2）流通型。流通型配送中心是基本上没有长期储存功能，仅以暂存或随进随出方式进行配货、送货的配送中心。这种配送中心的典型方式是大量货物整进并按一定批量零出，采用大型分货机，进货时直接进入分货机传送带，分送到各用户货位或直接分送到配送汽车上，货物在配送中心里仅做短暂停滞。

3）加工型。加工型配送中心以加工产品为主，因此，在其配送作业流程中，储存作业和加工作业居主导地位。

由于流通加工多为单品种、大批量产品的加工作业，并且是按照用户的要求安排的，因此，对于加工型的配送中心，虽然进货量比较大，但是分类、分拣工作量并不太大。此外，因为加工的产品品种较少（指在某一个加工中心内加工的产品品种），一般都不单独设立拣选、配货等环节。通常加工好的产品（特别是生产资料产品）可直接运到按用户户头划定的货位区内，并且要进行包装、配货。

4）销售型。销售型配送中心是以销售经营为目的，以配送为手段的配送中心。销售型配送中心大体有三种类型：第一种是生产企业为本身产品直接销售给消费者的配送中心，在国外，这种类型的配送中心很多；第二种是流通企业作为本身经营的一种方式，建立配送中心以扩大销售，我国目前拟建的配送中心大多属于这种类型；第三种是流通企业和生产企业联合的协作性配送中心。比较起来看，国外和我国都向以销售型配送中心为主的方向发展。

（4）按配送货物的属性分类。按配送货物的属性分类有：食品、日用品、医药品、化妆品、家电品、电子产品、图书、服饰、汽车零件、生鲜等。

3．配送中心的作业流程

（1）一般作业流程。一般作业流程如图 11 –9 所示。

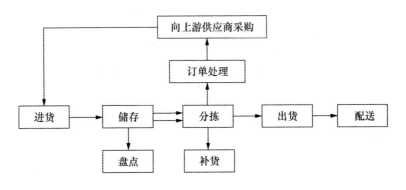

图 11 –9　配送中心的一般作业流程

（2）特殊作业流程。在实践中，某些有特殊性质、形状的货物，其配送活动有许多独特之处（例如，液体状态的物质资料的配送就不存在配货、配装等工序，金属材料和木材等生产资料的配送常常附加流通加工工序），据此，在配送的一般流程的基础上，又产生了配送的特殊流程。其作业流程是：

1）进货→储存→分拣→送货。

2）进货→储存→送货。

3）进货→加工→储存→分拣→配货→配装→送货。

4）进货→储存→加工→储存→配装→送货。

这些配送流程分别为各类食品的配送工序，煤炭等散货的配送流程，木材、钢材等原材料配送经常采用的作业工序，机电产品中的散件、配件的配送流程等。

二、配送中心的管理

1. 模式流程

（1）按经营权限划分。按经营权限，配送中心可分为物流模式、授权模式和配销模式，如图11－10所示。

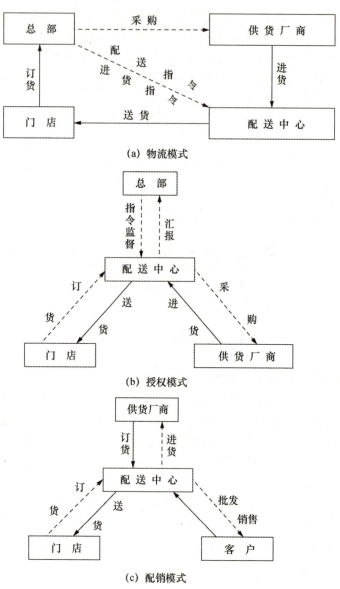

(a) 物流模式

(b) 授权模式

(c) 配销模式

图11－10　按经营权限划分的配送模式

物流模式配送中心只是根据总部的指示进行物流作业，商品经营决策则由连锁总部的商品部负责；授权模式配送中心是指连锁总部将商品采购权及定价权授予配送中心，总部则保留商品组合、批发销售以及业务监督的权利；配销模式配送中心作为相对独立的利润中心，不仅负责商品采购及商品配送作业，而且也可以向客户直接批发销售商品。这三种职能模式的配送中心分别适用于小规模的，大规模的和跨地区、跨国经营的连锁企业。

　　（2）按配送主体（承担者）划分。按配送主体，配送中心分为自营配送、代理配送、共同配送和综合配送四种模式，如图 11－11 所示。

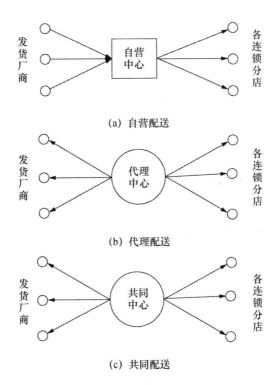

图 11－11　按配送主体划分的配送模式

　　自营配送是指某一连锁企业自行经营配送中心，并为下属各门店提供配送服务；代理配送是指连锁企业的配送业务由某供应商或配送中心代理，自身并不经营配送业务；共同配送则是指多家企业共同参与，只有一家公司独立进行的配送业务；综合配送是从事配送业务的企业，通过与上家（生产、加工企业）建立广泛的代理，或者通过买断关系，与下家（零售店铺）形成稳定的契约关系，从而将生产、加工企业的商品或信息进行统一组织、处理后，按客户订单的要求，配送到店铺。

2. 收发货与存货管理

（1）订单处理。物流活动要实现的目标就是降低成本与提高客户的服务满意度，而在成本降低中按订单生产已越来越受到商家的重视。配送中心和其他经济组织一样，具有明确的经济目标和对象，配送中心的业务活动以客户订单发出的订货信息作为其驱动源。在配送活动开始前，配送中心根据订单信息，对客户的分布、所订商品的名称、商品特性和订货数量、送货频率和要求等资料进行汇总和分析，以此确定所要配送的货物种类、规格、数量和配送的时间，最后由配送中心调度部门发出配送信息（例如，拣货单、出库单等）。订单处理是配送中心调度、组织配送活动的前提和依据，是其他各项作业的基础。

从接到客户订货开始至准备着手拣货为止的作业阶段称订单处理。一般来说，通常的订货方式有传统订货方式和电子订货方式两种。订单处理的内容及步骤如图 11 - 12 所示。

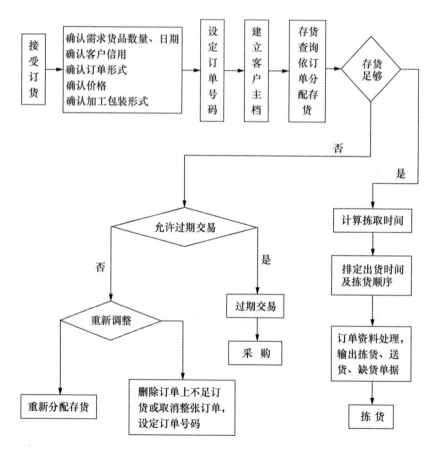

图 11 - 12　订单处理的内容及步骤

（2）库存管理。配送中心的库存是配送中心费用的主要来源，但同时也是配送中心提高服务水平的保证。配送中心进行物流活动时，库存管理是重要的环节和要素。把库存量控制到最佳数量，尽量少用人力、物力、财力把库存管理好，为客户提供最大的供给保障，是库存管理的任务。但是，配送中心的库存问题并非易事。配送中心可以大量削减库存，以减少资金占用，减少库存费用。但库存过少，会使配送中心经常发生缺货现象，降低服务水平，进而失去客户，给配送中心带来很大损失。所以配送中心必须确定和保持合理的库存水平，并建立合理的控制系统，采用多种方法、手段、技术、管理方式和操作过程来控制库存。

3. 送货与退货处理

（1）送货管理。配送中心在分拣工作完成后，对货物进行出货检查，然后交给本企业配送部门或运输商进行送货，在此过程中进行送货管理。

1）制定送货计划。大型配送中心需要通过提高计划性来提高送货的水平和降低送货成本。由于配送中心特别强调服务功能，很难依靠预测制定完善的计划，因此，针对随机因素，采用灵活的计划方法是很重要的。

2）配送路线规划。合理规划配送路线以降低运量、节省运力是保证配送速度、降低成本的重要因素。

3）车辆配装。根据不同的配送要求，选择合适的车辆，并对车辆进行配装以提高利用率，是送货的一项主要工作。

4）车辆管理。在送货的过程中，车辆管理包括车辆的合理调度、安排、维护等工作。

（2）退货管理。退货管理是进货服务中的一项任务。原货物退还，有着各种原因：有的是发货人在按订单发货时发生错误；有的是运输途中产品受到损坏，负责赔偿的运输单位要求发货人确定所需修理费用；有的是客户订货有误，等等。这些情况处理起来都比较简单，最难的是如何正确处理有缺陷的产品退货，使有关各方维持彼此的友好关系。

退货的另一个原因是与产品的零部件相关。当配送中心接到退货批示后，工作人员应安排车辆收回退货商品，将商品集中到仓库退货处理区进行出理。处理退货要消耗物流管理人员大量的精力，很多时候在商品输出时就应增加一项回收物流，一旦产生产品回收，生产厂家及其销售部门就应立即采取行动，用没有缺陷的同一种产品或替代品重新填补零售店的货架，尽管这一行动不及回收产品重要，但这同样也可以使损失降到最低限度。

三、配送中心规划

配送中心规划是对于拟建配送中心的、长远的、总体的发展计划。发展现代化的配送中心应以现有物流企业为基础，逐步使大型物流中心与区域性配送中心相结合，建立多功能、信息化、优质服务的配送中心。

1. 规划内容

配送中心要统一规划，统一运筹，重视环境保护，实现外部网点和内部区域的合理布局。

其规划可以分为两类：一类是新建配送中心的规划；另一类是原有物流组织（企业）向配送中心转型的改造规划。新建配送中心规划又可以分为单个配送中心规划和多个配送中心规划两种形式。表 11 - 3 列出了这两类规划形式的特点及内容。

表 11 - 3　两类配送中心规划的内容

类型	新建		改造
	单个	多个	
委托方	新型企业、跨国企业、政府部门		大多为老企业
规划目的	高起点、高标准、低成本	成为企业、区域的新经济增长点或支柱产业	实现从传统物流组织向现代配送中心的转变
关键点	配送中心选址	系统构造、网点布局	进行作业流程、企业重组，充分利用现有设施
规划内容	物流功能规划 厂址选择 作业流程规划 物流设施规划 信息系统规划	物流功能规划 物流系统规划 物流网络信息规划 物流网点布局规划 物流设施规划	企业发展战略研究 物流功能设计 作业流程规划 物流设施规划

2. 规划程序

配送中心规划是一项复杂的工作，大体上按照以下程序进行：

（1）前期准备。前期准备工作为配送中心规划提供必要的基础资料。主要内容包括：

1）收集配送中心建设的内部条件、外部条件及潜在客户的信息。

2）分析配送中心经营商品的品种、货源、流量及流向。

3）调查物流服务的供需情况、物流行业的发展状况等。

（2）作业功能规划。作业功能规划包括下列内容：

1）作业流程规划。作业流程规划是配送中心规划的重要步骤，决定了配送中心作业的详细要求，对后续的建设具有重要影响。对传统物流企业进行物流作业流程重组，提高物流作业效率，降低物流成本，是传统物流企业向现代化配送中心转型的重要途径。不同类型的配送中心，其作业流程也有很大的不同，在实际规划中，应该根据配送中心的功能，结合商品特性与客户需求进行必要的调整。

2）作业区域功能规划。在作业流程规划后，可根据配送中心运营特性对物流作业区和周边辅助活动区进行规划。主要包括一般性物流作业区、退商品流作业区、换货补货作业区、流通加工作业区、物流配合作业区、仓储管理作业区、办公事务区、车辆设施维修区、物流性活动区、计算机作业区、厂区相关活动区。

3）作业能力规划。配送中心在各区域规划时，应该以物流作业区为主，再延伸到相关周边区域。对物流作业区的规划应根据作业流程、进出顺序逐区划分，对仓储作业区和分拣作业区进行详细分析，再根据仓储区和分拣区进行相关作业的规划。

（3）选址规划。配送中心拥有众多建筑物、构筑物以及固定机械设备，一旦建成很难搬迁，如果选址不当，将付出长远代价，因而，对于配送中心的选址规划需要给予高度重视。选址规划主要内容包括：

1）分析约束条件。如客户需求、运输条件、用地条件、公用设施及相关法规等。

2）确定平价标准。

3）选择选址方法。根据实际情况，一般采用定性与定量相结合的方法。

4）得出选址结果。

（4）作业区规划。作业区规划包括下列内容：

1）各作业区结构配置。各作业区包括以下结构：

A. 进货作业区。进货作业区主要完成商品入库前的接货、卸货、检验、分类、入库准备等工作。主要设施有进货火车专用线或卡车卸货站；卸货站台；分类、验收区及暂存区。

B. 储存作业区。储存作业区主要保管有一定储存时间的商品，占地面积是储存型配送中心的一半以上。

C. 理货备货作业区。理货备货作业区主要进行分发、配货作业，作业面积根据配送服务水平有较大的差异。对于多客户、多品种、小批量、多批次的配送服务，进行复杂的分货、拣货、配货作业，需要较大作业区面积。

D. 配装作业区。配装作业区即根据客户的要求，按订单商品配齐后暂存待装外运，直接影响车辆配装，一般根据配装方案进行堆放。由于周转快，存期短，所需作业面积较小，一般根据客户多少进行设计。

E. 发货作业区。发货作业区主要按订单将配齐的商品装车运送，主要设施是站台、停车场等。发货作业区的面积根据停靠配送车辆的数量及发货量来确定。

F. 流通加工区。流通加工区主要根据加工的作业数量及发货量来确定。

2）作业区域位置设计。配送中心按照各作业区域的规划面积和长宽比例做成模块进行设计。常用的区域布置形式主要有：

A. 直线式。直线式适用于作业流程简单、规模较小的配送中心。

B. 双直线式。双直线式适用于出入口在配送中心两侧，作业流程相似但有两种不同进出货形态。

C. 锯齿形。锯齿形一般适用于多排并列的库存货架区域内。

D. U 形。U 形适用于出入口在中心两侧，根据进出频率大小安排靠近进出口端的存储区，缩短拣货、搬运路线。

E. 分流式。分流式适用于批量拣货的分流作业。

F. 集中式。集中式适用于因仓储区特性把订单分割在不同区域拣货后再进行集货作业的方式。

复习思考题

1. 什么是配送？什么是配送管理？

2. 配送与物流的关系？配送的发展趋势是什么？

3. 配送的分类？

4. 简述配送中心的构成和作业流程。

第十二章

回收物流管理

> **学习目标:**
>
> 通过本章学习,了解废旧物品的产生和定义,掌握回收物流的概念及分类,熟悉废旧物品的回收渠道、回收方法等内容。

第一节 废旧物品概述

在人类社会中,从生产到流通直至消费,是物资流通的主渠道。但在这一过程中,由于各种原因,又会大量发生产品变质、损坏、使用寿命终结并最终丧失使用价值的情况,或者在生产过程中未能形成合格的产品,而产生了不具有使用价值的物资,从而产生了大量的废弃物。随着社会化大生产的飞速发展,无论是生产领域、流通领域还是消费领域,每时每刻都在产生着大量这样的废旧物品。这些废旧物品用之为宝、弃之为害。而对废旧物品的回收利用不仅可以节约自然资源,又可保护生态环境,创造经济和社会效益。

一、废旧物品的概念

在经济快速发展的今天,人们消费的物品种类越来越多,且在消费物品的同时,也产生了消费的伴随品——废旧物品。所谓的废旧物品只是相对原物品而言,其本身仍具有价值和使用价值。

废旧物品的定义可表述为:在生产、流通和消费过程中产生的失去或部分失去原有使用价值的物品。从定义中我们可以看出，废旧物品与人们的生产、生活息息相关。它来源于人们的生产、生活，同时又给人们的生产、生活带来负担。废旧物品在一定的技术水平条件下，通过物理或化学变化可以变成有用的资源，重新进入生产领域。

二、废旧物品的产生

废旧物品主要产生于生产、流通和消费三个领域。

1. 生产过程中产生的废旧物品

（1）生产过程中产生的工艺性废料。工艺性废料的产生伴随产品生产的全过程，与产品的制造工艺紧密联系在一起。如采矿生产中剥离的废料，尾矿排泄物；造纸工业中产生的边角料、废液等；金属加工业产生的废屑、边角余料等。

（2）生产过程中产生的废品。现在许多发达国家的企业追求产品的"零缺陷"，许多企业的产品废品率在逐渐降低，但由于人为的、自然的、技术的原因，在生产中成品、半成品和各种中间产品等都有一定数量的废品产生。

（3）生产维修更换下来的各种废旧零件。在生产过程中使用的机器设备在其经济生命周期内，其零部件的寿命各不相同，机器在维修后替换下来的零件就成了废旧物品。

（4）生产过程中产生的废旧材料。生产过程中使用的各种原材料都有一定的库存。在使用或搬运过程中由于人为或自然原因，各种原材料会部分或全部失去其使用价值而成为废旧物品。

（5）生产过程中更新报废的机械设备。机械设备都有自己的使用寿命。在生产中由于突发的事故会造成机器丧失原有的功能而成为废品。同时，现代科技日新月异，设备更新速度加快，导致机械设备的价值贬值而成为废旧物品。

（6）生产过程中产生的其他废旧物品。生产中使用的原材料和设备的各种包装物，工厂中废弃的运输工具等都会成为废旧物品，成为回收的对象。

2. 流通过程中产生的废旧物品

在产品的流通流域中会产生各种各样的废旧物品，这些废旧物品可概述如下：

（1）流通过程中使用的运输工具、设备因长期使用而导致报废或损坏的物品。如报废的汽车、废弃的铁轨等。

（2）由于装卸、搬运、运输、储存各环节不慎而造成物品发生物理或化学变化成为废旧物品。如在仓库中存储的钢铁因生锈而成为废品。

（3）各钟原材料及各种工具、设备的包装物在流通过程中失去包装作用而成为废旧物品。

（4）流通领域中所使用的各种工具及设备经过维修活动而替换下来的废旧机器零件等。

3. 消费过程中产生的废旧物品

在人们的日常消费过程中产生的废旧物品大致包括以下几类：

（1）生活消费品的各种包装物。如包装用的塑料、玻璃、金属制品等。

（2）耐用电器设备的更新或损坏而产生的废旧物品。

（3）在文化教育中产生的废旧物品。如报纸、杂志等。

（4）在旅游、娱乐过程中产生的废旧物品，如门票、磁带、唱片等。

三、废旧物品的分类

废旧物品来源广泛，种类繁多，对其进行分类方便废旧物品的回收，能够提高物品的回收效率和效益、降低废品的回收成本。因此，有必要对其进行分类。

1. 按废旧物品的物理形态分类

依废旧物品的物理形态的分类标准可把废旧物品分为三类：固态废旧物品、液态废旧物品、气态废旧物品。物流量较大、物流形式较多的是固态废旧物品，往往可利用通常的物流工具和物流系统来运载，液态、气态废旧物品则主要利用管道、罐体等物流工具来运载。

2. 按废旧物品的来源产业分类

（1）工业排放物。工业排放物是废旧物品的一大来源，大体有三种：一是生产过程中产生的工艺性废料；二是生产过程中产生的废品；三是劳动工具、装备等的报废物。

工艺性废料受工艺流程和技术水平决定，往往是连续排放同样的物质，如化工类型生产企业中，化学反应的剩余物或排放物；金属轧制生产过程中产生的切头、钢渣、炉底等废弃物。生产过程中产生的废品，有一定的规律性，大部分可以重回工艺过程中。更新报废的设备、工具等，并不是经常发生的，因而不可能有稳定的物流系统予以支持，具有发生一次、组织一次的物流特点。

（2）农业排放物。农业排放物主要指在农业性生产过程中的排放物，如秸秆、皮、壳等和农产品加工工艺过程中排放的废渣、废液等。前者排放物产出分散，再加上价值很低，其物流的主要特点是短距离和低成本运输；后者和一般工业排放物大体一样。

（3）生活排放物。生活排放物又称生活垃圾。生活排放物包括家庭垃圾、办公室垃圾、城市垃圾、建筑垃圾等。这种排放物特点是成分比工业、农业排放物复杂，而且掺混在一起。收集垃圾的物流系统由于垃圾排放的规律性而容易建立。

3. 按废旧物品的来源行业分类

（1）钢铁工业产生的废旧物品。钢铁工业产生的主要废旧物品是废渣和废金属。废渣进行厂内处理后进入社会物流系统；废金属通过厂内物流，重新进入生产工艺过程中。

（2）煤炭工业产生的废旧物品。煤炭工业产生的主要废旧物品是煤矸石，其物流特点是装运量大，占用堆场面积大，物流成本较低。

（3）电力工业产生的废旧物品。电力工业产生的废旧物品主要有火力发电厂排出的炉渣、粉煤灰，其物流特点是排放数量大且连续排放。

（4）木材加工业产生的废旧物品。木材加工业产生的主要废旧物品是木屑，其物流特点是直接在厂区附近复用或进入厂内回收利用。

（5）玻璃工业产生的废旧物品。玻璃工业产生的废旧物品主要有碎玻璃，其主要特点是直接在厂区附近回收利用，重新进入生产线。

（6）纺织工业产生的废旧物品。纺织工业产生的废旧物品主要有废棉、废纱等，其物流特点是直接在厂区附近复用，作为配料重返生产过程或直接在厂区附近制造低档织品。

（7）机械工业产生的废旧物品。机械工业产生的废旧物品主要有机加工废料、金属废屑，其物流特点是加工废屑装运难度较大，形状不规则且容重低，一般通过企业物流回收。

（8）粮食加工业产生的废旧物品。粮食加工业产生的主要废旧物品是谷、壳等，其物流过程一是内部再生产饲料及其他商品；二是利用外部物流系统运输出厂，由其他行业利用。

另外，化学工业、造纸工业、建筑工业、电子工业等都会产生一定数量的废旧物品。

4. 按废旧物品商品经营分类

按废旧物品商品经营分类是根据进入流通领域的废旧物品的数量，以回收经营为主要特点的分类。废旧物品一般分为：废钢铁、废有色金属、废塑料、废橡胶、废化学纤维、废玻璃制品、废纸及纸制品、废机电产品等。

四、废旧物品的使用价值分析

废旧物品是相对于原物品而言的，废旧物品虽部分或完全失去了原物品的使用价值，但废旧物品本身也具有使用价值，能够成为有用的新资源。下面从四个方面分析废旧物品的使用价值。

1. 废旧物品本身残存着原物品的使用价值

产品在消费使用中，其使用价值会部分或大部分丧失，但尚有少部分使用价值残存，如二手市场上的书籍、手机等。

2. 废旧物品存在其他使用价值

产品在某一方面消费后，其使用价值丧失，但另一方面的使用价值依然存在。这种情况主要指废旧物品与原物品没有发生本质的变化，即仍可按原来的使用价值发挥作用，如在机加工中产生的边角余料仍可作为生产小零件的原材料。

3. 废旧物品经过简单加工后可恢复原来的使用价值

对于一些回收的废旧物品，经过简单的加工或不经过加工，既不改变使用方式，也不减少其使用价值，就可重新投入使用，如回收的包装箱、酒瓶等，如果质量完好，经过简单整理、清洗就可重新发挥其原来的功能。

4. 废旧物品经过深加工恢复到原来的形态，发挥原来或更大的使用价值

废旧物品的深加工是指采用物理的、化学的方法，使废旧物品恢复到最初的原始状态，如从洗相废液中提取白银，从电子器件触点中提炼回收金等。被重新提取的金、银可发挥其原来的使用价值。

第二节　回收物流概述

一、回收物流的概念

人类社会所需要的各种物品均来自自然界，无论是生活资料，还是生产资料，最初都是从自然界获取原材料经过劳动加工制造而成的。在人类社会中，物品从生产经过流通领域到消费者的过程是物品流向的主渠道。但是在这一流通过程中既有生产过程中形成的边角余料、废渣等，又有流通过程中产生的废旧包装，还有大量在消费过程中产生的失去原来使用价值的废旧物品。这些废旧物品中的相当一部分可以进行回收，形成我们常说的回收物流。

回收物流是一种逆向物流，其产品的流程是从消费者流向生产者，它与正向物流构成了一个循环物流过程。它的作用是使消费者不再需要的废旧物品返回到生产和制造领域，重新变成新商品或新商品的一部分。回收物流的作用就是使资源最大程度地得到重复利用。其流通过程可用图 12 - 1 表示。

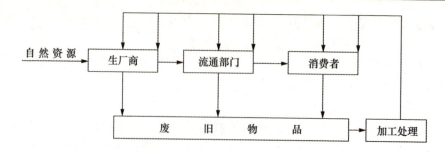

图 12 – 1　回收物流的流通过程

由此可见，回收物流是指在生产、流通、消费各环节中产生的不再被消费者需求的废旧物品变成被消费者认可的产品这一整个过程中的所有物流活动。按《物流术语》中的解释，回收物流是指不合格物品的返修、退货以及周转使用的包装容器从需方返回到供方所形成的物品实体流动。它与正向物流相反，其过程是从需方返回到供方。通过正向物流到达消费者手中的产品在失去使用价值后，又通过回收物流重新回到生产者手中，变成新产品，例如，旧报纸、书籍通过回收、分类制成纸浆再造纸。

同样作为一个物流系统，回收物流与正向物流一样拥有运输、设施、库存、信息四大要素，具有分类、收集、包装、存储、运输等功能。

二、回收物流的特点

回收物流与正向物流具有共同点，这就是回收物流也具备正向物流的构成和物流职能，同样具有包装、运输、加工等职能。但是，回收物流与正向物流相比又具有它自身的特点。

1. 分散性

因为废旧物品的种类繁多，产生渠道多、方式复杂，或来自生产领域，或来自流通领域，或来自消费领域，从而导致回收物流具有分散性的特点。

2. 混杂性

废旧物品在形成阶段往往很难划分物品的类别，因为各种废旧物品常常混杂在一起。具体来说是由下面的三个因素决定的。

（1）几乎所有的生产企业都可能产生废旧物品，不同企业产生的废旧物品也不同。

（2）几乎每个生产企业的每一个工序、每个阶段的生产过程都会产生废旧物品。

（3）几乎所有人类的物资产品，最终都可能转化为废旧物品。

因此，废旧物品在回收后首先要对其进行分类，使复杂的回收物品具有可操作性，使回收物流的混杂性随废旧物品分类而逐渐消失。

3. 缓慢性

尽管废旧物品的使用价值部分或全部丧失，但废旧物品可能还存在着这样或那样、或多或少的使用价值。只要其回收价值大于回收成本，废旧物品的回收才具有可能性，但其过程是缓慢的，往往需要经过加工、改制等环节。同时，废旧物品的收集和整理也是一个较复杂的过程。这决定了回收物流系统具有缓慢性的特点。

4. 逆向性

回收物流是从需方至供方的物流系统，故其具有逆向性的特点。

三、回收物流的分类

废旧物品的回收形式、种类和方法都是多种多样的，根据不同的分类标准可以对回收物流进行分类。

1. 根据回收利用的动机分类

根据回收利用的动机不同，回收物流可分为经济利益驱使下的回收物流系统和环保意识驱动下的回收物流系统。

（1）经济利益驱使下的回收物流系统。由于废旧物品仍具有部分的使用价值，仍有价值，只要其回收价值大于回收成本，在经济利益驱使下，废旧物品就会被回收利用，其目的是为了得到废旧物品中仍然存在的价值。2005 年我国废旧物品的回收利用价值达到 550 亿元。1998 年 8 月号《Money World》杂志提出"垃圾变黄金"的专题讨论，文中提到当今世界最值钱的东西将不再是黄金和黑金（石油），以后股票市场的宠儿，也将由目前普遍所看好的网络、电脑软件开发、半导体晶片等高科技股，转为处理垃圾的公司或开发生产垃圾处理系统的科技公司。因为以现在垃圾处理费用 120 美元/吨计算，这个市场的潜在价值高达 6000 亿美元以上！而在垃圾产业中废旧物品的回收利用占相当大的比重。因此，废旧物品的回收利用潜力巨大，具有很高的经济利益。例如，2003 年江苏省江阴市长江村花了一亿多元人民币，击败了印度等竞争对手，从伦敦废船交易市场买来"巨无霸"船只。两个多月后，巨轮在长江拆船厂拆解完毕，产生五万吨左右的钢材。对于拆解"巨无霸"产生的经济效益，长江拆船厂环境科的仇江峰表示，这一点涉及到商业秘密，所以不予透露。然而有媒体推测说，这艘巨轮拆解后起码可以赚 400 万元左右。还有一种更为直接的计算方法，一位业内人士告诉记者，如果拆解后的钢材按 4000 元/吨出售，销售额可达两亿元。

（2）环保意识驱动下的回收物流系统。随着消费水平的提高，垃圾的增量呈加速度的发展趋势，垃圾减量化越来越引起全世界的关注。欧洲一些国家甚至通过颁布环境保护法规来实现垃圾减量化的目的。其法规内容是：强制生产者对产品的整个生命周期负责。也就是常说的"召回"法规：让生产者在其商品被使用后负责回收。例如，在德国，1991 年的包装条例规定，生产者和商家必须回收所用的商品包装材料，并设定了一个重复利用的最小比例。在荷兰，汽车生产商必须对废旧汽车的重复利用负责。这些法规刺激了众多的生产商考虑其产品的回收和重复利用问题。在美国许多州，有专门为促进环保回收产品发展而制定的法律，各地的环保回收产品协会更是星罗棋布，生机勃勃。这种以环保为主要动机的重复利用在西方发达国家较为典型，并取得了很大的成效。例如，1994 年，欧洲纸制品的回收量达到了 2770 万吨，占整个纸制品消费的 43%，而且正在以每年 7% 的比例增长。1994 年，欧洲玻璃的回收量达到 700 万吨，占整个玻璃品消费总量的 60%，而且以每年 10% 的速度增长。在德国，商业包装材料的重复利用率达到 60% ~ 75%。在荷兰，1994 年，46% 的工业废弃物得到了重复利用。

2. 根据回收利用的种类分类

根据回收利用的废品种类不同，回收物流可分为包装材料的回收物流系统、可置换的备用零件的回收物流系统和耐用消费品的回收物流系统。

（1）包装材料的回收物流系统。包装材料会很快地被回收利用，因为一旦包装的商品被送达以后，包装就不再被需要了。当前，西方国家的包装材料的回收率是相当高的。例如，1997 年丹麦政府通过法令，禁止使用易拉罐包装饮料，规定啤酒和非酒精饮料必须使用可重复使用的包装，进口不可重复使用包装的饮料必须交纳包装押金，保证包装的回收利用。2001 年德国的包装回收率达 45%，利用率达 65%。

（2）可置换的备用零件的回收物流系统。可置换的备用零件包括机器零件、电视显像管等。置换备用件仅在机器出现故障进行维修或进行预防性维修后才被回收，因此这种回收通常要经过很长一段时间。

（3）耐用消费品的回收物流系统。耐用消费品，如打印机、电冰箱等，生命周期长，基本上只在它们生命周期完结时才会被回收。这种回收方式的回收期更长，可能在这种产品过时以后。

3. 根据重复利用的方式分类

根据重复利用的方式不同，回收物流可分为直接使用废旧物品的回收物流系统、对废旧物品进行修理的回收物流系统、回收废旧材料的回收物流系统和重新制造回收物流系统。

（1）直接使用废旧物品的回收物流系统。直接使用的废旧物品虽然可能经过清洗和简单维护，但是不需要经过预先修理操作。最常见的可以重复使用的废旧物品是包装材料，如瓶子、货盘等。

（2）对废旧物品进行修理的回收物流系统。某些废旧物品需要进行修理操作后才可投入使用。主要指废旧家用电器、废旧工业机器、废旧电子设备等。

（3）回收废旧材料的回收物流系统。废旧材料回收指的是对构成产品的材料进行回收，在回收过程中不需要保持产品的原有功能和结构。如碎玻璃的回收，废旧书籍、杂志的回收等。

（4）重新制造回收物流系统。重新制造回收物流系统是在回收物流系统中保持了废品个体的功能和结构，力图通过分解、修理、换位等操作使废品达到一个新的有用状态。例如，对机械、组装类（如航空发电机）的回收利用。重新制造的回收方式，尤其在美国，得到了越来越广泛的关注。

4. 根据回收利用的主体进行分类

根据回收利用的主体不同，回收物流可分为产品的原始制造商参与的回收物流系统和第三方回收商参与的回收物流系统。

（1）产品的原始制造商参与的回收物流系统。原始的制造商参与回收物流或者是出于战略和竞争等方面的考虑，它们可能会为了保护自己产品中的特殊知识和技术而选择自己进行"重新制造"的回收物流活动；或者是在法律约束下进行的回收物流活动，这一点在西方发达国家较为突出。

（2）第三方回收商参与的回收物流系统。这种回收物流指除供需双方之外的第三方参与的回收物流系统。废旧材料的回收通常都是由第三方的专门公司进行的。

四、回收物流的作用和意义

废旧物品的回收利用是利国利民的大事，在国民经济中占有重要的地位。做好废旧物品的回收利用工作，不仅可以减少生产中的资源消耗、弥补自然资源不足，而且可以降低成本、提高经济效益、创造社会财富、促进国民经济发展。我国废旧物品中蕴藏着巨大的财富，这些总值上千亿元的废旧物品用之为宝、弃之为害。而我国每年约有500万吨废有色金属、1400万吨废纸沦为真正的垃圾，每年丢弃的各类电池两亿多支。因此，在我国，废旧物品的回收利用具有极其重要的作用和意义。

1. 废旧物品的回收利用，使社会资源量相对增加，节约各种资源

物资资源是有限的，在资源日渐枯竭的今天，人类社会越来越重视通过回收物流将可以利用的废旧物品进行收集、加工，重新补充到生产、消费系统中去。例如，废纸回收已成为造纸业原料供应不可缺少的一环。据统计，仅1987年我

国就回收废纸达 160 万吨。而且，钢铁总产量的 1/3 来自废钢铁。在日本，每年报废的汽车总数达数百万辆，其中一半以上被分解成废钢、橡胶和玻璃进行回收利用。

同时，回收利用废旧物品可在一定程度上缓解资源的紧张状况，相对地增加社会资源量。世界先进国家钢产量的 45%、铜产量的 35%、纸产量的 35% 是由废旧材料生产的。利用一吨废玻璃可生产出好玻璃 900 千克，生产 0.5 千克装的瓶子 2000 个，节约纯碱 2000 千克、石英沙 720 千克、长石 60 千克、煤一吨、电 400 千瓦。用一吨废钢铁，可炼出好钢 900 千克，节约铁矿石两吨、石灰石 160 吨、优质煤一吨。因此，以资本为纽带，按市场规律，建设城市社区回收、市场集散、综合利用为主要环节的废旧物品回收利用体系，已经成为实现资源可持续发展的当务之急。

2. 废旧物品的回收利用，减少了废旧物品对环境的污染

当前，社会最关心的问题之一是环境问题，而环境问题在很大程度上是由废旧物品造成的，废旧物品严重地影响着人类赖以生存的环境，废旧物品与自然资源不同，如果不能变废为宝，就会成为公害。目前这些废旧物品在我国各大中城市郊外堆积如山，总重量达 70 多亿吨，占用耕地五亿多平方米。从卫星上看，我国大中城市绝大多数被成千上万的垃圾填埋场包围，对土壤、地下水、大气等造成严重的污染。在我国，仅"三废"污染每年所造成的经济损失就超过 1500 亿元。通过回收利用废旧物品，可以大大减轻废旧物品对环境的污染。根据美国工业部门估计，利用废旧物品进行生产，可使一些工业生产造成的空气污染减少 60%～80%，水污染减少 70% 以上。

3. 废旧物品的回收利用，可创造更好的经济效益

回收的废旧物品也是一种资源，但它们和自然资源不同，它们曾经过若干加工过程，其本身凝结着未完全丧失的价值，它们也具有或多或少、这样那样的使用价值。废旧物品重新进入生产领域会带来很高的经济效益。例如，炼钢要经过采矿、炼铁、炼钢等这样一个复杂的过程。如果用废钢代替生铁炼钢，不仅可以节约找矿、采矿、炼铁等一系列生产所耗费的支出，而且冶炼的钢材质量要比以生铁作为原料的优良。国外资料表明，建设中小型电炉钢厂，用新开发的资源炼钢。每吨钢的炼制成本为 1500 美元，而用废钢铁炼钢，每吨钢炼制成本仅为 250 美元。因此，发达国家十分重视废钢铁的回收利用，其废钢铁用于炼钢的比例一般为 50%～70%。

同时，某些废旧物品的回收利用比原始资源的利用节约时间成本。例如，利用废钢铁炼钢，可以节约铁矿石、石灰石等原材料的生产时间和运输时间，从而提高生产的效率，节约生产成本，创造更高的经济效益。

五、回收物流的回收方法和回收渠道

1. 回收物流的回收方法

根据回收物流的对象——废旧物品的种类、性质、数量等方面的不同特点，可采用不同的方法对废旧物品进行回收。这里主要介绍几种常用的回收方法。

（1）上门回收。上门回收方法是指回收单位定期定点或提前预约时间派专门的回收人员到回交废旧物品的单位回收废品。

（2）门市回收。门市回收是指经营废旧物品业务的单位在适当的地点设立回收门市部，专门回收各种废旧物品。如在我国农村广泛存在的废品收购站就采用这类回收方式回收废品。

（3）柜台回收。柜台回收方法的回收对象主要是商品的包装，即商店在出售商品时，在柜台上向顾客回收其所购买商品的包装。

（4）流动回收。流动回收方法在城市各居民区较常见，如回收人员串巷回收废旧电视机、录音机等，其特点是回收时间、地点不确定，具有很大的随机性。

（5）对口回收。对口回收是指由进货单位或者使用单位直接把废旧物品交给生产厂家重新使用，中间不再经过废品回收单位回收。这种回收方法适用于一些大宗的专用包装，如平板玻璃专用箱、电缆盘等。

2. 回收物流的回收渠道

回收物流的回收渠道通常指废旧物品在回收过程中所经过的路径。一般而言，主要有下面几种回收渠道。

（1）小型的个体户回收渠道。小型个体户回收渠道的经营者一般以家庭经营为主，以某一地域为回收中心。如农村中的废玻璃瓶收购站、废金属制品收购站等，其上一级一般是回收公司。

（2）社会废旧物品回收公司回收渠道。利用社会废旧物品回收公司，可以回收那些专业回收单位或综合回收机构不予回收的废旧物品，如各种杂乱玻璃瓶、塑料废品和其他棉、麻、金属制品等。

（3）商业部门回收渠道。商业部门回收渠道是废旧物品回收的主要渠道，绝大多数废旧物品都是经过这条渠道被回收的，如各级百货公司、纺织品公司、五金交电公司、副食品公司以及零售商店等都有较大的废旧物品回收能力。

（4）物资部门回收渠道。这些部门主要是经营各级物资资料的机电设备公司、化工材料公司、建筑材料公司、交通配件公司等。这些物资经营部门大都会产生废旧物品，如平板玻璃箱、化工原材料铁桶、废旧机械零部件。

（5）企业自身回收渠道。出于经济利益或环保目的，许多企业自己组建回

收机构对废旧物品进行回收，如企业设立专门的回收门市部，在固定的时点回收各种废旧物品；企业与消费者、使用单位对口回收各类废旧物品等。

六、回收物流的组织

废旧物品的回收利用具有十分重要的意义。但与一般物流相比，废旧物品的回收物流具有分散性、缓慢性、混杂性和逆向性的特点，因此必须合理、有效地组织好废旧物品的回收物流工作，这是摆在物流工作者面前的一项重要任务。一般来说，我们可以从以下四方面入手组织好废旧物品的回收物流工作。

1. 编制废旧物品回收计划

要合理、有效地组织好废旧物品的回收，充分发挥废旧物品在社会再生产中的作用，必须制定废旧物品回收计划，并将其纳入国民经济计划之中。想要编制好废旧物品的回收计划，应当摸清废旧物品回收潜力。在编制计划时要突出重点，首先考虑对国民经济有重要影响作用的紧缺物料的回收。其次考虑生产、技术、经济方面的可能性。废旧物品回收计划是整个回收工作的方向、目标、方针，它确定了在一定时期内废旧物品回收利用所要达到的目标以及为实现目标应采取的措施。要成功地组织好废旧物品回收物流，就一定要做到计划目标准确，经济\技术措施有力。有一些措施在客观上有必要，但技术上还欠缺，一般还不能纳入计划，但是，应在技术上加强研究和实践工作。废旧物品回收计划应同其他计划一起下达、一起检查、一起考核。只有这样，废旧物品回收工作所需的人力、物力、财力才能得到合理安排，从而保证废旧物品回收计划的实现。

2. 建立健全废旧物品回收管理机构

废旧物品回收管理机构是完成废旧物品回收任务的组织形式。建立健全废旧物品回收管理机构能够使回收工作得到系统、全面的组织，进而把废旧物品的回收工作提到更高的程度。因此，应根据废旧物品回收工作的需要，本着精简统一的原则，建立健全系统、有效的废旧物品回收网络。

3. 制定废旧物品回收的经济政策

制定废旧物品回收的经济政策是开展废旧物品回收利用的重要依据。根据废旧物品回收的实际情况和废旧物品的技术、经济条件，制定出符合客观实际的回收经济政策是非常必要的，如废旧物品的价格政策、鼓励废旧物品回收的政策、开发废旧物品政策、确定废旧物品的合理流向政策等。

4. 推广废旧物品回收利用的先进经验

废旧物品的回收利用是一个具有很大潜力和仍待不断开发的领域。在废旧物品的回收利用的实践中人们会创造和研究出不少的经验和方法。把这些成功的经验和方法及时地加以交流和推广，对于提高废旧物品回收的水平，推动废旧物品的回收合理化，具有十分重要的意义。

七、废旧物品回收管理的原则

废旧物品的回收管理应遵循以下几个原则。

1. 加强对废旧物品回收物流起始点的控制

为有效地进行废旧物品回收管理，使整个废旧物品回收物流实现利润，首先应从源头上组织好废旧物品的回收工作。一直以来，人们往往注重库存管理与企业盈利的关系，从实物的正向配送和分销角度来研究物流的系统。实际上，废旧物品的回收物流在物流系统中同样应该得到重视。废旧物品回收物流起始点控制就是在物品回收的起始入口就对废旧物品进行审查，并进行控制。

2. 建立一套完善的物流信息系统

物流信息是连接运输、保管、装卸、包装各环节的纽带，没有各物流环节信息的通畅，就没有物流活动的时间效率和管理效率，也就失去了物流的整体效率。在废旧物品的回收过程中物流信息也日益显得重要。因此，有必要建立一套完善的物流信息系统，但是这一点在许多企业中是被各级主管所忽略的，尤其是有关废旧物品的物流信息更不会被信息系统部门考虑为优先发展的系统。

3. 建立集中式废旧物品处理中心

在集中式的系统中，所有要进入逆向物流通道的废旧物品都被带至处理中心，在那里经分类、加工，然后运至下一个目的地。这个系统使得企业能最大化废旧物品的数量，这里的分拣人员均是分拣专家，他们拥有该领域的专门知识，可以为废旧物品找到最佳的回收目的地。因此，可以高效地进行废旧物品回收。

八、回收利用废旧物品时应注意的几个问题

废旧物品具有两面性，既可称其为"垃圾"，又可称其为"财富"。如果将它有效回收利用，它便成了资源；如果将它丢弃，不进行回收利用，这些废旧物品就会变成垃圾而污染环境，以致危害人体的健康和动植物的生存安全。有关资料表明，我国600多个城市有近2/3被垃圾所包围。因此，对废旧物品的有效回收和利用，是全社会广大消费者，甚至是每个家庭都应该关注的问题。

1. 加大宣传力度

应着重宣传有效回收利用废旧物品的重要意义，具体可围绕这样的主题——有利于生态环境的保护、有利于节约地球资源、有利于保护人体健康和动植物的生存安全、有利于我国经济的持续稳定的发展来进行宣传。通过这样宣传，既可有效地增强人们对各种废旧物品回收利用的意识，更可增强人们的环境保护意识。

2. 建立相应的回收系统与制定相应的回收指标

在做好回收利用废旧物品的宣传工作的同时，还应该建立相应的回收处理系统。同时，还应确定对各种不同废旧物品的回收利用指标，实施定比率、定类别回收，做到凡能回收的尽可能回收，尽量减轻废旧物品对环境的污染。

3. 分类回收和分类处理相结合

废旧物品来源广泛，种类繁多，如废旧玻璃制品、废旧塑料、废旧金属制品等。为进行合理、有效的回收利用，首先必须对其进行分类，再进行处理，依其各自属性确立其各自定位，做到物尽其用。也就是说，对于回收的废旧物品，它们适合什么用途，就用于做什么。例如，对于回收的废旧塑料，有的可以回收熔解后制成家庭日常生活用品，如脸盆、花盆、水桶等；有的可制成各种塑料玩具；有的还可以用作建筑材料或从中提炼汽油、柴油等。

4. 防止产生二次污染

回收各种废旧物品的目的是节约资源、防止污染，因此在回收利用废旧物品时，对废旧物品进行清洗、熔解、重新制造新物品时，应防止给环境造成新的污染。那种只顾回收盈利，不顾环境保护的作法是不可取的。对回收的废旧物品在回收利用后应做无害化、减量化处理。

5. 建立健全相应的政策法规

回收利用废旧物品应有相应的政策法规支持，以使回收工作逐渐走上良性循环的道路。同时，在利用各种废旧物品制作新产品时，必须注重质量，遵守法规，绝不允许利用回收的各种优质酒瓶装劣质产品或冒牌货，对于此类现象，应严格执行法规，严肃处理。

第三节　废旧包装的回收利用

一、废旧包装回收利用的概念

近年来，与日俱增的包装垃圾给环境保护带来了很大的压力，废旧包装的回收利用成为各国政府着重关注的问题，一些发达国家迫于资源危机和污染的压力纷纷开发"绿色包装"，回收利用废旧包装材料。国外工业化国家均十分重视回收和利用。目前，废旧包装的回收利用在发达国家已形成新的产业体系。

废旧包装在废旧物品总量中占有很大的比重，据有关部门预测，到 2010 年，我国包装工业产值将达到 4500 亿元，包装品总重量将达到 4750 吨。包装工业的高速发展，一方面带动了经济的飞速发展；另一方面产生了大量的废旧包装制品，对环境造成严重的污染，阻碍了经济的进一步发展。因此，废旧包装的回收利用已成为迫在眉睫的大事。

废旧包装回收利用就是指将使用过的包装容器和包装辅助材料，通过各种渠道和各种方式收集起来，再做包装或通过各种技术与工艺使之成为有用的材料，例如，收集起来再做包装用的酒瓶就是典型的废旧包装回收利用。废旧包装的回收利用与一般的废旧物品的回收利用不同。一般而言，回收的废旧物品大多改作其他用途，或通过回炉加工制成新的产品；而包装的回收利用则主要指对原物的再次使用，重新用来包装商品，并且还可以连续回收利用多次。

为了消除废旧包装给人们带来的危害、保护环境，废旧包装回收业应运而生，并且发展迅速。为促进废旧包装回收业的发展，各国政府制定了法律法规强化对废旧包装的回收，使废旧物品的回收利用和经济可持续发展相适应。西方发达国家都颁布了法令，要求产品制造商、进口商与零售商，必须负起回收利用废旧包装的责任。随着环保治理的进一步加强，废旧包装回收业也将获得进一步的发展。

二、废旧包装回收利用的意义

我国生产企业每年生产的包装物数量惊人。在我国每年用于包装的纸板平均在 40 吨以上；每年包装用木材约 55 万立方米；每年包装用布两亿多米；每年需玻璃瓶 20 亿只。这表明废旧物品回收利用的潜力巨大，废旧包装回收利用具有重大的经济意义和社会意义。

1. 废旧包装的回收利用能解决企业的包装急需，并能降低生产成本

企业回收废旧物品可创造经济效益。回收的旧包装，经过简单清洗或加工处理后供企业重新使用，可以减少企业对包装材料的采购成本和时间。并且回收利用废旧包装的周期比制造新包装用的时间短，常常可解决企业的生产急需。此外，企业用较低的价格回收自己生产的酒瓶、饮料瓶等可以极大地降低生产成本。有的包装成本可降低 50% 以上，这样可以使企业取得价格竞争的优势，为企业创造更多的效益。

2. 企业回收利用废旧包装有利于物流的顺畅进行

产品包装在物流过程中可起到保护产品的作用。由于资源或成本的限制使包装不足或供应不及时，就会使产品包装不到位，进而影响到产品物流活动的顺畅进行，造成供应链的中断。企业产品包装的回收利用，能及时解决这一问题，保证产品物流活动的顺畅进行。

3. 企业回收利用废旧包装，可以节省资源

我国的资源有限，不可再生资源的使用更紧张。随着我国包装工业的快速发

展，对自然资源的需求量更大。如果能够回收利用废旧包装，就可为国家节约大量的资源。

我国每年包装废弃物有 1500 多万吨，其中 1/3 是废弃塑料，而我国每年塑料的需要量大约是 1100 万吨，我国年产塑料只有 600 多万吨，需进口 500 多万吨。如果能够充分利用废旧塑料包装物就可以节约大量的外汇。废旧包装种类繁多，如纸箱、玻璃、金属等。这些废旧包装看似无用，实际上含有巨大的财富，其中废纸可用来造纸，处理利用 100 万吨废纸，可使 600 平方公里的森林免遭砍伐。

废旧包装的回收利用总费用加在一起，要比初始原材料投入生产过程中制造包装品的费用低得多，这样既可以节约自然资源，又可避免污染环境。近年来，世界上许多发达国家都大力进行回收废旧物品的实践和研究。但我国废旧物品的回收率很低，废旧包装的回收率还不足 10%。因此，在我国，废旧包装的回收利用潜力巨大。回收利用废旧包装既有经济效益又有社会效益。

三、废旧包装回收利用的分类

按资源再利用方式分类，可把废旧包装分为复用、再生利用和资源转变三种。

1. 复用

复用是指对回收的废旧包装不改变原有形状和功能而仅仅只进行简单的清洗处理，再重新用来包装原物品，如啤酒瓶、饮料瓶，回收后可再用作啤酒、饮料或其他物品的包装。这种方式的特点是保持了原包装的使用价值，并且在重新使用中所取得的经济效益较高。其回收利用的过程是将废旧包装转至新包装。

2. 再生利用

再生利用是指对回收的废旧包装进行适当的加工处理，制成生产原包装的资源，再制成包装物品，例如，铁罐、铝罐和碎玻璃瓶等经过加工处理后用作制造铁罐、铝罐和玻璃瓶的原料，再制成新的包装品。这种方式的特点是保持了包装的功能，但在利用中经过了一系列的物理变化和化学变化。其回收利用的过程是从废旧包装到原材料再到新包装。

3. 资源转变

资源转变是指将回收的包装完全改变原有的形状、性质且处理后不再用作包装制品，而是改作其他用途，例如，将回收的包装与其他废品一起，经烧毁、热分解等转换成热能或肥料加以利用就属于此类。这种回收利用的特点是完全改变了废旧物品的包装功能。其回收利用的过程是废旧包装到原材料再到其他用途。

在目前的各种废旧包装回收利用中，多采用前两种回收方式。但为了更好地回收利用废旧物品、节约资源、减少对环境的污染应加大第三种回收方式的利用。

四、废旧包装的复用

废旧包装的复用是废旧物品回收利用的常见方式，根据废旧包装的损坏程度，可采用不同的方法对废旧物品进行复用。

1. 原厂复用

原厂复用是指把完整无损或虽有破损，但经过修整能够重新使用的废旧包装，交给原生产厂家使用，如各种专用包装、大部分纸板和木箱包装。

2. 同类通用

同类通用即对统一规格尺寸的包装，在生产同类商品的厂家通用。在包装实现了通用化和标准化后，同类产品的包装规格相同，使同类通用成为可能。当前，除纸、木包装已经统一外，其他包装，如桶、瓶等也日趋规格化。

3. 异厂代用

异厂代用是指对一些工厂已经不使用的或暂时无销路产品的包装通过试装、套装改为异厂使用。

4. 包装改制

包装改制即将破损较多的废旧包装，按用户要求的规格尺寸重新制作包装。但改制废旧物品需要一定的设备和较复杂的操作程序。因此，改制数量不大的包装和商品包装用量小且又不具备改制条件的，一般不进行包装改制。

五、废旧包装的修复和改制

回收的废旧包装经过一系列的加工过程才能够复用，在这一过程中须对废旧包装进行修复和改制。一般分为以下三个阶段。

1. 分类整理废旧包装

废旧包装的种类繁多，来源广泛。并且在回收过程中各种废旧包装会杂乱地混在一起。因此，在回收复用时首先应对其进行分类整理，这样，可以高效、合理地进行复用。

（1）分类。回收的废旧包装，应从粗到细、从大到小进行分类。根据不同的标准可以进行不同的分类。这些标准有按包装商品生产厂分类、按包装规格分类、按用途分类。对废旧包装进行分类是回收复用的基础工作。

（2）去杂。去除杂质是指对回收的废旧包装清除无用的材料，并对旧包装进行去污处理，如对回收的酒瓶进行清洗去污，对回收的纸包装清除多余的材料等。

（3）分解。对废旧包装进行分解是为了更好地利用旧包装。分解是指将废旧包装中准备改制待用的又必须拆解的包装进行分离，如将木制包装拆成木板再制成新包装。

（4）分类存放。分类存放是指对已经过以上步骤处理的旧包装进行分门别类的放置。以方便再加工处理或直接复用。

2. 修复废旧包装

回收的废旧包装如稍有破损，应对其进行修补、拼配等加工修复。在修复加工前应对其进行清洁处理。修复加工是在原包装的基础上进行的各种加工。

（1）修补。修补是指对旧包装的破损处采用各种方法使其完整的加工过程。修补的方法主要有粘补、缝补、焊补等，如对漏油的油桶破损处进行焊补。

（2）拼配。拼配是配齐旧包装在使用过程中丢失的零件，或将残缺的部分拼凑完整使其恢复使用价值的加工过程。

3. 改制废旧包装

对废旧包装进行改制是在旧包装不能进行修复的情况下，将回收的包装制成材料，重新制作包装的加工过程。因此，改制加工是针对破损较大的旧包装，利用其有用的部分，通过重新下料，改制成新包装。常用的方法有以大改小，即将大包装改成小些的包装；以小凑大，即将几个小包装拼成较大的包装；混合拼凑，即以几种不同材料的旧包装作为材料制成几种材料共存的包装品。

复习思考题

1. 什么是废旧物品？废旧物品的分类有哪些？
2. 回收物流的概念、作用和意义是什么？
3. 废旧物品的回收管理应遵循哪些原则？
4. 废旧包装回收利用的意义是什么？

参考文献

［1］董雅丽，杜漪．现代企业物流管理（第2版）［M］．兰州：兰州大学出版社，2005.

［2］黄中鼎．现代物流管理［M］．上海：复旦大学出版社，2005.

［3］张余华．现代物流管理（第2版）［M］．北京：清华大学出版社，2010.

［4］Ronald H. Ballou. 企业物流管理：供应链的规划、组织和控制［M］．王晓东等译．北京：机械工业出版社，2006.

［5］鞠颂东，徐杰．采购管理［M］．北京：机械工业出版社，2007.

［6］郑称德．采购与供应管理（一）、（二）［M］．北京：高等教育出版社，2005.

［7］赵启兰，刘宏志．库存管理（一）、（二）［M］．北京：高等教育出版社，2005.

［8］李万秋．仓储管理（一）、（二）［M］．北京：高等教育出版社，2005.

［9］方芳．运输管理（一）、（二）［M］．北京：高等教育出版社，2005.

［10］鲍尔索克斯等．供应链物流管理［M］．李习文等译．北京：机械工业出版社，2004.

后　记

　　本书以物流管理总论基础知识为先导，从企业物流运作管理角度详细阐述了具体物流运作知识，本书经过大约一年的时间，在大量参考文献的基础上进行了编排与设计。先整体宏观，后各环节微观详细阐述物流基础知识为本书的特色之处。同时，考虑到篇幅以及本书以理论知识讲述和实验操作为主要内容，因此并没有在每一章内容中提供任何案例，这是本书的不足之处，教学人员可以在教学过程中结合一定的案例书籍进行讲述。

　　本书共两部分十二章内容，在写作过程中，白会芳提出了本书的内容涉及框架，并主要完成了第一部分物流管理总论内容写作以及统稿工作，董雅丽主要负责第二部分企业物流运作管理的编写。同时特别感谢经济管理出版社王光艳女士的大力支持和帮助。真诚欢迎各位读者对本书提出批评和改进意见！

白会芳

2015 年 11 月